延平年鉴

YEARBOOK OF YANPING

（2023）

中共南平市延平区委党史和地方志研究室 编

方志出版社
Publishing House of Local Records

图书在版编目（CIP）数据

延平年鉴. 2023 / 中共南平市延平区委党史和地方志研究室编.—北京 : 方志出版社, 2023.12

ISBN 978-7-5144-6078-0

Ⅰ. ①延… Ⅱ. ①中… Ⅲ. ①区（城市）－南平－2023－年鉴 Ⅳ. ①Z525.74

中国国家版本馆CIP数据核字（2023）第253137号

责任编辑：张颢
责任校对：张玉霞
责任印制：梅中英
出 版 者：方志出版社
地　　址：北京市朝阳区潘家园东里9号（国家方志馆4层）
邮　　编：100021
网　　址：http://www.zgfzcb.cn
发　　行：方志出版社图书营销中心（010-67110500）
印　　刷：福州力人彩印有限公司
开　　本：889毫米×1194毫米　1/16
印　　张：17
字　　数：479千字
版　　次：2023年12月第1版
印　　次：2023年12月第1次印刷
定　　价：210.00元

《延平年鉴（2023）》编纂委员会

（以 2023 年 12 月在岗人员为准）

顾　　问：黄桂诚　区委书记
主　　任：叶文平　区长
副 主 任：杨清华　区委组织部部长
　　　　　蔡剑心　副区长
委　　员：（排名不分先后）
　　　　　虞发锋　区委办公室主任
　　　　　陈　钢　区人大常委会办公室主任
　　　　　陈武彪　区政府办公室主任
　　　　　官建科　区政协办公室主任
　　　　　黄名旺　区委组织部副部长（正科级）
　　　　　陈　妹　区委宣传部副部长
　　　　　陈登瑞　区委统战部副部长（正科级）
　　　　　叶寿振　区委政法委常务副书记
　　　　　陈阿旋　区发展改革和科技局局长
　　　　　吴春生　区财政局局长
　　　　　张志雄　区教育局局长
　　　　　张钻球　区工业和信息化局局长
　　　　　廖江翔　区人力资源和社会保障局局长
　　　　　杨志云　区自然资源局副局长
　　　　　杨钦良　区住房和城乡建设局局长
　　　　　黄孙龙　区交通运输局局长
　　　　　胡裕光　区农业农村局局长
　　　　　朱承锦　区林业局局长
　　　　　温阿丽　区商务局局长
　　　　　陈　婧　区文化体育和旅游局局长
　　　　　黄　晖　区卫生健康局副局长

刘志平　区统计局局长
詹国兵　区委党史和地方志研究室主任
应理征　水南街道办事处主任
陈和华　四鹤街道办事处主任
何家明　紫云街道办事处主任
陈振华　梅山街道办事处主任
陈　辉　水东街道办事处主任
罗全生　黄墩街道办事处主任
张凤英　西芹镇镇长
叶正祥　夏道镇镇长
胡奕斌　炉下镇镇长
吴安延　南山镇镇长
魏乾勇　茫荡镇镇长
周达强　大横镇镇长
郑国海　来舟镇镇长
王国钟　王台镇镇长
潘丽媛　峡阳镇镇长
陈家官　塔前镇镇长
郑　毅　太平镇镇长
纪贵生　樟湖镇镇长
刘　宇　洋后镇镇长
王　伟　赤门乡乡长
陆陈财　巨口乡乡长

《延平年鉴（2023）》编辑部

主　　编：詹国兵
副 主 编：郑　萍
编　　辑：李远圆　叶　宇　魏可欣　邓璟靓

编辑说明

一、《延平年鉴（2023）》以马克思列宁主义、毛泽东思想、邓小平理论、“三个代表”重要思想、科学发展观、习近平新时代中国特色社会主义思想为指导，坚持辩证唯物主义和历史唯物主义的立场、观点和方法，全面系统地记述2022年度延平区自然、政治、经济、文化、社会、生态等领域发展状况。

二、《延平年鉴》是由中共南平市延平区委、延平区人民政府主办，区委党史和地方志研究室编纂的年度资料性文献，具有政府公报性质和存史、资政、育人的作用。《延平年鉴》于2008年开始编纂出版，自2013年起每年出版一卷，2023卷为第13卷。

三、《延平年鉴（2023）》的框架结构由类目、分目、条目三个层次组成，条目为年鉴内容的基本单元。全书卷首以图片专辑的形式展现年度重点工作和重要成效。正文设置了特载、大事记、区情概览、中共南平市延平区委员会、南平市延平区人民代表大会、南平市延平区人民政府、政协南平市延平区委员会、纪检监察、群众团体、法治、军事等29个类目。

四、《延平年鉴（2023）》资料由区直各单位（部门）、各乡镇(街道)供稿，部分稿件由区委党史和地方志研究室采编。涉及的国民经济和社会发展的重要指标数据，以区统计局年报数据为准。全书数字用法、标点符号用法分别采用国家标准《出版物上数字用法》（GB/T 15835—2011）、《标点符号用法》（GB/T 15834—2011），计量单位采用国家技术监督局1993年12月发布的《量和单位》系列国家标准。

五、为方便查阅，《延平年鉴（2023）》在卷首设有目录；卷末配有索引，采用内容分析法，标引词按汉语拼音字母顺序排列。

延平区地图

审图号：南S〔2021〕5号
福建省地图出版社 编制
资料截至2019年12月

2022 数字延平

总面积：2652.84 平方千米

常住人口：44.8 万人

户籍人口：48.77 万人

地区生产总值：455.23 亿元

第一产业增加值：40.62 亿元

第二产业增加值：165.40 亿元

第三产业增加值：249.21 亿元

第一产业、第二产业、第三产业构成：8.9∶36.3∶54.8

人均地区生产总值：10.31 万元

一般公共预算总收入：10.82 亿元

审图号：南S〔2021〕5号

福建省地图出版社 编制

资料截至2019年12月

2022 数字延平

总面积：2652.84 平方千米

常住人口：44.8 万人

户籍人口：48.77 万人

地区生产总值：455.23 亿元

第一产业增加值：40.62 亿元

第二产业增加值：165.40 亿元

第三产业增加值：249.21 亿元

第一产业、第二产业、第三产业构成：8.9∶36.3∶54.8

人均地区生产总值：10.31 万元

一般公共预算总收入：10.82 亿元

地方一般公共预算收入：8.02 亿元

农林牧渔业总产值：77.46 亿元

社会消费品零售总额：114.59 亿元

出口总值：22.42 亿元

实际利用外资（验资口径）：1083 万美元

本外币存款余额：723.56 亿元

本外币贷款余额：584.65 亿元

全体居民人均可支配收入：36694 元

城镇居民人均可支配收入：42165 元

农村居民人均可支配收入：23794 元

旅游总收入：78.39 亿元

各级各类学校：78 所

高等学校：2 所

中等职业学校：2 所

普通高中：4 所

普通初中：20 所

普通小学：50 所

全区全社会用电量：353134 万千瓦时

全区供水总量：3045.39 万立方米

全区天然气供应量：1670.50 万立方米

■ 2022 年 1 月 29 日，区委书记黄桂诚（左二）到福建元力活性炭股份有限公司慰问　（区融媒体／供）

■ 2022 年 6 月 2 日，区长叶文平（前左二）调研指导 2022 年高考考点准备等工作　（区融媒体／供）

■ 2022 年 4 月，区人大常委会主任黄春（左三）深入企业调研复工复产工作　（区人大／供）

■ 2022 年 4 月，延平区政协主席林华生（左三）走访游乐协会会员企业，围绕延平区游乐产业发展开展专题调研
（区政协／供）

■ 2022年9月8日，延平区金色乐园项目在“9·8”厦门投洽会上进行省级集中签约仪式　（区融媒体／供）

■ 2022年12月22日，延平新城医院项目主楼结构全面封顶
（区卫健局／供）

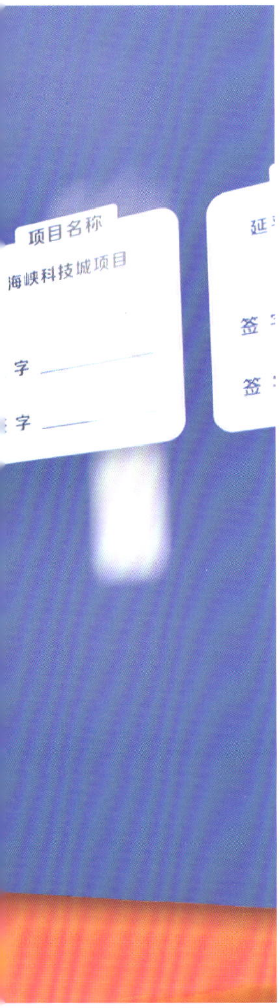

■ 2022 年大横产业园区（龙山组团）龙山平台竹木园、园区公共服务中心、中磊竹木制品等项目完成落地开工建设（区融媒体 / 供）

■ 2022 年 7 月 24 日，延平区与福州市互动视频计算协会签订战略合作协议（区融媒体 / 供）

■ 2022年12月18日上午，闽江干流复航暨南平港开港活动在南平港延平新城港区洋坑码头举行（闽北日报 罗光耀／摄）

■ 2022年12月18日，闽江干流复航暨南平港开港仪式（区融媒体／供）

■ 2022年，南铝工作车间 （区融媒体／供）

■ 2022年，南铝生产车间，工作人员核对产品精密程度 （区融媒体／供）

■ 2022 年，太阳电缆 （区融媒体 / 供）

■ 2022 年，太阳电缆智造车间 （区融媒体 / 供）

■ 2022 年，延平区科特派产学研实训基地 （区融媒体 / 供）

■ 2022 年 9 月 6 日，“人人都是科特派”系列活动在王台镇溪后村举行 （区融媒体／供）

■ 2022 年，赤门乡赤成农业示范园 （林丹萍／摄）

■ 2022 年，樟湖镇龙池村综合体网箱项目　　（叶　绿 / 摄）

■ 2022 年 11 月 14 日，中国“菌草之父”林占熺为微生物农业综合生产系统基地揭牌　　（区融媒体 / 供）

■ 2022 年，王台镇百合花大棚基地一角 （区融媒体／供）

■ 2022 年，王台镇鸿瑞生态农业园 （区融媒体／供）

■ 2022 年 7 月 8 日，海峡两岸（南平）纪念“延平王”郑成功收复台湾 360 周年活动在延平举行
（区融媒体／供）

■ 2022 年 8 月 25 日，福建省第十七届运动会青少部拳击比赛在延平区开赛
（区融媒体／供）

■ 2022 年 11 月 28—30 日，在南平雅阁国际大酒店举办福建省第十七届运动会行业部中国象棋比赛
（区融媒体／供）

■ 2022年，延平区九峰山栈道　（游立成／摄）

■ 2022年，延平城区夜景

■ 2022年，炉下镇斜溪村美景 （区融媒体／供）

（区融媒体／供）

■ 2022年，洋后镇大禄村生态水系 （胡金俤/摄）

■ 2022年，巨口乡九龙村古村新韵 （陈　妹/摄）

目　录

特　载

大事记

区情概览

中共南平市延平区委员会

南平市延平区人民代表大会

南平市延平区人民政府

政协南平市延平区委员会

纪检监察

群众团体

法 治

军 事

外事　侨务　台港澳事务

应急管理

经济管理与监督

农业农村

工　业

财政 税务 金融

商贸 服务业

城乡建设

自然资源　生态环境

交　通

教　育

科　技

文化　旅游　体育

卫生健康

社会民生

乡镇（街道）

人物　荣誉

附　录

索　引

2022 年度工作总结

中共南平市延平区委

（2023 年 3 月）

2022 年，在党中央和省委、市委的坚强领导下，区委坚持以习近平新时代中国特色社会主义思想为指导，深入学习贯彻党的二十大精神，认真落实省、市党代会和省委、市委全会各项部署，扎实开展“提高效率、提升效能、提增效益”活动，以党的建设新成效引领全区经济社会高质量发展。

一、突出政治建设，引领作用更加凸显

区委坚持把党的政治建设摆在首位，始终在政治立场、政治方向、政治原则、政治道路上同以习近平同志为核心的党中央保持高度一致。一是坚持正确政治方向。深入学习贯彻习近平总书记重要讲话重要指示批示精神，认真贯彻落实党的二十大精神和省、市党代会及省委、市委全会精神，坚持“第一议题”制度，先后召开区委理论学习中心组学习会 21 次，第一时间传达学习，第一时间部署落实，带领全区党员干部群众深刻感悟“两个确立”的决定性意义，增强“四个意识”，坚定“四个自信”，做到“两个维护”。二是坚定落实发展目标。召开区委十三届三次全会，围绕贯彻落实党的二十大精神、习近平总书记 1996 年延平调研重要讲话精神，与省委、市委全会精神紧密结合，同推动“好风景”走向“好经济”、迈向“好生活”的具体实践紧密结合，在深入调研、集思广益的基础上，明确了“全方位推进延平‘二次创业’，奋力打造福州都市圈门户城市”的目标定位，全区上下笃定目标，在解放思想中统一思想，在干事创业中凝聚共识。三是坚决夯实“两个”责任。扛牢主体责任，对 2022 年经济责任审计和省委、市委全面从严治党主体责任落实情况检查等指出的问题，全面整改、立行立改、长期坚持。其中，经济责任审计点出的 54 个问题，已整改 96%；省委延伸检查反馈的 7 个问题，全部整改到位；市委检查反馈的 53 个问题，已整改 98%。扎实推进政治监督，聚焦耕地保护、粮食安全、历史文化遗产保护等重点领域，开展区委全面从严治党主体责任落实情况检查，完成对 20 个党委（党组）的巡察，有效压实主体责任。

二、凝聚党心民心，发展步伐稳健坚定

区委牢牢把握发展是党执政兴国的第一要务，充分发挥把方向、谋大局、定政策、促改革的重要作用，以实干实效推动延平绿色高质量发展。2022 年，辖区实现地区生产总值 455.23 亿元，迈上 450 亿元新台阶。一是全面落实“双城发展”战略。从市区一体、合则两利的角度，正确处理好延平与市级、延平与建阳“双城发展”的关系，

引导广大干部群众树立“家和万事兴”的胸怀格局，努力纠正和克服本位主义的思想倾向。成立市区一体化专班，每月定期协调解决问题，江南实小扩容项目、正荣片区路灯、朱熹路木栈道修复等一批“老大难”事项，有效推进解决。系统梳理2023—2025年公共服务和民生补短板“百个项目”，广泛征求意见，开门策划项目，问计问需于民的氛围更加浓厚。同时，着力办好实体企业、城市居民、农村群众急难愁盼等十个方面事务，教师队伍呼吁多年的工资待遇、离退休干部医疗保障全面落实，南纸限价房、鑫泽园等3个问题楼盘的1028套商品房顺利交付，“每年给延平百姓一些惊喜”的承诺迈出坚实步伐。二是坚持大抓项目抓大项目。深入实施省委“提高效率、提升效能、提增效益”行动和全市“三大攻坚行动”，成立“10+6”专项工作领导小组，建立重大项目前期工作、要素保障集中协调推进机制和招商引资工作联席会议制度，46个省、市重点项目完成投资46.25亿元，投资完成率116.4%；引进“一把手”招商2亿元以上项目11个、总投资91.96亿元；太平混合抽蓄等3个超15亿元大项目正式签约。坚持干字当头、以干得助，团结带领区各套班子和广大干部群众，打响打赢“三大战役”，新城建设的南福快速路、港区码头2个征迁多年的“硬骨头”全面突破完成；旧城改造的片区开发，征迁面积、房票签约面积、网签备案面积3项指标均超额完成任务数，带动商品房“去库存”4.3万平方米。三是推动全面深化改革。积极推动工业体制改革，成立延平区工业发展中心，推动出台工业发展资金《管理办法》，“腾笼换鸟”盘活闲置资产268.9亩，两轮省委巡视点出的晨阳光电项目问题依法依规顺利化解销号。着力实施区属国企改革，对现有国有企业国有资产进行全面体检，清退关闭一批僵尸企业、空壳公司、挂靠单位；依法依规成立国有资本投资、产业投资、文化旅游教育“三大集团”，国有企业的党组织领导、经营决策机制、内控监管机制全面建立和规范，盘活各类专项资金7.6亿元，一些盘根错节的历史遗留债务问题开始破冰化解。切实推进财政体制改革，成立金融服务等“四个中心”，推进预算绩效、项目评审和零基预算“三项改革”，出台向上争取资金《奖励办法》，全年累计争取各类资金21亿元、同比增长31.25%，区财政两项收入同口径增长率均居全市第一位。

三、着力防范风险，社会大局和谐稳定

区委坚持贯彻落实总体国家安全观，全力防风险、保安全、护稳定。一是坚决捍卫政治安全。围绕迎接宣传贯彻党的二十大这条主线，提前谋划，周密部署，系统梳理化解108个风险隐患点，积极稳妥应对和化解“10·29”敏感舆情和突发性群体事件。顺利完成区委机要局“强边工程”，部署实施新一轮“安可工程”，有力保障机要密码安全畅通。严格落实保密制度，对46个单位开展保密检查，堵塞保密安全漏洞。深化对台交流，成功举办纪念“延平王”郑成功收复台湾360周年活动。二是全力维护社会稳定。国家信访局交办的2批130件信访积案已上报化解129件，办结化解率为99.23%。常态化推进扫黑除恶专项斗争，群众安全感率99.47%，特别是延平区电信网络涉诈人员数量从最高时的全国排名第17位，经多方努力劝返，到8月份已退出全国前50名，相关经验做法获国务院联席办通报肯定。三是精准抓好疫情防控。突出组织领导和党建引领，严格执行国家各阶段的疫情防控政策，设置了由区委常委及相关副区长任组长的14个工作组，平时专班专职，战时下沉一线，经受住了多轮的疫情冲击。优化防控工作“二十条”措施出台后，及时调整策略，得到上级肯定并全市推广。特别是11月19日发现首例输入性病例，到12月7日疫情防控国家“新十条”出台期间，精准高效处置输入性病例，未发生社会面蔓延。四是牢牢守住安全底线。持续开展安全生产专项整治“三年行动”，事故多发的势头得到有力遏制，与2020年相比，安全生产事故起数下降66.7%、死亡人数下降91%。紧盯建筑、燃气、消防等领域的突出安全问题，实施老旧小区改造项目16个、惠及群众1.86万户，组建全市首支无人机应急救援队伍，燃气安全报警装置实现餐饮行业全覆盖。成功处置库区水域低溶解氧事件，引导推动工厂化养殖，促进渔业产业转型升级。

四、磨砺过硬本领，履职能力不断提升

区委带头坚持新时代好干部标准，着力提升干部“六种能力”。一是聚焦政治能力提升。带头贯彻党的理论和路线方针政策，严格落实省委、市委工作要求，先后召开区委全会1场、常委会会议21场、专题会40余场，确保政令畅通、令行禁止。例如，守牢粮食安全底线，严格落实“长牙齿”耕地保护硬措施，有效开发利用撂荒地8756亩，新改建高标准农田5000亩；加快推进“三茶”统筹发展，茶园面积从2000亩增加到6000亩，产值增长76%；科技特派员制度创新发展，发布“人人都是科特派”小程序，科技特派员数量连续多年位居全省首位。

二是聚焦业务能力建设。紧扣基层干部能力提升，围绕项目建设、金融管理、招商引资、法治建设等重点工作，细化完善培训计划，开展“六懂六会”专题培训等各类培训10期、受众1万余人次，择优对73名年轻干部开展点名调训。畅通机关事业单位与国有企业干部流动通道，选聘11名公务员、事业干部到国有企业任职，进一步增强干部在国有资产运营、项目策划、资金筹措等方面的专业能力。

三是聚焦法治能力培养。深入践行习近平法治思想，严把法治管控，全面落实规范性文件审查、全面把关重大项目、重大疑难问题处理“三全”工作模式。加强党对政法、司法工作的领导，召开区委全面依法治区委员会会议，研究建立“1+N”诉源治理体系，推动司法机关从源头调处矛盾纠纷4563件，数量比去年同期翻了一番，带动法院诉讼案件下降10.87%。支持区人大常委会依法行使职权，监督保障宪法及国旗法等法律有效实施，在全市首创“兼合式”党支部做法，不断发展全过程人民民主。

五、坚持实干实效，新风正气更加充盈

区委带头弘扬“四下基层”“马上就办、真抓实干”等优良作风，做到情况在一线了解、问题在一线解决、决策在一线落实。一是突出实干导向。学习廖俊波同志“能在现场不在会场”“认准的事，背着石头上山也要干”的工作方法，推行区级“无会周”2次，区委常委带头下沉一线、现场办公，督促、帮助和推动各项重点任务落实，区级会议数下降21.8%、文件数下降38.9%。大力倡导“好干部是干出来，不是跑出来的；好队伍是带出来，不是喊出来的”鲜明导向，对疫情防控、防灾减灾、城市更新、安全维稳等“急难险重”任务中表现突出的集体和个人，通报表扬一批、表彰嘉奖一批、职级晋升一批、提拔重用一批，并与工会疗养、补休调休等关心关爱基层干部职工的具体举措相结合，形成干事创业的良好风气。二是优化营商环境。率先举办“企业家下午茶、晚餐会”，创新开展“剑州工匠”评选、“剑州英才零距离”等活动，累计帮助企业解决问题41个，减税降费3.54亿元，创业就业环境不断优化。主动与企业家交朋友，敢于为企业跑腿，举办“迎新春·叙乡情·谋发展”茶话会，区委常委带头、四套班子共同下沉一线开展“新春走企业”活动，深入了解企业所需、所想、所难，做好用地、人才、金融服务等要素保障，激励企业提振信心。注重保持“亲”“清”政治关系，杜绝公开不吃暗地吃、不吃公款吃老板等不正之风，真正形成办事不求人、不请客不送礼就能办成事的良好氛围。三是严明纪律规矩。坚决贯彻落实中央政治局《关于加强和维护党中央集中统一领导的若干规定》、中央八项规定及其实施细则精神，结合延平实际，制定出台“五带头、五坚决”纪律规矩，切实整治“吃喝风”顽疾、“躺平式”干部、“宽松软”执法、“老好人”思想，全年共查处“四风”问题14件18人，给予党纪政务处分16人，运用“四种形态”批评教育帮助和处理453人次。针对有事不商量、遇事不报告、做事不吭声的现象，带头“约法三章”。进一步规范区委常委会议事项规则，规范领导干部请休假和外出报备制度，规范重大事项、重要来宾请示报告制度，让遵规守纪成为自然习惯。创新建立“阳光平台”，有力堵塞400万元以下小规模工程“量身定制”“明招暗定”等顽疾，实施以来共办理项目269个，节约资金8705.8万元、节支率23.82%，工程领域问题线索锐减70%以上，相关经验做法得到中纪委官方网站和期刊的宣传推广。

六、加强党的领导，党的建设坚强有力

区委严格充分发挥区委领导核心作用，落实坚持和加强党中央集中统一领导的各项要求，总揽不包揽、协调不替代、信任不放任。一是突出主题主线。紧紧围绕党的二十大精神开展迎接和学习宣传工作。坚持标准条件、严明纪律规矩，认真细致做好党的二十大代表推荐提名工作，全区基层党组织和党员参与率均为100%。区委常委带头开展“大学习大宣讲”活动，广泛宣传习近平总书记重要讲话精神、党的十九届六中全会精神等内容，积极组织学习《习近平谈治国理政》第四卷、《闽山闽水物华新——习近平福建足迹》，两本书的征订数和征订率均为全市第1，为迎接党的二十大奠定了坚实的思想舆论基础。大会胜利闭幕后，把学习宣传贯彻党的二十大精神作为首要政治任务，区委常委带头宣讲党的二十大精神27场次，组建党史学习基层宣讲团6支127人，将理论学习与“六懂六会”“小院党课”等活动相结合，与朱子文化、红色文化等特色资源相结合，深入镇、村（社区）开展宣讲180场、受众8500余人次。二是夯实基层基础。召开常委会会议研究部署基层党建工作10次，研究制定12个项目109条具体措施的重点任务清单，层层压实党建责任。深入开展抓党建促乡村振兴，推动成立“党支部领办合作社”45个，打造跨村联建示范点10个，全区245个村经营性收入均超10万元。推动党建引领基层治理，严格落实农村党建12条措施，开展乡村（社区）换届“回头看”，推广“近邻党建”做法，“六进小区”机制经验做法得到《中国城市报》宣传推广。从严抓实农村发展党员违规违纪问题排查整顿，共排查3838人，一般性问题932个、重点问题140个。三是筑牢意识形态防线。加强和改进党对意识形态工作的领导，在全市率先成立网络安全和信息化中心，清理无专业技术力量维护的官方新媒体账号47个。大力弘扬社会主义核心价值观，新时代文明实践中心实现全覆盖，得到市委充分肯定。做强宣传舆论主阵地，“美丽延平”公众号关注人数比去年同期翻了3倍、提升到11.1万人，党的声音深入千家万户。推动文化兴区，“延平百合”、延平城市、游乐产业等IP形象征集活动火热开展，“延平贡茶”公共品牌初具影响，本届省运会延平区的金牌数、奖牌数和总积分均居全市第1。

一年来，在市委的正确领导下，区委牢记嘱托、感恩奋进，以实际行动忠诚拥护“两个确立”、坚决做到“两

个维护”，延平经济社会实现良好发展。但我们也清醒认识到，与新形势、新要求相比，当前工作还存在不少短板弱项，主要体现在：一是支撑产业发展大项目好项目较少，与延平在全市的经济地位不匹配；二是公共服务及民生领域的问题还是较为突出，与延平百姓对美好生活的期待向往还有差距；三是干部队伍的工作作风亟待提升，部分干部推动工作、破解难题的能力素质与新时代赋予我们的使命任务还有差距；四是全面从严治党任重道远，“吃喝风”顽疾、“躺平式”干部、“宽松软”执法、“老好人”思想还时有发生。下一步，区委将带头贯彻落实省委“深学争优、敢为争先、实干争效”行动部署，按照市委推动“好风景”走向“好经济”、迈向“好生活”的工作要求，团结奋斗，主动作为，高举“二次创业”大旗，奋力打造福州都市圈门户城市。

2022年度政府工作报告

——2022年12月28日在南平市延平区第十八届人民代表大会第二次会议上

南平市延平区人民政府区长　叶文平

各位代表：

现在，我代表延平区人民政府，向大会报告政府工作，请予审议，并请政协委员和其他列席人员提出意见。

一、2022年工作回顾

2022年，是党和国家历史上极为重要的一年，举世瞩目的党的二十大胜利召开，全面建设社会主义现代化国家新征程迈出坚实步伐，举国上下欢欣鼓舞，延平儿女感恩奋进。2022年，也是延平发展历史上极不平凡的一年，在区委坚强领导下，全区上下坚持以习近平新时代中国特色社会主义思想为指导，全面落实“疫情要防住、经济要稳住、发展要安全”重要要求，深入实施“三提三效”行动，紧扣“12335”行动和“10+6”重点工作，砥砺奋进、勇毅前行，干成了许多大事难事实事，经济社会保持稳中向好发展态势。

这一年，市区联动温暖民心。市委、市政府始终关心和支持延平发展，组建市区一体工作专班，一月一梳理一推进解决延平城区公共服务及民生领域问题，江南学校、正荣片区路灯、朱熹路步道等2批22个民生补短板项目正有序推进落实；无偿调剂原市委大院、市政府大楼等一批办公场所；无偿移交南武体育馆、文体路体育场等一批文体设施运营管理权；下放19项城市管理职能、11项城市建设职能、170项审批服务事项，市区联动成果进一步惠及全区人民。

这一年，“二次创业”激励人心。时隔26年，延平“二次创业”再出发，全区广大干群，齐心发扬时任省委副书记的习近平同志1996年在延平调研时充分肯定的“二次创业”的精神，迅速掀起推进延平绿色高质量发展热潮。3个月内攻坚完成了17.45万平方米片区开发拆迁任务，啃下南福路快速通道、新城港区码头2个制约多年的征迁“硬骨头”；承接招引了福州等地转移的长辉新材料等15个关联产业好项目，太平混合抽蓄等3个超15亿元大项目正式签约；“十个聚力”境外电信涉诈劝返做法获国务院联席办高度肯定，巨口乡候鸟式养老基地服务模式入选全省推广改革创新案例。

这一年，捷报频传鼓舞信心。长富乳品成功入选农业产业化国家重点龙头企业，华孚电器获评国家级专精特新“小巨人”企业；闽江干流航道正式复航、延平新城港区开港，500吨级货船实现通江达海；延平健儿在第十七届省运会勇夺13金，金牌数、奖牌数、总分数均列全市第1，全省奖牌榜第14位。预计全区6项主要经济指标在全市名列前茅，GDP迈上450亿元新台阶；一般公共预算收入、地方一般公共预算收入同口径分别增长5.1%、16.3%，增速分别位于全市第3、第1；农林牧渔总产值增长7.1%，全市第1；存贷款余额连续15年位居全市第1。

今年来，我们着重抓好以下五个方面工作：

（一）抓产业、促转型，经济运行稳中向好

工业产业提档升级。实施技改项目48个，技改投资比增6.94%，全市第1。新增国家级专精特新“小巨人”企业1家，省级“专精特新”中小企业2家、“科技小巨人”企业2家、制造业单项冠军产品1项，省、市知识产权优势企业5家。新培育鑫元竹木等“新建投”企业3家、远拓电气等“小升规”企业5家，电线电缆、林产化工两大

重点产业集群实现逆势发展，预计产值增速分别超35%、20%。特色农业做强做优。出台稳粮措施十二条，累计投入4849万元建设高标准农田2.13万亩，复耕复种撂荒地8756亩，粮食产量达5.9万吨。落地全国首个规模化菌草微生物农业生产系统——“菌草家园”；建成生态茶园示范片7个；百合花种植面积达1.2万亩，商品种球规模突破70万粒；50个农产品获绿色食品认证，鸿瑞现代农业产业园建成投产。三产发展态势良好。新增限上商贸企业45家、规上服务业企业5家。推出茫荡山避暑康养、南山地下航线等精品文旅线路6条，成功举办纪念郑成功收复台湾360周年活动，承办省运会拳击等3个项目赛事，预计实现旅游总收入90亿元，同比增长4.09%。

（二）抓项目、增动能，发展势头更加强劲

重点项目提速提效。出台向上争取资金《奖励办法》，争取中央、省级预算内项目资金6.5亿元，债券资金4.2亿元，有效支撑了重点项目建设。人民医院八仙院区等4个项目列入国家“十四五”102项重大项目盘子；元力环保用活性炭等6个闽东北协同发展重点项目加快建设，累计投资10.84亿元。46个在建省、市重点项目完成投资45.54亿元，新开工9项，新竣工18项。招商引资成效明显。出台《招商选资工作导则》，“一把手”招商2亿元以上项目11个，总投资91.96亿元，勇锋光伏玻璃等3个项目开工建设；新签约落地5000万元以上项目41个，总投资43.6亿元。推动保温、酒店、游乐三大特色产业加速回归，酒店业协会顺利成立，预计保温产业年产值突破49.5亿元，税收1.84亿元。全年引进建筑企业1家，新增入库资质等级建筑业企业17家。市场主体活力增强。深化“百名局长帮百企”活动，出台9个方面41条稳经济一揽子政策措施，累计减免国有房租376户、644万元，“退减缓免”各类税费4.06亿元，新增市场主体1万多户。在全市率先开展“企业家下午茶、晚餐会”活动，解决市场主体问题82个。推出“政企直通车”服务，19项“免申即享”政策上线运行，“信易贷”授信金额5.82亿元。

（三）抓统筹、提品质，城乡面貌焕然一新

城市品质不断提升。实施城市建设品质提升项目68个，工业路改造（二期）、李侗支路等重大基础设施建成投用。16个老旧小区改造项目有序推进，累计完成投资约1.6亿元，惠及1.86万户，南铝绿色社区建设样板项目通过省级考核验收并获正向激励300万元。智慧城管二期顺利建成，城市管理问题处置率达95%以上；设置生活垃圾分类收集点257个，建成区覆盖率100%；新时代文明实践中心实现全覆盖，省级文明城区创建中期评估获五年来最好排名。乡村振兴有力实施。完成农村建设品质提升工程18项，新改建“四好农村路”54.7千米、道路安防设施400千米、乡镇污水管网23.3千米、安全生态水系11.3千米，整治裸房1150栋，获评省级美丽庭院111家，乡镇千兆光网和5G网络覆盖率达85%以上。投资9300多万元新建乡村振兴试点示范项目84个，“人人都是科特派”小程序上线运行，王台“科特派”入选省级乡村振兴精品示范带。创成省级“一村一品”示范村3个，省级乡村治理示范镇1个、示范村19个。新增国家级农民合作示范社6家、省级示范社29家、省级产业化示范联合体3个。积极对接财政、改革办、国安办、供销社、消防救援总队等省直挂钩共建单位，以及对口协作莆田市秀屿区，支持农村基础设施、公共服务、特色优势产业培育等方面项目64个、资金1.32亿元。生态环境持续优化。从严从实抓好生态环保督察反馈问题整改，空气环境质量连续7年位居全省设区市第一；主要河流和重点小流域水质达Ⅲ类以上，水源地水质达标率100%；转移处置各类危废1.86万吨。因地制宜打造规模化花化彩化面积4.4万平方米，种植各类树种3.7万株。新增省级气候康养福地1个、最美古树群2处。加快推进松材线虫病防控工作，新造林2万亩，森林覆盖率74.47%。

（四）抓民生、补短板，幸福指数不断提升

社会保障扩面提质。从“防疫情”到“保健康、防重症”，因时因势优化防控措施。落实国家“新十条”和“闽13条”，着力保障就医用药，落实健康网格化管理机制。高质量完成23个为民办实事项目。新建农村区域性养老服务中心4家、“长者食堂”30家，睿翼建设等3家企业入选市级退役军人就业创业基地，开展“送岗留才进校园”等就业招聘行动，新增城镇就业3039人。社会治理纵深推进。化解信访积案129个。持续开展“平安延平”创建，常态化推进扫黑除恶专项斗争，群众安全感率99.47%，“平安三率”居全市前列。有效应对12年一遇的强降雨。强力推进安全生产专项整治三年行动，燃气安全报警装置实现餐饮行业全覆盖，组建乡镇专兼职应急消防队伍和全市首支无人机应急救援队伍，连续两年实现安全生产事故起数、死亡人数“双下降”。社会事业蓬勃发展。建立城乡义务教育共同体10个，校外培训机构营转非完成率、课后延时服务覆盖率均达100%，全区中考总分优秀率全市第2。延平新城医院主体完工，基层医疗机构全面完成智能化公卫服务系统改造。延平优秀传统文化故事90集在喜马拉雅平台上线，新增省级河湖文化、非物质文化遗产4项。开展“延平名医”“延平名师”“剑州工匠”选树活动，国防动员和双拥共建扎实推进，退役军人服务管理工作走在全省前列。民族宗教、审计、统计、外事侨务、人防、史志档案、气象地震等工作取得新成效；工青妇、老干部、老龄、残联、红十字等事业取得新进步。

（五）抓改革、提效能，发展活力持续迸发

重点改革迈出新步伐。重组成立国投、产投、文旅“三大集团”，盘活城市公共停车场特许经营权等专项资产7.6亿元。成立区工业发展中心，理顺区、乡（镇）两级运行机制，盘活闲置土地268.9亩，新建标准化厂房1.58万平方米。深化财政审计、预算绩效、金融服务、国资监管“四个中心”一体化建设，调减非必要性预算项目98个6800多万元。全面落实财政保障教师、医卫等机关事业单位津补贴和退休人员生活补贴约3.3亿元，下放乡（镇）、街道行政执法事项394项。行政服务跑出加速度。办理政务服务“跨域通办”4475件，新增“一件事”套餐10个，创新“身后一件事”机制，累计进驻网上办事大厅事项6481项，行政许可审批缩减时间91.9%。政府性投资小规模建设工程“阳光平台”完成竞拍257单，节约资金8584万元，节支率24.5%；新增产业交易竞拍，成功交易103单，收益增值684万元，增值率10.9%。自身建设再上新台阶。常态长效开展党史学习教育，忠诚拥护“两个确立”，做到“两个维护”，严格执行“三重一大”决策程序，严格落实中央八项规定及实施细则精神，一体推进“三不腐”。坚持依法行政，完善政府常务会议制度，自觉接受区人大及其常委会的法律监督和区政协的民主监督，办理人大代表建议114件、政协委员提案125件，办结率、满意率均达100%。

各位代表！成绩和幸福都是奋斗出来的。这些成绩的取得，是习近平新时代中国特色社会主义思想科学指引的结果，是上级党委、政府和区委审时度势、正确领导的结果，是区人大、政协以及社会各界民主监督、大力支持的结果，更是全区人民和衷共济、风雨同舟的结果。在此，我谨代表区人民政府，向人大代表、政协委员，向各民主党派、工商联、无党派人士、各人民团体、离退休老同志，向中央、省属驻延单位、驻延部队、武警官兵、公安干警，向所有关心、支持延平发展的社会各界人士，致以崇高的敬意和衷心的感谢！

面对成绩信心倍增，直面问题不容懈怠。当前，延平经济恢复基础还不牢固，部分行业特别是中小微企业发展仍旧困难；主导产业优势不明显，结构性矛盾依然突出；营商环境仍需优化，“放管服效”改革协同还需下更大功夫；教育、医疗、养老等民生领域还有不少薄弱环节；政府工作作风亟待提升，部分干部推动工作、破解难题的能力素质与任务要求还有差距。对此，我们要正视问题，迎难而上，尽心竭力改进工作，决不辜负人民期待！

二、2023年工作安排

2023年是全面贯彻落实党的二十大精神开局之年，也是实施“十四五”规划承上启下的关键之年，我们要激发全社会干事创业活力，让干部善为、基层敢为、企业乐为、群众愿为，推动“好风景”走向“好经济”、迈向“好生活”。

2023年政府工作的总体要求是：坚持以习近平新时代中国特色社会主义思想为指导，全面学习贯彻党的二十大精神、习近平总书记来闽考察重要讲话精神，弘扬伟大建党精神，把握新发展阶段，完整准确全面贯彻新发展理念，积极服务和融入新发展格局，紧扣习近平总书记对福建“四个更大”重要要求、对南平四个方面重要指示和1996年延平调研重要讲话精神，坚持稳中求进工作总基调，更好统筹发展和安全，认真贯彻市委六届四次全会和区委十三届三次全会部署要求，着力实施“12335”行动，在新的起点上全方位推进延平“二次创业”，全力打造福州都市圈门户城市。

经济社会发展主要预期目标是：地区生产总值增长6%；财政两项收入均增长5%；固定资产投资增长6%；外贸出口增长4%，实际利用外资增长5%；社会消费品零售总额增长6%；城镇居民、农村居民人均可支配收入分别增长6.5%和5%。为实现全年目标任务，我们将重点围绕以下六个方面。

（一）聚焦项目稳增长，奋力培育实体经济新动能

全力推进项目建设。紧盯产业政策和资金投向，重点围绕中央预算内资金重点支持的7大领域11个专项、地方政府专项债资金9大领域27个专项，谋划储备、实施推进一批重大项目；加快老旧小区基础设施等53个项目，总投资309.72亿元，拟列2023年省市重点项目前期工作，确保早开工、早落地；加强城乡供水一体化工程、南平机电职业学校产教融合实训基地等33个在建重点项目跟踪服务，实现早投产、早达效。大力推行“一线工作法”，强化要素保障和全程跟踪服务，全力突破征迁、用林、用地、环评、资金、基础配套等瓶颈制约。全力抓好招商引资。发挥南平“南大门”区位优势，围绕“五个一”生态优势产业和“3+4+5”产业集群，吸引福州等经济发达地区的大项目、好项目和产业链项目转移落地，招引超2亿元项目10个以上，其中超10亿元3个以上。积极推动太平混合抽蓄、华农恒青等项目正式落地，金豆源、斯来特、福雅装饰等项目开工建设，中磊竹木入园扩建、长辉钢构生产线等项目建成投产。强化保温、游乐、酒店三大特色产业引资回延，推动金色乐园等项目外资到位，实现引进省外资金和实际利用外资双增长。全力建设发展平台。聚力打造夏道、大横、炉下、南山等四个特色鲜明、错位发展的区级工业平台，加快园区转型升级。坚持存量扩张与增量招引并举，推动园区“熟地”出让，盘活闲置低效工业用地、存量集体建设用地，持续释放土地活力。加快炉下产业区污水管网及配套设施、大横产业区产业孵化中心建设；谋划推进时代新材料产业园、大横产业区竹木园标准化厂房建设，推动王台、夏道、洋后等地小微竹木产业平台建设，完善竹木产业链条集聚配套功能。

（二）聚焦产业促升级，奋力构建绿色发展新体系

稳步发展现代农业。确保南山圣达、王台天翊蛋鸡养殖场项目建成投产，新增蛋鸡存栏40万羽以上。加快现代乳业产业园和产业链配套项目建设，确保完成奶牛场改造

提升5个，建成“智慧牧场”1个，新增农民专业合作社20家、家庭农场30家以上。加快全国奶业全产业链示范基地、全国绿色食品原料标准化生产基地、全国农民合作社质量提升整县推进试点县等一批农业试点示范项目建设。突破发展新型工业。围绕世界小电池生产基地、世界白炭黑生产基地、中国活性炭基地、中国电线电缆基地“四大制造业基地”，育龙头、延链条、建集群、优结构，大力培育“链主”企业4家、制造业单项冠军1家，新增规上企业14家、“专精特新”企业2家、“科技小巨人”企业5家以上。打造全竹绿色循环产业链，发挥南平元力、熊宝科技等龙头企业引领作用，整合改造现有小规模、非标准化企业，推动一根竹“吃干榨净”“转化升值”。加大减停产企业帮扶力度，支持企业“二次创业、持续创业”，落实技改奖励政策，推动30个以上项目技改提能、制造焕新。升级发展商贸服务业。推进消费模式创新和业态升级，常态化开展“全闽乐购”促消费活动，推动电商、直播有序发展。持续推进四鹤省级示范商圈、太平省级商务特色镇建设，加快推进延平特色电商产业园、新城示范商圈、闽东北现代智慧农业大市场等商贸项目建设，新培育规上服务业企业3家以上、限上批零住餐企业20家以上。全力推进文旅产业高质量发展，在福州筹办延平文旅专项推介会，推动巨口“省全域生态旅游小镇”、茫荡三楼村“省金牌旅游村”等品牌创建，精心打造旅游线路6条以上，把延平真正打造成福州休闲旅游目的地。

（三）聚焦城乡提品质，奋力打造宜居宜业新形象

提升城市品质。全面开展城市体检，以高标准规划引领推进老城疏解和新城拓展。老城更新方面，加快实施延平城市更新行动，围绕“山水城”特点，实施城市慢行系统、完整社区建设，有序推动建溪片区开发，推进鼓楼片区、杨真新区等老旧小区改造，新开工项目4个、续建项目19个；加快主城区污水管网、九峰公园绿道提升改造、智慧停车场（一期）等项目建设，打造宜居、韧性、智慧城市。新城建设方面，围绕“以产兴城、产城融合”目标，坚持与南平工业园区一体谋划、同步推进，促进产业集聚发展。充分发挥林职院、闽职院在地优势，为产业发展提供技术人才支撑，逐步引导产业和人口向新城集聚。不断完善新城商业、医疗、教育、文化等配套设施，推动大学城职教园商圈、水南片区中小学扩容项目建设，确保2023年上半年实现九峰隧道贯通，年底全面完成南福路一期、延平新城医院门诊综合楼等工程建设。推进乡村振兴。严格落实粮食安全“党政同责”，建设高标准农田3万亩，粮食播种面积和产量稳定在14.81万亩、5.86万吨以上。扎实推进“一带N点”乡村振兴2条示范带建设，持续深化“民企带村”“党支部领办合作社”机制。强化农村基础设施补短提升，实施农村生活污水提升治理工程，改造提升农村公路路网23千米、危桥3座、户厕235户以上。加强乡村治理和乡风文明建设，打造“四无”平安村（居）品牌，推动社会治理重心向基层下移。深入实施人居环境整治提升五年行动，推进2个人居环境整治补短板项目建设。

（四）聚焦改革强动力，奋力挖掘区域发展新优势

持续推进区域协同。紧抓闽江“黄金航道”复航契机，打造具有公共服务属性、多式联运功能的港口物流园区，推动延福门码头改造提升工程和太平码头项目建设，加快形成以闽江干流高等级航道为骨架的江海联运体系。主动融入福州都市圈和闽东北协同发展示范区建设，承接关联产业梯度转移，打造经济发展新格局。加强与结对城市秀屿区的沟通对接，实现山海联动发展。持续推动改革创新。深化国企改革，加强国资监管，确保国有资产保值增值和良性发展。巩固拓展科技特派员制度应用，加快推动《科技特派员服务规范》国家标准申报工作，深化“人人都是科特派”平台建设。完善林权交易服务体系，推广“碳汇贷”等金融产品，探索实现“双碳”目标新路径。深化“1+N”诉源体系，推动诉源治理向纵深发展。扎实推进零基预算等财政体制改革、供销合作社综合改革。持续改善营商环境。全面落实减税降费惠企政策，重点加强对中小微企业、个体工商户纾困帮扶，加快推进“免申即享”政策落地，深化“工程建设项目审批制度改革”“跨域通办改革”，推动“一件事”套餐落到实处，行政审批服务即办事项占比达90%以上。深化“企业家下午茶、晚餐会”，打通企业与政府沟通交流“最后一公里”。进一步规范延平区公共资源交易业务，全面推行网上竞拍交易模式，将“阳光平台”打造成为廉政交易品牌。

（五）聚焦风险守底线，奋力构筑安全发展新屏障

守好疫情防控底线。坚持人民至上、生命至上，全力提升医疗救助能力，严厉打击哄抬药品价格行为，最大限度保护人民生命安全和身体健康。持续推进健康延平建设，完善疾病预防控制体系，提升公共卫生应急管理能力，不断深化医药卫生体制改革，全面推进DRG支付方式三年行动计划，努力提升延平总医院诊疗水平，加快樟湖、夏道、塔前、洋后卫生院建设，推动建设一批医养结合项目，促进医疗事业全面发展。守好风险防范底线。加强政府债务预算管理，完善风险评估预警机制，坚决遏制隐性债务增长，全力化解存量债务。强化金融风险防范法治宣传，严厉打击非法集资、电信诈骗，稳妥化解企业资金链、担保链风险，积极处置化解“问题楼盘”，牢牢守住不发生系统性风险的底线。守好社会和谐底线。牢固树立安全发展的理念，全面排查重点行业领域风险隐患，坚决遏制重特大安全生产事故发生。完善应急管理体系建设，健全监测预警处置机制。完善社会治安防控体系，推进扫黑除恶常态化，确保省挂牌督办禁毒重点关注地区顺利“摘帽”。创新信访工作方式，构建社会矛盾综合治理机制，多元化解社会矛盾纠纷。守好生态环境底线。严格落实河（湖）长制、林长制，持续打好“蓝天、碧水、净土”保卫战，巩固小流域水环境综合治理、畜禽养殖污染治理成效。强化饮用水源保护，饮用水水源地水质达标率保持100%。建设污水系统智慧调度平台，城市污水处理率达41%以上。持续推进涉VOCs深度治理项目建设，加大“散乱污”企业查处力度，空气环境质量优良率保持在99.7%以上，加快创建“中国天然氧吧”国字号品牌。推进第三次全国土壤普查工作，全面开展小微企业危废收集试点工作，受污染耕地安全利用率达93%以上。

（六）聚焦民生补短板，奋力回应人民群众新期盼

优化公共服务供给。紧盯群众最关心最直接最现实的利益问题，分期分批高质量办好2023—2025年公共服务和民生补短板“百个项目”。扎实推进全国居家养老和社区养老服务改革试点，推动乡镇敬老院改造提升、公共卫生应急服务中心、城镇养老服务中心项目（一期）建设，完善日间照料中心、农村幸福院等公共服务。打造农村留守儿童关爱保护和困境儿童保障工作示范点2个。持续补齐教育短板，新改建小学2所、公办幼儿园3所，新增小学学位1350个、学前学位720个；不断改善机电职业学校办学条件，完善特教资源中心建设，全面推动教育高质量发展。完善社会保障体系。抓好高校毕业生、退役军人、农村转移劳动力等重点人群就业创业，支持多渠道灵活就业，城镇新增就业3000人以上。深入实施根治欠薪行动，全面落实低保、特困人员供养、临时救助等保障政策，深入实施城镇困难群众解困纾困工程，兜牢基本民生底线。传承弘扬优秀文化。完善公共文体服务体系，推进区级图书馆、博物馆、体育馆等项目建设；深入挖掘四贤文化、郑成功文化、茶洋窑文化等优秀传统文化，保护传统村落、传统民居和历史文化名村名镇，活化利用历史文化资源，发挥文化铸魂、文化赋能和旅游带动作用。积极推动全民健身运动，不断提升群众健康水平和幸福指数。

三、加强政府自身建设

打铁还需自身硬，重任千钧唯担当。我们要深入学习贯彻党的二十大精神，牢记和践行“三个务必”，以永远在路上的清醒执着，努力打造人民满意的服务型政府。

坚持政治引领。全区上下要牢记嘱托、感恩奋进，把对习近平总书记的浓厚爱戴之情转化为忠诚核心的坚定自觉，转化为干事创业的强大动力，衷心拥护“两个确立”，忠诚践行“两个维护”，不断提高“政治三力”。坚持人民至上，作决策、上项目、办事情都充分考虑群众利益、听取群众意见、赢得群众支持。

坚持法治护航。深入践行习近平法治思想，全面推进法治政府建设，加强重大行政决策事前论证和事后评估，推动重大行政决策、重大涉法事务合法性备案审查全覆盖。深入推进依法行政，优化执法资源配置，推动执法职责、执法力量进一步集中和下沉，全面推进基层“一支队伍管执法”和跨部门跨领域综合执法。

坚持善治为民。牢记空谈误国、实干兴邦，大力倡导“好干部是干出来，不是跑出来的；好队伍是带出来，不是喊出来的”鲜明导向，持续锤炼干部“六懂六会”能力本领。完善重难点工作推进机制，压紧压实责任链条，形成人人扛事、人人尽责、人人出力的抓落实工作格局。

坚持廉治防腐。牢记全面从严治党永远在路上，践行“五带头、五坚决”纪律要求，驰而不息纠治“四风”，大力整治“吃喝风”顽疾、“躺平式”干部、“宽松软”执法、“老好人”思想。带头过紧日子，严控“三公”经费，切实把每一分钱都用在“刀刃”上，腾出更多资金投向民生领域。

各位代表，初心如磐，重任在肩；质胜于华，行胜于言。让我们更加紧密团结在以习近平同志为核心的党中央周围，在市委、市政府和区委的坚强领导下，牢记人民之托，勇扛发展之责，坚定信心、同心同德，高举“二次创业”大旗，为把延平打造成为福州都市圈门户城市而团结奋斗！

大 事 记

1月

1 日，区委书记黄桂诚先后到夏商超市（胜利街店）、建发房地产项目工地、延平区百万里加油站等地，实地检查食品安全、消防安全、节日保供、建筑施工、工地防寒潮、危化品经营安全等工作。

10 日，经中国林业产业联合会认定，延平区巨口乡荣获“2021 年国家级全域森林康养试点建设乡（镇）”、上洋村溪源峡谷为“2021 年国家级森林康养试点建设基地”、茫荡镇三楼村红河谷山庄为“2021 年中国森林康养人家”称号，实现延平森林康养“开门红”。

10 日，区委书记黄桂诚专程到延平公安分局看望慰问一线公安民警，并送上慰问金，向大家致以节日的祝福，并通过他们向全区广大公安干警和家属致以诚挚的节日问候。

12—13 日，省人大常委会副主任吴洪芹赴延平区开展乡村振兴工作调研及慰问活动。省人大常委会教科文卫工委、省摄影家协会有关负责同志参加。

16 日，延平区河湖物业化管理服务中心揭牌仪式举行，标志着延平区河湖长制工作翻开了新的一页。

17 日，全区党史学习教育总结会召开。延平区委书记黄桂诚出席并讲话，强调要深入学习贯彻党的十九届六中全会和中央政治局专题民主生活会精神，按照中央、省委、市委党史学习教育总结会议的部署，对延平区党史学习教育进行全面总结，进一步巩固拓展党史学习教育成果，引导全区广大党员干部弘扬伟大建党精神，走好新时代新延平建设的赶考之路。

18 日，区委书记黄桂诚先后前往区总医院、延平公安分局、西芹镇方舱医院、大横镇综合应急保障基地等地，实地检查“三公（工）一大”机制、综合应急保障等工作。

21 日，区长叶文平先后到区农业农村局、区实验幼儿园，看望慰问区经济作物站站长、高级农艺师杨家建，区实验幼儿园教务副主任张小英等高层次优秀人才，为他们送上慰问金，并向他们致以新春的问候。

29 日，区委书记黄桂诚一行到福建元力活性炭股份有限公司，走访慰问企业职工和高层次人才，向他们致以新春问候和诚挚祝福，并送上慰问品和慰问金。区委常委、统战部长郑莹诗陪同慰问。

1 月，第一批全国现代农业全产业链标准化试点基地名单公布，南平市奶业全产业链示范基地（延平区）榜上有名，全省仅 5 家基地入选。

1 月，中国地方志指导小组发出通报表扬，在第八届全国地方志优秀成果（年鉴类）评选中，《延平年鉴》获评二等奖。

2月

5 日，区委书记黄桂诚到南平高速交警支队、交警一大队和省高速南平管理分公司延平分中心，看望慰问节日期间一线值班的民警和工作人员，送上慰问金，向他们以及节日期间坚守岗位的广大交警、工作人员和他们的家属致以新春佳节的祝福和诚挚的问候。

7 日，区委书记黄桂诚到闽北中医重点专科大楼、闽江大桥北桥头至 316 国道连接线工程现场，调研 2022 年“开门红”项目建设工作。

9—13 日，省农业农村厅一级调研员游伟铭一行到延平区开展乡村振兴试点示范工作专题调研。实地调研赤门乡苦竹洋村、洋后镇大禄村、炉下镇下岚村、斜溪村、王台镇溪后村，察看“百镇千村”试点示范项目、“一带 N 点”示范带建设等情况，实地了解各村乡村振兴规划目标、项目建设、产业发展等情况，听取有关乡镇试点示范项目推进情况介绍；与区、镇、村相关工作人员、村民代表、企业代表等就进一步推进乡村振兴试点示范建设工作进行深入探讨。

9日，集美大学校长李清彪一行到延平区峡阳镇走访慰问该校的家庭经济困难学生，为他们送去来自母校的关怀与温暖。延平区副区长蔡剑心陪同。

9日下午，区委农村工作会议召开，研究谋划2022年“三农”工作。

10日，由南平市人力资源和社会保障局、市总工会、市退役军人事务局主办的南平市2022年“春风行动”招聘会暨大中专毕业生就业网络见面会吸引延平区41家企业参与。

12日，延平区采购的2架应急救援无人机抵达延平区，区应急管理局主要领导带领无人机应急救援队员对应急救援无人机进行验收，并组织进行了首飞训练，标志全市首个灭火救援无人机编队正式在延列装。

16日，南平市第一季度工商联驻会负责人联席会暨青商会学习交流会在延召开。南平市委统战部副部长、工商联党组书记黄雄杰，市工商联副主席、秘书长林玉叶，区委常委、统战部长郑莹诗，各县（市、区）工商联驻会负责人，各县（市、区）青商会会长等参加会议。市工商联为各县（市、区）颁发2020—2021年度全国“五好”县级工商联牌匾。

24日，区委书记黄桂诚前往茫荡镇茂地村开展“三茶”调研，详细了解延平区“茶文化、茶产业、茶科技”统筹发展，培育壮大茶业龙头企业，打造提升茶叶品牌，促进茶产业创新发展等方面情况及存在的困难问题，现场把脉问诊，助力乡村茶产业振兴。

25日，由区文化体育和旅游局与南平市烹饪行业协会联合举办的延平区第五批非物质文化遗产项目代表性传承人评审会在延平区文化馆召开。

28日，区长叶文平专程到大横工业园区，走访调研纪豪食品、中磊竹木和丰源饲料等企业，详细了解企业的生产经营情况及面临问题、发展瓶颈，要求当地政府和区相关部门按照区委提出的提升效能切实解决群众和企业急难愁盼问题，强化服务保障，进一步优化营商环境，着力帮助企业解决实际困难，助力企业“开门稳”“开门红”。

3月

3日，省政协秘书长陆开锦一行到延平就“中央及省委政协工作会议精神贯彻落实情况”开展专题调研。

5日，福建省委统战部、福建医科大学携手福建省竹兴政旺慈善基金会来到水南街道岭炳洋畲族村，开展“中华民族一家亲 乡村振兴齐助力”主题活动。

6日，区长叶文平深入延平区部分乡镇，走访调研农产品生产保供等工作。

7日，延平区夏道镇洋头村妇联主席黄秀兰荣获福建省第二届新时代巾帼志愿服务工作“十大最美志愿者”称号。

10日，区应急管理局、区林业局、南山镇联合市森林消防大队在龙江寺水库开展2022年春季计划烧除演练活动，闽北首支无人机应急救援队登场。

13日，国家菌草工程技术研究中心首席科学家林占熺，福建正原菌草国际合作有限责任公司董事长、中福海峡（平潭）发展股份有限公司董事长刘平山一行莅临大横镇调研，助力菌草产业发展。

17日，福建省残联党组书记、理事长曾智勇一行深入延平调研指导残疾人工作。

18日，市政协主席林斌到挂点的延平区调研，贯彻习近平总书记关于新冠疫情防控的重要讲话精神，落实中央和省委、市委疫情防控工作要求，指导延平区疫情防控工作。

22日，区长叶文平，区委常委、组织部部长杨清华，区委常委、区总工会主席张道强，副区长蔡剑心一行看望慰问一线防疫工作人员。

22日，区长叶文平主持召开区疫情防控领导小组（扩大）会议，深入学习贯彻习近平总书记重要讲话精神，贯彻落实中央、省委、市委疫情防控相关会议部署要求，统筹抓好延平区当前疫情防控和经济社会发展重点工作。

4月

7日，区政协主席林华生主持召开市政协“理顺市区体制机制，激发‘双城’发展活力”重点协商课题子课题“优化市区财政管理体制”征求意见座谈会。

13日，区长叶文平率相关部门负责人到水南街道、水东街道、紫云街道，现场察看南福路快速通道、片区开发、老旧小区改造等项目，协调解决征迁工作中存在的困难问题，并就项目推进、安全生产工作提出指导意见。

17日，南平市延平区夏塔线X805夏道文田至塔前（塔前段）公路改建工程开工仪式在塔前镇大坑村乃洋新村举行。

24日，大横首座茶洋窑龙窑已经建设完成，预计5月初将开始古法烧制第一窑茶洋窑盏品。

25日下午，市督导检查组赴峡阳镇开展文保单位、宗教场所消防安全督导检查。区民宗局、文体旅局、消防救援支队有关领导陪同检查。

26日，市政协主席林斌到延平走访长富乳品有限公司。

27日，延平区获评福建省第四轮第三批平安县（市、区）。

28日，延平区 “永远跟党走”理论宣讲志愿服务队授旗暨“双剑讲堂”开讲启动仪式在九峰山樱芳园举办。

5月

2日，南平市公安局樟湖派出所获评“全国公安机关成绩突出集体”。

8日，南平市樟林循环水养鱼专业合作社获得“福建省巾帼示范基地”称号。

20日，省财政厅教科文处处长陈卉带领调研组一行到延平区开展财政教科文工作调研。

20日，南平市延平区酒店业协会成立。

23日，延平区第一个乡镇人大主席团党支部揭牌仪式在洋后镇举行。

25日，省教育厅副厅长吴伟平到延平开展学校照明系统节能改造项目调研。

26日，省政协副主席洪捷序带领调研组一行到延平区开展“提升福建制造数字化水平，加快制造强省建设”课题专题调研。

30日，市、区检察院和区林业局共同在延平区塔前镇的虎山村后门自然村，举行了古树名木群认养揭牌仪式，标志延平区古树名木群保护程度提高到司法保护的高度。

6月

15日，“南平市家庭教育创新实践基地”授牌仪式在南平市延平区炉下镇童向标中小学生综合实践活动中心举行。

19日下午，区长叶文平带领区人社局、教育局、退役军人事务局等相关部门到闽北职业技术学院召开“送岗留才进校园”座谈会。

20日，四川省凉山彝族自治州盐源县乡科级领导干部进修班暨国家储备林建设培训班在延平区开班。

23日，区长叶文平先后到炉下中学、夏道中学，调研指导2022年中考考点准备、疫情防控等工作，副区长蔡剑心以及相关部门负责人陪同调研。

24日，延平区2022年“光荣在党50年”纪念章颁发仪式在区档案馆举行。

26日，市政府副市长何明星到延平召开三大特色产业推进专题会，区政协主席林华生，副主席官信发、陈文平、王世铭出席会议。

30日，莆田市秀屿区区长郑松青率考察团到延平区考察山海协作对口帮扶工作，双方就巩固拓展脱贫成果、产业发展、项目建设及山海协作等工作开展交流。区长叶文平、区政协主席林华生、副区长郑龙才等陪同。

7月

3日，闽北首座郑成功纪念馆在延平揭匾。

5—6日，省人大常委会副主任吴洪芹到延平开展挂钩帮扶工作调研、接待群众来访。市人大常委会副主任潘敏芳，区委书记黄桂诚、区长叶文平、区人大常委会主任黄春陪同调研。

6日，区委书记黄桂诚深入延平公安分局，看望慰问奋战在一线的公安干警，认真察看指挥中心、合成作战中心、反诈联席办、禁毒办、“三公（工）一大”融合协作机制专班，现场对情报指挥、应急维稳、打击治理电信网络诈骗违法犯罪、禁毒整治、疫情防控等工作进行指导，提出明确要求。

8—9日，海峡两岸（南平）纪念“延平王”郑成功收复台湾360周年活动在延平举行。

11日，市委常委、政法委书记钟文龙深入延平区，先后前往市委党校集中医学观察点、延平区健康驿站，实地调研指导疫情防控工作。区委书记黄桂诚，区委常委、政法委书记陈道键陪同调研。

13—14日，省应急厅安科院副院长刘美容一行到延平开展安全生产培训“走过场”专项整治工作督导检查。

20日，延平区紫云街道华光社区党总支书记、居委会主任、妇联主席周程获得“全省妇联系统先进工作者”称号。

24日，在福州举办的第五届数字中国建设峰会数字文旅论坛上，延平区与福州市互动视频计算协会举行了战略合作协议签约仪式。

24日，在福州举办的第五届数字中国建设峰会数字文旅论坛上，延平区与福州市互动视频计算协会举行战略合作协议签约仪式。

25日，省财政厅副厅长、一级巡视员林贻武，省财政厅社保处处长程雪莺等到延平开展挂钩共建暨财政社保工作调研。

28日，中华全国工商业联合会发布《关于确认全国“五好”标杆县级工商联的通报》，延平区工商联获评全国“五好”标杆县级工商联，是南平市唯一获此殊荣的单位。

28日，漳州市副市长郑立敏带领考察团一行到延平，专程考察调研活牛进口隔离场建设有关事项。

28日，王台镇溪后村举行“全国民主法治示范村”揭牌仪式。

8月

1日，区委书记黄桂诚带领丁铭、张道强、蔡剑心、杨志华、郑龙才等区领导以及相关部门负责人到延平区综合保障基地项目现场办公，协调解决困难问题，加快推进项目建设，为驻延部队办实事。

2—3日，区委组织四套班子召开务虚会，统一思想、凝聚共识，区委书记黄桂诚在会上强调，要厘清“人的正确思想从哪里来、科学的决策怎么做、当前面临的形势和任务”等问题，牢记初心使命，坚持实事求是，落实民主集中，做到团结统一，凝聚延平“二次创业”强大合力。

3日下午，南平市延平区保温协会政协委员功能型党支部举行揭牌仪式。

3—4日，省民宗厅二级巡视员钟声带队到延平区开展“同心圆梦·喜迎二十大”主题调研。

4日，福建省第十七届运动会青少年武术散打比赛在邵武市体育中心圆满落幕，南平队夺得4枚金牌。

5日上午，全区上半年经济会议召开，区长叶文平主持，区委书记黄桂诚作部署讲话。

11日，区委书记黄桂诚带领区直有关部门负责人到九峰隧道项目现场，察看项目建设进度，并在项目部召开现场推进会，协调解决问题，督促项目加快建设。

12日，南平市消防安全百日会战经验交流现场会暨安全检查百日大会战工作推进会在延召开。

21日，农工党中央研究室主任郭洪泉一行到延平区王台镇开展农工党党史研究专题调研。

25日，福建省第十七届运动会青少年部拳击比赛在延平区南武体育馆拉开帷幕。

29日，延平区召开国有企业改革动员大会，区委书记黄桂诚，区委副书记、区政府区长叶文平作动员讲话，区政府副区长范贤才部署国有企业改革具体步骤和事项，区委常委、组织部部长杨清华讲解国企改革有关政策。

31日，延平区旧城改造片区征迁工作全面完成。

9月

6日，首届“延平贡茶”文化品鉴会在王台镇森林人家举行。

6日，延平区“人人都是科特派”系列活动启动仪式在王台镇溪后村广场举行。

7日，省人大常委会副主任袁毅一行到延平开展乡村振兴工作调研，巩固拓展脱贫攻坚成果，推进乡村振兴工作走深走实。

7日，南平市延平区金丰源农机专业合作社联合社举行揭牌仪式。此举旨在进一步健全农业生产社会化服务体系，推动农机专业合作社高质量发展。

7日，省人大常委会副主任袁毅到延平开展乡村振兴工作调研。

7—8日，将乐县政协主席江太生、副主席廖满红一行到延平区考察学习传统文化传承保护利用工作。

8日，区委书记黄桂诚，区委常委、统战部部长郑莹诗，副区长范贤才带领区直相关部门负责同志到秀屿区开展对口协作工作。

9日，延平区庆祝2022年教师节暨优秀教师表彰大会召开，表彰一批“延平名师”，区委书记黄桂诚代表区四套班子向全区教育工作者致以节日的问候。

15—16日，莆田市秀屿区教育局副局长蔡开国等一行6人到延平深挖“动力源”，开展挂钩帮扶教学教研对接活动。

16日，浦城县委宣传部有关负责人一行到南山镇交流学习朱子文化研究传承工作。

21日，延平区残联在福建省南平市元禾化工有限公司举行残疾人活动中心开放仪式，这是延平区首个企业残疾人活动中心。

25日，中国养蜂学会理事、中国养蜂学会蜜蜂保护专业委员会副主任陈大福教授专程到延平，对提升蜂蜜品质进行技术指导。

27日，十五届延平区政协“委员驿站”武夷新区点举行揭牌仪式。

28日，农业农村部市场与信息化司副司长宋丹阳一行到延平区调研农产品产地冷藏保鲜设施建设工作。

28日，区政府副区长杨志华、区工信局、水东街道等有关单位负责人，专程到南平华孚电器有限公司，为喜获国家级专精特新“小巨人”企业荣誉称号的华孚电器公司授牌。

30日，全区工作会议召开，部署统战工作和国庆期间、党的二十大前后安全保障工作。

30日，区长叶文平带队前往福州参加挂钩共建延平区工作座谈会，省财政厅党组成员、副厅长、一级巡视员韩健及省财政厅有关处室负责人出席座谈会，副区长范贤才、廖铁斌及区直有关部门负责人参加。

10月

10日，省人大常委会原副主任、省乡村振兴研究会会长潘征带队到延平开展乡村振兴调研，巩固拓展脱贫攻坚成果，推进乡村振兴工作走深走实，推动乡村建设可持续发展。

19日，省政协副主席许维泽一行到延平开展专题调研推进优秀传统文化保护和传承。

19日，市人大常委会主任罗志坚带领市人大常委会班子成员及相关委室主任集体到延平开展“扎实推进新时代地方人大工作高质量发展”调研。区委书记黄桂诚，区人大常委会主任黄春、副主任吴跃春等陪同调研。

23日，区委书记黄桂诚到夏道镇宣讲党的二十大精神，用“接地气”的话和具体案例，深入浅出地与镇、村党员代表和基层干部分享学习体会。

27日，区残疾人联合会第七次代表大会召开，区委书记黄桂诚出席并致辞。

28日，延平区首个非公企业党委——中国共产党福建三山集团有限公司委员会成立并揭牌，开启了全区非公企业党建工作发展新篇章。

30日，区委书记黄桂诚主持召开专题会议，研究部署“10·29”舆情处置工作。

11月

3 日，区委书记黄桂诚主持召开工作会议，区四套班子领导、相关部门和街道负责人参加，研究部署江南片区业主反映江南实验小学学位不足的舆情应对处置工作，进一步统一思想、凝聚共识。

4 日，延平“候鸟式”养老基地服务模式入选福建改革创新案例。

6 日，市委书记林瑞良到延平区宣讲党的二十大精神并调研城市更新工作。

9 日，延平区法院驻区退役军人事务局巡回办案点正式揭牌。区政府副区长杨志华、区法院院长何立琴出席活动。

14 日，中国“菌草之父”林占熺率团队到延召开菌草家园产业体系技术培训会。

16—17 日，省人大常委会副主任吴洪芹到挂钩联系的延平区宣讲党的二十大精神。市人大常委会主任罗志坚，副主任潘敏芳，区委书记黄桂诚，区长叶文平，区人大常委会主任黄春分别参加宣讲、陪同调研。

18 日，延平区 20 名医务工作者组成的援榕采样队圆满完成任务，顺利踏上回延路程。

18 日，中国绿色食品发展中心发布第二十七批全国绿色食品原料标准化生产基地创建单位，延平区申报的基地被批准进入创建单位。

22 日，南平市延平区 10 千伏高州线和古田县 10 千伏湾口线联络工程全面建成贯通。这是延平区供电公司与古田县供电公司首次开启跨区域供电，线路投运后将有效提升南平与宁德交界区域乡镇的供电稳定与安全。

23 日，学习贯彻党的二十大精神市委宣讲团成员、市纪委副书记、市监委副主任佘文新到延平作宣讲报告。区委书记黄桂诚、区长叶文平、区人大常委会主任黄春、区政协主席林华生等四套班子在家领导，各乡镇（街道）、区直部门主要负责人等聆听宣讲报告。

25 日，延平区举行 2022 年度福建省黄仲咸教育基金会奖学金发放仪式。区委副书记艾琴，区人大常委会副主任、区老促会会长廖兴玉，区教育局、区老促会有关负责人参加仪式。

25 日，第七届“奶牛营养与牛奶质量”国际研讨会暨第四届中国优质乳工程巴氏鲜奶发展论坛在北京召开，福建省乳业龙头——福建长富乳品有限公司，荣获“优质乳工程助力国民营养计划功臣企业奖”，以表彰长富在贯彻落实“国民营养计划社区公益体验馆”项目上做出的卓越贡献。

12月

4 日，福建省第十七届运动会在武夷新区落幕，省运会期间，南平市代表队延平区运动健儿多个项目突破市、区历史纪录，在本届赛事中为南平市争得 13 枚宝贵金牌，金牌数、奖牌数、总分数位列南平十县（市、区）之首，并以总分 523 分均位列全省参加省运会 83 个县（市、区）中排名第 14 名，创造延平区参加省运会以来取得的历史最好成绩。

8 日下午，区长叶文平到南山镇宣讲党的二十大精神，推动党的二十大精神进企业、进农村、进机关、进校园、进社区，在延平基层落地生根、开花结果。

8 日，南平市交通运输局向南平新城港区开发有限公司颁发了南平港延平新城港区洋坑作业区 11# 泊位《港口经营许可证》，成为福建省颁发的首张新建内河码头港口经营许可证，开启了闽江航运发展的新篇章。

13—14 日，省人大常委会副主任吴洪芹率队到延平区走访慰问挂点村困难群众，宣传党的二十大精神，并开展乡村振兴挂钩帮扶工作调研。

中旬，延平区王台镇溪后村杉木古树群、延平区塔前镇虎山村江南油杉古树群入选“福建省最美古树群”。这是延平区古树群首次荣登“福建省最美古树群”榜。

16 日下午，南平市首家“清新书苑”（南平市图书馆巨口乡分馆）揭牌仪式在延平区巨口乡举行，南平市图书馆馆长刘忠旺为“清新书苑”（南平市图书馆巨口乡分馆）揭牌。

16 日，第三批福建省县级未成年人心理健康辅导示范站名单公布，南平市延平区未成年人心理健康辅导站上榜。

18 日，闽江干流复航暨南平港开港活动在南平港延平新城港区洋坑码头举行。

23 日，延平区举行区党群服务中心、新时代文明实践中心、妇女儿童活动中心“三中心”揭牌仪式，区委副书记、区长叶文平，区委常委、宣传部部长郑汉洲，区委常委、组织部部长杨清华出席揭牌仪式。

27 日，中国人民政治协商会议南平市延平区第十五届委员会第二次会议在南剑州大剧院开幕，来自全区各条战线的政协委员聚集于此参政议政，建言献策。

28 日上午，南平市延平区第十八届人民代表大会第二次会议在南剑州大剧院开幕，本次会议应出席代表 234 名，实到代表 165 名，符合法定人数。

区情概览

自然地理

【地理位置】 延平区位于福建省中部偏北，位于北纬26°15′～26°51′、东经117°50′～118°40′。东邻古田县、闽清县，南接尤溪县、沙县，西倚顺昌县，北接建瓯市。东西长83千米、南北宽69千米，区域总面积2652.84平方千米，位于闽江上游建溪、沙溪、富屯溪汇合处，为闽江干流的源头。“踞溪山之雄，当水陆之会，扼八闽之襟喉”，延平区是福建省重要水陆交通枢纽，区政府原驻四鹤街道府前路，2005年1月1日迁至滨江中路黄金中心大厦。

延平地处闽中谷地的最低处，地形地貌受构造运动的影响强烈，构造地貌特征明显表现为丘陵山地，山脉多呈东北—西南走向。低山丘陵分布广，河谷地形呈峡谷或“V”“U”状镶嵌该市各地，山间盆谷地沿河交替分布，山地切割明显，高差悬殊，以断裂为主的断块山，山峰陡峭，断层崖、断裂谷等断层地貌分布广。武夷山脉、鹫峰山脉、戴云山脉会集，北部是武夷山脉向东南延伸的支脉南端，东北部是鹫峰山脉西南坡，南部为玳瑁山脉北坡，西部为丘陵地带。四周峰峦环绕，丘陵蜿蜒，唯有闽江河流侵蚀下切所形成的河谷，留下一条通往福建东南沿海的天然通道。境内有海拔千米以上高峰40余座，其中金凤山为全区最高峰（海拔1387米）。

【气候】 延平属中亚热带海洋季风气候，四季分明，常年雨量充沛、光照丰富，冬无严寒，夏无酷暑。春季气候温湿，温度起伏大、天气变化快，常常出现冰雹、大风等强对流天气；汛期雨量集中，暴雨次数多，常造成洪涝灾害；夏季炎热多雷雨，但由于日照强、气温高、蒸发快、降水分布不均匀，常常出现伏旱；秋冬季干燥，少雨。

2022年，延平区年平均气温20.8℃，较常年气温偏高0.7℃，年平均气温偏高，≥35℃高温日数74天，比常年偏多28天。23℃型秋寒出现在10月7日，属正常；无20℃型秋寒。全年无“倒春寒”和“五月寒”等灾害。降水量1846.9毫米，与历年同期相比偏多147.9毫米，偏多8.7%，年降雨量正常，日最大降水量92.7毫米，出现在6月17日。年日照时数1768.1小时，较常年偏多6.8小时，属正常。2022年影响延平区的主要气候事件有：冷空气、冰雹、暴雨、高温、干旱。

【水文】 由于受地质构造和岩性不同控制的影响，延平区河流受到长期外引力的作用，河网呈格子状，河谷盆地似狭长串珠状。境内河流主要特点是源短流急、水量充沛、年内洪枯变化大、峡谷险滩多、含沙量少，流经境内的闽江干流依地势自西北向东南流出境外。地表受构造影响，切割强烈，因而水系十分发达，河流交错突出，除“一江三溪”（闽江、建溪、富屯溪、沙溪）外，流经延平区境内的闽江分支流（100平方千米以上）还有武步溪、吉溪、高州溪、斜溪、新岭溪、西芹溪、照溪、王台溪。

境内长度达5千米以上的河流87条（总长1574千米），其中10千米以上的有30条（总长974千米）。集雨面积10平方千米以上河溪76条，其中10～50平方千米48条；50～100平方千米16条；100～500平方千米6条；500～1000平方千米2条；1000平方千米以上4条（皆由外县入境）。

资　源

【土地矿产资源】 延平区是福建省土地面积最大的县级区，其中耕地面积1.6万多公顷。境内矿产资源丰富，颇具开发潜力，拥有国内罕见的特大型铌钽矿床、中型锡矿床（铌钴矿床伴生矿）、水泥用灰炭矿床，全省规模最大的透辉石矿，还有重晶石、硅灰石、高岭土、石英砂、石墨、金甲长石、大理石、白萤石、花岗石、云母、蛇纹石、辉绿石、磷矿、锡铁矿、磁铁矿、铅锌矿、优质矿泉水等30余种矿产，其中“青云石”“南平黑”“南平青”等花岗石享誉国内外。根据已掌握的矿产资源储量计算，延平区境内矿产资源、水电资源的潜在价值达104亿元，发展前景广阔。

【森林资源】 延平素有“森林之窗，本甲全闽”之称，是中国南方三大杉木产区之一，杉木速生丰产居全国之冠。王台安槽下速生丰产林创下单位积材世界纪录，周恩来总理签署的国务院嘉奖令誉之为“绿色金库”。2022年末，林业用地面积210860公顷，其中有林地面积195766公顷；森林覆盖率74.47%；森林蓄积量2167万立方米。重点生态公益林面积42360公顷，占林业用地面积的20.09%，主要分布在茫荡山国家级自然保护区、闽江干流及其一级支流、库容3亿立方米以上的重要水库一重山、重要交通干线两侧、环城四周一重山，构成延平区基本完善的生态体系。除盛产杉、松、竹外，还有近百种名贵珍稀树木，其中南方红豆杉、柳杉、建柏、闽楠、银杏等15个树种，被列为国家级和省级保护树种。境内茫荡山自然保护区乔木品种比整个欧洲大陆的乔木总数还多。区内森林中其他物种资源丰富，已发现的蕨类植物有33科57属100种，裸子植物10科23属62种，被子植物148科622属1264种；经济植物中有果树68种、茶叶7种、其他种类19个；药用植物资源隶属102科80余种。

【水资源】 延平区水资源十分丰富，水电理论蕴藏量居福建省首位。境内有76条支流纵横交织。境内建有装机容量为140万千瓦的水口电站、30万千瓦的沙溪口电站。区级电厂、电站已建成97座，总装机容量18.3万千瓦，年总发电量6.65亿千瓦时，全部与省电网联网，电力供应充裕。

【旅游资源】 延平区地处福建山海接合部，是南接北连战略通道的中心枢纽和海峡西岸经济区绿色腹地的南大门。境内山体与武夷山脉相承，其旅游景点与武夷山风景区天然连成一线，形成闽北半月型旅游网络体系。境内拥有国家AAAA级景区——溪源峡谷，有被誉为“福建庐山”“避暑胜地”的省级风景区——茫荡山，有九峰山、明翠阁、双石塔、溪源峡谷、茶洋宋窑遗址、古道三千八百坎、石佛山等名胜古迹。“山围八面绿，水绕二江青”是诗人郭沫若对延平这座美丽山城的美好赞誉。延平区依山傍水，在水口水电站库区建成后，形成方圆96平方千米的延平湖面，湖中岛屿罗列，湖周青山对峙、柑橘成带、绿竹成荫，景色优美。境内有一段10千米长的宽阔湖面适合于建设大型水上运动训练基地和举办各种水上运动的赛场。

【交通资源】 延平区交通便利，境内铁路有合福高铁、鹰厦线、外福线和横南线，南北贯通，乘坐高铁至福州仅需半小时。境内公路四通八达，205国道、316国道、京福高速、浦南高速、延顺高速公路，纵横交会，距离武夷山机场180千米，距离福州机场2个多小时车程。全区所有行政村实现村村通公路。水路方面，水南货运码头是福建小吨位最大的内河港码头，500吨级轮船可沿闽江而下直达沿海口岸，拥有年吞吐量12万吨的集装箱中转站。

人文历史

【建制沿革】 延平区始建于东汉建安元年（196年），时称南平，寓意“南疆平定”。历史上曾称延平、剑津、剑浦等。至今已有1800多年历史；南唐保大四年（946年）开始，延平成为古代二级政区驻地。1956年11月，在南平县域内设立南平市。1958年，南平县并入南平市。1994年9月，撤销南平地区设立地级南平市，县级南平市改为延平区，行政区划不变。1995年1月1日，南平市延平区正式成立。延平区是闽北经济、文化、政治中心。

【人文荟萃】 宋代为延平区古代教育鼎盛时期，英才辈出，钟灵毓秀。宋代319年间，中进士者共331人，其中有北宋元丰五年（1082年）状元黄裳。南宋初期，政治文化中心南移，名人学者会集到延平区。“独先天下兴州学”为后人称颂，有碑记存于西山碑亭内，碑文历述山城教育之兴起、发展及形成中心的史迹。名重天下的“延平四贤”（杨时、罗从彦、李侗、朱熹）曾先后在此创建书院，讲学传道，使延平区成为闻名遐迩的“东南邹鲁”“理学名邦”。明嘉靖三十一年至三十五年（1552—1556年），海瑞在此任教谕，整顿地方教育政务，倡导教风，整饬学风，身体力行，作出表率，开一代教育新风。

区划人口

【行政政区】 2022年，延平区下辖：水南、四鹤、紫云、梅山、水东、黄墩6个街道，来舟、樟湖、夏道、西芹、峡阳、南山、大横、王台、太平、塔前、茫荡、洋后、炉下13个镇，巨口、赤门2个乡。地处福建省中部偏北，闽江上游。东邻古田，东南与闽清交界，南与尤溪、西南与沙县毗邻，北与建瓯，西北与顺昌接壤。

【人口】 2022年底，延平区户籍总人口48.77万人，人口自然增长率1.04%，常住人口44.8万人。

民族宗教

【民族】 2022年底，延平区少数民族人口约0.43万人，呈现大杂居、小聚居特点，有畲族、苗族、壮族和彝族等36个少数民族，其中畲族常住人口2200多人，占全区少数民族人口的52%左右。

【宗教】 2022年底，延平区登记开放的宗教活动场所66处（其中市直管场所8处），包括佛教27处（市管3处）、道教20处（市管3处）、基督教17处（市管1处）、天主教2处（市管1处）；共有宗教教职人员182人，其中佛教67人、道教94人、基督教19人、天主教2人；共有信教群众3万多人，其中佛教16000多人、道教13000多人、基督教5000多人、天主教2500多人；民间信仰活动场所25处。

（供稿人：刘　媛）

（责任编辑：邓璟靓）

经济社会发展

【概况】 2022年，延平区全年地区生产总值455.23亿元，比上年增长2.5%，其中第一产业增加值40.62亿元，增长6.4%；第二产业增加值165.40亿元，增长1.4%；第三产业增加值249.21亿元，增长2.5%。一般公共预算收入10.82亿元、增长5.1%，其中地方一般公共预算收入8.02亿元、增长16.3%；城镇居民人均可支配收入42165元，增长4.6%，农村居民人均可支配收入23794元，增长7.1%；农林牧渔业总产值77.46亿元，增长7.1%；规模工业增加值增长1.3%；固定资产投资增长-2.9%；社会消费品零售总额114.59亿元，增长3.4%。

【经济建设】

工业产业提档升级　2022年，延平区新增工业技改项目51项，比2021年增加10项。新增国家级专精特新“小巨人”企业1家，省级“专精特新”中小企业2家、“科技小巨人”企业2家，通过复核的国家级、省级制造业单项冠军产品各1项，省、市知识产权优势企业6家。新培育鑫元竹木等“新建投”企业3家、远拓电气等“小升规”企业5家，电线电缆、林产化工两大重点产业集群实现逆势发展，产值增速分别超35%、20%。

特色农业做强做优　2022年，延平区出台稳粮措施十二条，累计投入4849万元建设高标准农田2.13万亩，复耕复种撂荒地8756亩，粮食产量达5.9万吨。落地全国首个规模化菌草微生物农业生产系统——“菌草家园”；建成生态茶园示范片7个；百合花种植面积达1.2万亩，商品种球规模突破70万粒；累计50个农产品获得绿色食品认证，其中新增13个绿色食品，鸿瑞现代农业产业园建成投产。

三产发展态势良好　2022年，延平区新增限上商贸企业40家、规上服务业企业5家。推出茫荡山避暑康养游、南山地下航线红色游等精品文旅线路6条，举办纪念郑成功收复台湾360周年活动、承办省运会拳击等3个项目赛事，预计实现旅游总收入90亿元，同比增长4.09%。

重点项目提速提效　2022年，延平区出台向上争取资金《奖励办法》，争取中央、省级预算内项目资金6.5亿元，债券资金4.2亿元，有效支撑了重点项目建设。人民医院八仙院区等4个项目列入国家“十四五”102项重大项目盘子；元力环保用活性炭等6个闽东北协同发展重点项目加快建设，累计投资10.84亿元。46个省、市重点项目完成投资45.54亿元，新开工9项，新竣工18项。

招商引资成效明显　2022年，延平区出台《建立健全“马上就办、真抓实干”工作机制，实施项目化推进、快速化响应、扁平化管理的实施意见》，“一把手”招商2亿元以上项目11个，总投资91.96亿元，其中，勇锋光伏玻璃等3个项目开工建设；新签约落地5000万元以上项目41个，总投资43.6亿元。推动保温、酒店、游乐三大特色产业加速回归，酒店业协会顺利成立，保温产业年产值突破49.5亿元，税收1.84亿元。全年引进建筑企业1家，新增入库资质等级建筑业企业17家。

市场主体活力增强　2022年，延平区深化“百名局长帮百企”活动，出台9个方面41条稳经济一揽子政策措施，累计减免国有房租376户、644万元，新增减税降费及退税缓税缓费4.75亿元，新增市场主体1.28万户。在全市率先开展“企业家下午茶、晚餐会”活动，解决市场主体问题82个。推出“政企直通车”服务，19项“免申即享”政策上线运行，“信易贷”授信金额5.82亿元。

【社会事业】

社会保障扩面提质　2022年，延平区从“防疫情”到“保健康、防重症”，因时因势优化防控措施，最大限度降低疫情影响。落实国家“新十条”和“闽13条”，着力保障就医用药，延平新城医院项目（一期）主体完工。高质量完成23个为民办实事项目。新建农村区域性养老服务中心4家、“长者食堂”30家，睿翼建设等3家企业入选市级退役军人就业创业基地，开展“送岗留才进校园”等就业招聘行动，新增城镇就业3039人。

社会治理纵深推进　2022年，延平区化解“治重化积”信访积案129个。持续开展“平安延平”创建，常态化推进扫黑除恶专项斗争，完善城乡网格化服务体系，群众安全感率99.47%，延平区获评福建省第四轮第三批平安县（市、区）。有效应对12

年一遇的强降雨。强力推进安全生产专项整治三年行动，燃气安全报警装置实现餐饮行业全覆盖，组建乡镇专兼职应急消防队伍和全市首支无人机应急救援队伍，连续两年实现安全生产事故起数、死亡人数“双下降”。

社会事业蓬勃发展　2022年，延平区建立城乡义务教育共同体10个，校外培训机构营转非完成率、课后延时服务覆盖率均达100%，全区中考总分优秀率全市第2。延平优秀传统文化故事90集在喜马拉雅平台上线，新增省级河湖文化项目2项、新增省级非遗项目2项、世级非遗传承人9人。在省第十七届运动会中，延平区以523的总分位列全省第14名，金牌数、奖牌数、总分数均位列南平地区第一。开展“延平名医”“延平名师”“剑州工匠”选树活动，国防动员和双拥共建扎实推进，退役军人服务管理工作走在全省前列。民族宗教、审计、统计、外事侨务、人防、史志档案、气象地震等工作取得新成效；工青妇、老干部、老龄、残联、红十字等事业取得新进步。

【生态建设】　2022年，延平区从严从实抓好生态环保督察反馈问题整改，空气环境质量连续8年位居全省设区市第1；主要河流Ⅰ～Ⅲ类水质比例100%，水域功能达标率100%；转移处置各类危险废物1.86万吨。因地制宜打造规模化花化彩化面积4.4万平方米，种植各类树种3.7万株。新增省级气候康养福地1个、最美古树群2处。加快推进松材线虫病防控工作，新造林2万亩，森林覆盖率74.47%。

【城乡建设与管理】

城市品质不断提升　2022年，延平区实施城市建设品质提升项目68个，工业路改造（二期）、李侗支路等重大基础设施建成投用。16个老旧小区改造项目有序推进，累计完成投资约1.6亿元，惠及1.86万户，南铝绿色社区建设样板项目通过省级考核验收并获正向激励300万元。智慧城管二期顺利建成，城市管理问题处置率达95%以上；设置生活垃圾分类收集点257个，建成区覆盖率100%。

乡村振兴有力实施　2022年，延平区完成农村建设品质提升工程18项，新改建“四好农村路”67.795千米、道路安防设施400千米、乡镇污水管网25.7千米、安全生态水系1.4千米，整治裸房1150栋，获评省级美丽庭院111家，乡镇千兆光网和5G网络覆盖率达85%以上。投资9300多万元新建乡村振兴试点示范项目84个，“人人都是科特派”小程序上线运行，王台“科特派”入选省级乡村振兴精品示范带。创成省级“一村一品”示范村3个，省级乡村治理示范镇1个、示范村19个。新增国家级农民合作示范社1家、省级示范社2家、省级产业化示范联合体3个。积极对接财政、改革办、国安办、供销社、消防救援总队等省直挂钩共建单位，以及对口协作莆田市秀屿区，支持农村基础设施、公共服务、特色优势产业培育等方面项目15个、资金1.44亿元。

中共南平市延平区委员会

重要会议

【常委会（扩大）会议】 2022年，延平区委召开9次常委会（扩大）会议，第一时间传达学习习近平总书记重要讲话精神，宣传贯彻党中央和省委、市委各项决策部署，扎实推进省委“三提三效”行动部署，立足实际、狠抓落实，在新的起点上全方位推进延平“二次创业”。

9月2日，延平区委书记黄桂诚主持召开延平区委常委会（扩大）会议，以迎接宣传贯彻党的二十大精神为主线，全力以赴做好统筹发展与安全工作，要求各级各部门深入学习贯彻习近平总书记重要讲话精神和省、市有关精神，坚决落实“疫情要防住、经济要稳住、发展要安全”重要要求，全面排查消除安全隐患，扎实做好信访维稳工作，确保社会大局安全稳定。

10月16日，延平区委召开区委常委会（扩大）会议，学习贯彻党的二十大报告精神，与贯彻落实习近平总书记到福建考察重要讲话精神结合起来，在思想上政治上行动上同以习近平同志为核心的党中央保持高度一致，忠诚拥护“两个确立”，坚决做到“两个维护”。

2022年1月13日，区委书记黄桂诚主持召开延平区委常委会（扩大）会议。区长叶文平、区人大常委会主任黄春、区政协主席林华生等出席会议　（区融媒体／供）

【全委（扩大）会议】

延平区委十三届三次全会　2022年12月19日，延平区委召开十三届三次全会，深刻领会党的二十大的精神实质和丰富内涵，对照“五个牢牢把握”的重要要求，紧扣习近平总书记对福建“四个更大”新要求、对南平四个方面重要指示和1996年延平调研重要讲话精神，着力实施“12335”行动，建功新时代、再创黄金期，在新的起点上全方位推进延平“二次创业”。明确在建设富强民主文明和谐美丽的社会主义现代化强国中锐意进取，奋力打造福州都市圈门户城市的目标。

区委办工作

【概况】 2022年，延平区委办忠诚践行“五个坚持”，深入贯彻落实党的二十大精神，认真学习领会习近平新时代中国特色社会主义思想，紧紧围绕区委、区政府中心工作，充分发挥办公室参谋服务、综合协调、督导落实的工作职责，当好区委的“坚强前哨”和“巩固后院”。

【办文办会】 2022年，延平区委办办理区委常委会会议、专题会议等各类大小会议260余场；起草领导各类讲话稿、总结汇报140余篇；

2022年2月24日，延平区委以“四会合一”的形式召开区委常委（扩大）会议暨区委工作会 （区融媒体／供）

办理上级来文410 件2164份，办理各类发文 238 份，其中编发会议纪要26期。

【督办督查】 2022年，延平区大督查办转办南平市大督查组发现问题43个，督促整改到位43个，整改率100%。区本级督查发现各类问题439个，督促整改到位433个，整改率98.6%。完成区委、区政府领导交办的督查任务33件，撰写督查专报、通报等汇报材料67篇。区委督查室联合区政府督查室推动落实企业家“下午茶、晚餐会”融资、用工、用地等问题82个。

【机要信息】 2022年，延平区委机要局围绕区委中心工作，严格密码和密码设备管理，完善机要密码制度体系。完成区委机要局“强边工程”，组织开展重要办公电子设备更换工作，全区采购国产化办公设备284台，办理电报等文件620份，实现密码通信“保密、优质、高效、无事故”。全年累计上报省、市信息328条（篇），被省委办《八闽快讯》采用信息17篇（条）。

【值班应急】 2022年，延平区委总值班室收到乡镇 （街道）、区直部门上报全局性突发性事件信息110条；推送信息224条；编辑上报《紧急要事专报》12期。

【保密工作】 2022年，延平区委保密办、区国家保密局统筹发展与安全，扎实推进各项保密工作。开展全民国家安全教育进机关、进学校、进乡村、进社区、进学校、进网络、进军营的“七进”宣传活动，发放宣传资料2000余份，举办机关单位保密干部、涉密人员和中高考保密员培训 3 场次，培训120人次。着力筑牢保密防线，定期到机关单位、文印店开展保密工作督查，共检查46个单位，检查电脑200余台，完成全区14个试卷保密室和南平一中、高级中学、南平八中等考点验收工作。

（供稿：陈炜曦）

（责任编辑：邓璟靓）

组织工作

【概况】 2022年，延平区委组织部在区委的正确领导和市委组织部的精心指导下，全面贯彻新时代党的建设总要求和新时代党的组织路线，以迎接和学习宣传贯彻党的二十大精神为主线，紧扣区委中心大局，深入实施“提高效率、提升效能、提增效益”行动，扎实开展基层党建“提质增效年”活动，锐意进取、狠抓落实，各项工作取得新成效。

【干部选拔任用】 2022年，延平区委组织部抓好干部队伍建设这个关键，推动延平区党员干部在“二次创业”中作风严起来、能力强起来、工作实起来、高效干起来。根据《2019—2022年福建省干部教育培训规划》，努力培养造就忠诚干净担当的高素质专业化干部队伍，延平区科级领导职务干部大学以上学历占91.45%，平均年龄46.2岁，较上一年度下降0.7岁。全年，延平区委共调整使用干部201名，其中提任25名、转任7名、事业调任公务员2名、晋升职级88名工作表现突出的干部。晋升职级干部中晋升三级调研员6名、晋升四级调研员4名、晋升一级主任科员43人次。选拔任用的34名干部当中，优秀年轻干部10名，女干部12名，党外干部1名。此外，制定《延平区激励干部担当作为的奖励办法（试行）》。2022年以延平区委、区政府名义嘉奖、表彰33个先进集体、84名先进干部，推荐表彰南平市优秀科级特派员、下派村支书、流通助理12名。

【教育管理】 2022年，延平区委组织部把学习宣传贯彻党的二十大精神作为首要政治任务，印发《关于认真做好学习宣传贯彻党的二十大精神的工作提示》《关于开展党的二十大精神专题党课活动的通知》等文件，在各级党组织迅速掀起学习宣传贯彻热潮。延平区处级领导带头，分赴挂钩联系点开展“党的二十大精神送学上门”30余场；各基层党（工）委领导上专题党课250余场，组织开展主题党日等现场教学活动350余场。创新“小院党课”学习载体，组建“小院党课”党的二十大精神宣讲队伍6支127人，联学单位43个，开展宣讲180场，居民受众8500多人次。将党的创新理论成果作为党员干部公务员教育培训的必修课程，先后举办延平区科级领导干部、优秀年轻后备干部学习贯彻十九届六中全会精神专题班，培训学员1937人；举办村（社区）主干示范班，推动各基层党组织开展党员教育培训166期，党员轮训率达到98%。巩固党史学习教育成果，用好用活闽浙赣游击纵队遗址、吉溪地下航线纪念馆等延平红色资源，依托“党课开讲啦”“微党课”等载体，广泛开展党性教育和革命传统教育。走访慰问生活困难党员、老党员、老干部等群体1257人、发放资金98.56万元，266名老党员获颁“光荣在党50年”纪念章。深入学习弘扬廖俊波优秀品质，推荐评选表彰第六批廖俊波式好干部好党员2名。

坚持“干什么学什么、缺什么补什么”的干部教育培训原则，会同国资办、金融办等6个业务部门共同谋划课程，从福建干部网络学院课程库中筛选出46门精品线上课程，举办延平区领导干部“六懂六会”专题培训班，培训领导干部120余人；依托福建干部网络学院等平台线上办班；举办基层干部乡村振兴、城市基层治理网络等培训专题班2期；组织干部参加省、市防汛防台风、应急处突能力提升等培训班21期，网络培训学员近5500人次。

【干部监督管理】 2022年，延平区委组织部进一步加强干部队伍管理，严肃人事工作纪律，关停临时机构6个，精减项目指挥部工作人员52人；审批借用公职人员63人次，违规借用的不良风气得到有效遏制。规范落实因私出国（境）管理，全年对新提任人员、外地调入科级以上干部、涉密人员新增登记备案26人次。开展、严格执行干部选拔任用征求意见工作，全年向延平区纪委监委、法院、检察院、公安、审计、生态环境等10余个执纪执法部门征求意见206人次。着力清理整顿区属国企兼（任）职不规范现象，联合延平区国资委开展三大国企领导班子成员选拔工作，交流11名机关事业干部到延平区国投、产投、文教三大集团任职，有效解决政企不分、机关事业干部到企业任职不规范的难点问题。此外，强化干部日常监督，受理办结群众信访件10件。

【基层党建】 2022年，延平区委组织部深入开展“五型”示范创建，精选打造市、区级65个强村富民型、和谐宜居型、模范高效型、创新服务型、示范引领型等各领域“五型”高品质党建示范点，以点带面推动基层党组织全域提升。推动开展“头雁讲堂”活动，抓实村级党组织书记领办党建项目责任，形成一级抓一级工作格局，有效营造“比学赶超”氛围。严格落实南平市“农村党建12条”措施，区领导带头下沉挂点乡镇，全面完成245个行政村换届回访工作。开展农村党支部“党建体检”工作，摸排整顿后进村9个，申报创建金星村党组织9个，红星村党组织57个。

延平区委组织部聚焦党建引领，推动全区村党支部新领办农业合作社、林业理事会等45个，培育党员“带富先锋”73名，打造党员创业致富示范基地19个，建立16个跨村联建点，覆盖带动50个行政村协同发展。开展“村企牵手促振兴”三年行动，组织23家企业与王台片区和大横片区以及21个村党支部共建，谋划共建项目68个，涉及资金580万余元。深化“南平机制”落实，推动全区30名处级领导联村77个，112个市区企事业单位与245个村结对共建，助力乡村振兴。发挥乡村振兴工作队、驻村第一书记、科技特派员、流通助理等乡村振兴队伍力量，累计导入资金4910万元，引进或新办经济实体46个，实施基础设施项目149个，发展村集体经济项目68个。全年，全区村集体自主经营性收入10万元以上的245个，占100%；20万元以上的105个，占42.86%；50万元以上的37个，占15.1%；100万元以上的13个，占5.3%。

延平区委组织部强化城市基层党建工作指导，推动区委常委联系城市近邻党建示范小区11个，出台近邻党建星级示范小区评定方案，评定五星小区2个、四星小区4个、三星小区9个，下拨财政资金奖补40万元，助力示范小区提档升级。进一步完善机关单位、在职党员、群团队伍、代表委员、商会企业、公益组织“六进小区”工作机制，政府、行业、社会三个维度138支队伍力量下沉、资源下倾、服务下移小区，1500余名在职党员、代表委员编入小区治理网格，累计推动实施公益项目65个，解决群众急难愁盼问题480余件，工作经验在人民网、《中国城市报》刊登。

延平区委组织部统筹推进各领域党建工作。实施党建强企计划，推动86家企业和社会组织“党建入章”，落实“双向进入、交叉任职”102家，占比48%。23名区领导兼任企业党建指导员，举办“助企晚餐会”和“解忧下午茶”活动7场次，梳理解决企业发展问题35个；用好“党企新时空·政企直通车”平台，推动常态化下沉助企纾困。加强新业态新就业群体党建，分层分类建立工作台账，成立2个商圈党支部、1个外卖行业支部，推动保温协会、三山集团成立党委，《福建组工信息》第7期刊发延平区精准施策助力非公党建发展工作经验。深入开展模范机关创建，创建35个五星级机关党支部，机关党建工作质量和水平持续提升。持续加强国有企业党建工作，完成整合重组后区属三大国企党组织的隶属调整、换届选举、“党建入章”等工作。落实中小学校党组织领导的校长负责制和公立医院党委领导下的院长负责制，议事决策制度更加完善。

【党员干部教育管理】 2022年，延平区委组织部抓实党员队伍教育管理，高质量完成排查整顿农村发展党员违规违纪问题工作，进一步严肃全区发展党员工作纪律。优化党员发展，推行“四荐两评一考”机制，将村级后备干部、优秀民兵、两新先进青年等159名优秀分子纳入储备库，强化基层党委前置把关责任。明确“一主三辅”发展机制，突出质量主线，通过优化程序、多审管控、点链预警，结合“十个不批”负面清单，不断推进发展党员规范化建设。全年，延平区各级党组织共发展党员266名，完成计划任务数的100.38%，其中农村新发展35岁以下党员58名，占比发展党员总数的59.86%，农村发展党员年龄结构得到进一步优化。

【人才工作】 2022年，延平区委组织部坚持党管人才原则，制定《2022年全区人才工作要点及分工方案》《延平区建设绿色制造人才高地实施方案》《延平区高层次人才评价认定和支持办法（试行）》等文件。开展紧缺急需专业人才招聘工作，共引进医疗、住建紧缺急需专业人才28人；采取“定向培养”方式，全年定向委培16名教育、医疗、农技推广类紧缺专业技术人才；组织开展“线上＋线下”各类招聘活动39场，740余家（次）企业参与，达成初步就业意向1721人。开展育婴员、茶艺师工种技能培训、新成长劳动者网络创业培训、农村实用人才远程培训、企业经营管理人才培训等培训班59场8405人次，培育企业中级工77人，93人通过社工师职业水平考试，新增专业技术人才398人。充分发挥科特派发源地优势，组建花卉、生猪养殖、果蔬种植等10个科技特派员组团，实现科技特派员服务范围由点对点提升到行业全覆盖、区域全覆盖。搭建育才平台载体，建设延平乡村振兴学院，实施28个具体乡村振兴项目培训、8个技能工种培训与认证项目，开展延平区特色产业学院建设，推动各类田间秀才、返乡农民工、致富能手等本土人才培育。组织南平南线电缆有限公司与中科院海西分院、福建长富乳品有限公司与中国农业科学院北京畜牧兽医研究所建设技术攻关、产学研用为一体的科技协同创新平台，提升企业科学研发水平。开发“人人都是科特派”小程序，为科特派提供技术交流、科技服务、成果展示、教学授课等多功能平台。选聘大学生引才志愿者42名，建立大学生到延平就业、创业联系纽带。设立见习基地38个，征集就业见习岗位99个，101名高校毕业生参与见习。健全完善《延平区领导干部联系优秀人才工作制度》，19名处级领导联系37名人才，通过定期走访、座谈交流、日常联系等方式加强对人才专家的联系服务，全年共发放人才慰问金3.2万元，帮助人才解决子女就学、配偶随调等问题5件。落实各类人才保障政策，发放重点产业高技能人才生活补贴、租房补贴、紧缺急需人才安家补助等各项人才补助1210.73万元。开展各领域人才评选活动，共评选出教育、卫生、农业等各类优秀人才110名。

【自身建设】 2022年，延平区委组织部聚焦抓项目、增动能，抽调98名干部参加“三大攻坚”、招商引资等工作，推动保温、酒店、游乐三大特色产业加速回归。深化机关联社区机制，组织党员干部深入结对帮扶共建社区，开展文明城区创建等志愿服务活动2.8万余人次。加强机关党支部建设，党员干部集中学习习近平新时代中国特色社会主义思想、党的二十大精神等内容共49次，开展学习研讨17次；认真落实“三会一课”、民主生活会、民主评议党员等日常教育制度，组织参观塔前镇莒上村“南沙尤农村第一党支部”陈列馆、余维新烈士墓和洋后镇大禄村“中共福建省一九四六党代会旧址”等红色基地，持续锤炼党性。实施组工干部“五个一”赋能行动，累计开展“组工讲坛”8期，业务测试共6场，延平区委组织部机关支部获评五星党支部。坚持民主集中制原则，先后召开部务会会议18次，研究“三重一大”事项71项。落实意识形态工作责任制，加强组织系统网宣队伍建设，传递正面导向，撰写网评文章1100余篇，其中6篇被中组部评选为优秀网评文章。推行全员信息调研制度，一年来在中组部《组工信息》、省组部《福建组工信息》等刊物及《中国组织人事报》、人民网等各级媒体刊发信息90余篇（条），组工信息工作质量持续提升。

（供稿人：江　峰）

（责任编辑：邓璟靓）

宣传工作

【概况】 2022年，延平区委宣传部深入贯彻习近平总书记到福建考察重要讲话精神和党中央决策部署以及省委、市委、区委工作要求，紧扣举旗帜、聚民心、育新人、兴文化、展形象的使命任务，以迎接和学习宣传贯彻党的二十大精神为主线，加强理论武装，强化意识形态工作责任，壮大主流舆论，繁荣发展文化事业，全面推进文明创建，打造网信“延平样本”，为在新的起点上全方位推进延平“二次创业”提供坚强思想保证和强大精神力量。延平区意识形态绩效考评全市第1，文化产业增加值增长率绩效考评在全市排名从第9位跃升到第2位。11月，延平区网络安全和信息化中心提升为正科级事业单位。

【理论武装】 2022年，延平区委宣传部创新“8小时”之外学习模式，搭建区委理论学习中心组“学习微信群”，紧跟时事每日推送党的创新理论。全年，区委理论学习中心组围绕党的二十大精神、《闽山闽水物华新——习近平福建足迹》、习近平总书记关于党的百年奋斗重大成就和历史经验的重要论述等专题集中学习研讨21

次。“提档升级”区委宣讲团，由区四套班子成员带头，深入挂点乡镇、分管领域宣讲党的二十大精神，依托新时代文明实践中心（所、站）、“双剑讲堂”特色文化讲堂等平台，开展重大主题宣讲600余场，延平区“永远跟党走”理论宣讲志愿服务队入选省委宣传部、省委讲师团基层特色宣讲团。建立党史学习教育常态化长效化机制，《习近平谈治国理政》第四卷、《闽山闽水物华新——习近平福建足迹》征订数位居全市各县（市、区）首位。

【意识形态监督】 2022年，延平区委宣传部推动意识形态领域分析研判、定期汇报通报、考核督导、追责问责四项机制落实，督促各级党委（党组）负责人从严从实履行“第一责任人”职责，做到重要意识形态工作亲自部署、重要意识形态问题亲自过问、重大意识形态事件亲自处置。修订完善党委（党组）意识形态工作责任制实施细则，出台维护党的二十大意识形态领域安全稳定工作分工方案等措施办法。全年，区委常委会共专题研究意识形态工作3次，组织中心组专题学习2次，开展意识形态工作专项督查1次，通报全区意识形态领域形势1次，向上级党委专题汇报1次。将落实情况纳入区委全面从严治党主体责任检查，开展区委巡察意识形态责任制落实情况专项检查，对18个党组织开展专项检查。2022年，延平区意识形态绩效考评全市第1。

【网信工作】 2022年，延平区委宣传部全力推动区“网络安全和信息化中心”标准化建设。全年，延平区委网信办开展网络资产自查4次，梳理重点行业、企业等77个，开展网络安全应急演练2次，督促9家单位整改网络安全隐患31个，指导教育、金融、融媒体等九大领域完成IPv6升级改造。下发《关于规范全区官方新媒体平台管理工作的通知》，对原有72个官方新媒体账号进行梳理，保留25个。助力“看见福建·南平篇”系列视频播放量破100万，得到市委网信办来信表扬。11月，区“网络安全和信息化中心”提升为正科级事业单位。延平区委网信办被评为2022年度全市网信工作先进单位，延平区网信中心被评为2022年度延平区绿色高质量发展先进集体。

【社会宣传】 2022年，延平区委宣传部围绕党的二十大精神、疫情防控、乡村振兴、党史学习教育等重大主题宣传任务，张贴主题海报6万余张，制作公益广告牌480余面，制作应急广播节目249期，开展各类宣教活动180余场。下发《关于加强社会宣传阵地管理的通知》等工作要求，对全区社会宣传阵地开展检查指导。以炉下镇斜溪村为试点，拓展融媒体应急广播助推数字乡村振兴建设，建成全市首个乡村振兴综合服务平台；《福建南平（延平）应急广播：融媒体应急广播精准发声》被国家广电总局、国家应急广播平台作为“我为群众办实事”典型案例在全国推广。

【新闻宣传】 2022年，延平区委宣传部梳理整合全区官方新媒体账号，优化“美丽延平”微信公众号和“延平新闻网”栏目设置，开设“乡镇街道主官在忙啥”“部门怎么优化服务”等专栏，“美丽延平”微信公众号关注人数从3.6万余人增加到近12万人。围绕学习贯彻落实党的二十大精神，重点抓好“三提三效”“三大攻坚行动”和延平“二次创业”等中心工作宣传报道，加强疫情防控宣传，全年共在省级及以上主流媒体平台用稿500余篇（条），市级媒体用稿1080篇（条），同比增长30%。区委书记访谈文章《再创“黄金期”全力推进二次创业》在“学习强国”平台浏览量突破25万。延平区县级融媒体加密终端和新闻记者证系统获中宣部批准。

【对外宣传】 2022年，延平区委宣传部围绕延平绿色发展、生态文明建设、科技助力乡村振兴、优秀传统文化传承发展等主题，收集制作对外宣传短视频，通过媒体采访等形式，宣介延平经济社会发展等各方面成就。深入挖掘朱子文化、成功文化等文化底蕴，以海峡两岸（南平）纪念“延平王”郑成功收复台湾360周年、“闽瓷遗珍海丝明珠”延平茶洋窑瓷器展等活动为着力点，增强宣传影响力和渗透力。茶洋盏作为伴手礼赠予第十七届省运会延平分赛场各地来宾，入选中乌建交30周年活动官

2022年9月29日，在市委小礼堂召开全区乡镇（街道）宣传委员会议暨意识形态工作业务培训会
（融媒体中心　李海玥/摄）

方指定用益。

【文明创建】 2022年，延平区全力推进文明培育、文明创建、文明实践，文明实践中心（所、站）实现全覆盖，“定单+点单”“五联共建”创新成效在全市推广，南平市新时代文明实践中心（所、站）建设现场会在延召开。全区共有4名先进典型获评省级先进典型，《情系桑梓弘大爱，丹心义行兆永福》节目入选“德耀八闽·喜迎二十大”全省道德模范身边好人故事汇；延平区被确认为省乡村“复兴少年宫”项目重点推进县，未成年人心理健康辅导站被评为省级示范站。

【文化创建】 2022年，延平区委宣传部健全完善文化改革发展工作领导小组工作机制，紧扣“三个融入”，聚力破解企业和群众急难愁盼问题。全区共有5家文化企业新增入统，文化产业增加值增长率绩效考评在全市排名从第9位跃升到第2位。充分发挥延平优秀传统文化优势，全面打响“福”文化品牌。“茶洋窑”全类商标注册申请获国家知识产权局受理，“茶洋窑制作技艺”被列入第七批省级非遗项目，新增茶洋窑市级传承人9名，5名茶洋窑传承人获评“福建省工艺美术名人”，3人获评首届“剑州工匠”，1家企业被授予南平市首批“文化产业示范基地”。编纂《朱子导师——李侗传》，新建李侗文化公园、理学文化主题公园等“延平四贤”文化景点，完成杨真公园“福”文化景观建设项目。全年开展文化科技卫生“三下乡”等各类主题活动1500余场次。

（供稿人：施雅芳）

（责任编辑：邓璟靓）

统一战线

【概况】 2022年，延平区委统战部以习近平新时代中国特色社会主义思想为指导，深入贯彻落实《中国共产党统一战线工作条例》和中央、省委、市委、区委统战工作会议精神，紧扣区委“12335”行动和“10+6”重点工作，主动融入大局，不断凝聚政治共识，服务经济发展，促进和谐稳定，推进统战各领域工作取得新进展。

【主题教育】 2022年，延平区委统战部以“喜迎二十大”和贯彻落实党的二十大精神为主线，在全区统战各领域开展主题教育，在统战系统开展学习研讨8场次，深入系统单位、商会等地宣讲5场次，分别设立延平区民营经济人士理想信念教育基地和延平区铸牢中华民族共同体意识教育基地，组织开展“喜迎二十大·同心谱新篇”民法典相伴、民族团结创建、端午献爱心等系列活动7场次，在全区统一战线中营造浓厚氛围。

【《中国共产党统一战线工作条例》学习运用】 2022年，延平区委统战部推动《中国共产党统一战线工作条例》（以下简称《条例》）的学习宣传和贯彻落实。将《条例》纳入各级党委理论中心组学习、纳入领导班子和领导干部年度考核、纳入党校、社会主义学院（行政学校）教学内容，同时纳入区委巡察，进一步提高各级党组织和各级领导干部的统战意识，促进《条例》的学习运用制度化常态化。

【非公有制经济领域统战】 2022年，延平区委统战部以深入开展“三大攻坚行动”为抓手，加大对商会、企业的走访力度，帮助纾困解难。收集企业急难愁盼10件事提交区委常委会研究。结合“晋江经验”提出20周年契机，评选表彰36家在税收、产值、带动就业、社会公益和科技创新等方面取得突出成绩的民营企业，进一步坚定企业发展信心，提升服务企业质效。加大对小微企业金融服务力度，建立银企合作的长效机制和合作平台，联合邮储银行延平分行开展“邮商贷”，累计授信金额超5800万元，促成南平农商银行对区青商会会员企业授信1亿元。加强与有关单位部门互动联动，探索建立非公经济领域法律服务工作机制，联合区法院建立健全民营经济领域多元化解合作机制，聘请民营企业家担任“法院监督员”“特约调解员”。联合区检

2022年6月1日，区委统战部（民宗局）在南平市东坑民族小学设立铸牢中华民族共同体意识教育实践基地

（区委统战部/供）

2022年9月15日，区委常委、统战部部长郑莹诗（左四）调研走访民营企业坤辉电器公司
（区委统战部／供）

察院推进涉案企业合规第三方监督评估工作，协调司法局、财政局、生态环境局、自然资源局、林业局等五部门成立涉案企业合规第三方机制管委会。联合区司法局建立“百所联百会”机制，共同构建良好法治营商环境。充分运用校地优势，搭建校企合作平台，深入开展“百校万岗同心就业”行动，与闽职院签订校企合作框架协议，牵线6家企业与闽职院相关专业学生分别举办供需对接见面会，推荐商会会员企业参加“展望未来、青春起航”2022届、2023届毕业生校园招聘会，为民营企业长远发展提供人才支撑。加强与异地商会联系服务，积极“走出去”，前往郑州、西安、上海、杭州、厦门等地宣传推介延平，推动“回归经济”发展，全力推进“一把手”招商。2022年本部引进项目3个，总投资3.55亿元；实现以商招商项目1个，总投资2亿元。创新建立区工商联执委轮值制度，推动以商招商，通过轮值及时掌握企业动态与诉求，提升服务效能。强化商会党建工作，推动成立福州延平商会党支部、区青商会政协委员功能型党支部，牵线区青商会党支部与南平农商银行第五党支部、南平市漳州商会党支部与赤门乡东墙村党支部进行党建共建合作，推动区新阶联、青商会党支部分别与西芹镇吉洋村、塔前镇大坪村进行党建结对，助力经济发展、产业振兴。实施“万企兴万村”行动，认定元力等11家企业与11个村开展乡村振兴结对共建，并争取银行对项目的金融支持。引导民营经济人士助力疫情防控，募捐资金9.6万元和价值5.84万元物资，慰问医院、社区等疫情防控一线。

【港澳台联谊和服务】 2022年，延平区委统战部协助举办海峡两岸（南平）纪念“延平王”郑成功收复台湾360周年系列活动和海峡两岸（延平）纪念郑成功晋封延平王364周年活动，在5个乡镇开展闽台乡建乡创，引入台湾建筑师团队作为城乡建设顾问开展陪护式指导，促进延台交往交流。与香港延平联谊会保持联络联系，支持社团工作开展，补助工作经费4万元。在香港新冠疫情形势持续严峻时，第一时间组织区海外联谊会与区工商联（商会）募集N95口罩3000个、连花清瘟胶囊800盒驰援香港。在春节、中秋节等重大节日期间走访慰问港澳台侨代表人士和困难群众10人0.5万元，送去节日祝福和关怀。摸底上报生活困难的台胞家庭，有6户7人列为中央统战部、全国台联困难补助对象。关心服务台港澳侨资企业发展，建立在延港澳台侨资企业数据库，帮助企业协调解决在融资、用工、法律服务等方面的问题，引进台资企业南平市延平区广艺文创设计有限公司落户延平。充分发挥台胞台商法律服务团作用，免费为台胞、台商处理案件7件，减少费用5万余元。

【新的社会阶层人士统战】 2022年，延平区委统战部注重发挥新阶层人士力量。组织新阶层人士围绕延平区中心、重点工作，丰富区新阶联活动品牌内容，主动融入全区经济社会发展大局。开展“新春送温暖”活动，到黄墩、樟湖、炉下、夏道等地走访慰问困难群众20户1万元；发动49名新阶联会员，向四鹤街道沙溪口社区长者食堂项目捐赠2.28万元。参与福来福见·福见如愿”新就业形态劳动者关爱行动，由15名会员捐赠价值3000多元的电子产品。成立区新阶联政协委员功能型党支部，推动实现新阶层政协委员“党建＋履职”深度融合。

【党外代表人士队伍建设】 2022年，延平区委统战部深化党政领导班子与党外代表人士联谊交友制度，印发《关于进一步做好区党政领导班子党员干部与党外代表人士联谊交友工作的通知》，密切区党政领导班子党员干部与党外代表人士的联系联谊，推动工作开展。召开2场各民主党派代表人士座谈会，组织党外人士围绕区委、区政府重难点工作和各项重大决策部署，深入基层一线调查研究，积极开展议政建言，累计建言献策51篇。引导各民主党派人士立足岗位投身延平区疫情防控，其中选派6名技术骨干、3名护士支援泉州抗疫核酸采集和流行病学调查。推荐选送3名党外科级干部参加市委党校2022年春季学期脱产培训，不断加强民主党派人士学习教育。

（供稿：刘 媛）

（责任编辑：邓璟靓）

精神文明建设

【概况】 2022年，延平区精神文明建设坚持以习近平新时代中国特色社会主义思想为指导，认真学习宣传贯彻党的二十大精神，落实好举旗帜、聚民心、育新人、兴文化、展形象的使命任务，持续深化文明培育、文明实践、文明创建，着力提高公民素质和社会文明程度，着力推动新时代精神文明建设高质量发展。

【学习党的二十大精神】

深入开展喜迎党的二十大系列活动 2022年，延平区精神文明办先后组织开展“奋进新征程·建功新时代”“强国复兴有我”“我们的新时代”“喜迎二十大·科普向未来”“礼赞二十大·传承好家风”“喜迎二十大·争做好队员”“童心向党”“我们的节日”等全区性系列群众性主题活动60多场次，为党的二十大胜利召开营造浓厚氛围。

全面宣传贯彻党的二十大会议精神 2022年，延平区组织各级文明单位收听收看党的二十大开幕式，聆听习近平总书记代表十九届中央委员会所作的报告，通过支部领学、研讨交流学、党课辅导学、“三会一课”常态学、深入基层宣讲学等多种形式，开展党的二十大精神“大学习大宣讲”。新时代文明实践中心订制下发开展党的二十大精神宣讲订单22个，组织“永远跟党走”理论宣讲志愿服务队，推出党的二十大精神系列宣讲短视频，利用339个新时代文明实践中心（所、站）、600余个“村村通”应急广播等重要阵地，迅速将党的二十大精神传达到广大乡村、社区，实现党的声音“飞入寻常百姓家”，区委文明办领导深入挂点联系村的王台镇山尾村，以《建设宜居宜业和美乡村》为题宣讲党的二十大报告精神。全面掀起学习宣传贯彻党的二十大精神热潮。

【公民道德建设】

选树身边的先进典型 2022年，延平区高度重视培育选树典型，关福玲获评孝老爱亲类“福建好人”；包建兰等4人获评南平市道德模范称号，1人获南平市道德模范提名奖；冯建民等10人获评“延平区道德模范”；林木弟等8人入选2022年第一期“延平身边好人”；王智军获评2022年度“福建省新时代好少年”；省级文明村镇炉下镇创建经验在“闽山闽水物华新福建文明村镇创建成果巡礼专栏”展播。组织排演的音诗画《情系桑梓弘大爱，丹心义行兆永福》，在“德耀八闽·喜迎二十大”全省道德模范身边好人故事汇节目中展播。

开展鲜活的主题教育 2022年，延平区深化“一月一主题”道德讲堂活动。先后举办“倡清风·树廉洁·扬正气”“传承优秀传统文化·立德树人谱写新篇”“聚焦民生·依法履职”等全区性道德讲堂观摩活动4场次。先后开展“品端午粽·结邻里情”“执子之手·与子偕老·最美七夕·一世约定”“强国复兴有我·团团圆圆过中秋·和谐家庭话文明”“九九重阳节·浓浓敬老情”等“我们的节日”主题活动115场次。

2022年3月5日，新时代文明实践中心举行“奋进新征程 建功新时代 创建文明城”暨延平区学雷锋月活动启动仪式 （区精神文明办/供）

【群众性精神文明创建】

文明城市（区）创建基础夯实 2022年，延平区领导重视合力推进，先后召开动员会、推进会、会商会、攻坚会14场次；区委、区政府主要领导深入实地点位，开展专项暗访督查7次；区创城指挥部其余领导暗访督查31次；举办创城培训班，邀请省上专家授课，推动创城任务落到实处。建立常态长效奖惩机制，区文明委制定下发《关于进一步建立健全国文明城市和省级文明城区创建常态长效机制长效奖惩机制的通知》，着力推动创城工作具体化、制度化、常态化，下发实地考评工作提示函7次、通报3份，通报乡镇2个，约谈乡镇分管领导2人。推行“5+X”联合执法机制，发挥党员干部先锋模范带头作用，有效提升城市精细化管理水平。老旧小区改造加速推进，空中线缆得到有效整治，各具特色的“美貌”与“文化”并存的新小区不断涌现，城市颜值不断提升。精准收集申报材料，建立“一月一提醒”“一月一收集”制度，常态化收集归整创城电子申报材料，下发电子申报材料工作提示函4次、通报1份。

群众性精神文明创建精彩纷呈 2022年，延平区持续开展文明单位、文明村镇、文明社区、文明校园、文明家庭等各类群众性精神文明创建活动。6月28日，在南平市胜利小学电教室召开延平区参评省级及以上各类文明单位材料申报培训会；7月14日，组织文明单位收听收看南平市精神文明建设信息工作暨文明单位创建培训会。各单位、乡镇（街道）、村（社区）以"我们的节日"、道德讲堂、志愿服务、先进典型学习宣传为切入点，丰富创建载体，提高创建水平，形成由城镇到乡村、由机关到基层，点、线、面相衔接的全方位创建网络，群众性精神文明创建活动横向到边、纵向到底的创建格局全面形成。2022年届中测评，省级文明村镇夏道镇、王台镇，省级文明单位区政协机关，省级文明校园区实验小学，成绩排名靠前，被省委文明办通报表扬。炉下镇文明乡镇创建经验材料在省委文明办主办的"文明福建"微信公众号上刊播。

【新时代文明实践中心工作】

实践阵地建设全面铺开 2022年3月，延平区建成新时代文明实践点派单系统，嵌入区融媒体"美丽延平"App中并正式上线，实现"两中心一平台"的互通融合。科学合理梳理整合各类资源，区实践中心建立理论宣讲、政策宣传、文化服务、应急救援等志愿服务队伍45支，入驻志愿服务组织10个。各乡镇（街道）实践所、各行政村（社区）实践站建设实现全覆盖，建站率达100%。12月，融合区党群服务中心、妇儿服务中心资源，按照《福建省新时代文明实践中心建设评估标准》要求，择址新建布局合理、功能齐全的文明实践中心对外全面开放。通过整合全区现有的各种零散的公共资源，打造全新的文明实践项目，对7个文明实践基地、9个市民教育实践点、5个优秀文化传播实践点、3个科普教育实践点、7个志愿服务示范点、1个文明实践示范点、5个主题公园、2个文化体育广场"授牌"，构建点多面广、功能完备的文明实践服务圈。

实践活动开展有声有色 2022年，延平区先后举办新时代文明实践点派单系统上线启动仪式、"奋进新征程 建功新时代 创建文明城"学雷锋月启动仪式、"永远跟党走"理论宣讲志愿服务队授旗暨"双剑讲堂"开讲启动仪式、"夏日送清凉"文明实践主题活动、"文明旅游我最美绿色出行我参与"志愿服务活动、延平区"人人都是科特派"系列活动启动仪式、"12·5"国际志愿者日暨延平区新时代文明实践志愿服务活动等。全年，区实践中心举办大型志愿服务活动30场次，发动社会志愿服务组织和国企文明单位176名志愿者，组建18支应急救援机动队参与疫情防控。3月下旬，每天至少安排40多名志愿者，驻扎延平区总医院核酸采样点和新冠疫苗接种点，帮助维持秩序、指导登记有关信息和扫描二维码等，受到广泛赞誉。各实践所（站）共举办活动8016多场次，组织2400多名志愿者参与活动，惠及群众39.6万人次，"志愿红"成为延平一道靓丽风景。先后举办文明实践所所长、文明实践站站长、骨干志愿者培训班10期，培训人员近500人次。4月，南平市全面深化拓展新时代文明实践中心(所、站）建设工作现场推进会在延召开，推广延平特色做法。4月底，召开全区全面深化拓展新时代文明实践中心（所、站）建设工作推进会，进一步巩固提升新时代文明实践工作水平。

实践品牌创新特色鲜明 2022年，延平区创新"党建+文明创建""订单+点单""五联共建""多点联动"机制，"四轮驱动"力推新时代文明实践工作走深走实。全区组建联建片89个，紧密围绕区委、区政府中心工作重点工作，将理论宣讲、安全生产、综治平安、防范电诈、禁毒等宣传制作成订单，派发各乡镇街道实践所，结合日常工作实际开展志愿服务。"订单+点单""五联共建"机制得到市里肯定并全市推广。常态化、多样化、个性化开展"双剑讲堂"、"小院党课"、志愿服务日、文明交通劝导、"绿色星期六"、国学小课堂和"我们的节日"、传统剪纸、红色电影放映、艺术普及志愿服务、延平非遗线上展、茶洋窑瓷器展等系列主题文明实践活动。"永远跟党走"理论宣讲志愿服务队入选中共福建省委宣传部、中共福建省委讲师团基层特色宣讲团。

【移风易俗】

建立考核机制 2022年，延平区将移风易俗目标任务和具体举措纳入文明村镇测评体系和考核指标中，一体部署、一体推进、一体测评，并作为推荐评选各级各类文明单位的重要指标。

抓文明创建 开展文明村镇创建活动，结合文明城市（区）创建，聚焦薄弱环节，广泛开展弘扬优秀传统文化、文明家庭评比活动。推动农村建立"一约四会"（村规民约，红白理事会、村民协商委员会、禁毒禁赌会、道德评议会）逐渐形成村民自治、民主管理、以德治村的良好氛围。通过倡导和规范民众的风俗习惯，弘扬新风正气，不断丰富群众的精神生活，用先进文化占领乡村的思想阵地。

传播文明理念 2022年，延平区依托"美丽延平"微信公众号发布《移风易俗文明过年》、《清明安全文明祭扫》倡议书、开展移风易俗线上答题活动；依托新时代文明实践中心（所、站）开展移风易俗主题活动400多场次；结合"三八"妇女节、"六五"环境日、国际志愿者日等重要时间节点开展移风易俗线下宣传，向广大群众宣传倡导婚事新办丧事简办，讲解移风易俗的意义。如在水南街道举办"久久重阳节浓浓敬老情"移风易俗弘扬时代新风大型主题活动。巩固提升推广炉下斜溪村全国村级"乡风文明建设”优秀典型经验做法，尤其是炉下斜溪村制定移风易俗红九条、黑五条的做法，引导人们养成良好的生活方式和生活习惯。开展文明劝导。建立信息通报制度，综合治理城区丧事扰民。1—12月，城区火化遗体1597具。丧事联合执法队有效化解3起丧事扰民现象，取消、简办庙会、聚会、红白事2700多场，有效教育引导广大群众讲文明、树新风、除陋习，让文明新风吹进千万百姓家。

【未成年人思想建设】

实践教育活动主题鲜活　2022年，延平区持续开展“扣好人生第一粒扣子”主题实践活动，组织区属校园常态化开展学习宣传新时代好少年、传承红色基因、阳光成长心理健康、劳动教育、传承中华优秀传统文化、学雷锋志愿服务等6项主题教育活动，做到校校有主题，班班齐参与，通过歌咏赛、诗朗诵、文艺会演、展览会、故事会等形式，注重仪式感、参与感、现代感，为广大青少年提供自我展示的舞台。先后组织各级文明校园、社会志愿服务组织开展“筑梦未来·强国有我”“喜迎二十大·争做好队员”“高温酷暑送清凉·文明新风沁人心”等主题突出、特色鲜明、形式多样的教育实践活动120多场次，参与人数达2.3万多人次。持续开展“新时代好少年”学习宣传活动。评选确认王智军等13名同学为2022年延平区“新时代好少年”；推荐南平市建溪学校八年级王智军获评市级“新时代好少年”，南平市塔前中心小学六年级林苏岚同学获评市级“新时代好少年”提名奖；王智军同学获评省级“新时代好少年”，《十一年坚守，风雨不辍，他是来自南平的热心公益好少年——王智军》专题片在福建少儿频道展播，全区中小学校组织收听收看。

思想阵地功能不断完善　2022年，延平区被确认为福建省乡村“复兴少年宫”项目重点推进县，融合延平区童向标中小学生综合实践活动中心资源，打造延平区第一个“复兴少年宫”，新建思想道德展馆，制作中国共产党人精神谱系、道德模范、身边好人、新时代好少年展榜等。6月中旬，位于滨江中路587号新建的未成年人心理健康辅导站，正式投入使用，增设宣泄室和添置宣泄设备、沙盘等物品，服务条件、功能全面改善。6月底，延平区承办全市心理健康辅导教师培训班，并选派50名心理咨询师、各校教师参加业务培训。12月，通过福建省县级未成年人心理健康辅导示范站点督导考评，荣获“省级示范站”称号。

（供稿人：曹平胜）

（责任编辑：邓璟靓）

机关党建

【概况】　2022年，在延平区委、区政府的正确领导和市直机关工委的精心指导下，区直机关党工委深入学习贯彻习近平新时代中国特色社会主义思想，深学笃用《习近平谈治国理政》第四卷，结合学习宣传贯彻党的二十大精神，强化理论武装、夯实基层基础，推动区直机关党建工作再上新台阶。

【思想政治建设】　2022年，延平区直机关党工委把抓好理论武装作为基础工程，不断筑牢信念根基。全面掀起学习宣传贯彻党的二十大精神热潮，组织开展“建功新延平，喜迎二十大”主题实践活动，高质量做好党的二十大代表候选人初步人选推荐工作，制订下发《关于认真学习宣传贯彻党的二十大精神的通知》，第一时间开展党的二十大精神报告宣讲，区直机关党务干部等150余人参加学习。开展中心组学习巡听旁听活动17场次，举办党员发展对象、机关党务干部培训班各2期，组织开展“忠诚在心、岗位奉献”对党忠诚教育主题党日活动，组织机关基层党组织深入学习贯彻习近平新时代中国特色社会主义思想，《习近平谈治国理政》第四卷、《闽山闽水物华新——习近平福建足迹》等，学习省市区党代会精神、弘扬廖俊波优秀品质等，以实际行动拥护“两个确立”、做到“两个维护”，巩固拓展党史学习教育成果。落实意识形态工作责任制，工委开展专题学习2次，专题研究意识形态工作2次，抓好宣传阵地管理，牢牢把握意识形态工作主动权。

【组织建设】　2022年，延平区直机关党工委把完善组织建设作为核心任务，增强机关基层党组织的组织功能。严肃党内政治生活，抓好“三会一课”、民主评议党员、主题党日等各项组织生活制度落实。安排部署、督促指导工委直属支部开好2021年

2022年1月6日，区直机关党工委在原市委小礼堂举办区直机关党务干部培训班

（区直机关党工委/供）

度组织生活会和民主评议党员工作，共 61 个支部、977 名党员参加民主评议。全年延平区直机关完成到期换届党组织 25 个，新成立党组织 4 个，届中调整党组织书记 10 人，补选支部委员 5 人。摸底 2022 年度拟发展党员人数，分配发展党员指标，跟踪指标完成情况；研究吸收预备党员 14 名，预备党员转正 13 名，审核把关机关党委发展党员材料 30 份。部署直属党组织做好福建省出席党的二十大代表候选人酝酿推荐、公示等工作，充分发扬党内民主，做到组织、党员全覆盖。在春节期间组织走访慰问困难党员群众 26 名，发放慰问金 2.08 万元。持续推动区直机关中小支部联建工作，组织开展“喜迎二十大　生态司法体验行”等联建活动 13 场次。推动主题党日基地建设，延平区王台谈判旧址（八角楼）等 4 个场所被市直机关工委命名为第一批全市“主题党日”活动基地。

【作风建设】　2022 年，延平区直机关党工委把服务中心大局作为重要职责，发挥机关基层党组织的引领作用。组织志愿者为区防控应急援助机动队准备防疫包和补给包各 1100 份；策划推出《延平“机关联社区”积极备战防疫第一线》等一批稿件在《中国县域经济报》《闽北日报》等媒体刊发，营造同心抗疫的浓厚氛围。按照区委统一部署，成立“关爱办”，发放抗疫爱心药包 425 份。组织宣传发动区直机关党组织参加“齐心共耕希望田”活动，助力粮食安全和乡村振兴。全年组织区直机关党员参与疫情防控、文明城市创建、综治平安宣传、帮扶困难群众等各类志愿服务 2 万余人次。

【党风廉政建设】　2022 年，延平区直机关党工委把全面从严治党作为重大任务，进一步压实主体责任。召开全区机关党的工作会议，制定下发 2022 年度党建工作要点。落实“三个书记”抓机关党建述职评议制度，3 月底前，组织、督促指导 286 个区直机关党组织完成述职评议工作。组织开展 2021 年度区直机关基层党组织“党建体检”暨星级党支部评选工作，命名区委办支部等 35 个党支部为“五星级党支部”称号。落实党风廉政建设责任制，完成向区直机关基层党组织 2021 年度述责述廉述法及评议工作，常态化开展党章党规党纪学习教育和警示教育，工委全年共组织本支部党员开展 7 次警示教育学习。

【文明建设】　2022 年，延平区直机关党工委联合区总工会等单位共同举办“党建聚合力，建功新时代”奋进杯延平区机关男子篮球赛、延平区干部职工全民健身运动会“大乘杯”气排球比赛。通过比赛，充分展示机关干部职工奋发进取的精神面貌和团结协作、拼搏争先的干事创业热情。深化精神文明创建工作，严格落实“机关联社区”机制，组织机关党员干部深入共建社区开展文明城市创建志愿服务活动，充分发挥党员干部带头先锋模范作用，切实推进南平市创建全国文明城市、延平区创建省级文明城区工作。

（供稿人：胡文慧）
（责任编辑：邓璟靓）

编制管理

【概况】　2022 年，延平区委编办做好延平区乡镇（街道）机构改革“回头看”工作、疾病预防控制体系改革工作，开展延平区赋予乡镇（街道）行政执法事项目录清单梳理编制，稳妥推进事权下放承接工作，把机构职责调整优化同健全完善制度机制有机统一起来。强化事业单位登记监管，做好 2021 年度事业单位年度报告公示和 2022 年度事业单位登记管理工作，完成 16 家党政群机关统一社会信用代码证书信息的变更，延平区机关事业单位域名注册覆盖率达 100%。

【扎实做好改革工作】

巩固深化机构改革成果　2022 年，延平区委编办紧紧围绕中央、省、市的决策部署，调整设置机构编制事项，进一步理顺相关体制机制和部门职责分工。在南平市延平区卫生健康局加挂“南平市延平区疾病预防控制局”牌子，重新核定区疾控中心事业编制，初步完成延平区疾病预防控制体系改革工作；在南平市延平区人民政府办公室加挂“南平市延平区国防动员办公室”“南平市延平区人民防空办公室”牌子，划转相应人员编制，为推进国防动员现代化建设提供保障；督促各乡镇（街道）就执行“三定”规定、权责清单、基层综合行政执法改革等情况进行自查，发现问题要求整改，细化乡镇（街道）岗位职责，构建“上下联动、齐抓共管”的工作格局。

扎实推进综合行政执法赋权　2022 年，延平区委编办组织指导各乡镇（街道）和区直有关单位开展延平区赋予乡镇（街道）行政执法事项目录清单梳理编制工作，进一步深化基层综合行政执法改革，赋予梅山、紫云等 2 个街道办事处行政执法事项 87 项，四鹤、黄墩、水东、水南等 4 个（有行政村）街道办事处行政执法事项 109 项，15 个乡镇人民政府行政执法事项 394 项。

【机构编制管理】　2022 年，延平区委编办严格控制全区行政和事业编制总量，严格执行机构限额、领导职数、编制种类和总量等规定，严禁超编进人、超职数超规格配备领导干部，进一步巩固机构编制问题整改成果。为确保南平市行政中心搬迁后城市建设领域职能、供销社管理职责有效承接，成立区房产交易中心、区燃气服务中心、区城建档案馆、区供销合作社联

2022 年 5 月 7 日，延平区行政执法赋权承接确认书签约仪式　（区委编办 / 供）

合社等 4 家事业单位，调整区住房和城乡建设局“三定”规定；为理顺市区产业园区关系，成立区工业发展中心，增核炉下、夏道、大横、南山等 4 个乡镇的事业编制；为支持保障全区各项工作有序开展，成立区行政复议和应诉服务中心、区事业单位人事档案服务中心、区科技发展服务中心等 3 家事业单位，增核区网络安全和信息化中心、区统战事务服务中心、区未成年人思想道德建设服务中心、卫生健康局财务中心等 4 家事业单位编制；将区农业综合开发中心更名为区农村综合改革财政服务中心，进一步理顺区财政局下属事业单位职责。协助做好延平区参公事业单位改革相关工作，重新核定南平市延平区档案馆等 34 家参公事业单位的事业编制和主要职责。做好 2023 年公务员招考、事业招聘用编预留等相关工作。

【事业单位登记管理】　2022 年，延平区委编办办理事业单位法人设立登记 5 家、变更登记 94 家、注销登记 8 家。完成 2021 年度事业单位年度报告公示工作，年度报告公示率达 100%。完成事业单位法人登记清理规范工作，发现问题单位 12 家，完成整改 12 家。组织开展两批次双随机抽查，共抽查 11 家事业单位，其中，合格单位 8 家、存在问题单位 3 家，按照要求完成整改 3 家。完成 16 家党政群机关统一社会信用代码证书信息的变更。组织开展党政机关事业单位域名管理，全区机关事业单位域名注册覆盖率达 100%。

（供稿人：陆以婷）

（责任编辑：邓璟靓）

老干部工作

【概况】　截至 2022 年底，延平区共有离休干部 22 人，其中享受处级待遇 11 人、科级待遇 11 人；最大年龄 95 岁，最小年龄 89 岁，平均年龄 92 岁。全区厅级退休干部 1 人，处级退休干部 45 人。

【落实老干部待遇】　2022 年，延平区委、区政府在年初、年中举办新春茶话会和老干部工作通报会，向老干部通报延平区工作情况并征求老干部意见建议。组织老干部 48 人次参观考察南福快速通道、延平新城医院、老旧小区改造等项目建设；组织老干部参加党代会、人代会、政协会、区委全委扩大会等重要会议，让老干部为延平区经济发展建言献策。在元旦、春节、重阳节、国庆节等重要节日时段走访慰问离退休干部及离休干部无工作遗偶等 105 人次，全年发放慰问金 14 万元。健全“两费”（离休费、医疗费）保障机制，加大精准服务离休干部力度，为城区内 21 名生活存在部分自理困难的离休干部每月提供家政保洁、生活照料、精神慰藉等居家养老服务。

【离退休干部党的建设】　2022 年，延平区财政拨付 25.4 万元作为 29 个区直机关离退休干部党支部工作经费，支部党员缴纳的党费全额返还作为各党支部党建工作经费。组织开展党的十九届六中全会精神、党的二十大精神、《关于加强新时代离退休干部党的建设工作的意见》精神专题学习培训班 3 场；成功申报首个省级离退休干部党员传承红色基因学习教育基地——闽浙赣省委闽江地下航线；党

2022 年 9 月 26 日，区老干局局长官建科（右一）一行前往慰问离休干部（黄智捷 / 摄）

委系统离退休干部第一党支部组织12名支部党员参观塔前镇莒上村红色教育基地；区政协机关离退休党支部组织支部党员参观峡阳电站、古民居等；区政协、区水利局离退休干部党支部被评为第二批省级离退休干部示范党支部。

【老干部精神文化建设】 2022年，延平区老年大学紧紧围绕“老有所学、老有所为、老有所乐”的办学宗旨，持续办好书法班、手机摄影班、健身气功班、战胜鼓班等固定课程，参加学员累计200余人；联合福建林业职业技术学院联合开设插花艺术班和花卉识别与栽培班，参加学员累计100余人；开展“喜迎二十大 奋进新时代”书法笔会活动，展现老同志健康向上精神风貌；在樟湖镇、洋后镇、黄墩街道等新增老年大学教学点6个，推进“家门口老年大学”建设；联合延平公安分局、农商银行、联通公司、广电公司，依托老年大学开设智能技术、预防涉老诈骗等培训课程，为引导和帮助老同志掌握数字化生活赋能。

【老干部作用发挥】 2022年，延平区委老干部局共有13支离退休干部志愿服务队，新成立4个老党员工作室。依托老科协、关工委、老体协等涉老团体为主力军志愿服务队，围绕创建文明城市、科普宣传、关心下一代等主题开展志愿服务。发挥“五老”作用，区关工委志愿服务队围绕“老少同声颂党恩 携手喜迎二十大”主题教育实践活动，全年累计深入学校开展红色宣讲活动73场，开展文艺会演、征文（讲故事）比赛等大型活动5场，4000多名师生群众参与，深入城区中小学为5000多名在校师生开展《中华人民共和国未成年人保护法》《中华人民共和国民法典》《中华人民共和国家庭教育促进法》等法治宣传活动；11月24日，区关工委离退休干部志愿服务队前往夏道中小学举办“关爱明天、普法先行”活动，共800多名中、小学生参加活动；9月16日，离退休干部党员、老科技工作者在激情广场开展以“喜迎二十大 科普向未来”为主题的健康科普与义诊活动；离退休干部志愿服务队活跃在关心下一代、乡村振兴、基层治理等一线，其中3名区属离退休干部被评为南平市助力绿色发展最美老干部（志愿者）。

（供稿人：黄智捷）

（责任编辑：邓璟靓）

党校教育

【概况】2022年，延平区委党校认真贯彻落实《中国共产党党校（行政学院）工作条例》和干部教育培训规划，坚持党校姓党，全面履行职责，推动党校工作取得新的成绩和进步，全年举办各类干部培训班共13期，培训党员干部966人。

【教育培训】

教学布局 2022年，延平区委党校坚持科学定位，压实“办党校、管党校、建党校”主体责任，持续推进“区委党校（行政学校）+组工干部学校、人才学校、妇校、团校、法制学校、职工学校、队校”的“大党校”党员干部教育培训模式，用好闽北乡村干部学校、乡镇（街道）党校、现场教学基地各类教学资源，保质保量完成党校各项工作任务，推动新时代党校事业高质量发展。

课程设置 2022年，延平区委党校制订年度培训计划，以学习贯彻习近平新时代中国特色社会主义思想为重点，按照各主体班次党的理论教育和党性教育均不低于总课时70%、其中党性教育课程不低于总课时20%的要求，科学设置课程，规范班次学制，通过独立办班和联合办班等多种形式，开展教学培训工作，提升培训实效。在延平区第21期中青年科级干部培训班、延平区第31期股级干部培训班2期主体培训班中，设置习近平新时代中国特色社会主义思想、党性党纪党史教育、区情研究与绿色发展、履职能力提升等七大教学模块，引导学员以学促用、真懂真用。

教学管理 2022年，延平区委党校坚持严以治校、严以治学，健全完善教学管理和学员管理各项制度，落实干部培训与使用相结合制度，严格学习纪律，加强党性锤炼，加强警示教育，引导党员干部真正把习近平新时代中国特色社会主义思想铭刻脑海、融入血脉，努力培养造就一批又一批

2022年9月21日，2022年区委党校秋季学期主体班开班仪式在市委小礼堂三楼举办
（吴晓真/摄）

信念坚定、政治过硬、作风优良、履职担当的人才队伍。

质量评估　2022年，延平区委党校高度重视、认真研究部署质量评估工作，根据《福建省县级党校（行政学校）质量评估办法（试行）》文件精神和工作要求，明确任务分工和完成时限，总结工作亮点、特点，收集、整理材料93盒，不断细化和完善教学质量评估工作。

【学习宣讲】　2022年，延平区委党校组织骨干教师深入有关乡镇、街道、村居和区直有关部门、企事业单位送学讲学、座谈交流、入户宣传，让党的创新理论"飞入寻常百姓家"，累计到各单位宣讲57场次，培训辅导学员9180多人次。宣讲专题有《中国特色社会主义理论的形成与发展》《奋进新时代踏上新征程——学习贯彻党的二十大精神》《以中国式现代化推进中华民族伟大复兴》《红船精神耀中华——伟大建党精神》《〈习近平谈治国理政〉第四卷导读》《闽山闽水物华新——习近平福建足迹》导读等。

【教学科研】　2022年，延平区委党校认真贯彻落实习近平总书记在南平考察时的重要讲话精神，强化教学科研工作，促进教研融合，推进科研成果进课堂、助决策。2022年度申报2项南平市校院系统研究课题并撰写调研报告《儒家生态思想与新时代生态文明观的规律性共识》《深化基层治理，依托基层党建提升防范化解重大风险能力和机制研究》，教务处负责人魏琪撰写的《儒家生态思想与新时代生态文明观的规律性共识》一文发表在2022年第51期《教研博览》上，助理讲师陈娴撰写的《党的建设过程中思想政治教育发展演变》一文发表在2022年第369期《南方论刊》上，助理讲师吴丝洁撰写的《浅议罗从彦的心法主张及其现代意义》一文发表在2022年第4期《朱子文化》上。组织召开2022年教学研讨会，通过集体备课、新课试讲、业务比武的方式，开发《百年大党的组织强党密码》《五四时期先进的中国人选择马克思主义的必然性》《推进新时代基层治理现代化》《致力乡村振兴——2022年中央一号文件解读》等课程，切实提升教师业务能力。

（撰稿人：胡美琴）

（责任编辑：邓璟靓）

档案工作

【概况】　2022年，延平区档案馆结合开展"提高效率、提升效能、提增效益"行动，在档案服务功能、档案法治和文化宣传、爱国主义教育基地等方面全力打造档案服务民生新亮点，推动新时代延平区档案工作高质量发展。截至2022年底，延平区档案馆馆藏档案193217卷、94539件。

【档案资料接收征集】　2022年，延平区档案馆接收延平区炉下镇政府、延平区樟湖镇政府、延平区城乡建设局、延平区水东街道办事处、延平区自然资源局、延平区城市道路"三横四纵"景观提升及立面改造工程指挥部综合办6个单位的文书档案及专门档案3768卷、17660件；同时接待热心群众捐赠的档案资料158件、实物46件、照片11张。

【档案利用服务】　2022年，延平区档案馆为群众民生服务、为单位办公办事服务、为历史文化调研服务完成查档1239人次，查阅1935卷（件）次。延平区档案馆近年来向群众提供民生档案"异地查档、跨馆服务"，满足新时期档案服务民生的需求，全年办理跨馆服务67例，主要涉及婚姻档案、工作档案等。跨馆服务量呈逐年递增态势。

【档案信息化建设】　2022年，延平区档案馆指导督促各单位在移交纸质档案的同时同步移交档案扫描件，实现增量档案数字化；向上争取重点档案抢救与保护省级专项资金，提升存量档案数字化率，全年完成民国档案扫描21万页。现馆藏档数字化率达到73.3%。

【档案业务指导】2022年，延平区档案馆征收鉴定股业务人员共26次深入延平区自然资源局、延平区农业农村局、延平区人力资源和社会保障局、延平区城市道路三横四纵景观提升及

2022年12月13日，延平区档案馆工作人员指导埂埕大桥档案验收　（王晓霞/摄）

立面改造工程指挥部等 21 个机关单位，对其档案工作规范化管理进行监督指导，全程指导和跟进进馆档案资料的收集与整理。督促各区直单位及时进行档案登记和档案目录电子数据报送工作，全年，33 个机关单位完成档案登记，45 个机关单位完成上一年度归档文件目录电子数据报送工作，从源头上保证档案材料的安全性与完整性，提高档案整理工作质量。

【档案文化建设】 2022 年，延平区档案馆结合疫情防控需要，定制文创产品——“延平档案”系列口罩，口罩上分别印有南平市市花——淡雅的百合花、俏皮生动的卡通朱子形象、独具特色的延平区档案馆大楼水墨剪影，在引导群众做好个人健康防护的同时宣传延平历史文化。举办以“延平女性”为主题的档案珍品分享会，以馆藏档案为素材，从妇女组织、文化教育、劳作、缠足和女性人物五个方面阐述档案中的延平女性故事，透过历史档案看到近百年间延平女性社会地位、学习、生产、生活状态的演变史，赋予档案以历史意义、教育意义和现实意义。

【档案宣传】 2022 年，延平区档案馆借助延平区新时代文明实践中心、延平区委宣传部主办的“双剑讲堂”平台，向群众讲述档案的特殊价值和重要作用；与三官堂社区共同举办“国际档案日”宣传暨“和睦邻里扬家风”活动，以发放宣传资料、设置咨询台等形式宣传档案知识和相关法律法规知识，加强群众的档案意识和法制观念。组织全区各单位学习、参加由国家档案局举办的 2022 年“宝葫芦”杯国际档案日主题征文活动，宣传和学习新《中华人民共和国档案法》，不断推进依法治档进程，推动全区档案事业高质量发展。

【档案教育阵地建设】 2022 年，延平区档案馆将“延平三千年”爱国主义教育基地和线上党史学习专区打造为服务基层党组织、党员、团体和群众的综合服务平台，充分发挥资源整合功能和学习教育阵地枢纽功能，营造喜迎党的二十大的浓厚氛围。延平区档案馆接待延平区税务局职工、南平市实验小学学生、延平区新华书店职工、延平区城管局等单位开展党建教育活动和爱国主义教育活动，共 24 批次，约 500 人。

（供稿人：雷敏扬）

（责任编辑：邓璟靓）

党史研究和地方志编纂

【概况】 2022 年，延平区委党史和地方志研究室组织开展党史宣传教育、党史资料征集，宣传延平党史知识、苏区精神及红色文化，编纂年鉴出版。

【党史资料审核】 2022 年，延平区委党史和地方志研究室为区老促会申报“弘扬老区精神传承红色基因示范基地”审核史实资料，共申报 11 个示范基地，文字资料 2 万余字（20384 字）。其中审核并发现问题 36 处，并提出具体修改建议。最终通过 9 个示范基地：王台镇八角楼、南山镇吉溪村中共闽浙赣省委地下航线陈列室、南平市革命烈士纪念碑、南山镇明洋村中共闽浙赣省委扩党练干会议旧址、中国人民解放军长江支队南平纪念园等。

【年鉴编纂出版】 2022 年，延平区委党史和地方志研究室按照“一年一鉴”的工作要求，做好具体工作计划，创新工作机制，有序推进 2022 年年鉴编辑工作。围绕区委、区政府的中心工作，依据分类科学、层次清晰、领属得当、编排有序的思路，紧贴实际，通过增设及调整类目、分目等措施，彰显地域和年度特色。全书共设 32 个类目，下设分目 163 个。精选内容，凸显延平发展地方特色、年度特色。把握规范与创新的关系，打破千篇一面的格局。

【编纂《福建中央苏区纵横》】 2022 年，延平区委党史和地方志研究室根据苏区纵横历史情况和省委党史方志办相关处室要求，对原“初稿”资料进行重新组合编排；通过对“初稿”的认真审核校对，全书共删除了 16 页、18 处，17000 多字的重复、多余资料内容。发现和纠正各种错漏及不当之处达 900 多处。共查找摘录 7 页、2000 多字缺漏资料内容。其中文字资料 36 篇，约 66000 字（其中文件 3 篇、研究论文 4 篇、革命遗址资料 7 篇、革命历史人物生平简介资料 22 篇），图片资料 66 幅。另还征集补充了 2016 年 9 月至 2021 年 12 月的 5 年间延平苏区大事记资料。

【梳理革命遗址和相关展陈设施】 2022 年，延平区委党史和地方志研究室共排查场馆 9 处，对其布展脉络、史实内容、陈列脚本和讲解词进行一次全面审核规范。认证 4 处革命遗址，分别为南山镇 1 处：南山镇吉溪中共总支委员会会议地点、吉溪伏击战斗点、吉溪秘密交通站；夏道镇 1 处：夏道镇澄源村“革命人物苏华临时居住点旧址”；巨口乡 2 处：巨口乡村头村黄家大院、巨口乡村头村火烧桥头接头亭。向市党史方志室报送革命遗址和相关展陈设施 30 处，其中省级文物保护单位 5 处、县级文物保护单位 6 处、一般不可移动文物 19 处。为省党史方志办《福建红色文旅》供稿，含区情概况及 15 处革命遗址，共 8641 字。

（供稿人：李远圆）

（责任编辑：邓璟靓）

南平市延平区人民代表大会

综　述

【概况】　2022年，延平区人大常委会召开常委会会议8次，主任会议20次；开展执法检查、视察、调研19次，听取审议“一府一委两院”专项工作报告14项，审查规范性文件20件，作出决定、决议3项，任免国家机关工作人员67人次。

【区十八届人民代表大会第二次会议】　2022年12月28日至29日，南平市延平区第十八届人民代表大会第二次会议在南剑州大剧院召开，应出席会议代表234人（实有代表165人）。会议听取和审议《南平市延平区人民政府工作报告》；审查和批准《南平市延平区2022年国民经济和社会发展计划执行情况及2023年国民经济和社会发展计划草案的报告》，批准南平市延平区2023年国民经济和社会发展计划；审查和批准《南平市延平区2022年预算执行情况及2023年预算草案的报告》，批准南平市延平区2023年预算；听取和审议《南平市延平区人民代表大会常务委员会工作报告》；听取和审议《南平市延平区人民法院工作报告》；听取和审议《南平市延平区人民检察院工作报告》；表决通过区政府工作、计划、预算和区人大常委会、区法院、区检察院工作等六个报告决议草案。会议补选孔倩、吴琼为南平市延平区第十八届人民代表大会常务委员会委员。

【代表变动】　南平市延平区十八届人大一次会议以来，区十八届人大代表林美娟已调离本行政区域，其代表资格自行终止。区十八届人大常委会第七次会议接受张钻球、杨邦宁、李薇、傅克海、王开璋辞去南平市延平区十八届人大代表职务的请求，其代表资格依法终止。根据法律规定和工作需要，区人大常委会在水东街道044选区组织选举陈辉为区十八届人大代表，在黄墩街道040选区组织选举王祥华为区十八届人大代表，在夏道镇087选区组织选举孔倩为区十八届人大代表，在巨口乡151选区组织选举吴琼为区十八届人大代表，确认其代表资格有效。南平市延平区第十八届人民代表大会实有代表234名，应出席南平市延平区第十八届人民代表大会第二次会议的代表234名。

【区十八届人大常委会会议】　2022年，延平区人大常委会召开常委会会议8次。

第一次会议　2021年12月31日，延平区人大常委会主任黄春主持会议。会议传达学习党的十九届六中全会、省委人大工作会议主要精神；审议区人大常委会《关于改进工作方式服务

2022年12月28日，延平区第十八届人民代表大会第二次会议召开（区融媒体／供）

人大代表履职的意见》；表决通过区十八届人大常委会代表资格审查委员会组成人员名单，主任委员：段闽杰，副主任委员：张仁辉，委员（按姓名笔画排序）：杨邦宁、陈妹、陈礼灿、余绍海、胡笃冰；补选林瑞良为南平市第六届人大代表。

第二次会议　2022年2月23日，延平区人大常委会主任黄春主持会议。会议传达学习省十三届人大六次会议、市六届人大一次会议主要精神；表决通过《南平市延平区人大常委会讨论决定重大事项的规定》；根据区长叶文平的提请，会议审议决定，任命陈武彪为南平市延平区人民政府办公室主任、廖江翔为南平市延平区发展改革和科技局局长、郑铭雄为南平市延平区教育局局长、何宏为南平市延平区工业和信息化局局长、刘俊生为南平市延平区民政局局长、严寒青为南平市延平区司法局局长、吴春生为南平市延平区财政局局长、张声浪为南平市延平区人力资源和社会保障局局长、林礼青为南平市延平区自然资源局局长、黄泉太为南平市延平区城乡建设局局长、田林平为南平市延平区交通运输局局长、官昌俤为南平市延平区水利局局长、陈弟仔为南平市延平区农业农村局局长、陈健为南平市延平区商务局局长、陈婧为南平市延平区文化体育和旅游局局长、陈阿旋为南平市延平区卫生健康局局长、林辉为南平市延平区退役军人事务局局长、郭兴文为南平市延平区应急管理局局长、赖振建为南平市延平区审计局局长、王建华为南平市延平区林业局局长、陈钰林为南平市延平区市场监督管理局局长、陈建林为南平市延平区人民政府信访局局长、刘春华为南平市延平区城市管理局局长。根据区检察院检察长林建的提请，会议审议决定，免去张鲁闽的南平市延平区人民检察院检察委员会委员、检察员职务，免去郑自挺的南平市延平区人民检察院检察员职务。

第三次会议　2022年4月27日，延平区人大常委会副主任廖兴玉主持会议。会议传达学习十三届全国人大五次会议主要精神、《全国人民代表大会关于修改〈中华人民共和国地方各级人民代表大会和地方各级人民政府组织法〉的决定》；听取“两抓五有四个一”工作机制开展及落实情况的报告；听取和审议延平区2021年度环境状况和环境保护目标完成情况的报告；听取2021年度规范性文件备案审查情况的报告。根据区人大常委会主任会议的提请，会议审议决定，免去严章棠的南平市延平区人大常委会信访办公室主任职务。根据区长叶文平的提请，会议审议决定，免去严寒青的南平市延平区司法局局长职务，任命余金明为南平市延平区司法局局长；免去何宏的南平市延平区工业和信息化局局长职务。根据区法院院长何立琴的提请，会议审议决定，免去邓琪辉的南平市延平区人民法院副院长、审判委员会委员、审判员职务，免去叶长鋈的南平市延平区人民法院审判委员会委员、审判员职务，免去陈泱的南平市延平区人民法院民事审判二庭庭长职务，免去李森地的南平市延平区人民法院西城人民法庭副庭长职务，免去李素昱的南平市延平区人民法院刑事审判庭副庭长职务；任命廖林雄为南平市延平区人民法院审判员、审判委员会委员、副院长，郑毅为南平市延平区人民法院西城人民法庭副庭长，卫瑞霖为南平市延平区人民法院西城人民法庭副庭长，黄剑清为南平市延平区人民法院刑事审判庭副庭长，徐华强为南平市延平区人民法院民事审判二庭副庭长，李森地为南平市延平区人民法院立案庭（诉讼服务中心）副庭长，李素昱为南平市延平区人民法院民事审判一庭（家事少年审判庭）副庭长。会议审议决定，接受马韵晓辞去区十八届人大常委会委员职务的请求。

第四次会议　2022年6月28日，延平区人大常委会副主任吴跃春主持会议。会议传达学习市人大常委会主任罗志坚莅延调研延平区人大创新工作的主要讲话精神；听取和审议区政府关于2021年度延平区行政事业国有资产管理工作情况的报告；审查批准延平区2022年地方政府债务限额及预算调整方案；听取和审议区政府关于实施《中华人民共和国科学技术普及法》和《福建省科学技术普及条例》情况的报告；审议通过《南平市延平区人大常委会关于贯彻〈福建省人民代表大会常务委员会任免国家机关工作人员条例〉的实施细则》《南平市延平区人大常委会关于贯彻〈南平市人民代表大会常务委员会关于对提请任命的国家机关工作人员进行法律知识考试的规定〉的实施细则》。根据

2022年1月20日，区人大常委会在夏道镇召开乡镇街道人大工作研讨会
（区人大／供）

区法院院长何立琴的提请，会议审议决定，免去曾珍的南平市延平区人民法院审判员职务，免去詹婉秋的南平市延平区人民法院审判员职务，任命刘荣为南平市延平区人民法院审判委员会委员；根据区检察院检察长林建的提请，会议审议决定，免去李德恺的南平市延平区人民检察院检察委员会委员、检察员职务。

第五次会议　2022 年 8 月 29 日，延平区人大常委会副主任段闽杰主持会议。听取和审查 2021 年区财政决算报告草案及 2022 年上半年财政预算执行情况的报告，听取和审议区 2021 年度预算执行和决算草案及其他财政收支情况的审计工作报告，审查批准 2021 年区财政决算；听取和审议区 2022 年上半年国民经济和社会发展计划执行情况的报告；听取和审议区政府关于乡村振兴工作情况的报告；听取和审议区法院关于加强执行履职能力建设，优化营商环境工作情况的报告；听取和审议区检察院控告申诉检察工作情况的报告；表决通过《区人大常委会关于开展区政府工作部门主要负责人述职评议工作的暂行办法》。根据区长叶文平的提请，会议审议决定，鉴于机构更名，免去黄泉太的南平市延平区城乡建设局局长职务，任命黄泉太为南平市延平区住房和城乡建设局局长。根据区法院院长何立琴的提请，会议审议决定，任命陈惠君、程琼、苏文城、张玉萍、甘梅榕、方妍婧 6 位为南平市延平区人民法院审判员。根据区检察院检察长林建的提请，会议审议决定，任命陈玉为南平市延平区人民检察院检察员。

第六次会议　2022 年 10 月 24 日，延平区人大常委会副主任陈昌灶主持会议。会议传达学习党的二十大报告和二十届一中全会精神；会议听取和审议区监委关于整治群众反映强烈问题工作情况的报告；听取和审议区政府关于进一步减轻义务教育阶段学生作业负担和校外培训负担工作情况的报告；听取区政府关于民族工作情况的报告；评议区自然资源局、住建局、商务局主要负责人履职情况。根据区人大常委会主任会议的提请，会议审议决定，免去李薇的南平市延平区人大常委会黄墩街道工作委员会主任职务，免去吴仁灿的南平市延平区人大常委会紫云街道工作委员会主任职务，免去张院平的南平市延平区人大常委会梅山街道工作委员会主任职务；任命吴仁灿为南平市延平区人大常委会梅山街道工作委员会主任，任命王祥华为南平市延平区人大常委会黄墩街道工作委员会主任，任命杨志林为南平市延平区人大常委会紫云街道工作委员会主任。根据区长叶文平的提请，会议审议决定，任命张钻球为南平市延平区工业和信息化局局长，任命刘志平为南平市延平区统计局局长。

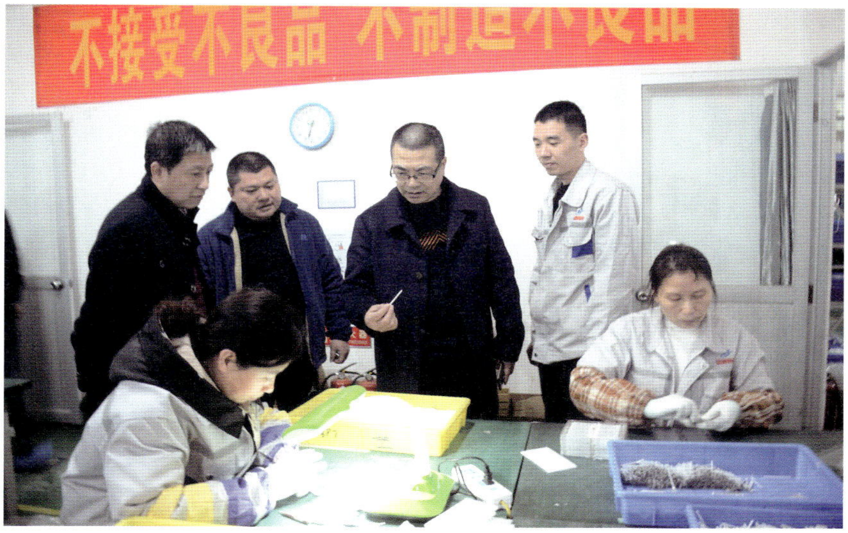

2022 年 3 月 8 日，区人大常委会主任黄春走访区人大代表江玉财，并调研南平市宏毅电子科技有限公司（区人大 / 供）

第七次会议　2022 年 12 月 7 日，延平区人大常委会副主任廖兴玉主持会议。会议听取和审议区政府关于开展乡镇国土空间规划编制工作情况的报告；听取和审议区政府关于河道疏浚和流域治理情况的报告；听取区审计局关于延平区 2021 年度预算执行和决算草案及其他财政收支审计查出问题整改情况的报告；审查批准延平区 2022 年财政预算调整方案；决定于 2022 年 12 月 28 日至 29 日召开南平市延平区第十八届人民代表大会第二次会议；听取和审议区政府关于代表议案、部分重点建议办理情况的报告，并对议案、部分重点建议办理情况进行满意度测评。会议审议确认陈辉、王祥华的区十八届人大代表资格有效。根据区人大常委会主任会议的提请，会议审议决定，任命王祥华为南平市延平区十八届人大社会建设委员会副主任委员。根据区法院院长何立琴的提请，会议审议决定，免去朱秀敏的南平市延平区人民法院民事审判一庭（家事少年审判庭）庭长、审判员职务，免去卫瑞霖的南平市延平区人民法院西城人民法庭副庭长、审判员职务，免去徐红燕的南平市延平区人民法院审判员职务，免去吴裕生的南平市延平区人民法院审判委员会委员、审判员职务。会议审议决定，接受张钻球、杨邦宁、李薇、傅克海、王开璋等辞去区十八届人大代表职务的请求，接受胡笃斌辞去区十八届人大常委会委员职务的请求。根据《中华人民共和国全国人民代表大会和地方各级人民代表大会选举法》有关规定，杨邦宁、王开璋的区十八届人大常委会委员职务相应终止，杨邦宁的区十八届人大监察和司法委员会副主任委员职务相应终止，李薇的区十八届人大社会建设委员会副主任委员职务相应终止；根据《中华人民共和国地方各级人民代表大会和地方各级人民政府组织法》有关规定，胡笃斌、杨邦宁的区十八届人大常委会代表资格审查委员会委员职务相应终止。

第八次会议　2022年12月20日，延平区人大常委会副主任吴跃春主持会议。听取区自然资源局、住建局、商务局主要负责人关于落实履职情况综合评议意见整改情况的报告，并进行满意度测评；表决通过南平市延平区第十八届人民代表大会第二次会议各代表团召集人名单、列席会议人员和邀请上主席台就座人员安排原则的决定；表决通过南平市延平区第十八届人民代表大会第二次会议议程（草案）、主席团成员和秘书长名单（草案）、代表议案审查委员会名单（草案），提请南平市延平区第十八届人民代表大会第二次会议预备会议表决。审议通过南平市延平区第十八届人民代表大会第二次会议人大常委会工作报告（稿），提请南平市延平区第十八届人民代表大会第二次会议审议。审议通过南平市延平区第十八届人民代表大会第一次会议代表议案办理情况的综合报告、代表建议办理情况的综合报告。审议通过区十八届人大常委会代表资格审查委员会关于补选代表的代表资格的报告。会议审议决定，接受刘荣海辞去南平市第六届人大代表职务的请求，报送南平市人大常委会备案、公告。

【人大宣传报道】　2022年，延平区人大常委会强化人大宣传工作，围绕“发展全过程人民民主与完善人民代表大会制度”主题开展课题调研，撰写理论文章27篇。各乡镇（街道）人大累计报送人大信息235篇。向上级媒体投稿，多层次、多角度讲好人大故事。其中在共产党员网、《人民政坛》、福建人大微信公众号、《闽北日报》、《南平人大》、南平人大微信公众号等中央、省、市级刊物和新媒体刊发稿件58篇。区人大机关建立了“奋进中的延平人大”宣传栏、代表风采墙、《延平人大大事记》等宣传新阵地，以图文并茂的方式介绍延平人大创新工作历程，展示全区各级人大工作的特色亮点和代表履职风采；制发延平人大微信公众号信息58期138篇，刊发《延平人大》刊物12期，守好舆论阵地，传播人大声音。组织3名代表参加市人大常委会组织的演讲比赛和征文比赛，荣获佳绩。加强宣传队伍建设。开展宣传思想工作培训活动，提升宣传队伍水平，1名人大干部荣获市人大优秀宣传工作者。

【人大创新工作】　2022年，延平区人大的创新探索实践得到上级人大的认可，延平区践行全过程人民民主的经验性文章分别在中组部“共产党员网”、《人民政坛》、《南平人大》等国家、省、市级媒体刊登。11月3日，南平市人大常委会办公室发出通知，要求各县（市、区）人大常委会学习借鉴延平区创新做法。

2022年区人大创新工作主要经历三个阶段：

第一阶段，创建“两抓五有四个一”工作机制，并完善提升阶段。1月19日，延平区人大办印发《关于改进工作方式 服务人大代表履职的意见》（延人大办〔2022〕1号）文件；1月20日，区人大常委会在夏道镇召开乡镇人大主席团主席（街道人大工委主任）会议，部署“两抓五有四个一”和分片联动工作。

工作部署后，针对落实工作中存在的问题，延平区人大办先后印发3号、5号、6号文件，进行不断完善。

第二阶段，成立乡镇人大主席团（街道人大工委）兼合式党支部，并做优做强阶段。5月25日前，全区15个乡镇成立乡镇人大主席团兼合式党支部；11月23日，6个街道人大工委成立兼合式党支部，实现21个乡镇（街道）人大党支部的全覆盖。

第三阶段，有机融合党建与人大业务，并提质增效阶段。7月26日，区人大办印发《关于扎实推进延平人大创新工作的通知》（延人大办〔2022〕17号），指导乡镇（街道）人大持续创新，并向“四个延伸”推进。

人大监督

【计划预算审查监督】　2022年6月28日，延平区十八届人大常委会第四次会议审查批准延平区2022年地方政府债务限额及预算调整方案。8月29日，区十八届人大常委会第五次会议听取和审议延平区2022年上半年国民经济和社会发展计划执行情况的报告，提出提质效，增强发展动能；抓统筹，增进民生福祉；强担当，保持战略定力等3条审议意见。听取和审查延平区2021年财政决算草案及2022年上半年预算执行情况的报告、2021年度预算执行和决算草案及其他财政收支情况的审计工作报告，决定批准延平区2021年财政决算，并就做好2022年区财政预算执行提出提升财政政策效能，切实兜牢“三保”底线；强化全口径债务监管，防范化解债务风险；深化财税体制改革，推进预算绩效管理；抓实抓细审计整改，不断巩固整改成果等4条审议意见。12月7日，区十八届人大常委会第七次会议听取区审计局关于延平区2021年度预算执行和决算草案及其他财政收支审计查出问题整改情况的报告；审查批准延平区2022年财政预算调整方案。

【科普一法一例实施情况执法检查】　2022年5月，延平区人大常委会成立执法检查组，对延平区贯彻实施《中华人民共和国科学技术普及法》和《福建省科学技术普及条例》情况开展执法检查。执法检查组走访察看南平市三金电子有限公司，梅山街道自强社区、紫云街道剑津社区、水东学校、流芳小学，王台镇山尾村和坋丹村的科普示范基地，通过实地察看、座谈交流、听取汇报、走访询问的方式，详细了解和把握延平区贯彻落实科普“一法一例”情况以及实施中存在的困难问题，提出意见建议。

6月28日，延平区十八届人大常委会第四次会议听取和审议区政府关于《中华人民共和国科学技术普及法》和《福建省科学技术普及条例》贯彻实施情况的报告、区人大常委会执法检查组关于开展《中华人民共和国科学技术普及法》和《福建省科学技术普及条例》实施情况执法检查的报告，坚持创新务实，打造科普活动平台等4条审议意见。

【规范性文件备案审查】 2022年4月27日，延平区十八届人大常委会第三次会议首次听取和审议《关于2021年规范性文件备案审查工作情况的报告》。全年共接收区政府报送的规范性文件共20件，全部按规定办理完毕。通过催办、督办，纠正部分规范性文件未按有关规定时间报送备案审查的问题。开展规范性文件清理工作，对全区1995—2021年区政府及其办公室发布的规范性文件进行清理，共清理规范性文件188件，保留130件、废止58件，确保规范性文件与上级法律法规保持一致性。

人大视察调研

【环境状况和环境保护目标完成情况调研】 2022年3月至4月，延平区人大常委会成立调研组，对延平区2021年环境状况和环境保护目标完成情况开展调研。调研组实地察看福建南平三元热电能源有限公司、南平延鸿环保生活垃圾焚烧发电厂、南平市工业园区江南污水处理厂（南平市工业园区配套工业污水处理厂）、南平臻境环保有限责任公司工业固体废物填埋场、福建绿洲固体废物处置有限公司（危险废物、医疗废物处置点）、南坪溪小流域水质自动监测项目、长万水库、三山钢铁（大气超低排放试点企业）、南平市家盛物资回收有限公司、延平区鑫森磊雕刻店、南平市永丰石雕石材经营部、安丰备用水源地弃土问题、正荣片区城市生活污水直排问题、花竹流域国家自动监测、王台镇井窠村、溪后村生活污水项目、南平金牛水泥有限公司、东山溪流域整治项目、樟湖镇黄田断面流域水质监测点、塔前镇虎山村生活垃圾、污水处理情况、南平市海川水产养殖开发有限公司非法占用基本农田拆除现场。调研组还专题听取延平生态环境局，延平区自然资源局、城管局、城建局、农业农村局等部门关于2021年环境状况和环境保护目标责任单位工作完成情况汇报。调研组建议：加大宣传引导，增强全民环保意识；突出问题导向，确保环境治理到位；强化队伍建设，提升环境监管能力。

【行政事业性国有资产管理情况调研】 2022年5月，延平区人大常委会成立调研组，对全区行政事业性国有资产管理情况进行调研。调研组先后到区教育局、峡阳镇、紫云街道等8个单位调研行政事业性国有资产管理情况，查看管理制度建立和执行情况，查阅资产管理台账。先后召开8场座谈会，听取相关单位关于行政事业性国有资产管理情况的汇报，对存在的困难和问题进行分析探讨，收集意见和建议。调研组还专题听取区财政局负责人关于全区行政事业性国有资产管理情况的汇报。调研组建议：加强领导，落实管理责任；强化管理，确保家底清晰；完善机制，加强监督检查。

【控告申诉检察工作情况调研】 2022年7月，延平区人大常委会成立调研组，到区人民检察院，采取实地查看、听取汇报、召开座谈会等方式，对全区2019年以来控告申诉检察工作进行调研，调研组建议：坚持以人民为中心，加强政治能力建设；加大宣传力度，努力提高人民群众的知晓率；深化“件件有回复”制度，强化法律监督；坚持能动履行检察职能，不断改革创新；深入开展司法救助工作。

【加强执行履职能力建设优化营商环境工作情况调研】 2022年7月，延平区人大常委会成立调研组，到区人民法院，采取实地查看、听取汇报、召开座谈会等方式，对全区2020年以来区人民法院执行工作情况进行调研，调研组建议：提高政治站位，增强做好新时代执行工作的责任感和使命感；健全工作机制，提高执行工作质效；加强队伍建设，提高执行工作能力；深化法治宣传，推动诚信社会建设；充分发挥执行职能作用，为企业营造更优的营商环境。

【乡村振兴工作情况调研】 2022年，延平区人大常委会根据“省、市、县人大常委会三级联动听取和审议政府乡村振兴工作情况报告”的部署与要求，延平区人大常委会成立调研组，7月，调研组陪同省、市人大常委会乡村振兴调研组到王台镇调研。8月，调研组又先后到大横镇、赤门乡、茫荡镇、塔前镇开展乡村振兴工作情况调研。调研组建议：加大宣传工作力度，坚持科学规划引领，坚决守牢“两条底线”，做大做强特色产业，注重发挥示范作用，进一步健全体制机制。

【整治群众反映强烈问题工作情况调研】 2022年9月，延平区人大常委会成立调研组，对区监委关于整治群众反映强烈问题工作情况进行调研。调研组围绕全区扶贫领域腐败和作风问题专项治理情况、整治生态环境保护领域突出问题情况和民生领域“点题整治”群众身边腐败和不正之风突出问题等方面，深入相关乡镇、项目点开展调研，召集区直有关部门座谈了解情况，通过乡镇人大主席团、街道人大工委收集群众意见建议。调研组建议：深化专项治理，在群众急难愁盼问题上下功夫；凝聚治理合力，在提振干部履职作为上下功夫；注重源头治理，在标本兼治上下功夫；加强队伍建设，在打造忠诚干净担当上下功夫。

【义务教育阶段“双减”工作情况调研】 2022年9月，延平区人大常委会成立调研组，深入西芹中心小学、南平九中、新光学校、沃升校外辅导培训学校等地开展进一步减轻义务教育阶段学生作业负担和校外培训负担工作情况专题调研。调研组通过实地察看、座谈交流、听取汇报、随机访谈等方式，详细了解全区贯彻落实“双减”政策情况，以及实施中存在的困难问题。调研组建议：加强宣传引导，营造良好教育生态；“减负”“提质”两手抓，强化学校主阵地作用；依法规范管理，完善校外培训机构长效治理机制。

【河道疏浚和流域治理情况调研】 2022年11月，延平区人大常委会成立调研组，先后前往西芹镇、王台镇、塔前镇、南山镇、巨口乡，采取实地察看、听取汇报、召开座谈会等形式，了解该项工作进展情况和存在问题，全面收集各乡镇和有关街道意见建议；召开部门汇报座谈会，听取区水利局关于全区河道清淤疏浚和流域治理情况的汇报，并就有关问题与区农业农村局、自然资源局、住房和城乡建设局、延平生态环境局等相关职能部门进行沟通和交流。调研组建议：统一思想认识，坚持统筹规划，严格依法运作，增强工作合力，完善工作方案。

【乡镇国土空间规划编制工作情况调研】 2022年11月，延平区人大常委会成立调研组，对延平区乡镇国土空间规划编制工作进行调研。调研组实地察看峡阳镇土厝、王台镇小微园成片开发、赤门乡赤成实业及洋后镇养老院、卫生院等项目，组织召开区人大代表、乡镇分管领导、村主干，土地、建管、农业、水利、文旅、环保等站（办）、所负责人参加的座谈会，调研组采取看、听、议相结合的形式，收集整理加快推进延平区乡镇国土空间规划编制工作的意见和建议，专题听取区自然资源局及相关职能部门关于延平区乡镇国土空间规划编制工作开展情况汇报。调研组建议：责任要再压实，工作要再压细，衔接要再压紧。

重大事项决议、决定

【通过南平市延平区人大常委会讨论决定重大事项的规定】 2022年2月23日，延平区十八届人大常委会会议第二次会议表决通过《南平市延平区人大常委会讨论决定重大事项的规定》。

【批准地方政府债务限额及预算调整方案】 2022年6月28日，延平区十八届人大常委会第四次会议听取和审议区人民政府关于提请审议延平区2022年地方政府债务限额及预算调整方案（草案）的议案及说明，同意区人大财政经济委员会的审查报告，决定批准延平区2022年地方政府债务限额及预算调整方案。

12月7日，延平区十八届人大常委会第七次会议听取和审议区人民政府关于提请审议延平区2022年地方政府预算调整方案(草案)的议案及说明，同意区人大财政经济委员会的审查报告，决定批准延平区2022年财政预算调整方案。

【通过贯彻省人大常委会任免国家机关工作人员条例的实施细则】 2022年6月28日，延平区十八届人大常委会第四次会议审议通过《南平市延平区人大常委会关于贯彻〈福建省人民代表大会常务委员会任免国家机关工作人员条例〉的实施细则》。

【通过贯彻市人大常委会关于对提请任命的国家机关工作人员进行法律知识考试的规定的实施细则】 2022年6月28日，延平区十八届人大常委会第四次会议审议通过《南平市延平区人大常委会关于贯彻〈南平市人民代表大会常务委员会关于对提请任命的国家机关工作人员进行法律知识考试的规定〉的实施细则》。

【审查批准年区财政决算】 2022年8月29日，延平区十八届人大常委会第五次会议听取和审查2021年区财政决算报告草案及2022年上半年财政预算执行情况的报告，听取和审议区2021年度预算执行和决算草案及其他财政收支情况的审计工作报告，听取和审议区人大财经委员会关于延平区2021年财政决算草案的审查结果报告，决定批准2021年区财政决算。

人事任免

【区十八届人民代表大会第二次会议】 2022年12月28日至29日，南平市延平区第十八届人民代表大会第二次会议召开。会议补选孔倩、吴琼为南平市延平区第十八届人民代表大会常务委员会委员。

【区十八届人大常委会会议第一次会议】 2021年12月31日，南平市延平区十八届人大常委会会议第一次会议召开。会议表决通过区十八届人大常委会代表资格审查委员会组成人员名单，主任委员：段闽杰，副主任委员：张仁辉，委员（按姓名笔画排序）：杨邦宁、陈妹、陈礼灿、余绍海、胡笃冰；补选林瑞良为南平市第六届人大代表。

【区十八届人大常委会会议第二次会议】 2022年2月23日，南平市延平区十八届人大常委会会议第二次会议召开。根据区长叶文平的提请，会议审议决定，任命陈武彪为南平市延平区人民政府办公室主任、廖江翔为南平市延平区发展改革和科技局局长、郑铭雄为南平市延平区教育局局长、何宏为南平市延平区工业和信息化局局长、刘俊生为南平市延平区民政局局长、严寒青为南平市延平区司法局局长、吴春生为南平市延平区财政局局长、张声浪为南平市延平区人力资源和社会保障局局长、林礼青为南平市延平区自然资源局局长、黄泉太为南平市延平区城乡建设局局长、田林平为南平市延平区交通运输局局长、官昌俤为南平市延平区水利局局长、陈弟仔为南平市延平区农业农村局局长、陈健为南平市延平区商务局局长、陈婧为南平市延平区文化体育和旅游局局长、陈阿旋为南平市延平区卫生健康局局长、林辉为南平市延平区退役军人事务局局长、郭兴文为南平市延平区应急管理局局长、赖振建为南平市延平区审计局局长、王建华为南平市延平区林业局局长、陈钰林为南平市延平区市场监督管理局局长、陈建林为南平市延平区人民政府信访局局长、刘春华为南平市延平区城市管理局局长。根据区检察院检察长林建的提请，会议审议决定，免去张鲁闽的南平市延平区人民检察院检察委员会委员、检察员职务，免去郑自挺的南平市延平区人民检察院检察员职务。

【区十八届人大常委会会议第三次会议】 2022年4月27日，南平市延平区十八届人大常委会会议第三次会议召开。根据区人大常委会主任会议的提请，会议审议决定，免去严章棠的南平市延平区人大常委会信访办公室主任职务。根据区长叶文平的提请，会议审议决定，免去严寒青的南平市延平区司法局局长职务，任命余金明为南平市延平区司法局局长；免去何宏的南平市延平区工业和信息化局局长职务。根据区法院院长何立琴的提请，会议审议决定，免去邓琪辉的南平市延平区人民法院副院长、审判委员会委员、审判员职务，免去叶长鋈的南平市延平区人民法院审判委员会委员、审判员职务，免去陈泱的南平市延平区人民法院民事审判二庭庭长职务，免去李森地的南平市延平区人民法院西城人民法庭副庭长职务，免去李素昱的南平市延平区人民法院刑事审判庭副庭长职务；任命廖林雄为南平市延平区人民法院审判员、审判委员会委员、副院长，郑毅为南平市延平区人民法院西城人民法庭副庭长，卫瑞霖为南平市延平区人民法院西城人民法庭副庭长，黄剑清为南平市延平区人民法院刑事审判庭副庭长，徐华强为南平市延平区人民法院民事审判二庭副庭长，李森地为南平市延平区人民法院立案庭（诉讼服务中心）副庭长，李素昱为南平市延平区人民法院民事审判一庭（家事少年审判庭）副庭长。会议审议决定，接受马韵晓辞去区十八届人大常委会委员职务的请求。

【区十八届人大常委会会议第四次会议】 2022年6月28日，南平市延平区十八届人大常委会会议第四次会议召开。根据区法院院长何立琴的提请，会议审议决定，免去曾珍的南平市延平区人民法院审判员职务，免去詹婉秋的南平市延平区人民法院审判员职务，任命刘荣为南平市延平区人民法院审判委员会委员；根据区检察院检察长林建的提请，会议审议决定，免去李德恺的南平市延平区人民检察院检察委员会委员、检察员职务。

【区十八届人大常委会会议第五次会议】 2022年8月29日，南平市延平区十八届人大常委会会议第五次会议召开。根据区长叶文平的提请，会议审议决定，鉴于机构更名，免去黄泉太的南平市延平区城乡建设局局长职务，任命黄泉太为南平市延平区住房和城乡建设局局长。根据区法院院长何立琴的提请，会议审议决定，任命陈惠君、程琼、苏文城、张玉萍、甘梅榕、方妍婧6人为南平市延平区人民法院审判员。根据区检察院检察长林建的提请，会议审议决定，任命陈玉为南平市延平区人民检察院检察员。

【区十八届人大常委会会议第六次会议】 2022年10月24日，南平市延平区十八届人大常委会会议第六次会议召开。根据区人大常委会主任会议的提请，会议审议决定，免去李薇的南平市延平区人大常委会黄墩街道工作委员会主任职务，免去吴仁灿的南平市延平区人大常委会紫云街道工作委员会主任职务，免去张院平的南平市延平区人大常委会梅山街道工作委员会主任职务；任命吴仁灿为南平市延平区人大常委会梅山街道工作委员会主任，任命王祥华为南平市延平区人大常委会黄墩街道工作委员会主任，任命杨志林为南平市延平区人大常委会紫云街道工作委员会主任。根据区长叶文平的提请，会议审议决定，任命张钻球为南平市延平区工业和信息化局局长，任命刘志平为南平市延平区统计局局长。

【区十八届人大常委会会议第七次会议】 2022年12月7日，南平市延平区十八届人大常委会会议第七次会议召开。根据区人大常委会主任会议的提请，会议审议决定，任命王祥华为南平市延平区十八届人大社会建设委员会副主任委员。根据区法院院长何立琴的提请，会议审议决定，免去朱秀敏的南平市延平区人民法院民事审判一庭（家事少年审判庭）庭长、审判员职务，免去卫瑞霖的南平市延平区人民法院西城人民法庭副庭长、审判员职务，免去徐红燕的南平市延平区人民法院审判员职务，免去吴裕生的南平市延平区人民法院审判委员会委员、审判员职务。会议审议决定，接受张钻球、杨邦宁、李薇、傅克海、王开璋等辞去区十八届人大代表职务的请求，接受胡笃斌辞去区十八届人大常委会委员职务的请求。根据《中华人民共和国全国人民代表大会和地方各级人民代表大会选举法》有关规定，杨邦宁、王开璋的区十八届人大常委会委员职务相应终止，杨邦宁的区十八届人大监察和司法委员会副主任委员职务相应终止，李薇的区十八届人大社会建设委员会副主任委员职务相应终止；根据《中华人民共和国地方各级人民代表大会和地方各级人民政府组织法》有关规定，胡笃斌、杨邦宁的区十八届人大常委会代表资格审查委员会委员职务相应终止。

【区十八届人大常委会会议第八次会议】 2022年12月20日，南平市延平区十八届人大常委会会议第八次会议召开。会议审议决定，接受刘荣海辞去南平市第六届人大代表职务的请求，报送南平市人大常委会备案、公告。

代表工作

【人大代表联系群众活动室建设】 2022年，延平区人大常委会新建代表活动室8个，完善提升13个。指导各乡镇（街道）人大将1090名区乡人大代表分成80个代表小组定期在活动室开展活动，把活动室建设成为人大代表政治学习中心、思想教育讲堂、监督议事场所和联系群众平台的履职综合体。全年开展人大代表小组活动162场次，人大代表参加履职活动1329人次，代表活动室接待群众244批次。

【代表履职能力建设】 2022年，延平区人大常委会坚持“系统化管理”理念，建立健全人大代表日常管理、监督、评价等12项制度和办法，推动区、乡人大代表履职常态化、规范化。精心组织代表开展闭会期间片区活动，围绕乡村振兴、文旅融合、绿色发展等主题开展代表视察、调研活动16场次，参加代表357人次。全区809名各级人大代表响应区人大常委会《致全区各级人大代表的一封信》的号召，在疫情防控一线值班值守、踊跃捐款捐物，35名代表捐赠防疫物资45.2万元，涌现一批感人的先进事迹；767名代表主动投身抗洪抢险一线，排查隐患、宣传动员、转移群众，为守护人民安全贡献人大力量。区人大常委会树立5名市代表和10名区代表优秀典型，在《延平人大》和机关代表风采墙上宣传履职优秀代表事迹。建好代表履职档案，省、市、区人大代表实行一人一档，乡镇人大代表一小组一档。

议案、建议督办

【关于挖掘弘扬延平区历史文化 发挥生态优势 做大做强延平区文化康养旅游产业的议案】 南平市延平区第十八届人民代表大会第五次会议主席团交付区人大常委会审议的代表提出的议案共1件，该议案是张财荣等12名代表联名提出的《关于挖掘弘扬延平区历史文化 发挥生态优势 做大做强延平区文化康养旅游产业的议案》。为促进《关于挖掘弘扬延平区历史文化 发挥生态优势 做大做强延平区文化康养旅游产业的议案》落实，区人大常委会开展分片联动，组织代表视察，形成视察报告。7月12日，区人大常委会主任会议专题听取了区政府副区长蔡剑心关于议案落实情况的报告。12月7日，延平区十八届人大常委会第七次会议听取和审议区政府《关于挖掘弘扬延平区历史文化发挥生态优势做大做强延平区文化康养旅游产业的报告》，开展代表议案落实情况满意度测评，测评结果为“满意”。

【建议、批评和意见督办】 南平市延平区十八届人大一次会议以来，区人大代表提出建议、批评和意见120件（含议案转建议5件、闭会期间建议5件），涉及事项属区级职能的114件，区人大常委会全部交区政府办理；属市级职能的6件转由延平区的市人大代表向市人大提出建议。区政府根据建议内容和承办单位职责范围，将114件建议分别交区政府相关工作部门和有关组织等23个单位办理。在办理的114件建议中，解决或基本解决的27件，占23.69%；正在解决或纳入计划逐步解决的74件，占64.91%；因条件限制或其他原因短时间内难以解决的10件，占8.77%；所提问题不可行、留作参考的3件，占2.63%。114件代表建议全部办复，代表满意率85.09%，基本满意率14.91%，反馈率100%。

5月11日，延平区人大常委会主任会议听取常委会各委室对所联系的单位办理代表建议情况的汇报。12月7日，区十八届人大常委会第七次会议听取和审议区政府《关于区十八届人大一次会议代表建议办理情况的报告》，对区十八届人大一次会议上郑丽敏代表提出的《关于提升延平城区及乡镇卫生院医疗服务能力的建议》和叶正祥等代表提出的《关于加快推进“大学城”职教园商圈项目建设的建议》办理情况开展满意度测评。

（供稿人：郑茂森）

（责任编辑：邓璟靓）

南平市延平区人民政府

综　述

【区政府常务会议】 2022年1月4日，延平区政府叶文平区长主持召开区政府常务会议，讨论研究朱子文化传承保护、教育“双减”、生态文明建设、“双碳”工作、省第十七届运动会筹备、海西天然气管网二期工程、科特派员制度三年行动、项目剩余砂石土管理、城市规划更新、政府投资项目预算评审、国运公司章程及运转机制等事宜。

1月25日，延平区政府叶文平区长主持召开区政府常务会议，讨论研究“十四五”生态环境保护规划、中央和省环保督察反馈问题整改、征兵、安全生产、河（湖）长制、林长制、区产权交易网络竞拍平台等事宜。

3月1日，延平区政府叶文平区长主持召开区政府常务会议，讨论研究地方政府专项债、太平抽水蓄能项目、石墨烯负极材料生产和石墨电极项目、保温产业发展、“十四五”教育发展规划、捐资助教管理、审计文件清理废止、区政府常务会议制度等事宜。

4月11日，延平区政府叶文平区长主持召开区政府常务会议，讨论研究近期疫情防控工作、畜禽养殖污染防治、畜牧业发展、水土保持实施方案、政府投资项目管理、抽水蓄能项目、“中国天然氧吧”创建、为民办实事工作计划、小流域规划编制、“非遗”保护传承等事宜。

4月24日，延平区政府叶文平区长主持召开区政府常务会议，讨论研究粮食生产奖补措施、全面推进乡村振兴重点工作、妇女及儿童发展纲要、赋予乡（镇）、街道行政执法事项、大横产业区标准化厂房建设等事宜。

6月9日，延平区政府叶文平区长主持召开区政府常务会议，讨论研究与融通被装公司投资合作、农村客运公交化运营、景区标识标牌规范化与解说系统数字化提升、给予区消防救援大队记集体三等功、清理规范林权确权登记历史遗留问题试点项目等事宜。

7月5日，延平区政府叶文平区长主持召开区政府常务会议，传达学习省、市机关效能建设工作有关文件、会议精神，讨论研究经济社会运行和绿色高质量发展监测与绩效管理方案、工业发展资金管理等事宜。

7月27日，延平区政府叶文平区长主持召开区政府常务会议，讨论研究禁毒工作、安全生产、农村产业融合发展，存量集体建设用地使用、全民健身实施计划、涉农资金管理办法等事宜。

9月2日，延平区政府叶文平区长主持召开区政府常务会议，讨论研究与福建轻纺战略合作、与华润燃气及福建新能源战略合作、大横产业区龙山平台工业用地出让、共享电单车经营权转让方案、“十四五”残疾人保障和发展规划编制、引进金豆源豆制品加工项目等事宜。

10月17日，延平区政府叶文平区长主持召开区政府常务会议，讨论研究文旅经济和文物保护、禁毒工作、河湖长制、城乡供水一体化、林长制和林业改革发展、农田综合整治、太平抽蓄项目招标、气象站更新改造、“延平名医”评选、集体土地所有权确权登记、规范性文件清理等事宜。

11月11日，延平区政府叶文平区长主持召开区政府常务会议，讨论研究拟列2023年省、市重点项目和专项债申报等事宜。

11月21日，延平区政府叶文平区长主持召开区政府常务会议，讨论研究行政许可事项、科特派选认、教育“双减”、扫黄打非、创建文明城市（区）及未成年人思想道德建设、办公用房调整等事宜。

12月17日，延平区政府叶文平区长主持召开区政府常务会议，讨论研究食品安全“两个责任”、政府工作报告起草、园地林地草地分等定级、国土变更调查等事宜。

（供稿人：李英浦）

（责任编辑：邓璟靓）

政府办工作

【政府信息公开】 2022年，延平区通过政府门户网站及时公开区政府常务会议讨论决定的事项、区政府及其部门制定的政策等信息，新增“深入学习贯彻党的二十大精神”“疫情防控 延平在行动”“自强不息 求实创新 团结拼搏 奋力争先”等栏目体现延平工作、延平精神。全年共主动公开政府信息7328条，涵盖法规文件、社会事业、城乡建设、重大项目、应急管理等12个方面。新增重点领域公开专栏，建设有“重大建设项目”“财政资金直达基层”“社会福利”“安全生产”等25个专栏，全年公开重点领域信息2145条。加大政策解读力度和回应关切，以文字、图片、视频、访谈等多种形式开展政策解读，发布和转发重要政策文件解读12份；完成领导访谈12期，民意征集及网上调查24期。

【综合文字工作】 2022年，延平区共起草编发综合性、专项性领导讲话、汇报材料300余份，共发“延政文”148份、“延政办”37份、专题会议纪要102份。围绕区委、区政府重点工作及工作要求，贴近工作实际，摸清实情，捕捉亮点信息，按照“快、新、准、精、深”要求，制定编发政务信息工作制度，着力改进政务信息质量，促进全区政务信息质量迅速提升，向省、市报送政务信息638条，被省、市采用共计165条，刊发《延平政务信息》正刊22期、增刊16期。

【筹办会议活动】 2022年，延平区严格落实中央八项规定及其实施细则精神，加强会议计划管理，提倡开小会、短会、现场会、专题会，进一步严肃会风会纪，提高会议的质量效果。全年，召开全区性会议36场，参与组织第二十二届中国国际投资洽谈会、政银企对接会、延平区“一把手”招商会、延平区“人人都是科特派”系列活动，承办省乡村振兴促进会到延平调研、“9·30”公祭日、纪念“延平王”郑成功收复台湾360周年等10余次大型活动。

【督查督办】 2022年，延平区紧紧围绕区委区政府的中心工作，以区领导关注和市民群众关心的热点、难点问题为重点，扎实有序地开展督查督办工作，完成各项工作任务，履行政务督查工作职能。全年承办、转办完成市、区人大建议124件、政协提案145件；办理完成市“两单”平台84件；转办群众来信87件；刊发《延平政务督查》22期；下发《延政督办》9份。

【机关效能建设】 2022年，延平区围绕全方位推进绿色高质量发展超越、实施“提高效率、提升效能、提增效益”行动，突出重点工作和中心工作，紧密衔接市对区绩效考评指标体系，制定《2022年度延平区经济社会运行和绿色高质量发展监测与绩效管理工作方案》。全年，共受理各类投诉件50件次，其中接待来访群众17批次（22人），受理电话投诉33件（含市效能办交办件3件）。属效能投诉类的共5件（含市效能办交办件1件）。

延平区中心工作及突发性重点工作，对“12345”平台不满意件、会风会纪、全区机关干部春节后返岗收心归位、核实处理市效能办交办件、远程视频监督检查等情况组织开展效能督查共48次；对涉疫诉求件实行24小时督办，共督办涉疫投诉件74件。对存在问题的单位督促其整改落实。全年，下发工作提示函3份，下发督查建议书4份，累计发现机关效能相关问题127个，共问责27人次（其中效能告诫1人、通报批评1人、诫勉教育5人、约谈7人、批评教育13人），进一步提升政府执行力和公信力。

（供稿人：李英浦）

（责任编辑：邓璟靓）

人力资源管理

【概况】 2022年，延平区人社局机关党支部被区直机关党工委评为“五星级党支部”。延平区新招事业单位工作人员259名，全区事业单位已聘

2022年延平区事业单位专业技术人员聘任情况表

表1 单位：人

类别	人数	其中					
		教育	卫生	农业	林业	文化	其他
高级	662	412	118	22	43	4	63
中级	2140	1622	163	40	60	8	247
初级	1931	1149	314	36	45	6	381
合计	4733	3183	595	98	148	18	691

2022年2月5日，人社局局长张声浪（左一）走访基层劳动保障平台，指导节后企业招工、岗位推送、人社政策宣传等工作　（区人社局／供）

专业技术人员4733人。进一步推动专技人才队伍建设，新增评审类887人，其中高级职称71人、中级职称513人、初级职称303人。推动企业人才队伍培养，推动企业人才队伍培养，全年新增中级工1527人，新增高技能人才132人。举荐技能大师1名。

【考录招聘】　2022年，延平区人力资源和社会保障局开展事业单位公开招聘工作人员58人；公开招聘紧缺急需专业工作人员12人；公开招聘新任教师聘用核准153人；服务基层项目人员期满考核聘用14人，其中三支一扶6人、大学生志愿者8人；教育系统免费师范生聘用12人，卫健系统定向委培生聘用4人，农业系统定向委培生聘用1人。

【岗位设置管理】　2022年，延平区人力资源和社会保障局继续执行南人综〔2017〕203号文件政策，专业技术岗位比例按照高中初级1.8∶4∶4.2比例设置。2022年底，全区事业单位已聘专业技术人员 4733人，其中高级662人、中级2140人、初级1931人。

【人事调配管理】　2022年，办理延平区政府系列事业单位交流调动171人，其中调往区外41人、区外调入3人、区内调动127人。办理延平区政府系列事业单位工作人员解除聘用合同备案16人。

【工作考核】　2022年，延平区机关事业单位共1344人参加事业单位年度考核。对受处分（处罚）人员待遇进行调整，2人因受行政刑事强制措施领取生活费，5人因违法违纪被处分后调整工资待遇。

【教育培训】　2022年，延平区人力资源和社会保障局组织开展全区事业单位公共课和专业课网络继续教育培训。2022年度工考报名人数15人，其中，报考技师5人、高级工6人、中级工2人、初级工2人，共涉及5个工种。

【工资福利管理】　2022年，延平区人力资源和社会保障局办理事业单位工作人员每年正常晋升薪级工资5150人次。全年办理事业单位工作人员职务（岗位）变动调整工资1510人，工作调动工资变动230人，事业单位新录用人员工资380人，转正定级人员330人，学历变更、乡镇补贴、特岗津贴等工资变动280人。完成全区事业单位其他奖励性绩效工资审批工作。

【“1+X”专项督查】　2022年，延平区人社局对9家机关事业单位在编人员津贴发放情况进行核查，下发整改通知书3份，向延平区纪委移交线索6条。

【人才队伍建设】　2022年，延平区人力资源和社会保障局进一步推动专技人才队伍建设，新增评审类887人，其中高级职称71人、中级职称513人、初级职称303人；推动企业人才队伍培养，全年新增中级工1527人，新增高技能人才132人。开展职业技能竞赛，举办延平区茶插花花艺师职业技能竞赛，举荐技能大师，推选的杨嗣德获得南平市技能大师称号。

【高校毕业生服务】　2022年，延平区人力资源和社会保障局新招募2022届“三支一扶”高校毕业生20人服务基层，“三支一扶”高校毕业生在岗人员38人，“三支一扶”服务期满7人，其中：6人考核合格直接转任乡镇事业单位继续服务基层，1人考上公务员专门岗位，省级离校未就业高校毕业生实名登记平台1577人，逐个电话跟踪服务1550人，就业1549人，登记就业率98.22%；逐个跟踪困难毕业生就业情况，深入了解就业困难毕业生情况。做好工作台账归档整理。跟踪帮扶困难毕业生55人，已就业50人，就业率达90.91%。

【人才引进与服务】　2022年，延平区人力资源和社会保障局通过福建省“海纳百川”人才网平台审核高层次A、B、C类人才16人，其中确认省级高层次B类人才7人、确认省级高层次C类人才9人。开展南平市高层次D、E类人才申报工作，共认定E类人才8人。发放大学毕业生到南平工作安家补助16万元。推荐福建省南平市三金电子有限公司参加南平市高层次人才自主认定评审工作。落实南平市工科类专业青年人才生活补贴15人，发放补贴5.9万元。落实人才储备高校毕业生就业补助13人，发放就业补助资金4.48万元；落实重点产业高技能人才生活补贴2人，生活补贴0.3万元。

做好人才服务工作，2022年以来共接收164件，其中：租房补贴88件，购房补贴43件，大学生来南安家补助22件，高层次E类人才8件，创业担保贷款2件，区属人才子女就学1件，已按规定时间转相关业务部门审批。

【退休人员管理】 2022年，延平区人力资源和社会保障局办理事业单位退休审批150人次，办理退休人员高龄补贴审批170人次，并做好牺牲、病故人员死亡抚恤金审批工作。全年办理遗属定期定额生活困难补助标准变动62人次。

【档案管理】 2022年，延平区人力资源和社会保障局共管理退休档案3041册、在职档案1152册、其他档案618册。全年办理档案转出48册，接待档案查阅451人次。全年，接收延平区高校毕业生档案2415份。

（供稿人：陈晶晶）

（责任编辑：邓璟靓）

行政服务

【概况】 2022年，延平区政务服务中心在延平区委、区政府的领导下，在市行政服务中心管委会的指导和各进驻窗口单位的支持下，以提高办事企业和群众幸福感、获得感、满意度为目标，认真贯彻“为人民服务”宗旨，深化“放管服”改革，持续优化营商环境，完成各项工作任务。全年，延平区政务服务中心各进驻窗口单位总办件量651346件，审批服务更加高效。

【“放管服”改革】

推行“一件事”套餐改革 2022年，延平区行政服务重点打造“残联办证一件事”“水电气网联动报装一件事”等10个“一件事”套餐。7月，延平区政务服务中心率先在南平市开展“身后一件事”改革，改革后，群众办事由“跑3个窗口”转变为“跑1个窗口”，材料由16份缩减至6份。全年，延平区政务服务中心办理“一件事”套餐18669件。

推行“跨域通办”改革 2022年，延平区行政服务聚焦企业和群众普遍关切的医保、社保、市场监管等重点领域，对办事频率高、有异地办理需求、改革获得感强的政务服务事项，通过“异地受理，异地办结”“异地代收，属地办结”“异地指导，全程网办”等途径办理事项。全年，延平区办理“跨省通办”635件、“省内通办”4358件，变“企业跑”“群众跑”为“数据跑”“快递跑”，实现企业和群众跨区域、跨层级办事。7月，南平市公积金中心延平管理部窗口通过全国公积金监管平台运用联办方式，让群众郭先生顺利在莆田提取到住房公积金，是南平市首笔通过“福州都市圈通办”办理的公积金提取业务，获得群众好评。

推进智慧政务服务 2022年，延平区行政服务推行“网上受理+窗口办结”“窗口受理+快递送达”以及全程网办等审批服务方式。深化电子证照生成和应用，将电子证照生成作为行政审批和服务事项办结必要环节，实现电子证照和纸质证照同步生成；推进已归集电子证照在政务服务办事中普遍应用，减少纸质申报材料。全年，延平区政务服务中心各进驻窗口在办件中已调用电子证照32475个、生成电子证照5153个，群众办事更加便捷、高效。

推进公共资源交易规范化 2022年，延平区行政服务加强延平区公共资源交易管理、服务的标准化建设，打造“阳光平台”，提供建设工程招投标、土地和矿业权交易等业务，中心严格规范交易主体行为，优化办事流程，交易过程做到全程电子留痕，方便交易各方、监管单位查看。在开展工程建设项目交易的同时积极拓展交易业务，6月推出公有产权网上竞拍交易业务，将区属公有资产交易纳入阳光平台，全面推行公有产权网上竞拍交易。全年延平区“阳光平台”政府投资小规模建设项目成功交易260个，招标控制价合计34650.54万元，实际中标金额26180.79万元，节约金额8469.75万元，节约率为24.44%；公有产权网上竞拍项目成功交易112个，竞拍总价5503.13万元，实际成交额6124.08万元，增值额620.95万元，增值率11.28%。

夯实基层政务服务建设 2022年，延平区行政服务推进乡镇（街道）便民服务中心标准化建设，推动便民

2022年11月22日，“延平区行政服务中心”更名为“延平区政务服务中心”

（区政务服务中心/供）

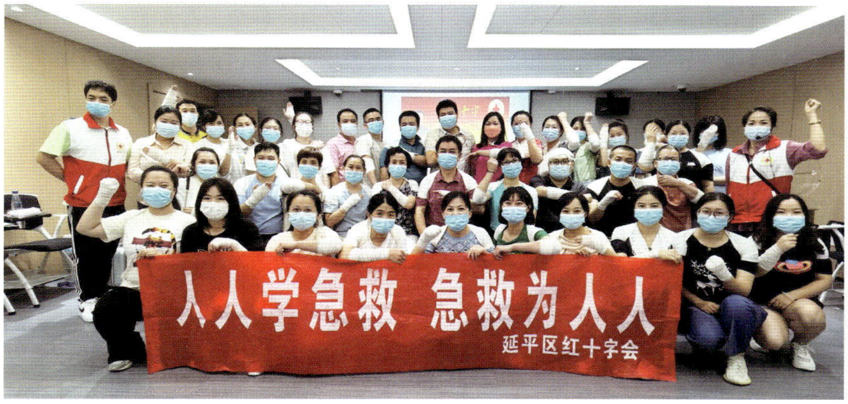

2022年9月24日，中心举办应急救护员线下培训班 （区政务服务中心／供）

服务中心场所改造，对便民服务中心站办及人员进驻、便民设施配套、效能作风等方面进行了细致部署和指导，提升基层便民服务水平。延平区重点打造四鹤街道、巨口乡便民服务中心示范点建设，以点带面推进延平区便民服务中心整体服务水平提升。

【政务服务方式创新】

推行自助服务 2022年，延平区政务服务打造“就近办、自助办”服务平台，在延平区政府、区政务服务中心、高铁站、部分乡镇街道等人员密集场所设立自助服务区，布置“e政务”自助一体机，提供公积金查询、不动产查询、网约车和出租车培训报名、临时身份证明等多项自助服务内容，为群众提供24小时不打烊政务服务，让群众在家门口就能办成事、办好事。全年，延平区各自助服务区自助机使用10878次。

优化服务方式 2022年，延平区政务服务推行延时服务、上门服务、帮代办等服务方式，设立“办不成事”受理服务窗口、惠企政策窗口，打通服务群众“最后一公里”。全年，延平区政务服务中心共开展延时服务400多次，帮代办服务100多次，上门服务70余次，进一步提升群众办事满意度；还通过综合窗口受理业主的申请，牵头多部门组织开展联合踏勘，促进项目审批提效提速。全年，开展联合踏勘65次，其中对既有住宅增设电梯项目联合踏勘62次。

【政务服务监管】

健全政务服务“好差评”制度 2022年，延平区政务服务线上、线下为群众提供多种评价方式，在政务大厅设置意见箱、意见簿、投诉处理流程图、电子评价器，群众可通过窗口评价器、短信、网上评价等方式开展“一事一评价”，拓展群众评价、投诉、监督渠道，进一步完善政务服务“好差评”制度，实现政务服务事项全覆盖、评价对象全覆盖、服务渠道全覆盖。全年，企业和群众通过各种途径评价办件3万多次，满意率100%。

开展常态化巡查 2022年，延平区政务服务实行大厅“一日两巡查”制度，利用远程视频监控系统每日抽查主中心、分中心和乡镇（街道）便民服务中心，对办事大厅工作纪律、人员着装仪容、服务态度、环境卫生等情况实施全方位巡查。巡查结果应用到“红旗窗口”“服务之星”等各类考评活动中，每月定期通报，提振干部精气神；通过强化督查，促进政务服务中心各项工作高效、规范、有序运转，提升群众办事满意度。

开展审批服务检查 2022年，延平区政务服务每季度对各进驻窗口办件卷宗、服务指南等定期抽查，重点查看审批服务“三集中、三到位”、

2022年8月17日，延平区政务服务中心召开阳光平台网络竞拍现场会 （区政务服务中心／供）

一次性告知、福建省网上办事的推进、电子证照的应用等工作的落实情况，进一步规范各进驻窗口审批服务行为，推进审批服务标准化。每周还开展审批服务效率抽查，随机抽查3～4个审批部门，对审批效率有待改进的，提出要求、帮助分析原因、制定整改措施，促进项目审批提速增效。

（供稿人：徐艳冰）

（责任编辑：邓璟靓）

信　访

【概况】　2022年以来，延平区委、区政府高度重视信访工作，以习近平新时代中国特色社会主义思想为指导，深入贯彻习近平总书记关于信访工作重要指示批示精神，紧紧围绕冬奥会、全国两会、党的二十大等重要时间节点，以区委提出的“10+6”重点工作为抓手，深入开展“治重化积”、信访积案三年攻坚行动。

2022年，全区群众来信来访总量1756件次。

【接访约访下访】　2022年，延平区持续深化“枫桥经验”，在坚持开展每月15日区主要领导接待日活动和每月10日挂点处级领导到挂点乡镇（街道）下访约访活动的基础上，为更进一步畅通信访渠道，全区建立区副处级领导每日值班接访制度，引导信访人依法、有序、理性地表达诉求，有效化解群众反映的热点问题。每月15日区领导共接访群众59批90人次，区、乡两级领导开展“四门四访”活动以来共计走访约访群众132批180人次。

【纠纷矛盾排查化解工作】　2022年，延平区建立排查分析制度，坚持网上和网下一体作战，强化会商研判、精准预警指挥、妥善化解。对各类可能引发社会矛盾和影响社会稳定的苗头性、隐患性问题，每月都进行全面、认真、细致的排查研判，做到早发现、早部署、早处理。

【信访信息系统运行】　2022年，延平区网上信访运行以来，加快信访信息化建设应用步伐，坚持“阳光信访”，网上网下结合、上访下访结合，做到“数据多跑腿，群众少跑路”。截至年底，全区接入注册新信访信息系统共87家单位，其中有登录使用的87家［区直单位66家，乡镇（街道）21家］，登录使用率100%。通过把各个层级有权处理信访事项的责任部门，纳入信访信息系统统一运行，实现工作范围的全覆盖，做到无纸化运转，全过程跟踪问责、受理办理过程和结果公开，接受群众查询和监督评价，达到方便群众、以公开促公正、以透明提高公信力。

【信访矛盾化解攻坚战】　2022年，延平区共收到国家信访局交办130件信访积案，上报化解129件，化解率99.23%，特别是化解省委常委、宣传部长张彦包案信访事项1件。以解决信访突出问题为突破口，有效化解省人大常委会副主任吴洪芹下基层接访件3件、市政协主席林斌带案下访件2件。全区持续开展重点信访问题“三年攻坚行动”，经各方努力，化解率72.95%。全区治重化积专项工作得到市里的肯定，并向省信访局推荐延平区全国“治重化积”专项工作优秀个人1名。

【依法处置】　2022年，延平区坚持依法处理信访事项和依法打击信访违法行为“两手抓、两手硬”。在推动合法合理诉求得到解决的同时，对无理缠访闹访的，坚决依法处理，转变“小闹小解决、大闹大解决”现象。在依法打击突出信访违法专项行动中，依法查处涉访行政案件12起14人，涉访刑事案件2起3人。

（供稿人：曹贻斌）

（责任编辑：邓璟靓）

政协南平市延平区委员会

综　述

2022年，区政协及其常委会坚持以习近平新时代中国特色社会主义思想为指导，在中共延平区委坚强领导和南平市政协精心指导下，认真学习贯彻中共十九大和十九届历次全会、中共二十大精神，贯彻落实习近平总书记关于加强和改进人民政协工作的重要思想，以助力全方位推进延平“二次创业”为目标，以广泛凝聚奋进新征程的强大合力为引擎，以深入开展“提高效率、提升效能、提增效益”行动为载体，坚持政治引领、共同思想基础更加巩固，坚持聚焦中心、建言资政成果更加丰硕，坚持问题导向、民主监督靶向更加精准，坚持履职为民、服务发展大局更加有为，坚持守正创新、自身建设水平更加提升，团结带领全区政协委员奋发进取、扎实履职，为推动延平经济社会发展做出贡献。

【概况】　2022年，区政协召开第十五届全体会议1次、常务委员会会议4次、主席会议15次。

【区政协十五届第二次会议】　2022年12月27日至28日，区政协十五届第二次会议召开。27日上午，大会举行第一次全体会议（开幕式），区政协主席林华生向大会作区政协十五届常委会工作报告，副主席官信发向大会作区政协十五届第一次会议以来提案工作情况报告；黄梅芳、应姜春、俞军华、黄旭、黄斯等五位委员分别代表各界别在会上发言。下午，分组讨论区政协十五届常委会工作报告、提案工作情况报告；召开“两会”中共党员会议。晚上，召开提案审查委员会成员会议。

12月28日上午，列席区十八届人大二次会议第一次全体会议，听取区人民政府工作报告，计划报告、预算报告，区法院工作报告、区检察院工作报告。下午，分组讨论区政府工作报告及计划、财政预算报告，区法院、区检察院工作报告，区政协十五届二次会议决议（草案）；大会举行第二次全体会议（闭幕式），听取区政协十五届二次会议提案审查情况报告，通过区政协十五届二次会议决议（草案）；举行区政协向区政府交办十五届二次会议提案仪式；区政协主席林华生在闭幕式上作了讲话。

【区政协十五届常务会议】　2022年，区政协召开第十五届常务委员会会议4次。

4月22日，区政协召开十五届常务委员会第一次会议。会议传达学习2022年全国“两会”精神及省政协党组（扩大）会议精神；审议区政协

2022年12月27日至28日，区政协十五届第二次全体会议召开　（区政协／供）

2022年度重点协商计划（草案）、《政协南平市延平区第十五届委员会各专门委员会组成人员建议名单（草案）》；审议通过人事有关事宜；举办“委员讲坛”活动。

9月5日，区政协召开十五届常务委员会第二次会议暨“弘扬优秀传统文化，推动茶洋窑产业发展”专题协商会议。会议学习《中国共产党政治协商工作条例》；审议《延平区政协委员履行职责的服务管理暂行规定（草案）》、审议《延平区政协委员履职情况考核办法（草案）》；举办“委员讲坛”第二讲活动。就“弘扬优秀传统文化，推动茶洋窑产业发展”课题进行专题协商。

10月25日，区政协召开十五届常务委员会第三次会议。会议传达学习中国共产党第二十次全国代表大会会议精神；举办“委员讲坛”第三讲活动。就“培育游乐总部经济，推动游乐产业发展”课题进行专题协商。

12月15日，区政协召开十五届常务委员会第四次会议。会议听取并讨论区政府关于《政府工作报告》（征求意见稿）起草情况的说明，区政府办关于2022年度区政协重点协商意见落实情况通报和区政协十五届一次会议以来委员提案办理工作情况的通报，区纪委监委2022年区党风廉政建设和反腐败工作情况通报，区法院、区检察院2022年工作情况通报，区政协第十五届二次会议筹备情况的说明；讨论并审议《区政协常委会工作报告》（征求意见稿）和《区政协提案工作情况报告》（征求意见稿）；审议有关人事事项；审议通过区政协十五届二次会议有关程序性文件（草案）、区政协各专委会2022年工作总结及2023年工作计划。

【区政协十五届主席会议】 2022年，十五届区政协召开主席会议15次。

1月18日，区政协召开十五届第一次主席会议。会议研究区政协2022年“两节”慰问、区政协结对帮扶、机关工会工作等事项。

2月28日，区政协召开十五届第二次主席会议。会议研究区政协2022年度重点协商议题计划、机关公务员平时考核等事项。

3月7日，区政协召开十五届第三次主席会议。会议研究区政协2022年度重点协商议题计划等事项。

4月21日，区政协召开十五届第四次主席会议。会议研究召开区政协十五届一次常委会会议、十五届委员会各专门委员会组成人员、调整区政府与区政协对口联系部门、2022年度重点提案工作、2022年度视察工作、委员人事等事项。

5月15日，区政协召开十五届第五次主席会议。会议研究《2022年南平市延平区政协工作要点（审议稿）》、区政协开展助力大抓项目抓大项目“三大攻坚行动”活动、2022年区政协领导走访委员“春天行动”、区政协机关创建省级文明单位、机关工作等事项。

6月8日，区政协召开十五届第六次主席会议。会议研究十五届区政协城乡联络组第一次会议筹备、反映社情民意信息工作、2022年区政协领导走访委员“春天行动”“爱心协会”工作等事项。

7月26日，区政协召开十五届第七次主席会议。会议通报区政协党组成员联系党员委员、党员委员联系党外委员工作机制，研究委员参与基层社会治理、区政协挂点联系村和机关联乡村、编写《延平非物质文化遗产》书籍、“爱心协会”工作等事项。

8月16日，区政协召开十五届第八次主席会议。会议研究区政协十五届第二次常委会会议、有关工作制度、机关效能工作、机关有关工作等事项。

8月29日，区政协召开十五届第九次主席会议。会议研究“补齐基层医疗卫生短板，增进人民福祉”专题协商会、区政协有关规章制度、“委员驿站”、机关有关工作等事项。

9月9日，区政协召开十五届第十次主席会议。会议就“补齐基层医疗卫生短板，增进人民福祉”课题进行专题协商。

9月30日，区政协召开十五届第十一次主席会议。会议研究“做大做强特色产业，推动酒店业高质量发展”专题主席协商会、区政协机关绩效工作、炉下镇斜溪村政协委员“协商议政室”工作经费、区政协商务新车费用、机关大楼供水主管更新项目等事项。

10月14日，区政协召开十五届第十二次主席会议。会议研究“培育游乐总部经济，推动游乐产业发展”常委会专题协商会、区政协十五届二次全会筹备工作、区政协机关与裕达社区共建及驻村干部工作经费等事项。

10月18日，区政协召开十五届第十三次主席会议。会议就“做大做强特色产业，推动酒店业高质量发展”课题进行专题协商。

11月2日，区政协召开十五届第十四次主席会议。会议研究区政协十五届四次常委会、十五届二次全会筹备工作、十五届二次全会大会发言、机关有关工作等事项，听取区政协十五届一次全会提案办理情况汇报。

12月5日，区政协召开十五届第十五次主席会议。会议研究区政协十五届四次常委会、十五届二次全会采购、机关有关工作等事项，讨论《区政协第十五届委员会常务委员会工作报告》（征求意见稿）、《区政协十五届一次会议以来提案工作情况的报告》（征求意见稿），听取各专委会2022年工作情况及2023年工作计划汇报。

【爱心协会】 2022年，区政协、区爱心协会发动政协委员和爱心人士捐赠63.12万元。8月8日，区爱心协会第三届会员代表大会第一次会议召开，会议选举产生区爱心协会第三届理事会会长、副会长、秘书长、理事和监事会监事长、监事，举行爱心企业（人士）授牌仪式。8月19日，区政协、区爱心协会举行捐助困难大学

2022 年 8 月 19 日，区爱心协会举行捐助困难大学生仪式，向来自各乡镇（街道）的 22 名应届贫困大学生分别发放 5000 元助学金，合计发放助学金 11 万元　（区政协 / 供）

生仪式，向来自各乡镇（街道）的 22 名应届贫困大学生每人分别发放 5000 元助学金，合计发放助学金 11 万元。此次捐助，是 2012 年区爱心协会成立以来连续开展捐资助学活动的第 11 年，已有 245 名困难大学生得到捐助。

【“进小区、访民情、解民忧”实践活动】　2022 年 8 月 5 日，区政协召开政协委员“进小区、访民情、解民忧”实践活动动员会。活动进一步发挥人民政协联系各界群众的重要作用，拓展政协委员履职工作新途径，让不同领域、不同专业的政协委员深入小区，广察民情，广聚民智，将履职平台搭在群众家门口，助推破解城市小区治理的痛点难点堵点问题，助力基层社会治理。

【道德讲堂】　2022 年 8 月 23 日，区政协机关联合区委宣传部、区委文明办举办以“传承优秀传统文化，立德树人谱写新篇”为主题的道德讲堂活动。活动深入学习贯彻落实习近平新时代中国特色社会主义思想，常态化推进党史学习教育，践行“明理、增信、崇德、力行”，聚焦为民务实服务，落实“我为群众办实事”活动，做到新思想入脑入心、为民服务见行见效，充分展现文明单位的良好形象。本次活动由区融媒体中心直播平台线上同步直播，参评省、市（区）级文明单位、参评各级文明村镇、文明社区、文明校园的单位等有关人员通过线上观看直播。

【工作机制】　2022 年，建立健全工作机制区政协党组 4 项，区政协 7 项。3 月 2 日，区政协办〔2022〕3 号印发《延平区政协机关公务员平时考核实施办法（试行）》，包括考核原则、考核对象、组织领导、考核内容及指标、考核程序、结果运用、工作要求七个方面内容。

5 月 5 日，区政协〔2022〕4 号印发《政协南平市延平区第十五届委员会各专门委员会组成人员名单》，十五届区政协共设立提案委员会、经济科技委员会、农业农村委员会、社会法制和民族宗教委员会、文教卫体和文史资料委员会 5 个专门委员会，每个专门委员会 15 人，由相应的界别政协委员组成。

5 月 16 日，区政协党组〔2022〕7 号印发《区政协开展助力大抓项目抓大项目“三大攻坚行动”活动实施方案》，包括指导思想、主要内容、保障措施，在建立三项机制、同心同

2022 年 8 月 23 日，区政协机关联合区委宣传部举办以“传承优秀传统文化，立德树人谱写新篇”为主题的道德讲堂活动（区政协 / 供）

向发力，搭建四个平台、助力招商引资，组建三支队伍、精准有效服务等方面明确工作措施。

6月9日，区政协党组〔2022〕8号印发《进一步规范和加强城乡政协联络组建设的方案》，在指导思想、组织形式、主要职责、工作保障、考核奖惩等方面制定具体措施。

7月27日，区政协办〔2022〕8号印发《政协委员“进小区、访民情、解民忧”实践活动方案》，在目的意义、参加范围、主要内容、主要形式、工作要求五个方面明确工作任务。

8月2日，区政协党组〔2022〕9号印发《延平区政协党组成员联系党员委员、党员委员联系党外委员工作机制》，在目的意义、联系对象、联系内容、联系分工、联系要求等方面制定具体措施。

8月16日，区政协〔2022〕8号印发《中国人民政治协商会议南平市延平区委员会主席会议工作规则》，规则设有十八项条款。

9月5日，区政协〔2022〕9号印发《延平区政协委员履行职责服务管理暂行规定》《延平区政协委员履职情况考核办法》。延平区政协委员履行职责服务管理暂行规定包括委员的权利、职责和义务以及委员的管理、委员的服务等内容；延平区政协委员履职情况考核办法设有七项条款。

9月9日，区政协〔2022〕10号印发《关于进一步加强和改进界别工作的意见》《关于进一步加强和改进联系委员工作制度》。关于进一步加强和改进界别工作的意见包括重要意义、工作机制、目标要求、工作保障四项内容；关于进一步加强和改进联系委员工作制度在联系分工、联系方式和内容、具体要求上作出明确规定。

9月9日，区政协办〔2022〕11号印发《延平区政协机关财务管理制度》《延平区政协机关公务接待工作制度》《延平区政协机关车辆管理暂行办法》《延平区政协机关考勤制度》，在财务管理、公务接待、车辆管理、机关考勤等方面作出规定。

10月23日，区政协党组〔2022〕10号印发《中共南平市延平区政协委员会党组工作规则》，在总则、职责、组织原则、议事决策、思想组织作风建设、责任追究、附则等方面作出明确规定。

【社情民意信息工作】 2022年，区政协加强政协反映社情民意工作，发挥社情民意信息“直通车”的作用，通过政协渠道广纳群言、广集民智，向党委、政府反映重要问题和情况、提出意见和建议。全年向区委区政府报送社情民意信息23篇，其中4篇社情民意信息得到区委区政府领导批示，向全国、省、市政协报送社情民意信息40篇，为各级党委、政府深入了解社情民意、科学民主决策提供参考。《以中国儿童电影百年华诞为契机重振国产儿童电影》《建议评选发布全国村规民约优秀示范案例，加强培育乡风文明建设载体》2篇社情民意信息被全国政协采用；《基层建议将辅助生殖技术治疗费纳入居民医保报销范围》《“寺庙养老”发展瓶颈亟待破解》《“银发就业者”劳动权益亟待保障》《建议推出“科技特派员制度”影视作品》《建议以中国儿童电影百年华诞为契机加强部署谋划重振国产儿童电影》《偶像“塌房”背后主旋律影视作品选角机制亟须加以改进》《“脱单盲盒”乱象丛生亟待加强整治》《未签劳动合同的劳动者申请工伤待遇赔偿的期限过长应引起重视》《警惕流调信息被“探案吃瓜”对地方和当事人造成负面影响》《建议规范文旅挂钩名人现象，助力文旅产业可持续发展》《推行啤酒瓶“回收行动” 解决“空瓶”浪费问题》《借鉴北京冬奥会做法 用活用好福建省运会“遗产”》12篇社情民意信息被省政协采用；《织密个人信息“保护网”》《十年租赁，尴尬办学盼解决》《改善海瑞路交通环境，保障师生出行安全》等3篇社情民意信息被市政协采用。2022年区政协被南平市政协授予“反映社情民意信息工作先进单位”。

【文史资料征编】 2022年，区政协做好文史资料编撰工作，完成市政协《闽北农业文化遗产》等文史资料收集、组稿及报送等工作，编辑出版《延平区政协志》文史资料，组织完成《延平非物质文化遗产》一书的作品收录整理，努力发挥文史资料存史、资政、团结、育人的作用。

【政协大事记】

2022年1月4—8日，区政协主席林华生、一级调研员刘启财、副主席陈文平到南平市参加市政协六届一次会议。

1月13日上午，区政协党组书记、主席林华生主持召开区政协党组（扩大）会议、区政协党组理论学习中心组暨主席学习（扩大）会议。

1月14日上午，区政协党组书记、主席林华生主持召开区政协党组党史学习教育民主生活会征求意见座谈会。

1月17日，市政协主席林斌、市政协秘书长黄信敏一行到延平走访慰问人才、老干部、困难党员，并参加市政协机关老干部活动点揭牌仪式。

1月18日下午，区政协主席林华生主持召开区政协十五届第一次主席会议。

1月20日，区政协组织南平市疾控中心、华夏眼科医院等单位专家到南山镇新时代文明实践所开展“红色党建齐心聚，志愿下乡送温暖”义诊活动。

1月24日上午，市、区政协到炉下镇下岚村开展“笔墨凝真情，福春进农家”迎新春送“福”送春联活动。

1月25日下午，区政协党组书记、主席林华生主持召开党史学习教育专题民主生活会以及区政协党史学习教育总结会议。

2月10日上午，市政协主席林斌一行到延平走访企业家和市政协委员，市政协副主席张皓到延平走访商会会长。

2月11日上午，区委书记黄桂诚听取区政协关于延平保温、酒店、游乐产业工作情况汇报，区政协主席林华生，副主席官信发、陈文平、王世铭参加会议；下午，区保温协会召开2022年延平区保温产业发展工作座谈会，区政协主席林华生参加会议。

2月16日上午，区政协机关党支部召开支部换届会议。

2月24日上午，区政协机关支部召开2021年度组织生活会。

2月28日上午，市政协副主席黄美萍到延平召开市、区政协老干部工作座谈会。下午，区政协党组书记、主席林华生主持召开区政协党组理论学习中心组暨主席学习会议、区政协十五届第二次主席会议和区政协党组会议。

3月3日下午，省政协秘书长陆开锦一行到延平就“中央及省委政协工作会议精神贯彻落实情况”开展专题调研。

3月7日上午，区政协主席林华生主持召开区政协十五届第三次主席会议。

3月9日，市政协副主席黄艳珠到延平走访市政协委员。

3月10日，市政协副主席黄美萍一行到延平召开民族宗教界别重温习近平总书记来闽考察一周年座谈会。

3月15日，市政协副主席潘丽贞一行到延平走访委员。

3月23日上午，区政协党组书记、主席林华生主持召开区政协党组党风廉政建设分析会暨党的领导干部2021年度述责述廉会议。

3月25日上午，区政协党组书记、主席林华生主持召开区政协党组理论中心组暨主席学习（扩大）会。

3月，区政协领导开展集中走访委员“春天行动”，共走访陈婧、黄文华、黄名旺等108名委员。

4月7日下午，区政协主席林华生主持召开市政协“理顺市区体制机制，激发‘双城’发展活力”重点协商课题子课题“优化市区财政管理体制”征求意见座谈会。

4月14日下午，区政协党组书记、主席林华生主持召开区政协党组理论学习中心组暨主席学习（扩大）会议。

4月15日，市政协副主席余建坤、张皓、潘丽贞到延平就“理顺市区体制机制，激发‘双城’发展活力”重点协商课题召开调研座谈会。

4月18日上午，市政协主席林斌到延平召开市区一体化重点专题专班工作座谈会。

4月19—20日，市政协副主席黄亚惠、黄美萍到延平就“强化基础人才支撑，服务地方经济”开展调研和座谈。

4月21日上午，区政协党组书记、主席林华生主持召开区政协十五届第四次主席会议、区政协党组会议。

4月22日上午，区政协主席林华生主持召开区政协十五届第一次常委会会议。

4月26日上午，市政协主席林斌到延平走访长富乳品有限公司。下午，区政协党组书记、主席林华生主持召开区政协党组会议。

5月7日下午，区政协党组书记、主席林华生主持召开区政协党组理论学习中心组暨主席学习（扩大）会议。

5月10日上午，省政协文史和学习委主任何国辉、市政协副主席黄苏福一行到延平，省、市、区政协联合在双溪楼举办“弦歌乐未央——全国书画名家书朱熹楹联作品展”开幕仪式。

5月12日上午，省政协社法委主任洪仕建、市政协副主席黄美萍到延平开展“加快推进我省市域社会治理现代化”专题协商课题调研。

5月15日下午，区政协主席林华生主持召开区政协十五届第五次主席会议。

5月18—20日，区政协领导干部收听收看全国政协第139期干部培训班暨加强和改进新时代市县政协工作专题研讨班线上培训会。

5月20日上午，延平区酒店业协会成立大会在福州召开。区政协主席林华生、副主席官信发参加。

5月24日上午，市政协主席林斌到延平调研指导乡村振兴和纪念“延平王”郑成功收复台湾360周年活动筹备等工作。

5月26日，省政协副主席洪捷序一行到延平开展“提升福建制造数字化水平，加快制造强省建设”专题协商课题调研。

5月27日上午，区政府区长叶文平主持召开保温、游乐、酒店三大产业推进工作会议，区政协主席林华生，副主席官信发、陈文平、王世铭参加。

5月29日上午，市政府副市长何明星到延平召开保温、游乐、酒店三大产业工作会议，区政协主席林华生，副主席官信发、陈文平、王世铭参加。

5月，区政协多次召开专题会议，研究推进保温、游乐、酒店产业工作有关事宜。

6月2日上午，区政协党组书记、主席林华生主持召开区政协党组理论学习中心组暨主席学习（扩大）会议。

6月6—7日，市政协主席林斌到延平调研指导防汛备汛及挂点联系村党建工作。

6月8日下午，区政协主席林华生主持召开区政协十五届第六次主席会议。

6月10日上午，区政协主席林华生主持召开三大产业推进会。

6月11—14日，市政协主席林斌、秘书长黄信敏一行深入延平区，检查指导防汛备汛及挂点联系村工作。

6月15日下午，区政协组织部分政协委员在“委员之家”开展“美好生活·民法典相伴”界别活动。

6月19日，市政协主席林斌到延平调研指导防洪工作，先后察看区防汛指挥部、延福门码头、大横镇等地。

6月23日下午，区政协举行《延平政协志》赠书仪式。

6月25日上午，区政协机关支部组织开展“七一”主题党日活动。

6月26日上午，市政府副市长何明星到延平召开三大特色产业推进专题会，区政协主席林华生，副主席官信发、陈文平、王世铭出席会议。

6月27日上午，区政协主席林华生主持召开十五届区政协城乡联络组第一次会议。下午，区政协党组书记、主席林华生召开区政协党组理论学习中心组暨主席学习（扩大）会议；市政协副主席黄亚惠到延平走访调研茶洋矿业、永锋矿业。

6月，区政协领导分别到挂点乡镇（街道）指导防汛工作。

7月5日，松溪县政协副主席蔡松华一行到延平开展“加大产业招商力度，优化营商环境，助推工业高质量绿色发展”调研。

7月8—9日，海峡两岸（南平）纪念“延平王”郑成功收复台湾360周年活动在延平举行，区政协主席林华生、副主席黄志红参加活动。

7月14日上午，区政协党组书记、主席林华生主持召开党组理论学习中心组暨主席学习（扩大）会议。下午，区委书记黄桂诚主持召开三大特色产业推进专题会，区政协主席林华生和副主席官信发、陈文平、王世铭参加会议。

7月22日下午，市人民政府副市长何明星、市住建局局长张长发一行到保温协会调研指导并召开座谈会。

7月26日上午，区政协党组书记、主席林华生主持召开区政协党组会议、区政协十五届第七次主席会议。

7月29日下午，区政协党组书记、主席林华生主持召开党组理论学习中心组暨主席学习（扩大）会议。

7月30—31日，区委书记黄桂诚、区政协副主席陈文平带队到宁德调研推进游乐设备产业园建设、扶持产业发展优惠政策等工作。

8月3日下午，南平市延平区保温协会政协委员功能型党支部举行揭牌仪式，区政协党组书记、主席林华生，党组成员、副主席王世铭参加活动。下午，区政协组织政协委员在文化广场开展“夏日送清凉”捐赠活动。

8月5日下午，区政协主席林华生主持召开政协委员“进小区、访民情、解民忧”实践活动动员会。

8月8日上午，区爱心协会第三届会员代表大会第一次会议召开，区政协主席林华生，副主席官信发、陈文平、黄志红，一级调研员毛向东参加会议。

8月8—9日，全国政协委员马国湘到武夷新区、延平区开展科技特派员助力乡村振兴调研工作。

8月16日下午，区政协主席林华生主持召开区政协十五届第八次主席会议。

8月19日下午，区政协、延平区爱心协会举行捐助困难大学生仪式。区政协主席林华生、副主席黄志红参加活动。

8月22日上午，区政协党组书记、主席林华生主持召开党组理论中心组暨主席学习（扩大）会议。

8月23日上午，区政协机关、区委宣传部在区文化馆联合举行“传承优秀传统文化，立德树人谱写新篇”道德讲堂活动，区政协主席林华生，副主席陈文平、黄志红、王世铭，一级调研员毛向东参加活动。下午，市政协副主席潘丽贞到延平开展“金秋助学”活动；区政协主席林华生主持召开游乐产业专班会议。

8月24日上午，市政协副主席黄美萍一行到延平开展“金秋助学”活动。下午，区政协机关组织收听收看2022年全省政协系统反映社情民意信息工作培训班视频会议。

8月25日，省政协常委林卫宠一行到洋后镇开展“爱心圆梦”助学活动。

8月29日上午，区政协主席林华生主持召开区政协十五届第九次主席会议。

9月5日上午，区政协主席林华生主持召开区政协十五届第二次常委会暨“弘扬优秀传统文化，推动茶洋窑产业发展”专题协商会议。

9月7日上午，区政协主席林华生、副主席王世铭到炉下镇斜溪村参加政协委员“协商议政室”揭牌仪式。下午，区政协党组书记、主席林华生主持召开区政协党组会、区政协党组理论学习中心组暨主席学习（扩大）会议。

9月7—8日，将乐县政协主席江太升一行到延平调研“传统文化传承保护利用工作”。

9月9日上午，区政协主席林华生主持召开区政协十五届第十次主席会议暨“补齐基层医疗卫生短板，增进人民福祉”专题协商会。

9月20—21日，市政协副主席黄亚惠带领市政协委员第三视察组，围绕“加快推进市区一体化和旧城改造片区开发工作”到延平开展2022年度视察。

9月27日上午，十五届延平区政协“委员驿站”武夷新区点举行揭牌仪式，区政协党组书记、主席林华生，副主席黄志红参加活动；永安市政协主席范纯文、副主席刘家福一行到延平考察学习国有企业改革工作。下午，区政协副主席陈文平到农业农村局开展“发展区域特色农业，助推乡村振兴战略”重点提案督办座谈会；市政协六届三次常委会会议召开，就“强化基础人才支撑，服务地方经济发展”开展专题协商，区政协主席林华生、副主席黄志红参加会议。

9月28—29日，区政协党组书记、主席林华生、副主席陈文平带领住延平区的南平市政协委员围绕“助力三大攻坚，喜迎中共二十大”主题，赴光泽县开展2022年度委员视察工作。

9月30日下午，区政协主席林华生主持召开区政协十五届第十一次主席会议。

10月9日上午，区政协主席林华生主持召开游乐产业工作座谈会。

10月12日下午，沙县区政协副主席陈升智一行到延平考察理学的传承和保护工作。

10月14日上午，区政协党组书记、主席林华生主持召开区政协十五届第十二次主席会议，围绕《习近平谈治国理政》第四卷、《闽山闽水物华新——习近平福建足迹》上专题党课。

10 月 17 日下午，区政协副主席黄志红到区文体旅局召开“促进文旅深度融合”重点提案督办座谈会。

10 月 18 日上午，区政协主席林华生主持召开区政协十五届第十三次主席会议暨“做大做强特色产业，推动酒店业高质量发展”专题协商会。

10 月 19 日上午，南平市游乐行业协会在延平区农商银行大楼举行新址揭牌仪式。区政协主席林华生、副主席陈文平参加活动。下午，省政协副主席许维泽一行到延平开展“推进优秀传统文化保护和传承”专题调研活动。

10 月 20 日上午，区政协党组书记、主席林华生主持召开区政协党组（扩大）会议、党组理论学习中心组暨主席学习（扩大）会议。

10 月 21 日上午，区政协副主席官信发到区城管局召开“加强城镇住宅小区物业规范管理”重点提案督办座谈会。

10 月 25 日上午，区政协主席林华生主持召开区政协十五届第三次常委会暨“培育游乐总部经济，推动游乐产业发展”专题协商会。

10 月 31 日上午，区政协党组书记、主席林华生主持召开区政协党组会议。下午，区政协领导干部收听收看市政协系统党的二十大精神宣讲报告会视频会议。

11 月 4 日上午，中共南平市延平区政协委员功能型第一支部委员会成立会议在福建省睿翼建设有限公司举行。

11 月 8 日下午，中共南平市延平区政协委员功能型第二支部委员会揭牌仪式在南平市三红电缆有限公司举行。

11 月 11 日上午，区政协党组书记、主席林华生主持召开党组理论学习中心组暨主席学习（扩大）会议。

11 月 17 日上午，区政协党组书记、主席林华生以《在新的历史征程上担当新使命、展现新作为》为主题宣讲党的二十大精神。随后，各位副主席到各自挂点乡镇进行宣讲活动。

12 月 5 日上午，区政协主席林华生主持召开区政协十五届第十五次主席会议。

12 月 13 日下午，区政协党组书记、主席林华生主持召开党组理论学习中心组暨主席学习（扩大）会议。

12 月 15 日下午，区政协主席林华生主持召开区政协十五届第四次常委会。

12 月 20 日下午，区政协主席林华生主持召开区政协十五届第十六次主席会议。

12 月 26 日上午，市政协到延平开展“我看这十年”党的二十大精神主题宣讲；区政协主席林华生主持召开区政协十五届二次全会召集人会议。下午，区政协组织开展委员视察活动。

12 月 27—28 日，政协南平市延平区委员会第十五届第二次会议在南剑州大剧院召开。会议听取和审议林华生主席代表十五届区政协常委会所作的工作报告和官信发副主席所作的提案工作报告；列席区十八届人大二次会议，听取并讨论叶文平区长所作的区政府工作报告，区法院、检察院工作报告，讨论计划、财政预算报告；听取区政协十五届二次会议提案审查情况的报告；审议通过区政协十五届二次会议决议草案。

政协提案

【概况】 2022 年，政协各参加单位、各城乡政协联络组和广大政协委员，坚持以习近平新时代中国特色社会主义思想为指导，紧扣新时代发展主题，落实高质量发展要求，聚焦全区中心工作，密切关注人民群众所需所盼，通过提案履行政治协商、民主监督、参政议政职能，为凝聚共识、服务决策、推动工作发挥积极作用。加快绿色产业发展的建议，区政府专门成立新能源产业工作领导小组，立足延平生态资源优势，调整能源结构、转型产业结构、推进绿色低碳科技，绿色产业发展取得了明显成效；关于延平茶洋窑产业发展的建议被列入区政协 2022 年度重点协商课题，区委宣传部、区文体旅局等单位认真研究吸纳建议，调动积极因素，推动茶洋窑产业系列工作有序推进；关于做强延平民营经济的提案，区政府在出台“助企纾困解难 23 条”等政策措施中充分吸纳，持续加大支持力度，推动了延平区民营经济不断发展壮大；《打造教育基地，推动青少年健康成长》《加强校外学生托管机构管理》等提案，区教

2022 年 9 月，延平区政协组成“延平区‘三茶’融合发展”视察组，先后到南山镇、夏道镇、茫荡镇等地实地察看延平区“三茶”融合发展情况　　（区政协 / 供）

育局认真贯彻落实“双减”政策，普惠性幼儿园覆盖率提升到94.6%，校外培训机构营转非完成率达100%。《关于加强消防安全知识宣传教育和消防逃生技能培训的建议》的提案，区应急局、消防大队充分采纳委员建议，成立安全培训学校，更新消防设备，配齐配全第一批100个老旧小区微型消防站，居民消防安全意识明显提高。多位政协委员从不同角度对加大城乡建设品质提出意见建议，区城建局、财政局等部门积极将建议融入出台的文件措施中，持续实施城乡建设品质提升项目68个，完成老旧小区改造项目16个，提升了老旧小区品质。

高接市政协的提案中，《关于加强全民急救知识普及培训的建议》的提案，市红十字会从开展应急救护培训、加大救护师资队伍建设、普及应急救护知识、宣传“人人学急救、急救为人人”的红十字精神和公益理念等方面入手，切实让应急救护知识和救护技能在保障生命健康中发挥出积极作用；《打通闽江运输新通道，打造延平经济新引擎》的提案，市、区政府高度关注，市政府成立了闽江航运协调发展小组，及时协调并推动通航复航工作，出台了扶持闽江航运政策，拟制定闽江航运业恢复发展奖励办法，建设陆路疏运通道，解决航道沿线码头停泊点基础设施薄弱问题，谋划打造“一港两区”公铁水联运物流网，闽江干流“黄金航道”全线恢复通航，500吨级货船通江达海，助推南平经济发展。《关于尽快系统总结，全面展示和分享科技特派员经验的建议》的提案，市、区科技部门充分采纳了积极建议，在全面系统总结和展示科技特派员制度成果方面，“线下”建设科技特派员制度展示馆，“线上”建设“南平机制”综合信息化平台，成立南平市科技特派员学院，打造科技服务示范区，制定国家科技特派员标准，打造一批科技特派员现场教学点，开展科技特派员全国性培训交流活动，此提案由全国政协马国湘委员提交到全国政协，并入选全国政协十三届五次会议重点提案。

【提案工作】 2022年，政协各参加单位、各城乡政协联络组和广大政协委员共提交提案164件，对内容相近的16件撤并后提案148件，经审查立案110件（其中区级办理提案87件，高接市政协提案23件），不立案转建议38件，涉及经济建设、社会事业、城乡建设等多个领域。其中，围绕经济发展方式转变、产业结构调整、重点项目建设等方面，提交提案27件；针对人民群众普遍关注的教育、医疗、卫生、就业、社会保障、养老敬老、消防安全等民生短板问题，提交提案46件；聚焦城市管理、饮用水水源地保护、畜禽污染整治、生态文明建设等群众反映的热点问题，提交提案14件；围绕助推乡村振兴、经济发展和社会民生等方面，高接到市政协提案23件，整理并案后办理16件。研究确定加快发展绿色产业、发展区域特色农业、规范小区物业管理、推进文旅融合发展、加强消防安全教育培训5件重点提案，分别由区党政领导和区政协各位副主席领衔督办。提案工作坚持加强组织领导、形成工作合力，突出质量导向、夯实工作基础，强化沟通协调、完善工作机制，提案工作在巩固中发展，在发展中创新，取得了明显成效。

调研协商

【专题协商】 2022年调研课题常委会议专题协商2次，主席会议专题协商2次。

6月至7月，区政协组成“弘扬优秀传统文化，推动茶洋窑产业发展”课题调研组，先后深入炉下镇、夏道镇、大横镇、太平镇、南山镇、黄墩街道等乡镇街道、南平市博物馆走访调研，并赴德化县等地考察学习，先后召开多场座谈会，就协商课题开展调研。9月5日，区政协召开十五届二次常委会议，就“弘扬优秀传统文化，推动茶洋窑产业发展”议题进行专题协商，并形成建议：加强统筹规划、明晰产业发展思路，围绕核心区域、加强遗址保护力度，突出产业特色、推进文旅深度融合，注重人才培育、积蓄产业支撑后劲，加强宣传推介、提升茶洋品牌效应，积极招商引资、创建高效产业平台。区委副书记、区长叶文平参加会议并作了讲话，区委常委、宣传部部长郑汉洲出席会议。

6月至8月，区政协组成“补齐基层医疗卫生短板，增进人民福祉”课题调研组，先后深入夏道、王台、樟湖、赤门、四鹤、水东等乡镇卫生院、社区卫生服务中心，就基层医疗

2022年10月25日，区政协召开十五届三次常委会议，就“培育游乐总部经济，推动游乐产业发展”议题开展专题协商 （区政协/供）

卫生机构工作情况开展调研，并赴邵武市、顺昌县等地考察学习，召开多场座谈会，研究专题对策建议。9月9日，区政协召开十五届第十次主席会议，就“补齐基层医疗卫生短板，增进人民福祉”议题进行了专题协商，并形成建议：统筹医疗卫生资金、提高保障水平，充实基层卫生力量、稳定人才队伍，完善基础设施建设、提升服务质量，健全完善体制机制、优化资源配置。区委常委、宣传部部长郑汉洲出席会议并讲话。

5月起，区政协组成“做大做强特色产业，推动酒店业高质量发展”课题调研组，通过会议座谈、个别交流、实地察看等方式，走访洋后镇、逸柏酒店集团、西方财富、武夷学院等酒店企业和院校，赴福州、泉州、厦门、漳州、武夷山等地学习考察，就酒店业发展广泛征求意见，研究对策建议。10月18日，区政协召开十五届第十三次主席会议，就“做大做强特色产业，推动酒店业高质量发展”议题进行了专题协商，并形成建议：制定产业发展规划，推进产业提档升级，打造酒店产业基地，搭建政银企服务平台，加大政策扶持力度，强化行业人才培养。区委常委、宣传部部长郑汉洲和区政府副区长范贤才出席会议并讲话。

2月起，区政协组成“培育游乐总部经济，推动游乐产业发展”课题调研组，深入延平区游乐企业及游乐设备制造企业走访调研，并组织赴沙县、福州、湖南、湖北、云南等地考察学习，深入分析研究，探讨对策建议。10月25日，区政协召开十五届三次常委会会议，就“培育游乐总部经济，推动游乐产业发展”议题开展专题协商，并形成建议：全方位引导游乐产业规模发展，多渠道疏通产业发展资金瓶颈，高标准建设延平游乐产业园区，针对性强化产业集聚政策扶持。区委书记黄桂诚出席并作了讲话，区委常委、统战部长郑莹诗、区政府党组成员吴火亨参加会议。

【专题调研】 2022年完成市政协安排的调研课题2项。

4月至5月，区政协围绕市政协重点协商课题“理顺市区体制机制，激发‘双城’发展活力”子课题“优化财税管理，共同做大“蛋糕”，先后深入市、区财政等部门进行调研，并随市政协调研组赴江西省赣州市、湖南省郴州市进行学习考察，通过深入调查研究，就理顺市区财政管理体制提出建议：合力解决财政困难；优化调整财政体制；合理配置事权财权。

6月至7月，区政协围绕市政协重点协商课题“强化基础人才支撑，服务地方经济发展”子课题“增强职业院校与南平市重点产业需求的有效融合，促进产教融合、校企合作”，先后深入闽北职业技术学院、南平技师学院等院校和市相关企业、政府职能部门调研，并随市政协调研组赴河南郑州市、洛阳市和湖南湘潭市、长沙市进行学习考察，通过深入调查研究职业院校和重点产业有效融合的工作情况，提出建议：创新体制机制，建好产教融合“营养库”；立足实际科学规划，建好产教融合“资料库”；创建校企合作高效平台，建好产教融合“联姻库”；着眼毕业即就业原则，建好产教融合“人才库”；应对市场实时需求，建好产教融合“供需库”。

视察与民主监督

【专项视察】 2022年区政协组织专项视察活动4次。

9月28—29日，延平区政协主席、南平市政协委员年度视察团第四视察组组长林华生带领南平市政协延平小组委员赴光泽县开展以“助力‘三大攻坚行动’，喜迎中共二十大”为主题的视察活动。视察组实地察看了光泽城区闽源锦绣小区“片区开发”点、圣农肉鸡加工六厂项目点、泽汇现代渔业产业园、杉关生态文化示范园、新振发展有限公司，以及止马镇“十支联兴”党建促振兴项目，充分肯定光泽县“三大攻坚行动”工作成效，对存在困难和问题展开探讨，提出下一步工作建议：强化项目攻坚，统筹多元投入，完善招商机制。

9月，区政协组成“延平区‘三茶’融合发展”视察组，实地察看南山镇、夏道镇、茫荡镇等地的茶业种植基地和茶制作加工企业，对延平区“三茶”发展工作给予充分肯定，组织召开座谈会详细了解延平区“三茶”融合发展情况、存在问题，并提出对策和建议：加强组织领导、统筹发展规划，龙头企业带动、促进产业发展，注重品牌建设、重塑“延平贡茶”，发挥资源优势、推动茶旅融合，强化科技赋能、提升产业效益。

10月，区政协组成“延平区应急管理工作”视察组，实地察看延平区安全生产主题公园、拟搬迁的应急管理局新办公场所，对区应急管理局近年来的工作给予充分肯定，对存在困难和问题展开探讨，并提出对策和建议：健全应急跨部门协调体系，加强应急干部队伍建设，强化基层应急管理工作水平，夯实应急指挥中心基础建设。

10月，区政协组成“老旧小区改造情况”视察组，实地走访四鹤街道杨东社区铁三和南华小区、水东街道南铝小区，对街道及相关部门老旧小区改造工作给予充分肯定，对存在问题开展探讨，并提出了对策和建议：严控项目图纸评审、突出区域特色风貌，明确部门职责权界、强化项目推进合力，搭建沟通议事平台、建立长效管理机制，统筹用好财政资金，拓宽管养资金来源。

（供稿人：詹祖胜）

（责任编辑：魏可欣）

纪检监察

综　述

【概况】　2022年，延平区纪委监委深入学习贯彻习近平新时代中国特色社会主义思想，以学习贯彻党的二十大精神为主线，在区委和市纪委监委的坚强领导下，围绕中心、服务大局，深入推进全面从严治党、党风廉政建设和反腐败斗争，各项工作坚定稳妥、扎实有效，为全方位推进绿色高质量发展超越、奋力谱写新时代富美新延平建设新篇章提供坚强保障。

【全体会议】　延平区第十三届纪律检查委员会第三次全体会议召开，以习近平新时代中国特色社会主义思想为指导，全面贯彻党的二十大精神，按照二十届中央纪委二次全会和省纪委十一届三次全会、市纪委六届三次全会、区委十三届三次全会部署，总结2022年纪检监察工作，部署2023年任务。会议对2022年工作进行总结：强化政治统领，信仰信念更加坚定；抓牢第一职责，监督质效有力彰显；注重纠树并举，清廉之风不断充盈；强化标本兼治，“三不腐”叠加效应持续提升；持续深化改革，系统集成优势全面巩固；坚守政治定位，巡察利剑作用充分发挥；突出严管厚爱，队伍建设日益加强。会议就2023年工作进行部署：强化政治监督，坚定不移践行“两个维护”；强化纪律建设，坚定不移铲除腐败滋生土壤；强化“三不腐”一体推进，坚定不移深化以案促改；强化正风肃纪，坚定不移纠“四风”树新风；强化为民宗旨，坚定不移推动监督力量下沉；强化上下联动，坚定不移发挥利剑作用；强化改革创新，坚定不移提升治理效能；强化队伍建设，坚定不移打造纪律“部队”。

2022年1月28日，中共南平市延平区第十三届纪律检查委员会第二次全体会议召开
（区纪委监委/供）

执纪审查

【政治监督】　2022年，延平区纪委监委深入疫情防控、防汛救灾、项目征迁、污染防治等工作一线，在服务保障区委工作大局中，把牢纪律关口、堵塞机制漏洞、推动工作落实。针对养殖污染反弹回潮、“他山”矿业开采污染、“老虎井”弃土场污染等重点信访问题，强化监督执纪问责，立案查处生态环保领域案件4件4人，问责28人，生态环保领域纪检监察业务内检举控告件同比下降72%。协助区委抓好各类巡视巡察、主体责任检查、专项监督检查反馈问题的整改工作，精准追责问责35人。分季度推进政治监督，聚焦优秀传统文化传承弘扬、粮食安全等重点工作，开展跟进监督、精准监督。其中，开展历史文化遗产保护利用领域、交通安全领域、房屋结构安全隐患排查等安全生产专项监督，发现并督促291个安全问题整改到位，对履职整改不力的党员干部，予以党纪处分11人次，以有力监督推动安全责任落实到位。落实乡镇（街道）纪检监察干部70%的工作时

间在乡村一线走访的工作要求，在监督下沉工作中，解决群众急难愁盼问题 207 个。推动多部门联合制定 31 项村级“小微权力清单”并开展精准监督。探索开展提级监督，通过“室组地”联动等方式，促进基层治理更加高效规范。

【监督执纪“四种形态”】 2022 年，延平区纪委监委运用“四种形态”批评教育帮助和处理 514 人次，其中运用第一、第二种形态批评教育帮助 485 人次，占比 94.4%，巩固由“惩治极少数”到“管住大多数”的监督执纪成效。全年处置问题线索 439 条，立案 122 件，同比增长 50.6%，留置 1 人；其中高质量处置“一把手”线索 16 件 16 人，转立案 2 件，诫勉 2 人，责令作出检查 5 人；全区乡科级以上干部立案 9 人，形成有效震慑。梳理监督检查、查信办案中发现的共性问题及普遍现象，制发纪检监察建议 16 份，向区委提供完善体制机制建议意见 7 条，递交各类呈阅件 11 份，推动在全区范围内系统施治。深化政府投资小规模建设工程“阳光平台”建设，平台运行一年多以来，工程领域问题线索较五年来同期均值锐减70%以上，相关做法在《中国纪检监察报》、中央纪委国家监委网站头版头条刊发报道，在全市纪检监察机关推广学习。

【维护群众利益】 2022 年，延平区纪委监委紧盯“四风”老问题和新表现，查处形式主义、官僚主义问题5件5人，享乐主义、奢靡之风问题 9 件 13 人。整治“吃喝风”顽疾、“躺平式”干部、“宽松软”执法、“老好人”思想，开展党员干部违规饮酒明察暗访，发现问题线索 2 条，立案查处 1 名党员干部；开展“躺平式”作风专项治理，通过群众反映、单位评选、日常监督等方式发现“躺平式”作风问题 28 人，选取典型案例予以通报曝光；纠治“宽松软”执法问题 6 件 6 人。开展涉粮领域、工程领域等重点领域腐败问题治理，查处群众身边腐败和不正之风问题 26 件 29 人，给予党纪处分 19 人。深化“点题整治”工作，推动职能部门解决群众反映强烈诉求 177 件，抓住整治过程中发现的普遍性问题和反复出现的问题，督促有关部门建章立制 8 项。如，推动农业农村局制定《村集体“三资”管理制度》，推动人社局制定《根治欠薪工作约谈制度》。2022 年 10 月下旬，区监委围绕整治群众反映强烈问题工作情况，首次向区人大常委会报告专项工作，整治工作成效得到区人大代表和群众广泛好评。

监察工作

【深化监察体制改革】 2022 年，延平区纪委监委健全执纪执法工作机制，梳理制定标准化监督工作流程、问题线索管理流程、信访查办流程等标准化流程 5 项，从监督检查、信访件受理转办到查立案件全过程形成闭环，问题线索平均办理时长同比下降 72%，监督执纪、查信办案效能大为提升。提升规范化水平，在区委关心支持下，有序完成区纪委监委机关、区委巡察机构办公场所迁移，提升完善办公场所安全条件，解决分散办公历史问题。连续两年加大投入，提升调查技术装备水平，同时多方协调接入公安、市场监管等18家单位信息数据，调查技术信息查询时长由 5～7 日，缩减至0.5～3日，查询效率大幅提升。坚持纪法情理贯通融合，牢固树立法治意识、规矩意识、程序意识、证据意识，构建全覆盖案件质量评查机制，做好案件审理、申诉复查等工作。开展澄清正名工作，为受到诬告陷害的干部澄清正名 2 名，集中回访 85 名受处分党员干部，帮助放下包袱、轻装上阵。

【巡察监督】 2022 年，延平区纪委监委开展常规巡察和巡察“回头看”，高质量完成 3 轮 20 个党组织政治巡察，累计反馈问题 184 个，向被巡察党组织提出意见建议 21 条，移交问题线索 4 件，立案 1 人，挽回经济损失 29.7 万元。结合被巡察单位特点，排查廉政风险点 13 个，移交立行立改问题 44 个。聚焦省委、市委、区委全面从严治党检查反馈问题、涉粮专项巡察整改落实情况，累计发现整改不到位问题 7 个，个别谈话 1040 人次，推动完善制度 22 项。强化与统战部门协作配合，首次将《中国共产党统一战线工作条例》执行情况、落实统一战线各领域相关工作、巩固和发展最广泛的爱国统一战线等工作纳入政治巡察的重要内容，提升巡察工作专业化和覆盖面。

【队伍建设】 2022 年，延平区纪委监委统筹委机关、派驻机构人员配备，调整交流 17 人，从系统外补充干部 8 人，有效解决人员配备紧缺及不平衡问题。获得全省纪检监察系统先进工作者称号纪检监察干部 1 名、荣获省纪委监委嘉奖 1 人，受到区级以上表彰 10 人；入选省纪委“送教下乡”授课专家 1 人，全省模拟办案竞赛中获得优异成绩 2 人。灵活多样开展干部队伍培训，举办实务微课堂 6 期、全员培训 2 场，组织召开乡镇纪委书记履职交流会、村级纪检委员培训、青年干部座谈会、应急救护实战演练等多方面培训，为系统干部提供多种类展示交流和提升能力素养的平台。开展审查调查安全检查，深入查找问题 53 个，并督促限期整改到位，有效消除安全隐患。聘请第二届特约监察员 12 名，依法接受民主监督、社会监督、舆论监督，加强规范化、法治化、正规化建设。严格自我约束，梳理岗位廉政风险点 152 个，制定防范措施。受理纪检监察干部问题线索 6 件，初核 4 件，谈话提醒 1 人，责令作出书面检查 1 人，坚决防止“灯下黑”。

（供稿人：张　鹏）

（责任编辑：魏可欣）

群众团体

延平区总工会

【概况】 2022年，延平区总工会按照省委“提高效率、提升效能、提增效益”要求和区委“12335”目标任务，制定出台了区总工会工作规则、议事制度。培育选树延平首届“剑州工匠”30名，打造“剑州工匠”创新工作室；根据延平区实际开展两项试点，与延平区人社局落实改革完善技能人才评价制度；与南平市华孚电器有限公司工会建立健全技能导向激励机制，草拟延平区《关于推进新时代延平产业工人队伍建设改革的实施办法》等。“延平区总工会经审会实施的2020—2021年度经费收支情况审计项目”被省总工会经审会评为2022年度全省工会优秀审计项目；区总工会经审会荣获“2021年度福建省县级工会经审工作规范化建设考核特等奖”；区总工会经审会被市总工会经审会评为“2021年度县（市、区）经审工作规范化建设考核特等奖”；区总工会职工服务中心医疗互助窗口获得“省五一先锋号”荣誉。

【党的建设】 规范和加强基层工会党支部建设，扎实开展“五型”高品质党建示范点创建，打造模范高效型机关党建示范点。11月初，区委常委、区总工会主席张道强以上党课形式，开展了区总工会首场党的二十大精神宣讲，班子成员陆续下基层进行宣讲。深化“党建带工建、工建壮党建”机制，充分依靠好民营非公企业党支部的作用，积极申报省级党建带工建示范企业荣誉。召开了区总工会第十五届四次全委（扩大）会议及乡镇、街道工会联合会工作会议，以“创新培训方式、提升培训质量”为宗旨，打造一支高素质专业化的工会干部队伍。

【组织建设】 开展工会机关干部职工赴基层蹲点活动，共选派15名机关干部职工成立5个蹲点小组，深入20家乡镇、街道工会联合会和各区属企业工会、行业性工会，以及工会工作薄弱或未建会的企业开展蹲点工作，共指导推进规范化建设基层工会13家，开展各类宣讲等思想引领活动5场，慰问帮扶困难职工89人，为职工提供法律援助6人。全年新组建工会14家，入会会员295人，其中新就业形态劳动者建会入会1家。全面做好“1+X”工会经费审计审查专项督查工作，全年完成审计40家。财务管理制度、公章使用管理制度、公文收（发）管理制度、“货比三家”比选采购实施办法等，加强建章立制，用制度管人管事，提高效率，做到规范管理。

【职工疗养】 进一步助推延平区全域旅游发展和乡村振兴，牵头区委组织部等7个部门共同制定了《关于进一步深化职工疗休养工作的实施办法》，全年推动开展职工疗休养活动28期，全区共71家工会组织、1018名职工参加疗休养，拼团成团率达100%，发放补助资金70.42万元。联合相关职能部门，制定延平区职工疗休养示范基地和职工活动基地考评办法，评选出南平雅阁国际大酒店有限公司、福建闽北大饭店有限公司、南平君达九峰宾馆有限责任公司3家特色突出、服务优质的区级职工疗休养基地；延平区长板山饭点及延平区红河谷山庄2家职工活动基地。同年雅阁酒店被评为市级疗休养基地，全面推动工会疗休养基地提档升级。

【扶贫助困】 开展“冬送温暖”活动，看望慰问困难职工633人，送出慰问金21.16万元。“春送岗位”举办线下、线上招聘会，共86家企业参加，提供岗位3130个，达成初步意向386人。“夏送清凉”为21家区属重点企业、新就业形态群体、高温作业企业单位，发放牛奶、凉茶、降温马甲等共计5.1万元，惠及高温一线作业职工1050人次。“金秋助学”资助贫困大学生14名，发放助学金4万元。“三八”妇女节期间开展“春风送暖”慰问新就业形态企业女职工51人，共计5100元。6

2022 年 12 月 18 日，区总工会、区人社局、区妇联共同举办 2022 年延平区插花花艺师职业技能竞赛
（王山山 / 摄）

月为新业态企业饿了么公司 15 名一线女职工免费健康体检，共计 7500 元。“6·1”儿童节期间到延平区开智学校开展慰问，捐赠气排球、篮球、羽毛球、乒乓球等运动器材。教师节看望慰问 50 名一线优秀教职工，发放慰问金 2.5 万元。10 月开展“福来福见·福见如愿”新就业形态劳动者生活用品“微心愿”发放活动，发放礼物 2.5 万元。10 月底慰问环卫工人 293 名，发放慰问金 3.8 万元。开展第十期医疗互助活动，共有 15340 名职工参加，截至年底，累计补助患病职工 1144 人次，发放补助资金 574620.66 元。

【构建和谐劳动关系】 完善各项会商机制，4 月开展集体协商要约行动月活动，其间共发出工资集体协商要约书 625 份，收到回复 590 份，惠及职工 23114 人；12 月举办 1 场集体协商培训班，各级工会主席、工会专干、集体协商指导员近 50 人参加。结合“八五”普法，深入乡镇、企业、园区等地，宣传新《中华人民共和国工会法》《中华人民共和国宪法》《中华人民共和国民法典》《中华人民共和国劳动法》《福建省女职工劳动保护条例》等法律、法规，共参加 6 次法制宣传活动、2 场法制宣传讲座，共发放宣传单 3000 余份。举办“送健康进基层”“职工心理健康讲座”“珍爱生命 远离艾滋”“春风送法 女工权益早掌握”等女职工公益培训及维权行动，惠及女职工 800 人。组织机关全体人员到林则徐禁毒教育基地开展警示教育，到社区、村、企业开展禁毒、“平安三率”防诈骗宣传。

【劳动竞赛】 与区人社局举办 2022 年延平区插花花艺师职业技能竞赛。指导全区各级工会组织开展各类主题劳动竞赛、“五小”创新、“安康杯”竞赛等活动 20 多场次，参加职工 13000 多人次。征集 40 个项目参加全省百万职工“五小”创新大赛，1 个项目获一等奖，2 个项目获二等奖，3 个项目获三等奖。组织 200 多家企事业单位职工参加“安康杯”竞赛，6 家单位获省级先进单位，1 人获省级“安康企业家”表彰；4 家单位获市级先进单位，1 人获市级优秀个人表彰。

【模范引领】 2022 年获得省工人（五一）先锋号 3 名、省五一劳动奖章 1 名，争取上级困难劳模补助资金 14.5 万元。市劳模应丹华家庭获“福建省最美职工家庭”荣誉称号。5 月举办“红色五月关爱劳模”——延平区茶洋窑复兴小组致敬劳模敬赠茶洋盏仪式。为 120 名区劳动模范和市五一劳动奖章获得者办理免费乘公交事宜；组织 241 名区级劳动模范和南平市级五一劳动奖章及以上荣誉获得者进行免费健康体检。出台《延平区劳模和工匠人才创新工作室创建和管理实施办法（试行）》《南平市延平区工匠管理办法（试行）》，加强和规范延平区劳模工匠的选树、表彰、管理和服务工作。

【职工关爱】 举办 2 场青年职工交友联谊活动；举办 3 期职工子女暑托班服务，帮助双职工解决暑期孩子“看护难”问题；建成 1 家妈妈小屋及工会户外劳动者服务站点。5 月举办全区干部职工全民健身运动会“大乘杯”气排球比赛，进一步落实区委“解

2022 年 5 月 7 日，区总工会举办“红色五月关爱劳模”——延平区茶洋窑复兴小组致敬劳模敬赠茶洋盏仪式
（林 红 / 摄）

2022 年 7 月 4 日，区总工会职工子女暑托班开班　（林凌云 / 摄）

忧下午茶”帮助解决企业产品销路难的部署要求。开放共享职工之家，便利职工到文体活动中心休闲锻炼，同时与渡引瑜伽联合开办了瑜伽公益班，丰富女职工的业余生活。开展工会“互联网 +”普惠性服务，线上 + 线下让广大职工享受到公共出行、生活消费、连锁药店、商超服务、职工健康、文化体育、城市配送等专属优惠及优质服务。

（责任编辑：郑　萍）

共青团南平市延平区委员会

【概况】　2022 年共青团延平区委团结带领全区团员青年凝心聚力、奋发进取，不断保持和增强政治性、先进性、群众性，提升团的组织力、引领力、服务力和大局贡献度，树牢青年优先发展理念，聚焦主责主业，开拓务实奋进，努力开创延平区共青团工作新局面，以实干实绩为奋力谱写延平高质量发展新篇章贡献青春力量。

【团组织建设】　扩大基层团组织的有效覆盖。全面梳理全区各级团组织，有效加强团的工作和组织覆盖，把握党的二十大召开契机，抓实基层团组织建设，新建社会领域两新组织 72 个。推广“智慧团建”系统，全年学社衔接团员 2424 人次。推进星级团支部创建达标及以上完成 77.61%，三星级及以上团支部占 75.63%，五星级团支部占 63.53%，全面完成省级任务指标。推动从严治团、强化团组织书记抓团建工作的主体责任，分别于 2 月 25 日、2 月 28 日组织召开区属中学（中职）团委书记述职评议考核工作会议和 2021 年度乡镇（街道）团（工）委书记述职评议考核工作会议。2022 年新发展团员 550 名，发展团员电子档案 100% 录入智慧团建系统。开展团员星级评定，星级团员达到 8018 名，完成省级任务指标。

【少先队工作】　落实区少工委双主任制度；将少先队工作纳入教育发展规划，落实少先队建设考核制度，列入学校党建督导。指导全区 45 所中小学全面开展红领巾争章活动，引导少先队员在追求一个个小目标的过程中接受政治启蒙和价值观塑造，具体化、常态化、持续化地激发少先队员光荣感的内生动力。以学工学农学军为重要内容，完善建设 6 个校外活动阵地。拓展校外公益活动阵地，整合社会资源，推进青年之家、红领巾科普基地等建设工作。开设“四点半课堂”“红领巾课堂”等青少年社会工作服务项目 4 个，覆盖青少年数量 800 余人，常态化丰富社区青少年儿童课余文化生活。完成少先队大队辅导员聘任和培训工作，抓实辅导员队伍建设。紧抓少先队校内教育，规范队前教育、仪式教育、入队程序等基础队务，落实分批入队。举办延平区第二届“红领巾”思政课说课大赛，拓展校外思想政治教育，全方位推动思政教育创新发展。

【青少年思想引领】　持续发动“青年大学习”网上主题团课学习，全年开展 30 期，团员青年参与 7 万多人次。以“青年讲堂”“青年专题课”“团干部上讲台”等载体推动习近平新时代中国特色社会主义思想、党的二十大精神在青少年中入脑入心。组织全区中小学开展了少先队分批入队，初中生开展了离队入团仪式。以学习宣传贯彻党的二十大为重点，不断筑牢青少年听党话、跟党走的思想根基，深入开展各类主题宣传教育，开展“喜迎二十大、永远跟党走、奋进新征程”“团聚青力量 建功新时代”“请党放心、强国有我”“红领巾心向党”“学习贯彻党的二十大精神”等主题活动约 20 场，引领广大青少年坚定信念跟党走、青春建功新时代。组建各级团组织联系群，运营共青团官方微信公众号、微博号“双微”宣传矩阵，及时发布最新时政、党的理论、青春榜样、工作动态等 400 多期，总阅读量达 177771 人次，粉丝数和影响力稳步上升，39 条信息登上“学习强国”、中国基层网、东南网、八闽团讯等平台，引导广大团员青年把先进性和担当精神延伸到互联网上。

【青年志愿者活动】　开展青年文明号创建、号召全区团组织组建 27 支 680 多人的青年突击队，发挥生力军作用，助力“乡村振兴”“文明城市”建设，举办“结缘乡村”看、话、促系列活动，通过实地考察、研讨、交流的形式倾听青年声音，收集青年建议；搭建乡村振兴电商助农服务平台，联合塔前镇党委共同打造土堡公社IP范例，结合撂荒地认领工作推出“我在塔前有块地”首期预热暖场活动。持续实施福建省大学生志愿服务欠发达地区计划，招录9名应届大学生志愿者到乡镇一线靠前服务。积极引导社会组织、爱心人士与贫困学生结对帮扶，推动农村和城区、贫困村和非贫困村青少年的交友互助。招募疫情防控应急储备志愿者，深入群众宣传普及疫情防控知识，做好政策措施解读，助力排查整治。整合机关、企事业单位、社会公益组织、高校等力量，登记在册志愿者达5万余人，开展志愿服务400多场次；志愿服务活动总时长4.8万多小时。常态化开展青年各类志愿活动20多场。

【青年发展服务】 利用新媒体微信公众号、微博，宣传延平人文、人才政策、青年创业故事等，大力宣传营造正面的人才工作氛围。建立大中专以上联系群，推送招聘、实习、见习等就业信息。实施“扬帆计划”，动员65家企事业单位提供100多个岗位，收录实习大学生简历1000余份；整合区青联、菁彩青少年发展中心资源，筹建青年创业平台，打造“团团优选”青创品牌，布置电商促销、带货直播间开播，洽谈南孚电池、米乐其童装、建瓷茶洋窑等十余家企业，助企纾困；开展省、市级优秀创业项目资助评选，累计推荐项目30余个，推荐6个项目入选福建省优秀创业项目评审。围绕“三大攻坚”“10+6”等重点工作，不断深化“青年突击队”“青年岗位能手”“青年文明号”等“青”字号品牌工作。在重点工程、重点项目中命名青年突击队7支，推荐市级“青年文明号”创建单位16家。培育选树先进青年典型，组织开展“两红两优”“中国青年五四奖章”等评选表彰，选树44名优秀青年典型、24个先进集体。

【维护青少年权益】 建立团代表联系服务站，落实团代表联系服务制度；探索“团组织+部门+社工”模式，整合部门、社会资源，联合检察院、公安、义工协会等开展青少年法治宣传、禁毒防艾教育等帮扶活动。开展中考助学活动，鼓励学生在学习和生活中要力学笃行，持续开展“12355阳光助考”系列活动，为中高考师生、家长提供心理辅导、志愿填报指导、考场志愿服务等。

积极对接省青基会、市希望办及社会组织，为建档立卡户、事实孤儿、留守儿童等争取关爱资金、物资项目。着力实施“12335”行动要求，深化“微心愿”品牌，积极争取社会爱心力量，累计筹集捐赠物资8.1万元，为全区留守儿童、事实孤儿、残障学生等400余人送上关爱，为2所农村小学争取鼓号队配套乐器。

（供稿人：王晨露）

（责任编辑：郑　萍）

延平区妇女联合会

【概况】 2022年，区妇联聚焦“提高效率、提升效能、提增效益”，增强妇联政治性、先进性、群众性“三性”，实施思想领航、生态守护、创新创业、幸福安康、赋能塑形、强基固本“六大工程”，不断提升服务大局、服务妇女儿童、服务家庭的能力和水平，促进新时代延平区妇联工作高质量发展，团结带领广大妇女坚定不移听党话、跟党走，为延平区绿色高质量发展做出积极贡献。

【强化思想引领】 开展巾帼大宣讲各级巾帼宣讲员围绕党的二十大精神、习近平到福建考察重要讲话精神和省、市党代会、市妇代会精神等重要内容，面向妇女群众、深入社区家庭，线上线下开展“巾帼心向党 喜迎二十大”和“八闽巾帼红十百千万大宣讲行动”群众性主题宣传教育百余次，覆盖人群达千人，进一步加强对妇女群众的思想政治引领，凝聚广大妇女听党话、跟党走的强大正能量。

“三八”系列活动 2022年，以纪念“三八”国际妇女节112周年为契机，举办“涵养文明乡风 助力乡村振兴”贯彻实施《家庭教育促进法》暨家庭教育建设年启动仪式，以文明乡风助力乡村振兴。举办“巾帼话‘三茶’·一起向未来”庆“三八”茶文化体验活动2场，激励广大延平妇女主动融入“三茶”融合发展，以实际行动助力延平绿色高质量发展超越。“三八”期间，延平区妇联充分利用各种宣传媒体，加强妇女工作和先进典型宣传。

【建立妇女儿童活动中心】 根据省、市妇联关于妇女儿童活动中心阵地建设要求，区妇联多次与区文化馆、国运公司等单位沟通，并实地调研，提出解决方案。经区委区政府同意，选定场地面积约500平方米，建立延平区妇女儿童活动中心，补齐了妇女儿童活动中心场所缺失的短板。

【妇女组织建设】

建设组织阵地 继续拓宽妇女阵地建设，不断延伸妇联组织触角，新增联系服务社会组织数1个；推进“妇女微家”建设，全区新建妇女微家22个，打造2个品牌妇女微家，打通密切联系群众的“最后一米”。2022年推荐获评省级“三百五有”达标乡镇（街道）妇联3个；达标村（社区）妇联3个；全省优秀妇联主席2人。2022年推荐获评市级“双优六有”优秀基层妇联组织10个，其中：优秀乡镇（街道）妇联3个）、优秀村（社区）妇联7个，优秀乡镇（街道）妇联主席1人、优秀村（社区）妇联主席4人、优秀其他妇联组织负责人1人。

提升队伍素质 举办“领头雁”培训2期，142人次。组织参加省、市妇联举办各类线上线下培训6期300余人。持续推动乡、村两级妇联

执委学习制度落细落实，乡、村两级妇联执委每月组织一次集中学习，不断强化乡村两级妇联执委的组织认同和履职意识。2022 年召开两次执委会议，号召广大执委紧紧围绕区委区政府中心工作，团结带领广大妇女群众、巾帼志愿者助力乡村振兴，不断开创全区妇女工作新局面。

【城乡妇女发展】

共建美丽家园 2022 年，区妇联联合区农业农村局制定下发《关于深入推进 2022 年度美丽庭院创建工作的通知》，发挥妇联组织带头作用，以争创省、市级“美丽庭院”为载体，组织妇女开展人居环境整治、“美丽庭院”创建活动，共同建设美丽乡村。2022 年，全区争创省、市、区级美丽庭院示范户 671 户，重点打造 4 条美丽庭院示范片（带），引导广大家庭开展房前屋后环境整治和庭院绿化美化，强化环保意识，养成清洁卫生的良好习惯。深化巾帼志愿服务品牌，开展巾帼护河、人居环境整治等志愿服务活动 1000 余场次，推动文明城市创建工作深入开展。

助力创业就业 大力宣传“巾帼芳华贷”，用优惠利率缓解妇女创业资金缺乏难题。建立“巾帼小红帽微信群”，搭建起企业和用工妇女间的桥梁，高效率无缝对接用工需求；新拓展家门口灵活就业点 38 家，持续解决陪读妈妈和留守妇女就业问题，实现顾家、增收两不误；联合方欣职业技能学校开展“母婴关爱促进就业培训计划”项目，2022 年举办月嫂培训 42 期，培训 1800 余人。持续推进巾帼示范基地创建活动，年内帮助 1 家省级巾帼示范基地争取省上补助资金 5 万元，更好发挥基地辐射带动妇女群众就业创业的传帮带作用。

深化巾帼建功 2022 年，区妇联推选和广泛宣传各类先进妇女、先进集体典型，引导广大女干部奋发有为建新功，全区共获评市级三八红旗手标兵 1 个、市级三八红旗手 4 个、市级三八红旗集体 2 个、市级巾帼文明岗 4 个、市级最美巾帼科技特派员 1 个、市级“最美巾帼生态守护者”2 个。

【妇女儿童维权普法】

普法维权活动 结合“三八维权月”、民法典宣传月、宪法宣传周等节点开展普法宣传，深化“建设法治中国·巾帼在行动”开展普法宣传活动 80 余场次，发放宣传资料 1 万余份，提供法律咨询 200 余次，不断提高妇女儿童的法律意识和自我维权能力。

婚姻家庭矛盾纠纷化解 常态化开展婚姻家庭矛盾纠纷隐患排查，充分发挥 12338 妇女维权热线、“法官工作室”、妇女维权站（点）等阵地作用，做好来信来访工作，耐心接待来访妇女，接待妇女群众来信来访 34 件，已化解 26 件，化解率达 76.47%。做细做实婚姻家庭纠纷风险隐患排查化解工作，2022 年共摸排婚姻家庭纠纷风险隐患问题户 48 户，化解 42 户，化解率达 87.5%，帮助受暴妇女申请人身安全保护令 2 例。与区法院、公安等单位共同制定《关于建立贯彻实施人身安全保护令制度联动机制的工作方案》（延法〔2022〕19 号），完善人身安全保护令制度实施联动体系。与区检察院共同签署《关于开展“关注困难妇女群体、加强专项司法救助”活动的实施意见》［延检（2022）17 号］，建立线索双向移送制度，定期沟通研判问题，加大司法过程中对困难妇女的救助帮扶力度。2022 年帮助与慰问司法救助困难妇女 3 人 0.7 万元。

组建春蕾安全员队伍 组建由妇联、公检法司、民政等各部门志愿者组成的春蕾安全员队伍，将工作触角覆盖到全区各地，织密织牢春蕾守护网。各春蕾安全员结合职能优势，及时掌握辖区春蕾儿童情况，并定期走访，努力保护春蕾儿童健康成长。2022 年共走访摸排 500 余人次，并对符合的儿童建立相关台账。

【关心关爱妇女儿童】

春蕾助学 2022 年，延平区妇联继续实施“春蕾计划·圆梦行动”，发放“春蕾”助学金 9.22 万元 44 人次；开展“爱心妈妈”结对留守儿童活动、“喜迎二十大、永远跟党走、奋进新征程——‘六一’慰问暖童心活动”“把爱带回家——暖童心护成长”寒假儿童关爱服务活动、“文明同行 幸福同载”留守儿童关爱活动、“老少同声

2022 年 9 月，延平区妇联在开展普法宣传活动。图为工作人员向过往群众宣传《反家庭暴力法》
（区妇联／供）

颂党恩、携手喜迎二十大”主题活动等系列关爱活动。

“两癌”救助　2022年，延平区妇联联合仁爱医院、华厦眼科医院等单位下乡开展健康下乡义诊活动4期，服务700多人。广泛开展母亲健康“1+1”公益募捐，收到爱心款21.8万元。争取全国、省级“两癌”救助资金28.5万元，救助贫困“两癌”妇女51人。联合中国人寿延平支公司为延平区65名贫困妇女赠送“女性安康险”。

“两节”慰问　两节期间，区妇联走访慰问困境妇女儿童90人14.36万元，向她们传递党委、政府及妇联娘家人的温暖；向全区60个农村贫困家庭发放防疫物资包60份，向贫困妇女赠送母亲邮包60份，价值1.8万元。

【完成新“两纲”编制】　2022年，调整充实延平区妇女儿童工作委员会组成人员及两纲监测评估领导小组组成人员名单，根据省、市新两纲的目标要求，编制了《延平区妇女发展纲要（2021—2030年）》和《延平区儿童发展纲要（2021—2030年）》，由区人民政府发布实施，持续推进妇女儿童事业科学发展。

【深化家庭文明建设】

寻找“最美家庭”　2022年，立足家庭主阵地，常态化开展寻找“最美家庭”“绿色家庭”，推荐“五好家庭”活动，选树各类家庭典型，以家庭文明推动社会和谐。2022年，延平区获评省级“最美家庭”“五好家庭”“绿色家庭”各1户，市级“最美家庭”5户、“五好家庭”3户、绿色家庭6户。

开办家庭教育公益课堂　2022年，开设“百合姐姐家教课堂”推动《中华人民共和国家庭教育促进法》的宣传与实施工作。2022年，举办百合姐姐系列公益讲座13场，受益家长儿童20万余人。常态化开展亲子阅读、红色故事分享会、绘本故事比赛等系列家庭教育实践活动200余场，受益家长儿童9万余人。通过线上线下家庭教育活动，传播家风好故事，普及科学家教方法，提升家庭教育水平，推动形成社会主义家庭文明新风尚。

（责任编辑：郑　萍）

红十字会

【概况】　延平区红十字会以保护人的生命和健康、发扬人道主义精神、促进和平进步事业为宗旨，大力弘扬“人道、博爱、奉献”的“红十字”精神，紧紧围绕“三争”行动和“五增”目标要求，按照省、市红十字会年初工作部署和区委、区政府中心工作，充分发挥红十字会作为党和政府在人道领域的助手和联系群众的桥梁纽带作用，紧扣党政所需、群众所盼、红会所能，积极落实“三救三献”、红十字志愿服务、红十字青少年工作。联合10家单位制定了《“十四五”公共场所配置AED+群众性应急救护公益培训项目实施方案》，在公共场所安装19台自动体外除颤仪（AED机）并投入使用，群众性应急救护公益培训举办52期，培训红十字救护员1908名。

【应急救护】　2022年，延平区红十字会积极落实“人人学急救，急救为人人”理念，开展关爱生命“救”在身边红十字应急救护知识进社区（村）、进学校、进企业、进机关等系列公益活动。利用世界红十字日、学雷锋日、防灾减灾日、世界急救日等各种节日节点，在户外广场开展应急救护知识科普宣传。组织红十字志愿服务队深入南平实验小学江南校区、区实验幼儿园开展急救知识进校园活动，600余名师生、家长参与培训。3月5日学雷锋志愿服务日，组织13名红十字会志愿者，在南剑州大剧院广场开展志愿服务活动，现场实操演示心肺复苏及AED使用、气道异物梗阻处理等，向过往群众发放防灾避险、应急救护、“三献”知识宣传折页等。“5·8红十字博爱周”期间，在五里亭红十字博爱驿站开展“讲好红十字故事”活动，并在广场普及防灾减灾救灾、疫情防控等知识。与区妇联联合在水南街道江南社区豫轩里小区举办“珍爱生命　预防溺水”亲子实践活动。到南平中旅等企业进行心肺复苏、气道异

2022年6月10日，世界献血者日在福建省林业职业技术学院师生开展“三献”知识宣传　（游凤娇／摄）

2022年6月23日，区红十字会入户慰问受灾群众　（游凤娇/摄）

物梗阻处置等知识普及。

【人道救助】　2022年，“5·8人道公益日”发动区红十字会团体会员单位、爱心人士等，参与到公益项目“大病儿童人道需求关怀”募捐活动中，募捐资金4640元。在“99公益日”期间，发起“爱·过年　情暖闽北”项目，区红会联合6家单位下发“99公益日”募捐活动通知，募集资金41989.55元；向中国红十字基金中央专项彩票公益大病儿童救助项目申报补助资金，4位白血病患儿各获得救助资金3万元共12万元，1位先心病患者获得救助资金1.388万元；延平辖区6月遭受连日强降雨，区红十字会向上级红十字会争取救助物资，将价值3.04万元救助物资冲锋衣、棉被、毛巾被及2万元182份救灾物资油、米及时发放到位；春节送温暖活动，发放2.88万元资金，慰问造血干细胞捐献者、器官及遗体捐献者家属、困难群众等86人。

【“三献”工作】　扎实开展献血、献造血干细胞、献人体遗体（器官、组织）“三献”工作，负责组织造血干细胞捐献的宣传动员、参与造血干细胞捐献者实施捐献过程的相关服务保障工作，宣传动员、咨询、登记遗体和人体器官捐献等相关工作。成立延平区红十字捐献造血干细胞志愿服务队，将每月8日定为“造干”志愿队活动日。超额完成年度30人份造血干细胞捐献入库任务，推动造干再动员及捐献工作，对5名志愿者开展造干再动员，其中志愿者陈婉婷与患者匹配成功，8月29日在福建医科大学附属协和医院，成功捐献造血干细胞，为一名血液病患者带去生的希望，陈婉婷是延平区第5例、南平第16例、福建省第355例造血干细胞捐献者；积极推进人体器官、遗体捐献工作，2022年，延平区遗体捐献登记2人，遗体捐献2例、捐献人体器官4例；开展“三献”宣传活动，通过开展第八个“世界骨髓捐献者日”主题活动、举行捐献造干细胞分享会、与区委文明办和团区委联合开展年度无偿献血志愿服务、组织志愿者进南孚电池有限公司等，普及“三献”知识，推动捐献造血干细胞、献血和人体遗体（器官、组织）工作。

（供稿人：吴秀玉）

（责任编辑：郑　萍）

延平区科学技术学会

【概况】　2022年，延平区科协借智借力，开展走近一线科技工作者身边的“春天行动”，走访各行各类一线科技工作者代表15名。举荐南平元力活性炭有限公司方世国为2022年福建省最美科技工作者。推荐福建南平南孚电池有限公司研发总监、高级工程师常海涛，福建省南平铝业股份有限公司教授级高级工程师周策参加南平市“5·30”优秀科技工作者代表在《闽北日报》专版的宣传活动。

【学会创新驱动服务站】　延平区养蜂协会依托中国养蜂学会建立2022年国家级学会创新驱动服务站，通过创新驱动助力工程的示范带动，探索建立合作新机制，促成科技成果转化，促进延平养蜂产业绿色经济发展，推进延平养蜂产业转型升级。指导福建华泰汽车零部件楔横轧有限公司与中国工程院院士胡正寰视频连线，签约汽车轴类件楔横轧工艺研发项目。11月25日，黄墩街道五里亭社区举行科普中国e站及青少年科普工作室揭牌仪式。

【专家延平行】　1月20日，邀请福建省科协二级巡视员游永东、福建省科协国际部二级调研员吴凌前往华东球根花卉研发中心、王台镇百合基地调研百合花产业发展情况及种球繁育技术需求。5月邀请武夷山市岩歆茶叶科学研究所负责人、特级制茶工艺师柳德义，武夷山市茶产业发展中心机关支部书记叶元高，国家评茶一级技师张颖等3名茶专家到茫荡山茶园开展茶园管理及制茶水平技术指导。多次邀请中国养蜂学会理事、中国养蜂学会蜜蜂保护专业委员会副主任陈大福到延平开展树参蜜产情调研并对提升蜂蜜品质进行技术指导。

2022 年 9 月 25 日，应延平区科协邀请，中国养蜂学会理事、中国养蜂学会蜜蜂保护专业委员会副主任陈大福教授到大横镇五谷岩下的市级示范场延有蜜蜂养殖家庭农场，开展“树参蜜”产情调研 （区科协 / 供）

【科普活动】 6 月 2 日，延平区科协到梅山街道自强社区青少年科学工作室开展 2022 年全国科技工作者日“创新争先、自强自立”青少年科普主题活动。9 月 14 日，联合区委宣传部、政法委、文明办、发展改革和科技局，教育局、妇联及学会协会等 25 个单位组织举办了“喜迎二十大 科普向未来”2022 年全国科普日宣传活动。11 月 1—5 日，南平市第六轮“科普大篷车进校园”延平区巡展活动先后到南平师范第二附属小学等 5 所学校，巡回展出科普展具 25 件，受益师生约 2600 人次。通过科技文化卫生“三下乡”“全国科技工作者日”“科技活动周”等各大型科普，举办食品安全、网络安全、科普法、青少年科普等各类主题科普活动，开展禁毒、反邪教等专项培训宣传工作，共发放科普宣传材料 3 万多份，受益 4 万人次。

【青少年科技竞赛活动】 组织延平区青少年参加第二届南平市科普创新暨作品大赛、福建省青少年人工智能大赛、第十九届青少年机器人创意竞赛等活动，其中获一等奖共 4 人，二等奖共 4 人，三等奖共 4 人。组织南平市扬真小学等 5 个学校开展中国青少年科学调查体验活动，共 800 人参加。

【基层科普行动计划】 实施 2022 年福建省、市“基层科普行动计划”，获得省、市级奖补资金 12 万元，为实施创新驱动战略、推进乡村振兴战略夯实公众科学素质基础。开展 2018—2021 年度省、市级基层科普行动项目、31 个已建科普宣传栏检查评估，对 10 个项目单位就进一步做好项目的实施管理、科普宣传、党建融合、技能培训和示范带动提出明确要求，发挥科普宣传带动作用，提升全民科学素质。6 月 20 日在延平区中小学综合教育实践基地举行南平市科普教育基地揭牌仪式。

（供稿人：王 璟）

（责任编辑：郑 萍）

延平区归国华侨联合会

【概况】 2022 年，延平区侨联在区委的正确领导和区政府的关心支持下，在省、市侨联的精心指导下，坚持以习近平新时代中国特色社会主义思想为指导，认真贯彻落实党的二十大精神，坚持“以人为本，为侨服务”宗旨，围绕中心，服务大局，团结凝聚侨心侨力，在参政议政、疫情防控、扶贫助困、拓展海外联谊和加强自身建设等方面做了许多扎实有效的工作，促进了侨联事业的蓬勃发展，助力延平区绿色高质量发展做好各项工作。

【政治引领】 区侨联通过召开侨联主席办公会议、常委会议、全委会议等以会代训等形式，组织侨联骨干深入学习，为侨界群众送去党的二十大报告学习宣传材料，组织侨联骨干深入宣讲党的二十大精神，以侨胞之家为阵地，与基层侨联联合开展 2 场宣传活动。同时运用微信平台向海内外侨胞广泛宣传党的方针政策，引领海内外侨界群众弘扬嘉庚精神，知史爱党、知史爱国，坚定不移听党话、跟党走。

【服务侨企】 2022 年，区侨联到南平华孚电器、三山钢铁、新华安针织、美众针纺和南平通达汽车运输有限公司等侨资企业走访，力所能及地帮助协调解决一些困难和提供服务。华孚电器有限公司获评国家级高科技型企业和省融合发展新模式新业态标杆企业，三山钢铁获节能循环经济项目专项资金。同时，通过密切与侨界企业家们的沟通联系，大力宣传延平的区位生态优势和产业优势，促进他们的亲友回归创业。发挥侨力赋能乡村振兴。推动省侨联机关第一党支部与闽北第一侨村——巨口乡横坑村建立“双联双帮”机制，开发建设二十亩优质葡萄试验田和八十亩台湾丝瓜试验田，发展高品质果蔬产业，提升侨村产业“造血”功能，服务乡村振兴。

【情暖侨心】 区侨联积极争取省财政贫困归侨救助金和华侨事务专项经费 3.2 万元，救济帮扶贫困归侨 16 户。在春节、中秋节、重阳节等传统节日，慰问困难归侨、侨眷 7 户 0.42 万元，走访慰问太阳电缆有限公司等 5 家侨企，慰问7位侨界重点人士，通过侨联组织送去了党的温暖，让归侨、侨眷度过了一个温馨、祥和的节日。同时，积极开展侨法宣传和维护侨益工作，深入街道社区开展侨法宣传2场，指导基层侨联结合各种公益活动和宣传阵地，开展形式多样的侨法宣传活动。接待侨界群众3件次，为旅美华侨提供法律服务2人次，切实解决侨界群众急难愁盼问题，受到侨胞赞誉和肯定。

【参政议政】 充分发挥侨联界别政协委员作用，一年来，区侨联界政协委员共提交政协提案2件，向省侨联报送侨情专报6篇，积极给中央领导、省领导建言献策，切实反映侨界群众民意和诉求，受到省、市侨联的好评和嘉奖，履行了侨界政协委员参政议政、民主监督的职责。

（责任编辑：郑　萍）

延平区残疾人联合会

【概况】 2022年，按照市残联的统一部署，各乡镇、街道残联换届工作于9月底前全部圆满完成。延平区21个乡（镇）、街道均成立残疾人联合会、设立残疾人专门协会5个。延平区残联开展联络员培训、“一会一品牌”等活动，提升基层服务水平和残联专门协会建设水平，残疾人工作不断迈上新台阶。截至2022年底，全区有持证残疾人12119人，其中视力残疾1225人、听力残疾2363人、言语残疾94人、肢体残疾4801人、智力残疾1345人、精神残疾1976人、多重残疾315人。

【残疾人康复】 2022年，区残联加快推进残疾人康复工作发展，紧紧围绕“提升残疾人康复服务质量”目标，结合辖区内残疾人康复服务需求情况，为各类残疾人适配辅具、儿童康复训练、支持性服务等，实际康复服务率达100%。通过南平市残疾儿童康复救助服务机构评审工作小组评审符合条件的5家残疾儿童康复机构（1家公办、4家民办）签订为协议管理服务机构。全年投入227.3万元，补助202名0～17周岁残疾儿童康复训练。投入80.65万元，用于发放674名残疾人的辅助器具适配补贴。投入5.52万元，用于49名精神障碍患者医疗救助住院补助。投入9.48万元，用于老年精准康复服务补助。投入3.02万元，用于残疾儿童康复机构运营补助。结合全国助残日活动，到大横、夏道、峡阳、紫云等5个乡（镇）、街道开展精准康复辅具流动服务车百乡行活动，服务残疾人130人，共适配辅具203件，辅具补贴金额7.02958万元，为残疾人打通服务“最后一公里”。

【残疾人教育就业】 2022年，区残联与教育部门密切配合，继续抓好义务教育阶段适龄残疾儿童入学状况核查工作，认真做好残疾学生高考录取相关工作，2名残疾高考生顺利被大学录取。积极开展扶持残疾人就业创业政策工作，发放扶持残疾人就业创业补贴和奖励专项资金257.1万元，其中按比例安排残疾人就业补贴奖励用人单位3家，奖励资金49.16万元，并在元禾化工有限公司成立延平区首个企业残疾人活动中心，进一步丰富了广大残疾人精神文化生活，使公司真正成为“残疾人之家”。残疾人自主创业就业社会保险补贴439人，补助资金207.94万元。联合区人社局、区总工会等相关单位举办2022年春风行动暨大中专毕业生就业见面会，开展残疾人网络招聘。积极为区优秀退役残疾运动员、2016年里约残奥会游泳冠军靳志鹏争取通过直接考核招聘为事业单位编制人员。选送1名视力残疾人免费参加市残联初级盲人按摩培训，选送2名残疾人免费全省残疾人职业技能培训班（云客服）。举办2期延平区残疾人实用技术培训班，为172名就业年龄段残疾人培训百合花种植和菌菇种植技术。

【残疾人社会保障】 2022年，延平区城乡居民重度残疾人参加新型城乡居民养老保险，由政府财政为非重度残疾人困难群体等缴费，政府为其代缴不低于50%的最低标准养老保险费，对城乡重度残疾人，政府为其全额代缴最低标准养老保险费，共有4514名重度残疾人、4000名轻度残疾人参加养老保险，5985名城乡重度残疾人免费参加城乡居民医保。扎实做好残疾人“两项补贴”申报审核工作，118315人次困难和重度残疾人受益。321户698名残疾人获得“一

2022年10月28日，延平区残疾人联合会第七次代表大会顺利召开　（区残联/供）

2022 年 8 月 15—19 日，延平区残疾人运动员代表队前往邵武市参加南平市第四届残疾人运动会暨第四届特殊奥林匹克运动会 （区残协 / 供）

户多残”补助。实施残疾人托养服务项目，219 人次残疾人获得资助。继续落实残疾人免费乘车优惠政策。在樟湖镇养老院开展“爱心助残驿站”试点工作。

【残疾人权益保障】 2022 年，规范 12345 便民服务平台等信访信息服务工作，加强重要时间节点的信访维稳工作，努力营造和谐稳定的社会环境。全年投入资金 0.494 万元，为 19 辆符合补贴标准的残疾人机动轮椅车发放燃油补贴。投入资金 35 万元，为全区 155 户困难重度残疾人家庭进行家庭无障碍改造。建立延平区残疾人无障碍环境督导队，组织参加无障碍设施技术宣贯培训会，开展延平城区无障碍环境督导。做好残疾人法律救助工作站工作，全年受理了各类残疾人法律援助 4 件，办结率达到 100%，残疾人满意度达到 100%。推进残疾人信息无障碍建设，联合联通公司开展“智慧有爱 畅听无碍”公益宣传活动，帮助听力和视力残疾人实现无障碍通话交流和阅读。

【残疾人文体活动】 2022 年，区残联组织 28 户贫困或重度残疾人家庭参与残疾人“五个一”文化进家庭进社区活动，通过带动残疾人读一本书、看一次电影、游一次园、参观一次展览、参加一次文化活动，满足重度残疾人的文化需求，帮助他们提升文化素养与生活信心、提高生活品质与幸福指数。在“我心向党 携手前行”福建省首届残疾人事业公益短视频征集活动中，延平残联《不同人生一样精彩》获一等奖、最佳精神风貌奖、十佳人气奖。在“福建花开”福建省首届残疾人工艺美术文创作品（产品）征集展览推介活动中，延平区 2 幅作品获优秀奖。组建一支 23 名残疾人运动员队伍参加南平市第四届残疾人运动会暨第四届特殊奥林匹克运动会，斩获 9 金 12 银 9 铜。

（供稿人：王婉明）

（责任编辑：郑 萍）

延平区关心下一代工作委员会

【概况】 2022 年，延平区关工委认真贯彻习近平新时代中国特色社会主义思想，党的二十大精神。坚持服务青少年的正确方向，以立德树人为根本，以红色教育、政治教育、法治教育为重点，以党建带关建为抓手，以自身建设为基础，努力做好教育、引导、关心、关爱青少年工作。

【思想品德教育】 2022 年，约 730 名学生参与“老少同声颂党恩 携手喜迎二十大”主题教育实践活动要求，组织开展“五个一”活动（即一次启动仪式、一次文艺会演、一次摄影展、一次讲故事比赛、一次社会实践活动）。组织“五老”进学校、进企业和进社区，开展学习宣讲党的二十大精神共 17 场。开展红色精神宣讲 31 场，2026 名师生参与；开展“大手牵小手 永远跟党走”“中华魂”“青少年党史学习月”等主题活动 42 场。

【法治教育】 2022 年，联合公检法司开展第五届“关爱明天 普法先行”活动，开设法治、禁毒、交通、防电诈等报告课，共展出展板 60 多份，发放宣传资料 1000 多份，5000 多名师生听取报告；与 3 名青少年社区矫正对象，建立“二帮一”跟踪帮教机制。联合市关工委连续 21 年与南平戒毒所签订《帮教协议书》并为戒毒人员送去价值 6000 元的新春慰问品。城区 6 个街道“五老”网吧义务监督员志愿服务队坚持长期对城区 10 家网吧监督全覆盖，坚持每周巡查和参与文体旅等部门的治理整顿相结合，努力净化社会网络环境。

【助学帮困】 2022 年，联合市关工委举办 2 期“关爱成长微心愿”活动，为 63 名困境儿童实现“微心愿”；联合区妇联开展“把爱带回家，让孩子健康成长”活动，为星河公学康复中心 58 位特殊儿童送上慰问品。引导乡镇（街道）推进助学帮困教育基金建设，其中塔前、西芹、巨口关爱基金为 147 名大学及贫困生发放助学金 14.67 万元。注重“好家风好家教”建设，联合区教育局、区妇联开办“网络家长学校”微信公众号，打造“百合姐姐家教课堂”公益直播课，点击观看人数达 5.65 万人次。

2022 年 4 月 29 日，延平区教育局、延平区关工委、福建新华发行集团南平分公司联合举办“永远跟党走 奋斗新征程”延平区中小学十九届爱国主义读书活动讲故事（演讲）比赛（陈小芬 / 摄）

【党建带关建】 2022 年，组织召开关工委全委会，及时调整充实关工委委员成员名单，推动各级关工委组织落实“双主任”制，建立党政领导兼任关工委第一主任，同级退休或临退休老同志任主任的领导体制。编印《关工委知识读本》和《活动记录簿》各 150 本，增强各乡镇（街道）对关工委工作的认识、重视程度。在对全区 415 个基层关工委全面调查摸底的基础上，共确定新增关工委 3 个、“五好”关工委 43 个，“五好”关工委达标率为 50%，在 2019 的基础上提高 10%，圆满完成省关工委“基层建设提升年”活动目标。同时，四鹤街道关工委、夏道镇关工委成为“五好”关工委省级示范点。

（供稿人：陈小芬）

（责任编辑：郑　萍）

延平区工商业联合会

【概况】 2022 年，延平区工商联以服务“两个健康”为抓手，落实“四会要求”，发挥“五大职能”，持续推进工商联各项工作稳步开展，被全国工商联评为全国“五好”标杆县级工商联、被福建省工商联评为 2022 年信息工作先进单位。

【商会组织建设】 2022 年，延平区工商联创新工作模式，建立执委轮值制度，被省、市工商联肯定在公众号刊发，并在《闽北日报》刊登。提升镇街商会建设，组织召开乡镇（街道）商会调研交流座谈会，就当前后疫情时期如何支持民营企业发展及商会建设提出意见、建议。扎实推进商会党组织有效覆盖，强化对所属商（协）会党建工作的具体督促指导，推动商会党组织活动开展规范化和常态化。指导所属商会创建“四好”商会，炉下镇商会、西芹镇商会获评 2021—2022 年度福建省“四好”商会，延平区青商会获评全国“四好”商会、AAAAA 级社会组织。11 月 23 日，指导区青商会召开第二届一次会员大会；11 月 27 日，厦门市南平延平商会召开第四届第一次会员大会，选举产生新一届理（监）事会班子。

【思想政治建设】 2022 年，延平区工商联把政治理论学习作为工商联和所属商会的“政治必修课”，不断完善党组会议、主席办公会议制度、党组理论学习中心组学习制度，坚持用党的二十大精神凝聚人心，引导广大民营经济人士深入把握中国式现代化的中国特色和本质要求，正确理解社会主义基本经济制度的巨大优越性和强大生命力，自觉践行新发展理念，引导广大民营经济人士更加自觉地把“两个确立”的政治共识转化为“两个维护”的实际行动，在思想上政治上行动上同以习近平同志为核心的党中央保持高度一致。以党的二十大召开为契机，组织开展“喜迎二十大·同心谱新篇”健康伴我行、延平区民营经济人士理想信念教育基地揭牌仪式暨“喜迎二十大 永远跟党走 奋进新征程”主题党日活动。组织所属商会及会员企业学习宣传贯彻党的二十大精神，撰写心得体会，交流感想感悟。深化政企互联互派互学活动，推荐新生代民营企业家 17 人到市、区机关单位学习锻炼，提升新生代民营企业家政治素养和政策水平。大力传承弘扬“晋江经验”，认真做好延平区非公

2022 年 7 月 6 日，延平区民营经济人士理想信念教育基地揭牌仪式在王台镇举行（区融媒体 / 供）

有制经济建设先进企业评选工作，评选出 36 家先进民营企业。

【延商回归】 2022 年，延平区工商联加强与异地商会联系服务，有序推进厦门延平商会换届和福州延平商会党支部成立工作，大力发挥民营企业在招商引资中的主体作用和异地商会在招商引资中的桥梁作用，依托异地延平商会加大对延平的宣传推介力度，通过在异地延平商会设立“乡贤联络处”的方式，加大与在外乡贤企业家的沟通联系，促进对外交流推介，吸引项目、资金、人才、技术回归，推动“回归经济”发展，积极投身大抓项目抓大项目“三大攻坚行动”的热潮。全力推进“一把手”招商工作，引进总投资 5000 万元以上项目 2 个，均已入统。

2022 年 4 月 20 日，延平区工商联携手象屿地产为延平区总医院捐赠防疫物资

（区融媒体／供）

【服务企业】 2022 年，延平区工商联深化“四访四通”机制，收集企业急难愁盼事项 10 件，协助做好“解忧下午茶”“助企晚餐会”工作。联合邮储延平分行开展“邮商贷”活动，向民营企业提供授信金额超 5800 万元。联合延平区法院召开推广“枫桥经验”优化营商环境座谈会，建立民营经济领域纠纷多元化解机制。联合区检察院推进涉案企业合规第三方监督评估工作，协调司法局、财政局、生态环境局等部门成立涉案企业合规第三方机制管委会，建立专业人员人才库。深化校企合作，与闽职院签订校企合作框架协议，牵线 6 家企业与闽职院学生分别举办供需见面会。指导专业技术人员材料填写，全年完成 600 多名民营企业专业技术人员职称材料申报收件工作，经上级委员会评审，获得中初级职称人员 428 名。

2022 年 5 月 11 日，延平区工商联与闽北职业技术学院校企合作签约暨揭牌仪式在闽北职业技术学院举办

（张亚畑／摄）

【光彩事业】 2022 年，延平区工商联扎实开展“万企兴万村”行动，联合延平区委统战部等 6 部门下发《2022 年南平市延平区“万企兴万村”行动工作计划》，成立“万企兴万村”行动领导小组，将南平元力活性炭有限公司等 6 家企业认定为延平区“万企兴万村”行动实验项目向上申报，并积极争取农业银行延平支行、南平农商银行对“万企兴万村”行动实验项目的金融支持。其中，南平元力活性炭有限公司公益资助项目被福建省“万企兴万村”行动领导小组办公室认定首批省级“万企兴万村”行动实验项目。号召所属商会及会员企业家发扬“光彩精神”，建立疫情防控志愿者预备队 6 支，发动副主席、副会长募捐资金 9.6 万元、物资价值 5.84 万元助力疫情防控。全年，区工商联向省工商联争取“同心·海西春雨光彩助学”1.5 万元，资助建档立卡贫困户、低保家庭的大学生 3 名。

（供稿人：陈　芬）

（责任编辑：李远圆）

法　　治

政法委与综治

【概况】 2022年，延平区坚持以习近平新时代中国特色社会主义思想为指导，以为党的二十大胜利召开创造安全稳定的政治社会环境为主线，聚焦建设更高水平平安延平、法治延平目标，扎实推进政法综治各项工作。2022年底群众安全感率99.33%，扫黑除恶好评率97.4%，执法工作满意率96.43%。延平区委政法委获评福建省平安建设先进集体。

【安保维稳】 以平安建设领导小组名义下发党的二十大维稳安保工作问题清单和任务清单，逐一明确区分管、挂点或包案领导，逐级推动安保维稳有序开展。在全区开展推进矛盾纠纷大化解、信访积案大攻坚、公共安全大整治、基层基础大提升等四大专项攻坚行动，共摸排重点场所、重点物品、重点问题方面不稳定因素174个，已化解161个，完成率92.53%。开展矛盾纠纷网格化“大起底、大排查”活动。

【常态化扫黑除恶斗争】 狠抓重点行业领域整治，在开展自然资源、交通运输、工程建设、信息网络四大行业领域整治的基础上，深入开展教育、医疗、金融放贷、市场流通新的四大行业领域整治工作。2022年，全区新侦办涉恶集团案件2个，其中涉网黑恶集团1个，破获刑事案件11起，刑拘黑恶势力团伙成员47名，查封冻结扣押涉案资产5851万元。

2022年10月19日，区综治中心对各乡镇街道进行即时调度　　（区委政法委／供）

【打击整治养老诈骗专项行动】 制定印发《延平区打击整治养老诈骗专项行动实施方案》，多次组织召开部署推进会，按照宣传发动、攻坚突破、总结提升三个阶段逐步推进，充分借鉴扫黑除恶斗争有益经验，开展线索摸排、会商、办理等。专项行动以来，延平公安分局侦破养老诈骗案件42起，打掉犯罪团伙2个，抓获犯罪嫌疑人46名，挽回群众损失425万余元，挽损率80%；检察院批准逮捕6件14人，提起公诉6件19人；法院审结养老诈骗案件2件3人，打击养老诈骗犯罪绩效保持全市第一。

【平安建设】 做好第四轮第二批平安乡镇（街道）的初评工作，水南街道等6个乡镇街道被市委政法委评为第四轮第三批平安乡镇街道。完善城乡网格化服务体系，以村（社区）为网格化服务管理最基本单元，全区共划分一级网格318个，选聘区级专职网格管理员4人，乡镇（街道）专职网格管理员124人，配备三级网格员2050人，通过“定格、定人、定岗、定责”，在入户走访、矛盾纠纷排查化解、疫情防控等方面发挥网格化管理实战作用，共录入事件4.02万条，走访重点人员 3.08 万次。

【铁路护路联防】 强化联勤联动机制落实，重点依托沿线铁路护路队和民兵应急分队，组织动员群防群治力量 200 余人，累计巡查线路 400 余人次，劝阻行人上路和穿越铁轨 46 人次。加强行人挡道整治，在全区铁路沿线重点部位、事故易发路段制作大型固定安全警示牌 12 块，结合入户宣传、巡查管控等多种措施及时消除隐患。抓好线路防控工作，铁路沿线各村成立 5～7 人护路联防义务巡逻队，加强重要节点巡查看护，有效预防安全事故和治安案件发生。深入社区、企业、学校、农村持续开展爱路护路“五进”宣传活动，进一步提高辖区居民安全意识、爱路意识。

【执法监督】 妥善处理涉法涉诉信访问题，做好法律引导和转办、督办工作。积极审慎开展国家司法救助，全年累计救助 17 件 21 人，发放国家司法救助金 41.6 万元。组织区政法单位与顺昌县开展案件交叉评查各 30 件，延平区一类案件 15 件，二类案件 15 件，无三类案件。加强执法监督机制建设，出台《延平区委政法委员会执法监督与延平区人民检察院法律监督衔接工作实施方案》。抓好“三个规定”及重大事项记录报告制度贯彻落实，区政法单位共记录填报“三个规定”相关信息 15 条。加快推进福建省政法跨部门大数据办案平台建设，延平区为南平市唯一试点，牵头成立工作专班，及时协调解决平台运行中出现的政法部门对接问题。

（供稿人：罗　婕）

（责任编辑：郑　萍）

法治政府建设

【概况】 2022 年，延平区深入学习贯彻习近平新时代中国特色社会主义思想和党的二十大精神，深入贯彻落实习近平总书记关于全面依法治国的重要论述，紧扣《法治政府建设实施纲要（2021—2025）》《党政主要负责人履行推进法治建设第一责任人职责规定》《法治政府建设与责任落实督察工作规定》的明确任务目标，加强领导，健全制度，强化措施，狠抓落实，扎实推进依法治区，法治政府建设取得了较好的成效。区政府坚持每年向市政府、区委、区人大常委会报告法治政府建设工作，坚持每年举办两期政府常务会议法治专题讲座，认真听取人大代表、政协委员对政府工作的意见和建议，切实履行法院生效行政裁判，全年共办理市区两级人大代表建议 124 件，办复率 100%，代表满意和基本满意率 100%；办理市区两级政协委员提案 145 件，办复率 100%，委员满意率和基本满意率 100%。

【依法治区】 2022 年，延平区召开区委依法治区委员会会议，把深入贯彻党的二十大精神与全面推进依法治区工作紧密结合起来，审议通过《中共南平市延平区委全面依法治区委员会 2022 年工作要点》等重要文件，转发《福建省法治政府建设实施方案（2021—2025 年）》《福建省法治社会建设实施方案（2021—2025 年）》等法治建设重要方案和规划，坚持在党中央集中统一领导下，研究部署推进全面依法治区工作。全面推进严格执法、公正司法、全民守法，切实把依法治区各项工作落到实处。召开延平区 2022 年度府院联席会议暨重大行政诉讼案件综合调处工作联席会议，切实加强府院互动，促进行政争议化解，为进一步加强延平区全面依法治区，全面推进法治政府建设工作提供了坚强的组织保障。

【依法决策】 认真履行推进法治建设第一责任人职责，积极推进政府依法决策。自觉运用法治思维和法治方式深化改革、推动发展、化解矛盾、维护稳定。完善内部决策规则及其操作运行机制，凡是重大事项一律提交区政府常务会议研究，对涉及多名班子成员分管的具体事项，召开专题会议进行研究。区政府重大行政决策制定过程中，均要求监察、法制、督查、审计等部门全程参与，避免重大决策产生误差。对涉及全区经济社会发展的重大事项、专业性强的决策事项，实行专家咨询和公示制度，同时充分发挥法律顾问和公职律师的作用，确保决策的科学性、民主性。2022 年共召开区政府常务会议 13 次、专题会议 115 次。

【行政执法体制改革】 深化综合行政执法体制改革。推进乡（镇）、街道一支队伍管执法，制定《关于公布延平区赋予乡镇（街道）行政执法事项目录清单的通知》（延政文〔2022〕38 号），赋予 15 个乡镇人民政府行政执法事项 394 项，四鹤等 4 个（有行政村）街道办事处行政执法事项 97 项，梅山、紫云 2 个街道办事处行政执法事项 75 项。加快队伍整合组建，按照“编随事走，人随编走”的方式，加强乡镇综合行政执法力量。

【行政执法案卷评查】 根据《中共南平市延平区委全面依法治区委员会办公室关于开展 2022 年行政执法案卷评查的通知》（延委法办〔2022〕11 号）要求，区委全面依法治区委员会办公室对各行政执法单位 2022 年度全年行政执法案卷进行了评查。全区共有 20 家行政执法单位有案卷，共抽评行政执法案卷 62 卷，其中行政处罚案卷 26 卷、行政许可案卷 36 卷，评查结果通过区政府网站予以公示并纳入绩效管理考评结果；同时对检查中存在的问题逐一进行点评并及时督促整改，对规范行政执法行为，进一步提高全区行政执法的质量和水平起到了良好效果。

【规范性文件管理】 强化规范性文件的制定和审查报备工作，严格落实规范性文件管理规定，对涉及公民、法人和其他组织权利义务的规范性文件，均先由区委依法治区办调研与督察股进行合法性审查，未经合法性审查或对审查后意见未改正的一律不提交政府常务会议研究、下发，确保规范性文件的合法性。进一步落实规范性文件报送备案审查制度，主动接受上级政府和同级人大的监督，2022年共向市政府和区人大报送备案22件，及时率和合法率均达100%。根据省、市部署先后开展2022年度行政规范性文件全面清理工作和网约车、水能资源开发利用权等领域的专项清理工作，清理结果均已依法报送上级部门备案。

【行政复议和行政诉讼应诉】 认真贯彻落实《中共福建省委全面依法治省委员会关于印发〈福建省行政复议体制改革实施方案〉的通知》有关工作要求，积极推进延平区行政复议体制改革，为形成公正权威、统一高效的行政复议工作体制奠定坚实基础。增设“行政复议与应诉服务中心”，并增加3个事业编制。全年共受理行政复议案件25件，同比上升25%，已办结23件，其中维持9件，终止7件，放弃复议3件，撤销1件，责令履行1件，不予受理2件。全年办理行政应诉案件68件（一审48件、二审20件），其中区政府本级办理应诉案件27件（一审21件、二审6件），同比上升28.6%。通过定期报送诉讼问题清单、绩效考评通报等方式，督促各行政机关依法积极应诉、主动进行沟通协调、加强源头管控，实质化解行政争议，有效提升延平区行政应诉工作水平。

【行政执法证件管理】 为贯彻落实《法治政府建设实施纲要（2021—2025年）》，提高行政执法人员素质，规范行政执法行为，全面推进依法行政建设法治政府，根据南平市依法治市委员会办公室的工作部署，严格落实行政执法人员持证上岗和资格管理制度，区委依法治区委员会办公室顺利组织全区860人次报名参加2022年度行政执法资格考试，参考率达80%，创历史新高。2022年共对全区380名行政执法人员换发新式行政执法证件，并通过区政府网站公示执法人员信息。持续贯彻落实行政执法“三项制度”，加强行政执法队伍管理。

（供稿人：陈　瑾）

（责任编辑：郑萍）

公　安

【概况】 2022年，延平区公安机关紧扣党的二十大安保维稳主题主线，以夏季治安打击整治“百日行动”为牵引，统筹抓好战疫情、防风险、保安全、护稳定、促发展各项工作，圆满完成党的二十大、冬奥会、冬残奥会、省运会等重大活动安保维稳任务。刑事发案连续第8年下降，全区刑事立案数、治安案件受理数、交通事故数，分别同比下降0.6%、12.5%、9.6%；破案数、破案率、抓获人数、追逃人数，分别同比上升12.2%、6.7%、28.5%、5.1%。

【公安改革】 深化“两队一室”改革，全面完成27个派出所综合指挥室建设，制定派出所《“两队一室”勤务运行制度手册》，细化11项勤务运转机制，明确室队职责、联动模式、勤务轮转，实现室队联通、勤务协同、运转高效；完善机关警种服务支撑派出所“8类66项工作清单”，强化业务指导、资源保障。同时，健全完善“情指行”一体化实战化运行机制，健全合成作战情报研判、情报支撑一线实战、重大警情联勤指挥、巡防勤务动态调整、“三同步”快速响应、警情复盘闭环等6项机制，进一步整合警务资源、融合警务数据、集成手段应用、优化机制流程，全面提升公安机关实战指挥处置能力。2022年，全区八大类案件、侵财类案件、盗窃类案件同比分别下降27.3%、7.7%、15.6%，破案率同比分别增长3.2个、21.4个、40个百分点。

【扫黑除恶专项斗争】 纵深推进常态化扫黑除恶斗争，组建县级扫黑除恶专家人才库27人，战时统一调配、集中办案，有效提升聚力攻坚能力，落实每日刑案分级盯办责任，靠前介入侦办，强化检法协同，坚决铲除黑恶势力犯罪土壤。2022年，涉黑恶线索办结率100%，打掉黑恶团伙2个，抓获扫黑除恶目标逃犯2名，抓获涉黑恶犯罪嫌疑人55名。同时，将行业领域整治作为重要政治任务，优化完善各职能部门在打击重点领域的信息共享、线索移交、通报反馈、联合执法等长效机制，全力推进综合治理。延平区在全国境外涉诈重点人员问题突出县（市、区）的排名由全国第17名退位至第50名以外，延平区劝返“十个聚力”（聚力组织推动、聚力贯通衔接、聚力机制建设、聚力综合保障、聚力刚性惩戒、聚力全链打击、聚力宣传引导、聚力深度摸排、聚力精准劝阻、聚力重点督导）工作做法，被国务院联席办在全国推广。

【反恐维稳】 深化“打苗头、防风险”“拔钉子、除隐患”“滤网三号”等行动，对全区131家重点目标单位落实常态化重点巡督，发现整改问题隐患15个；组织开展“延盾3号”反恐应急处突演练，提升反恐应急处置能力，坚决守住暴恐案事件“零发生”底线。

【打击刑事犯罪】 统筹各大专项行动，落实“片区联动、所队协同，一警双处，三长盯案”等制度，剑指黄赌毒、盗抢骗、食药环林、寻衅滋事等和群众反映强烈的突出违法犯罪，有力净化社会治安环境。打击养老诈

2022年7月12日，延平分局组织开展“亮剑”行动暨夏季治安打击整治“百日行动”第二次集中统一行动　（区公安机关/供）

骗犯罪绩效全市第1，专项行动被中央、省、市主流媒体争相报道；电诈案件治理保持“两升两降”；摧毁盗采稀土团伙1个、洗钱犯罪团伙1个，全链条摧毁网络赌博犯罪团伙1个；累计快侦快破各类现行案件278起，同比增长142%，小案快侦率达81.86%；严格落实“一长双责”为核心的侦破工作机制，快侦快破命案、个人极端暴力等有广泛社会影响的现行案件，2022年，延平区未发生命案，共发八大类案件40起，破40起，破案率100%。

【禁毒工作】　提档升格禁毒委和禁毒办架构，由区委书记任禁毒委主任，区委常委、政法委书记担任禁毒办主任，镇、村两级同步配套提级；将禁毒工作纳入区大督查、平安、绩效、文明、党政领导班子和领导干部政绩考核等范畴，配套完善禁毒重点整治、通报、约谈、督办建议、奖励激励等机制，推动禁毒工作责任落实；统筹飓风肃毒2022会战，抓获毒品犯罪嫌疑人4名，破获毒品犯罪案件4起（其中寄递物流渠道涉毒案件3起），破省目标毒品案件1起，移送起诉毒品犯罪人员2名；查处吸毒人员27人次。另联合云南、山东、福州台江等地破获毒品案件3起，移送起诉毒品犯罪嫌疑人1名，缴获毒品冰毒19.8千克。此外，大力推动全域落实“无毒乡村”创建、“十百千万”工程、工作站“四室七有”标准化建设，建成“五里亭”禁毒品牌社区、升级改造林则徐教育基地、新建“小水门”禁毒主题公园，推进建设5个无毒乡村、5所示范禁毒宣教室、2个示范禁毒工作站、增建2个禁毒品牌社区，着力提升禁毒基础设施品质，圆满通过禁毒重点整治中期评估。

【打击经济犯罪】　全面开展全区经侦涉稳风险大排查、金融领域风险隐患大排查与非法集资风险大排查，配合区处非办开展“扫楼清街盯场”非法集资风险排查整治专项工作，共摸排经济案件受损人员1200余名，排查问题、风险企业60余家，及时通报当地政府职能部门，按照职责分工做好执法衔接和清理整顿工作，及时有效化解风险。开展金融领域风险研判、打击走私、打击燃气犯罪、打击走私油犯罪、打击大学生就业创业陷阱相关犯罪等专项行动，全年共立案25起，破案23起（其中破获非法吸收公众存款案件21起，合同诈骗案件1起，非法经营案1起，完成打击跨多地区侵犯知识产权案件），抓获逃犯14人（其中境外逃犯2名、省外逃犯1名、省内市外逃犯2名），批准逮捕9人，移送起诉17人，切实维护经济秩序公平和社会秩序平稳。

2022年8月12日，“延盾3号”反恐暨突发敏感案事件应急处置综合演练　（区公安机关/供）

【治安管理】 推进社区网格和警务网格“两格”融合，将警力和治安要素嵌入网格，社区民警全部进社区班子并担任网格长助理，85%时间常驻社区，由“下社区”向“在社区”转变。创新“1+X+N”专群联动机制，各辖区全部组建由专职社区民警、辅警、干部及网格员、志愿者、劝导员、退休干部、退役军人等力量组成的小喇叭宣防队、夜间联巡队、安全劝导队等602支6315人，全面落实“信息联采、风险联排、巡防联合、人员联控、矛盾联调、安全联管”，排查各类矛盾纠纷856起，化解814起，化解率95.09%。开展21轮次“一周一清查”统一行动，出动警力13232人次，发动群防群治力量4673人次，对夜市排档、旅店民宿、出租房屋、娱乐场所等2656处重点区域、场所开展动态式清查整治，整改隐患313处，查处不按规定登记案件93起，补充登记流动人口8623人，捣毁赌博、诈骗等各类窝点9个，抓获违法犯罪嫌疑人1270名，逃犯235名。

【户籍管理】 集中开展无户口人员摸排落户工作，积极动员无户口人员主动到公安机关申请办理常住户口登记，按照“先易后难、分类解决、循序渐进”的原则，逐一解决落户问题。

2022年，解决无户口人员落户30人；办理消防、森林武警就地转业落户11人；办理国外中国公民出生落户3人，超6周岁以上大龄儿童首次申报户口落户5人；办理双重户口多报删除户口或者使用虚假出生证删除户口6人。2022年，全区共办理户籍业务67898笔，受理居住证957张，办理指尖微信业务766笔。

【公共安全监管】 强化涉险公共区域风险排查、督促整改和安全防护等工作，集中开展为期6个月的公共区域涉险隐患排查促改工作，检查临水临崖公园景区、非景区景点等公共区域、重点场所部位84处，发现并督促整改安全隐患35个，劝阻野泳、野钓、野游等行为128次，推动增设各类警示宣传标识19处。开展枪支民爆物品安全大检查，对涉枪涉爆单位逐一进行检查摸排，全面、实时掌握基本情况、人员状况及爆炸物品、枪支弹药来源、流向和库存情况，共检查涉枪涉爆涉危单位400余家次。检查发现安全隐患80余处，提出整改意见80余条；开展寄递业、物流业专项治理，重点检查寄递物流企业落实寄递“3个100%”、物流“2个100%”制度情况，确保寄递物流渠道安全，共检查寄递物流企业500余家次，开箱验视寄递物品61个，发现整改安全隐患29处；开展易制爆危险化学品安全监管，依托危险物品一体化信息平台，滚动排查、全面采集辖区易制爆危险化学品生产、销售、使用单位，加强易制爆危险化学品从业单位排查整治，全年未发生较大及以上安全事故。

【公安队伍建设】 坚持用党的创新理论武装全警，加强政治建设，准确把握、坚定捍卫“两个确立”，坚决做到“两个维护”，始终在思想上政治上行动上同以习近平同志为核心的党中央保持高度一致。坚持党委会“第一议题”制度，分局党委中心组先后召开党委理论学习中心组集中学习12次；组织开展政治学习和政治轮训12场530余人次，利用本地红色资源开展革命传统教育370余人次，为做好公安工作提供思想基础、注入强大动力。把党风廉政建设纳入公安工作总体布局，推动各级党组织主要负责人切实履行第一责任、班子成员履行好“一岗双责”，深入贯彻中央“八项规定”及省实施细则精神，驰而不息狠抓作风建设，加大对“十个严禁”“六项规定”等铁规禁令执行情况的监督检查，有力营造风清气正、干事创业的警营生态，全力推动各项工作高质量推进落实。落实市局《激励青年民警担当作为十二项措施》，建立“即时表扬、有功即奖”的战时表彰激励机制，2022年，共提任调整科级干部16人；共有8名个人荣立三等功、58名个人荣记嘉奖，8个基层单位、77名民警分别受到省、市、区的表彰，切实激励青年民警勇担重任、在岗建功。

【交通安全管理】 开展“创文明、防事故、护发展”交通安全整治，推行“全警管交通”模式，深化道路交通安全整治，2022年全区共查纠各类交通违法273451起，其中严重交通违法行为26389起，延平辖区共发生一般程序处理的事故113起，死亡28人，伤119人，经济损失38.16万元，与去年同期相比，事故数减少12起，下降9.6%，死亡人数增加3人，上升12%，受伤人数减少9人，下降7.03%，财产损失减少14.42万元，下降27.43%，四项指数三降一升，全区道路交通安全形势总体平稳。道路隐患整改方面，推进延平区完成省级1处、市级5处为民办实事项目，其他涉临水、临崖、通寺道路71处隐患路段整改。

【森林公安】 统筹开展“昆仑2022”“食安7号”“清风行动”“三大战役”“百日行动”“古树名木”等专项行动，全面提升打击强度和执法能力。以“三大战役”为抓手，严厉打击破坏森林和野生动植物资源违法犯罪，守住延平区生态资源红线，有效保护生物多样性和森林资源安全；积极开展涉林“百日行动”，开展野味餐馆清理整治行动，严打涉野生动物犯罪。出动警力150余人次，检查餐馆、酒店、农家乐等餐饮行业70余家次，检查农贸市场、超市40余家次，巡查森林公园、景区等重点林区60余处次，发放宣传资料355份，有效震慑了涉林违法犯罪分子。强化保护“古树名木”，联合印发《延平区打击破坏古树名木违法犯罪活动专项整治行动方案》，在全区范围内开展打击破坏古树名木违法犯罪活动专项整治行动，通过部门联合依法严打整治，推动全面落实古树名木保护监管措施，坚决遏制破坏古树名木违法犯罪活动。2022 年，共查处各类案件 38 起，打击处理各类违法犯罪人员 26 人次，其中查处治安案件 1 起，处罚 1 人；立森林刑事案件 37 起（重特大案件 7 起），破案 23 起，刑拘 11 人，逮捕 4 人，移送起诉 18 起 21 人，网上追逃 11 人，为国家挽回经济损失 65.9755 万元。

（责任编辑：郑　萍）

检　察

【概况】　2022 年，延平区人民检察院坚持全面依法履行法律监督职能，各项工作取得新进展。全年共办理各类案件 1733 件，其中受理审查逮捕案件 143 件 209 人，审查起诉案件 480 件 602 人，办理刑事、民事、行政、公益诉讼等各类诉讼监督案件 679 件，控告、申诉等其他各类案件 431 件。如办理省检察院挂牌督办的涉案金额 1.42 亿元的“普信”案件，对被告人张某某等 9 人以非法吸收公众存款罪依法提起公诉。强化行政执法与刑事司法职能的衔接配合，与延平公安分局、区市场监督管理局共同会签《关于保护知识产权、优化营商环境协作配合机制》，在全市基层率先成立知识产权检察办公室，强化知识产权司法保护，办理的邓某某等 5 人假冒南孚电池标识 2.5 亿套案入选全省检察机关十大知识产权保护典型案例。

【服务中心大局】　坚决贯彻总体国家安全观，聚焦平安延平建设，重点做好党的二十大、省运会等重大节点的维稳安保工作，严厉打击各类刑事犯罪，共批捕 154 人，起诉 458 人。依法从严惩处故意杀人、抢劫、强奸等暴力型犯罪，共批捕 25 人，起诉 77 人，对冒充人民警察抢劫的蔡某某等 8 人均提出有期徒刑十年以上从重量刑建议，法院全部采纳。常态化开展扫黑除恶斗争，把三年专项斗争始终坚守的“是黑恶犯罪一个不放过、不是黑恶犯罪一个不凑数”融入日常，共倒查案件 35 件，向区扫黑办移送案件线索 4 条，制发自然资源、金融放贷等重点行业领域检察建议 4 份，推动源头防范治理。始终对养老诈骗违法犯罪保持严惩高压态势，批捕 9 人，起诉 11 人，并全力追赃挽损。严厉打击利用电信网络实施诈骗、赌博、传播淫秽物品等犯罪，批捕 42 人，起诉 88 人，成功办理“8·18”重大网络开设赌场、诈骗、掩饰、隐瞒犯罪所得案，全链条打击黑灰产业，依法对许某某等 28 人提起公诉，相关做法在全省电信网络及关联犯罪法律适用座谈会上作经验交流。严惩破坏金融管理秩序、扰乱市场经济秩序等各类经济犯罪，批捕 43 人，起诉 75 人，扎实开展“服务市场主体检察行”专项活动，主动走访问需 16 家企业，建立检察服务定向联系机制，设立涉台检察联络室，帮助解决涉法问题 20 个，助力企业发展。抓实涉案企业合规改革工作，联合工商联等 8 部门强化第三方监督评估机制建设，组建多领域专业人员名录库，成功办理涉企合规案件。2 个案例入选全市检察机关积极履职服务营商环境的典型案例，经验做法在全市检察机关企业合规改革暨服务优化营商环境工作推进会上作重点交流。区检察院第二检察部被评为 2022 年度全省检察机关经济犯罪检察优秀办案团队。紧扣“生态优先、绿色发展”理念，对河岸地、渔业资源等领域开展专项监督保护活动，起诉各类破坏生态资源保护犯罪 17 人，刑事立案监督 4 件，提起民事公益诉讼 9 件，督促相关职能部门整治占用河岸地隐患 6 处、切割“三无船舶”3 艘，整改固体污染企业 24 家。持续推进补植复绿等多元生态修复机制，督促缴纳生态修复金 16 万余元，促使整改恢复耕地、林地 20 余亩，投放鱼苗 60 余万尾，对已自愿修复生态损害的 5 名犯罪嫌疑人作出相对不起诉决定。在全市率先探索资源保护领域惩罚性赔偿，针对非法收购、销售国家重点保护植物制品案的被告人洪某某等 7 人，提出 8 万余元民事公益赔偿诉求，获法院支持。联合生态环境部门会签《关于在水环境执法查处领域加强协作配合实施意见》，守护延平湖一江

2022 年 9 月 23 日，延平区检察院党组书记、检察长林建（左），副检察长方建文（右）为延平区人民检察院知识产权检察办公室揭牌　（徐维莉/摄）

春水。完善拓展“检察服务+”机制，先后选派4名干警担任驻村第一书记、村主任助理，结对帮扶30人。开展“司法救助助力巩固拓展脱贫攻坚成果助推乡村振兴”系列专项活动，积极争取三级联动救助金20万元，向10名生活困难的刑事被害人及其亲属发放，为5人争取农村低保，救助人数同比上升100%。守护粮食和耕地安全，积极开展“土地执法查处领域行政非诉执行监督”“守护耕地红线推进永续发展”公益诉讼专项监督等活动，公益诉讼立案52件，并对粮油购销代储领域彭某某职务犯罪案依法提起公诉。全力守护古树名木，督促消除安全隐患180余处并助推区域内5091株古树投保林木险。牵头相关单位共同认养的塔前镇虎山村古树群上榜“福建最美古树群”。

【强化法律监督】 坚持宪法定位，履行诉讼主导职责，会同区公安局共同设立侦查监督与协作配合办公室，以有力配合、更实监督促侦查办案质量提升，监督公安机关立案25件，撤案13件，同比上升525%和1300%；追捕追诉10人。对侦查、审判、执法活动违法提出纠正意见51件，坚守严防冤假错案底线，对不构成犯罪的，不捕不诉5人。精准抗诉守护公正，对3起认定事实、适用法律错误的案件提出刑事抗诉，均获改判。如针对魏某等8人恶势力诈骗犯罪一审判决遗漏对套路贷出资50万元的追缴提出抗诉，二审法院支持并改判。强化刑事执行检察监督，探索社区矫正巡回检察工作，完成异地交叉社区矫正与看守所的巡回检察工作任务，发现相关单位监管执行不当问题70个，发出书面纠正意见10条，移送职务犯罪线索1条，有力维护了刑罚执行严肃性，与市检察院共同编撰《社区矫正巡回检察工作手册》，成为全省办案指引。共办理案件42件，同比上升100%。着力提升民事审判和执行活动监督精准度，抓准监督的重难点，发出检察建议10件，均得到采纳，并促成法院出台《审判节点时间效率流程管理办法（试行）》，进一步提高审判活动质效。精准开展生效民事裁判监督，办理民事虚假诉讼案件4件，涉案金额500万余元，均已提请抗诉并获市院支持。常态化开展民事支持弱势群体起诉工作，在全市率先探索支持起诉权利遭受损害及无人赡养的弱势群体，共计20人，目前法院已判决支持42万元。区检察院第四检察部被评为2022年度全省检察机关民事检察优秀办案团队。办理行政检察案件153件，同比上升302.6%，探索法律监督工作新途径，同法院会签完善新时代民事和行政诉讼法律监督协作配合机制的意见，以类案检察建议推进社会抚养费缴纳、强制隔离戒毒等专项工作，提出监督意见5条，相关单位均对照检察建议落实整改。针对“帮信”案件高发态势，开展空壳企业诉源治理专项行动，向相关部门发出类案检察建议，推动清理吊销“空壳”企业427家。深化行政争议实质性化解，严格落实“一案三查”制度，综合运用实地走访、监督纠正、释法说理等多种方式，办理行政争议实质性化解案件11件，真正实现案结事了政和。办理的土地执法查处领域行政非诉执行监督案件被省检察院评为优秀案件。办理公益诉讼案件134件，同比上升77.3%，各项业务指标均位全市前列。

2022年4月19日，南平市延平区检察院与南平市公安局延平分局侦查监督与协作配合办公室召开第一次联席会议，通报了2022年第一季度补充侦查工作情况 （徐维莉/摄）

运用“圆桌磋商”等诉前程序促进源头治理，促成100%的案件在诉前解决了公益损害问题，以最小司法投入实现最佳社会效果。以耕地占用税为切入点实现国有财产保护领域监督新突破，不仅督促追缴首批欠税及滞纳金50万余元，还促成税务、自然资源局等5部门建立数据共享及工作配合机制，确保耕占税及时征缴到位。聚焦燃气安全、水源保护等领域立案38件，督促相关行政机关依法履职，助力全区1023家餐饮单位完善燃气设施安全，消除生产安全隐患；关停无证取水单位3家。持续开展文物保护领域公益诉讼监督工作，通过诉前检察建议，督促整改省、区级文保单位安全隐患5处。

【维护社会稳定】　坚持“少捕慎诉慎押”理念，开展捕后羁押必要性审查专项活动，依法建议释放或改变强制措施13人，诉前羁押率从2018年的47.76%，下降到2022年的27.43%。不批捕60人，不起诉148人，同比分别上升3.45%、190.2%；认罪认罚从宽制度适用率达90.86%，确定刑量刑建议采纳率达98.11%，最大限度减少社会对立面，释放司法善意，实现社会内生稳定。公开选聘54名听证员组建听证员库，借助第三方力量释法说理，常态化组织公开听证24件次，化解率达93%，既解“法结”又了“心结”。关注群众“舌尖上”“脚底下”“钱袋子”等安全问题，紧盯食品安全、道路安全、无障碍设施等隐患，督促相关部门加强履职，促成整改98处，其中7家单位停止销售不规范包装的“消”字号产品、3家单位下架不合规备案的医疗器械。针对办案中发现涉老“食品”“保健品”市场存在的管理漏洞和风险隐患，依法向相关部门发出检察建议并跟踪落实，督促128户市场主体规范经营，吊销8家企业，整改7处涉嫌存在养老诈骗隐患的场所，养老领域涉诈乱象得到有效整治。为最大限度挽回被侵害人经济损失，将追赃挽损贯穿办案始终，共追赃挽损529万余元。该工作经验做法被最高检、省检察院专刊推介，在全省做经验交流，并被市检察院评为典型事例。持续跟进落实最高检“一至八号检察建议”，把诉源治理贯穿检察办案全流程，针对典型个案、类案发生的原因，制发社会治理类检察建议18份，促进源头防治。紧跟当前快递行业发展现状，与邮政管理局等部门组成检查组，深入多家物流公司开展走访检查，督促企业落实安全管理措施，堵塞监管漏洞，并与区交通运输局建立常态化联动机制，助推寄递行业健康有序发展，该工作经验做法被省检察院专刊推广。探索数字赋能社区矫正脱漏管体系化监督，通过深度整合检察、公安业务系统等四大数据平台，推动形成社区矫正工作公检法司“四位一体”系统治理格局，严防脱漏管事件发生。2022年以来，涉国有资产保护和未成年人保护领域的2份社会治理类检察建议被评为全市检察机关优秀检察建议。落实未成年人保护法，以司法保护融入家庭、学校、社会、网络和政府保护形成合力。共办理各类涉未成年人犯罪案件52件62人，批捕12人，起诉25人，办理的张某某强制猥亵案被评为福建省检察机关妇女儿童维权十大案例。涉罪未成年人不捕率、不诉率分别为70.59%，55.56%，同比分别增长582.69%，358.42%，依法决定附条件不起诉4人，最大限度教育感化挽救涉罪未成年人。针对严重监护失职，制发23份《督促监护令》，封存9件涉罪未成年人犯罪记录，促使23名涉案未成年人无痕回归校园和社会。维护未成年人权益，办理全市首起涉未成年人抚养费民事支持起诉案。开展住宿、娱乐场所及网吧治理专项活动，探索推行涉未成年人“法律责任告知书”制度，督促相关部门加强监管，发现并整改问题11处、罚没3万余元，成功办理全市首例组织未成年人进行违反治安管理活动案。会同教育、公安等部门持续落实强制报告、入职查询、“法治副校长”等机制，通过强制报告发现侵害未成年人案件9件，对未履行报告义务单位整改和追责2件，推动新入职教师查询162人次，检察官在14所中小学担任法治副校长。发现未成年犯罪嫌疑人童某某羁押期间被迫文身，即向相关部门制发检察建议，督促公安机关立案侦查童某某被故意伤害案，并以公益诉讼专项监督推动禁止为心智未成熟的未成年人文身，为此录制的“让青春不被‘刺’痛”网课，被最高检在开学季全网展播。

【强化队伍建设】　组织开展全员政治轮训，落实党史学习教育常态化长效化举措，加强机关党的建设，打造“党旗红·延检蓝”党建品牌，争创机关党建示范点。坚持党的绝对领导，贯彻落实《中国共产党政法工作条例》，主动向区委及其政法委请示汇报工作。持续巩固深化政法队伍教育整顿成果，落实全面从严治党的主体责任，落细廉政风险防控举措，每季度向社会公众通报“三个规定”填报情况。建立新进人员轮岗交流锻炼机制，持续推进检察业务培训、岗位练兵、业务竞赛等活动，全方位培塑青年干警。深入开展教育培训工作，完成线上线下各类培训330余人次。从环保、自然资源、金融等领域聘请10名专业人员为特邀检察官助理，借“外脑”提高专业化办案水平。在全院全面推行“两书”考评制度，优化对“人”和“案”的管理，建立以岗位职责要求为基础、以业绩为导向的评价标准体系，推动公务员考核与检察人员绩效考核“两考合一”，把“两书”考评制度与员额检察官业务数据月通报等相结合，倒逼核心数据提升。2022年以来，共有9起案件入选省、市检察机关典型案例，21项工作机制和经验做法被市级以上检察院推广转发。自觉接受人大监督和民主监督，2022年以来，向区人大常委会专题汇报控申检察工作，建立并完善代表、委员常态化联络机制，通过发送短信、电话回访、座谈会等方式加强联络工作，及时听取代表委员对检察工作的意见建议。邀请各级人大代表、政协委员参加公开听证、检察开放日、行政争议实质性化解等活动24人次，认真办理代表、委员对检察工作的意见和建议2件。自觉接受社会监督，邀请人民监督员参与办案活动20人次，在全市率先实现十种参与监督方式全覆盖。回应群众关切，通过传统媒体、“两微一端”发布检察动态和法治宣传596篇。

（责任编辑：郑　萍）

法　院

【概况】　2022年，延平区法院受理各类案件12168件，同比上升2.29%；审结、执结11969件，同比上升5.19%，结案率98.36%。

【案件审理】

刑事审判　2022年，区法院受理刑事案件381件，审结356件，判处五年以上有期徒刑被告人29人，判处罚金900余万元并依法全部移送执行。严惩危害社会治安犯罪。审结敲诈勒索、盗窃、抢劫、抢夺等犯罪案件31件45人，对一起冒充人民警察实施抢劫的8名被告人判处十二年至十三年不等刑期，并处8万元至10万元不等罚金。审结强奸、猥亵犯罪案件21件22人。依法严惩虚假诉讼和拒不执行判决、裁定犯罪。审结虚假诉讼犯罪案件1件2人，拒不执行判决、裁定犯罪案件1件1人，被告人李某生犯虚假诉讼罪，被判处有期徒刑两年；被告人陈某清犯伪证罪，被判处有期徒刑一年两个月，案件的宣判有效震慑了此类犯罪行为，有力维护了司法秩序和司法权威。依法打击危害公共安全犯罪。审结涉枪涉爆、交通肇事、危险驾驶犯罪案件128件130人。受理涉养老诈骗犯罪案件2件11人，审结1件2人，被告人林某、魏某丹犯集资诈骗罪，分别获刑十三年六个月、三年，分别并处罚金78万元、10万元。受理涉电信网络诈骗犯罪案件57件87人，审结56件86人。审结拐卖儿童犯罪案件1件3人，对罪犯李某华以犯拐卖儿童罪判处有期徒刑二年六个月、并处罚金6000元，对罪犯肖某芳、李某文以犯收买被拐卖的儿童罪分别判处有期徒刑一年、十一个月。

民商事审判　2022年，区法院受理民事案件5140件，审结5088件。受理涉家事少年案件506件，其中涉婚姻、抚养赡养、继承等民事案件484件，涉未成年人犯罪案件22件。受理涉知识产权案件271件，审结269件。

生态司法审判　2022年，区法院审结涉生态环境案件24件，其中民事2件、刑事9件16人、行政4件，行政非诉案件9件。依法支持检察机关提起涉生态环境公益诉讼案件，审结3件，在9名被告人分别被判处刑罚的同时，还被判令在市级以上新闻媒体公开赔礼道歉。

行政审判　2022年，区法院集中管辖市直机关和顺昌县、邵武市行政案件，共受理行政诉讼案件103件，审结76件；受理非诉审查案件25件，准予执行24件。推进行政机关负责人出庭应诉工作，共有53名行政机关负责人出庭应诉。

【案件执行】　2022年，延平区法院受理执行案件6647件，执结6525件，执行到位金额3.56亿元，发放案款3.07亿元。开展涉民生专项执行行动，共受理涉民生执行案件301件，执结280件，执行到位金额908.52万元。为符合国家司法救助条件的申请人申请司法救助金，共对9起案件的12位救助申请人发放司法救助金共计28.6万元。加大财产查控力度。运用执行网络查控系统对被执行人财产进行线上查控，向各协执联动单位发出查询申请101.4万次，涉及案件6807起，涉及被执行人7584人次；提起控制1254次，涉及案件572起，涉及被执行人555人。加快财产处置变现速度。通过“税务询价”机制缩短评估周期，通过司法网拍平台公开竞拍标的物，共挂网拍卖被执行财产489件，成交192件，成交金额2.24亿元，向政府招商部门推送7宗工业用地及建筑物，促成1宗拍卖成交，盘活土地面

2022年7月1日，延平区法院法律特派员到福建南平太阳电缆股份有限公司提供司法服务

（区法院/供）

积 3444.8 平方米、建筑面积 4144.19 平方米，成交金额 561.3 万元。依法严惩失信行为。受理拒不执行判决、裁定犯罪案件 4 件 4 人，审结 1 件 1 人。依法列入全国法院失信被执行人名单 310 人，依法限制高消费 4841 人次，通过各种媒介曝光被执行人 300 人。

【司法改革】 2022 年，延平区法院深入推进“1+N”诉源治理体系建设，和司法局联合制定诉源治理实施方案，加强人民调解、行政调解、司法调解的衔接联动机制，着力从源头上减少诉讼增量。人民调解委员会共调处矛盾纠纷 4863 件，同比增长 76.53%；成功调处诉调对接案件 685 件，同比增长 65%。区法院与区工商联、区退役军人事务局、市属在延异地商会等部门建立健全诉调对接机制，充分发挥部门、行业、协会的功能作用，把相关矛盾纠纷化解在诉前，既减少了人民群众的诉累，又有力维护了社会和谐稳定。人民法庭共受理案件 2200 件，审结 2137 件，结案率 97.14%。

【队伍建设】 2022 年，延平区法院院领导班子得到充实调整，1 名副院长交流任职，区纪委监委驻我院纪检监察组组长到位，2 名中层正职提任院领导，长期空缺的政治部主任补齐，院领导班子新增“70 后”“80 后”各 1 名。12 名青年干警提任为中层副职，以“80 后”为主体，其中“90 后”2 名，6 名中层正、副职进行岗位调整，6 名法官助理经组织考核批准入额并被区人大常委会任命为审判员。持续推进典型培树，郑世文当选“福建省审判业务专家”，朱秀敏获评“全国法院办案标兵”。深入开展“管理优化年”和“素质提升年”活动，制定了《南平市延平区人民法院关于开展岗位技能大练兵活动的实施方案》，在全院范围内开展“办案之星”“文明之星”“创新之星”评选活动，通过竞赛、评选的形式全面提升干警履职能力。延平区法院干警撰写的 3 篇案例被评为南平法院践行社会主义核心价值观精品案例、1 篇案例被评为南平法院生态环境审判典型案例、2 篇案例被评为南平法院家事少年审判精品案例。

2022 年 9 月 29 日，延平法院、福清商会联合举行推进民营经济领域纠纷多元化解合作机制启动仪式 （区法院／供）

【接受监督】 2022 年，区法院自觉接受人大监督、政协民主监督、纪检监察监督、检察机关法律监督和社会各界监督，以监督促规范。认真落实延平区十八届人大一次会议对我院工作的审议意见及代表提出的意见建议，办理政协提案 1 件，邀请人大代表、政协委员监督审判、执行工作 30 人次。向区人大常委会专题报告关于加强执行履职能力建设优化营商环境工作情况。常态化邀请区检察院检察长列席我院审判委员会，办理检察建议 17 份。以公开促公正、树公信，依法公开审判执行工作，通过中国庭审公开网直播庭审 2413 场，通过中国裁判文书网公开裁判文书 9158 份。

（责任编辑：郑　萍）

司法行政

【概况】 2022 年，延平区司法行政工作以党建工作为引领，以改革创新为动力、以党的二十大安保维稳为主线，立足法治职能，整合资源优势，主动担当作为，各项工作取得了明显成效。区司法局第一支部被评为延平区直机关“五星级支部”，被全国人民调解协会授予“组织宣传人民调解工作先进集体”，组队参加延平区干部职工全民健身运动会气排球比赛荣获第三名和最佳组织奖，“酒后驾驶知多少”社区矫正教育视频荣获全省竞赛一等奖。全区司法行政系统先后有 7 名个人获得区级以上荣誉，其中 4 人获得省级荣誉。梅山街道《八旬老人重症卧床，晚年赡养如何落实》调解实录在福建省电视台《调解有一套》和中央电视台《社会与法》栏目播出，炉下镇调解案例被“中国法律服务网”采纳，实现延平区中国法网案例库采纳数零的突破。

【矛盾纠纷排查专项行动】 2022 年，区司法局扎实开展“‘枫桥经验’在福建 深化常态化矛盾纠纷排查化解”专项活动，创新调解机制，探索推行“1+N”诉源治理体系，创新“联片调解、三级联动”调解机制，建立片区、镇、区三级联合调解人民调解员资源库，新建水东街道“应祥棋调解工作室”、夏道镇“丁仁喜调解工作室”等 8 个个人调解工作室，新增区人社局、住建局、教育局 3 个行政调委会，在南平工业园区建立“枫桥式”园区调解组织。联合区法院在基层人民法庭设立人民调解室，制定下发《关于开展律师调解试点工作的实施办法》，在区法院设立律师调解工作室，取得显著成效。全年调处矛盾纠纷4954件，同比增长65.79%，成功调处诉调对接案件685件，同比增长65%，区法院诉源案件收案同比下降11.05%，实现近年来首次下降。

【社区矫正工作】 2022年，延平区社区矫正管理局接受完成全省社区矫正巡回检察。在全市社区矫正对象抽查中，延平区位置确认率、合格率均达100%，全年未发生恶性案件。优化场所建设，对现有500平方米社矫中心“墙、牌、标识”进行升级改造。夯实基础保障，增聘2名社区矫正社会工作者，配备23台移动执法设备。强化与卫健部门的协作，建立延平区暂予监外执行社矫对象病情复查审查医学专家库，医学专家由4人增至12人，复审医疗机构由1家增至3家。聘请心理咨询师开展矫正对象心理矫治。借力新媒体平台，联合团区委组织全区社区矫正对象开展线上《中医推拿》职业技能培训和《中华人民共和国民法典》法治专题课。依托延平禁毒教育基地和福建林业职业技术学院新建社区矫正教育帮扶基地2处，建立社区矫正公益活动基地21处。

【刑释解教人员安置帮教】 2022年，区司法局严格落实好“月走访、季排查”机制，定期与公安、平安办等有关部门会商，加强与公安机关信息比对，有效掌握安置帮教对象情况，7名下落不明刑满释放人员全部查找到位。强化安置工作，新增1个曙光安置就业基地，接收42名刑满释放人员就业。

【扫黑除恶斗争】 2022年，区司法局持续推进扫黑除恶常态化工作，加大宣传力度，制定《学习宣传贯彻〈反有组织犯罪法〉工作方案》，通过“延平区掌上12348”微公号推送、发放宣传单、悬挂横幅等方式开展常态化扫黑除恶斗争工作宣传，共发放宣传资料4.6万余份。

【公共法律服务】 2022年，区司法局坚持以人为本，创新服务方式，聚焦企业及其职工法律需求，依托南平市工业园区职工法律服务一体化基地，在全市率先创建园区“一站式”法律服务品牌。推动实体平台提档升级，健全值班律师制度，提升法律服务质效。全年公共法律服务平台接待来访人群725人次，接听12348热线512人次。与区检察院联合下发《关于加强检律协作推动法律职业共同体建设的实施方案》，推动检律协作。结合“百名局长帮扶百家企业”活动，组织法务专班成员深入挂点民企通过“送政策”“送法律”“送建议”助企纾困。持续发挥“巾帼律师团”女性公职律师品牌效应，主动对接社区、学校，为女同胞、中小学学生等开展各类法治讲座35次。指导延平区律师、公证员积极主动介入征地拆迁、复杂疑难信访案件调解等工作，为旧城改造征迁、云谷小区搬迁等重点项目建设保驾护航。加大法律援助力度，试行经济困难承诺制，落实刑事案件律师辩护全覆盖，为困难群众提供“零门槛”式援助，2022年，受理法律援助案件446件，收到援助群众锦旗2面。

2022年5月27日，延平区司法局在原市委小礼堂举办“美好生活 民法典相伴”主题法治讲座 （融媒体中心 游立成/摄）

【律师事务】 2022年，延平区8家律所共代理各类案件665件，共担任82家机关、企（事）业单位的法律顾问，业务收费798.3万元。组织律师参与区领导接访、化解和代理涉法涉诉信访案件工作，全年律师、法律工作者陪同领导接访56人次，接待信访群众367人次；在每周三的区检察院值班中，接待信访群众15人次，值班律师为适用认罪认罚从宽制度的犯罪嫌疑人提供法律帮助333件。

【公证事务】 2022年，区司法局指导剑州公证处落实公证利企便民系列措施，持续深化“最多跑一次”，优化便民办证方式，严格落实一次性告知制度，缩短办证时间，切实提高服务效率。积极推行“立等可取”和预约、延时、上门服务等便民模式，开设公证书邮寄服务，落实学历、学位、驾驶证等“跨省通办”公证事项，畅通电话、微信、邮件及现场咨询答复渠道。全年办理各类公证事项1717件，避免和挽回经济损失1300余万元，办理“跨省通办”公证14件，“跨市通办”公证52件，为老、弱、病、残等特殊人群上门服务39人次，落实“最多跑一趟”公证服务540件。

【普法宣传】 2022年，区司法局有序推进“八五”普法规划，制发《2022年延平区普法依法治理工作要点》，明确29项重点工作，健全普法机制。

2022年7月28日，延平区司法局在王台镇溪后村举行“全国民主法治示范村（社区）”揭牌仪式
（延平区司法局　骆婷／摄）

在全区范围内积极开展红色法治文化资源普查登记工作，摸排出红色法治资源线索4条并上报市司法局。深入推进“民主法治示范村（社区）”创建，全面实施“法律明白人”培养工程，培育“法律明白人”3679人，开展专项“法律明白人”培训23次，实现每位“法律明白人”接受培训2次以上。在王台镇溪后村举行“全国民主法治示范村”授牌仪式。开展专题普法活动，邀请法学专家为区“谁执法谁普法”普法责任制成员单位分管领导、各乡镇（街道）政法委员、城区各社区书记共计150余人开设民法典专题法治讲座；开办校园专题法治课75场，受教育师生达6000人次。2022年，全区共开展各类法治宣传活动200余场次，发放宣传资料3万余份。

【司法所建设】 2022年，区司法局坚持以司法所建设质量提升年活动为契机，以“县县对接、互核互帮”为“助推剂”，完成西芹司法所迁址改造、王台司法所屋顶漏水修缮等工作，改善司法所办公环境。以查促提，加强司法所内页档案管理，对司法所开展现场检查指导35次，形成26项问题清单，均已落实整改。

（供稿：廖丽琳）

（责任编辑：郑　萍）

军　事

区人武部

【概况】　2022年，延平区人民武装部（以下简称区人武部）深入贯彻习近平的强军思想，紧紧围绕“能打仗，打胜仗”目标和新时代改革强军、不断提高战斗力标准、喜迎党的二十大胜利召开这条主线，紧抓练兵备战、为实现建成世界一流军队目标努力奋斗这条中心线，紧盯“一年两征”、战备训练、民兵整组等工作主线，紧压强化安全责任、确保部队稳定巩固这个底线，坚持党对军队绝对领导的工作总思路，统一思想、凝聚共识，担当作为、真抓实干。12月，区人武部被军分区评为“全面建设先进单位”。

【战备训练】　2022年，区人武部以军分区军事工作指示为依据，以战备训练为中心，担当起主责主业的“指挥中枢”。着眼“以战领建”，抓战备训练，推进体系化战场建设。围绕“三时一体”（平时服务、急时应急、战时应战）要求，紧盯重点时节，抓好战备教育落实。加强实战化军事训练，重点抓好现役干部、文职人员、专武干部、民兵骨干等队伍基础、业务、课题训练，提高组织动员、综合协调、服务保障能力。本着“就近高效、精干实用”原则，组建常备型应急分队，成为区委区政府随时“拉得出、用得上、起作用”的一支重要力量，在防汛救灾、森林灭火、安保维稳、道路封控等任务中发挥了重要作用。6月上旬，由于连续暴雨，水东街道兴达社区附近居民点发生山体滑坡，区人武部领导带领民兵抢险队前往抢险。上半年，出动民兵在城乡各单位担当起抢险救灾的急难险重任务，为保护人民群众生命财产安全做出了重要贡献。

【民兵整组】　2022年，区人武部按照“深化国防体制改革，编精建强专业队伍”的要求，各项指标均比往年大幅度提升，解决了“不能用、不好用”问题。依托乡镇（街道）编建应急分队，依托国动委各办编建专业队伍，完成全区基干民兵编组，提升了国防动员和后备力量建设质量。

【兵员役征集】　2022年，区人武部紧紧抓住“大学生征集、兵员质量和廉洁征兵”三个重点，走进省林职院、闽职院、南平技师学院等校园宣传大学生和高级工征兵优惠政策。通过联合区委宣传部，通过电话、网络、微信公众号等多种渠道深入开展征兵宣传活动；联合区委大督查办对各乡镇兵役征集情况进行检查，与区纪委监委联合下发《关于加强廉洁征兵工作的通知》，对征兵工作进行联合监督检查。

（供稿人：林思华）

（责任编辑：李远圆）

人民防空

【概况】　2022年，延平区防空办公室（以下简称区人防办）根据《中华人民共和国人民防空法》第三十五条、《福建省人民防空条例》第三十三条规定及南平市延平区人民政府决定，开展“5·14”防空警报试鸣工作，防空警报鸣响率100%。

【人防工程建设】　2022年，区人防办坚持“以建为主，以收促建”的原则，严格落实“应建必建”的要求，有力推动人防工程建设的稳步发展。

【人防依法行政】　2022年，区人防办严格执行“收支两条线”，征收易地建设费全额上缴国库。做好城市新建民用建筑修建防空地下室审批工作，完善相关功能。

2022 年 8 月 20 日，延平区召开“兵支书”座谈会　　（王铭钧 / 摄）

退役军人事务

【概况】　2022 年，延平区退役军人事务局（以下简称区退役军人事务局）围绕“维护军人军属合法权益，让军人成为全社会尊崇的职业”的工作目标，落实“四尊崇、五关爱、六必访”要求，全力完成就业安置、双拥共建、优抚褒扬、走访慰问等各项任务。发放抚恤补助金 1800 万元，申报 60 周岁以上农村籍退役士兵 48 名、伤残人员 2 名，全年审核发放优待证 7510 张。开展退役士兵“一站式”服务，接收档案 136 份，安置转业干部 1 名、转业士官 4 名，发放一次性退役补助金 571 万元。

【思政引领】　2022 年，区退役军人事务局发挥退役军人服务保障政治功能，结合“八一”座谈会、“兵支书”座谈会等时机，组织退役军人开展政治理论和政策法规学习，引导退役军人退伍不退志、退役不褪色。组建一支由参战老兵、“五一”劳动勋章、“最美退役军人”组成的“老兵宣讲团”，宣讲红色故事，赓续红色血脉，进学校、进社区、进机关宣讲 6 场。开展为“现役军人立功送喜报”活动，送三等功立功喜报 8 人、二等功立功喜报 1 人，营造“一人立功，全家光荣”的社会氛围。举行“老兵你好，欢迎回家”退役士兵返乡迎接活动，在接站现场，设欢迎标牌、送鲜花、安排接送专车，营造出尊重尊崇的热烈氛围，第一时间向老兵传递家乡的温暖，提高退役军人的荣誉感和尊崇感。在中新网、东南网、美丽延平等媒介，宣传报道退役军人参与疫情防控、抢险救灾、乡村振兴的事迹。

【优抚褒扬】　2022 年，区退役军人事务局落实各类优抚对象抚恤补助金，发放抚恤补助金 1800 万元。为 230 名重点优抚对象提供医疗保障补助 2.19 万元、门诊补助 4.14 万元，发放一次性临时救助金 5 万元。落实义务兵优待政策，为义务兵家属发放优待金，发放义务兵立功受奖奖励金 9.92 万元、大学生奖励金 182.8 万元。关心关爱重点优抚对象，申报 60 周岁以上农村籍退役士兵 48 名、伤残人员 2 名，组织重点优抚对象 600 余名前往人民医院进行免费体检。做好烈士褒扬纪念工作，签订零散烈士墓管护协议，迁移零散烈士墓 26 座至延平区烈士集中安葬区；在清明节、烈士公祭日等重要时间节点，举行缅怀革命英烈活动，传承红色精神。全面推进退役军人优待证申领发放工作，通过发送提示短信、发放宣传单等方式，引导对象有序申请，建立“日报告、周会商、月通报”受领审核工作机制，全年审核发放优待证 7510 张。

【就业安置】　2022 年，区退役军人事务局做好退役士兵接收安置工作，开展退役士兵“一站式”服务，接收档案 136 份，安置转业干部 1 名、转业士官 4 名，发放一次性退役补助金 571 万元。搭建就业平台，拓宽就业渠道，组织退役军人参加适应性培训，联合区人社局、福建林业职业技术学院等单位，举办专场招聘会 3 场，现场提供就业岗位 2000 余个。大力培植和帮扶退役军人企业，福建睿翼建设有限公司、南平市汇普云仓供应链有限公司、南平市延平区童向标中小学生综合实践活动中心3家企业被评为南平市退役军人就业创业基地。

【双拥工作】 2022年，区退役军人事务局注重发扬革命老区、中央苏区传统，做好关心关爱工作，提升双拥工作水平。常态化走访慰问驻延部队，区领导带队走访慰问南平军分区、区人武部、解放军第907医院等驻延部队，送上价值22万元慰问物品；帮助驻延部队灾后重建，帮助武警南平支队执勤一大队翻新篮球场、修缮营房；解决8名现役军人子女入学入托问题；在春节、“八一”建军节期间，发放年画15000余幅，发送迎春短信15000余条；慰问重点优抚对象、困难退役军人412名，送去慰问金24.87万元。助力延平区争创省级双拥模范城“九连冠”。

2022年9月1日，延平区退役军人事务局在延平站组织迎接退役士兵返乡
（王铭钧／摄）

【走访慰问】 2022年，区退役军人事务局开展“走访慰问暖兵心”活动，发挥延平区退役军人关爱协会作用，春节期间走访慰问困难退役军人287人，赠送慰问金约20万元；向80名患病退役军人赠送“惠闽宝”保险，累计保额2.8亿元；开展“金秋助学”活动，为15名退役军人子女捐赠助学金1.9万元，形成尊崇军人、帮扶助学的良好风气，提升退役军人的幸福感、获得感。

【体系建设】 2022年，区退役军人事务局深入推进服务站建设，在实现普遍性完成标准化建设的基础上，紧贴实际，推动服务站示范化建设，2个镇级服务站获评“省级百家红色退役军人服务站”，3个村级服务站获评“全省退役军人服务保障体系建设‘五有’先进单位”。

（供稿人：郑雪云）
（责任编辑：李远圆）

外事　侨务　台港澳事务

外　事

【概况】　2022 年，延平区外事办继续做好涉外管理等工作，未发生涉外安全事件。通过各种媒体平台转发有关涉外服务和领事保护安全提示信息 230 余条，接访电话咨询并办理涉外有关工作 310 余件次，进一步提高延平区涉外人员安全防范意识和应对突发风险能力。摸清全区在国外留学的人员信息，及时做好服务。全区留学生涉 23 个国家 113 人。

【涉外案件】　2022 年，延平区外事办全年收到法院、检察院涉外籍人员案件通报函 4 件，主要涉及越南、柬埔寨等国，其中法院 3 件，检察院 1 件。

【领事保护】　2022 年，延平区外事办践行“外事为民”服务宗旨，全年开展 5 次领事保护宣传活动，覆盖延平区 21 个乡镇（街道）和中心城区 62 个社区居委会、20 余所学校、10 余家企业。把预防性领事保护宣传融入疫情防控工作中，通过各种媒体平台转发有关应对新冠疫情涉外服务和领事保护安全提示信息 230 余条，接访电话咨询并办理涉外有关工作 310 余件次，进一步提高全区涉外人员安全防范意识和应对突发风险能力。摸清全区在国外留学的人员信息，及时做好服务。全区留学生涉 23 个国家 113 人。

【服务企业】　2022 年，延平区外事办受理企业邀请外籍人士审核事项 1 件，继续做好向外贸部门和企业发放 APEC 商务旅行卡宣传资料和办理答释。

（供稿人：应智芳）

（责任编辑：魏可欣）

侨　务

【概况】　2022 年，延平区委统战部（侨办）不断创新侨务工作思路，开展为侨服务活动，探索为侨服务之路，侨务工作取得新成效。

【侨法宣传】　2022 年，延平区侨办注重法规政策宣传，依托侨胞之家，结合全国爱眼日、“民法典宣传月”、端午节等时间节点，积极开展华侨爱国事迹、侨法等宣传活动，组织归侨、侨眷开展拔河、包粽子比赛等活动，提高广大侨胞和群众对涉侨法律法规的知晓率，增进与侨界群众的交流和感情。

【为侨服务】　2022 年，延平区侨办承接由市级下放的行政审批服务事项，办理华侨回国定居手续 2 件、“三侨生”升学照顾身份证明书 2 件、华侨身份证明 1 件；新建、重建侨胞之家各 1 所；落实响应“百千行动”，走访服务侨资企业 7 家次，上门拜访、慰问、接待华侨、华人、归侨、侨眷 40 余人次，电话、微信联系华侨华人、归侨、侨眷 76 人，帮助华侨在国内维权 2 起。争取省财政贫困归侨救助金和华侨事务专项经费 3.2 万元，救济帮扶贫困归侨 16 户，慰问困难归侨、侨眷 7 户 0.42 万元。开展“月圆中秋·情系乡情”——“暖侨行动”。争取省、市产业扶持项目补助资金 23 万元，推动巨口乡横坑侨村产业振兴。做好境外华人华侨入延工作，继续实行服务热线咨询电话 24 小时值班制度，及时联系确定入延海外侨胞身份。

（供稿人：刘　媛）

（责任编辑：魏可欣）

台港澳事务

【概况】　2022 年，延平区引进台资企业 2 家，先后举办 2 次海峡两岸交流活动，参与活动人数约 170 人，推动闽台融合乡建乡创工作取得新进展，在服务港澳台同胞方面实现机制创新，在对台文化交流上逐步打造延平品牌。

【经贸合作】 2022 年，延平区从传统村落保护利用、村庄环境整治、产业培育、文创等方面，引入台湾建筑师团队作为城乡建设顾问开展陪护式指导，在夏道镇小鸠村、洋坑村，茫荡镇三楼村，西芹镇浆甲村，樟湖镇剧头村，赤门乡苦竹洋村等开展闽台乡建乡创，推动延台融合发展。

【文化交往】 2022 年 7 月 8 日，延平区成功举办海峡两岸（延平）纪念“延平王”郑成功收复台湾 360 周年活动，活动中，借由品茶叙缘会、国家级非遗项目“建瓯挑幡”及省级非遗项目“延平战胜鼓”表演、公祭大典、闽台青年射艺大赛、重走延平成功路等系列活动，弘扬成功文化，凝聚两岸情谊。9 月 12 日，闽台（南平）纪念郑成功晋封延平王 364 周年暨第四届南平台北成功文化交流联谊活动在延平举行，在闽台胞代表、南平市成功文化社团及闽北郑氏宗亲参加此次活动，并通过视频连线方式，与台湾信众互动，共同祭祀郑成功，拉近延台文化亲缘，弘扬郑成功爱国主义精神，唤起两岸同胞共同历史记忆，增近发展共识。

【服务机制建设】 2022 年，延平区辅助台企台胞申报“台企台胞金融信用证书”，助力在延台企台胞干事创业，并能享受大陆金融机构办理信贷业务及信用卡业务的国民待遇便利服务；结合普惠金融建设发展，为完善台企台胞金融服务提供经验模式，已有 2 家台企申报金融信用证书。联合区台胞台商法律服务团开展法律知识宣传，组织法律服务团成员为台商提供法律服务和咨询，全年为台胞、台商处理案件 7 件，减少费用近 5 万元。

（供稿人：陈婧轩）

（责任编辑：魏可欣）

应急管理

综　述

【概况】　2022年，延平辖区共发生各类生产安全事故3起，比上年减少3起，比上年下降50%；死亡2人，比上年减少2人，比上年下降50%；受伤1人，比上年减少2人，比上年下降66.7%；没有发生较大事故，实现事故起数和死亡人数“双下降”。未发生自然灾害和森林火灾亡人事故。亿元国内生产总值生产安全事故死亡率4.4‰。获评2022年度南平市安全生产和消防工作目标责任考核优秀单位。

【宣传教育培训】　2022年，延平区应急管理局围绕区委区政府关于安全生产工作重大决策部署，着力推进安全生产和应急管理宣传教育培训工作走深走实。4月28日，在延平区委党校挂牌成立南平市延平区安全培训学校，开办第一期培训班。全年共开班41期，培训4427人。推进各乡（镇）、街道、区直部门单位学习观看《生命重于泰山》电视专题片。推动“安全法大家讲”主题宣贯活动深入开展，党政领导讲安全法22场次，部门领导讲安全法29场次，企业法人讲安全法14场次，专家学者讲安全法2场次。全年，141篇信息被中央、省、市、区新闻媒体平台采用。在南平市“新安全法知多少”网络知识竞赛积分排名第二。10月13日，延平区安全文化公园正式开园试运行。该园依托玉屏公园原有设施，通过改造、提升、植入等方式进行设计、建设，建成涵盖应急避灾示范点、应急物资储备站、微型消防站安全宣教体验场所、安全文化公园在内的安全主题公园。

2022年4月28日，南平市延平区安全培训学校成立揭牌仪式暨第一期培训班在延平区委党校举办　（杨　超/摄）

【灾害保险救助】　2022年，延平区持续做好农村住房保险工作，为全区71911户投保农村住房保险，保费14.38万元；投保47万自然人公众责任险，保费37.48万元。区应急管理局根据各地受灾情况，加强灾后生活救助和恢复重建管理，有序落实应急救助、过渡期生活救助、倒损农房恢复重建和冬春救助工作。做好因灾倒损的4户农房重建工作，全面稳妥做好冬春救助工作，全年下拨棉被1150床，羽绒衣800件，发放自然灾害救助资金37.56万元，保障全区受灾困难群众的基本生活，维护社会稳定。

安全生产监管

【安全生产责任】　2022年，延平区人民政府制定《关于下达2022年安全生产和消防工作目标责任的通知》，将安全生产重点工作、目标任务、措施要求等分解落实到各乡（镇）、街道和区各有关部门，把安全生产工作纳入延平区绩效、综治、精神文明和“四比”活动等工作考评内容。区政府安全生产委员会办公室和区应急管理局以安全隐患大排查大整治、安全生产专项整治三年行动和2022年度安全生产工作要点为重点，扎实推进安全生产各项工作开展落实。区政府组织人员对安全生产目标管理责任实施情况开展年末督查考核，并对考核得分前6名的6个乡镇（街道）和6个区直单列考核单位给予表彰奖励。

【安全生产专项整治三年行动】 2022年，延平区对安全生产专项整治三年（2020—2022年）行动工作进行重点部署、重点谋划，明确三年专项整治行动总结评估工作重点和工作要求，分阶段开展安全生产专项整治三年行动总结评估工作。制定2022年安全生产重点工作任务分工，明确年度工作目标，对新业态监管盲区的8个新业态领域明确安全监管职责，有效解决新业态领域存在的监管空白、监管交叉、职责不清等问题。自开展安全生产专项整治三年行动以来，延平区共组织排查整治组6508组次，其中执法服务组4912组次，专家服务组89组次，指导服务组1507组次。参加检查人员23044人次，检查生产经营单位19527家次，发现隐患21427项（其中重大隐患27项），已整改21427项（其中重大隐患27项），整改率100%；限期整改4721家，停产停业117家，取缔关闭91家，罚款543.05万元，其他行政处罚348起。有效、有力破解监管执法“宽松软”的问题，对企业形成震慑作用，各行业领域安全生产形势稳定好转。

【危险化学品专项整治】 2022年，延平区应急管理局严格行政许可，以企业申请换（发）证工作为契机，严格现场和申报材料核查，督促企业提升安全生产条件，加大安全生产投入，治理各类隐患，提高本质安全。全年危险化学品经营单位换（发）证36家，非药品类易制毒化学品企业新备案5家，加油站建设项目安全设施设计审查2家，加油站建设项目安全条件审查1家。督促危化、化工行业领域生产经营单位组织开展学习新《中华人民共和国安全生产法》活动，企业主要负责人签订学习新《中华人民共和国安全生产法》承诺书，上传到南平市应急管理平台，全区危化、化工生产经营单位已全部完成承诺书上传工作。全年累计对辖区危险化学品生产经营单位执法检查41家次，排查隐患72项，全部整改到位，行政处罚2起，共处罚金2.4万元。7月22日，在水南街道查处10吨在非危险化学品专用仓库储存的甲醇，对该仓库进行查封，并给予5万元的行政处罚。

2022年8月10日，延平区应急管理局前往南平金牛水泥有限公司、南平市友谊塑料制品有限公司开展安全生产执法检查专项行动 （林花明/摄）

【非煤矿山专项整治】 2022年，延平区应急管理局加强非煤矿山安全监管执法，对照《金属非金属矿山重大安全事故隐患判定标准》，以严防采空区坍塌、火灾、透水、中毒窒息、坠罐跑车、边坡安全、尾矿库溃坝等事故为重点，全面深入排查非煤矿山事故隐患，组织调研指导组、专家组参与检查矿山企业及尾矿库14家次，对2家矿山企业进行立案查处，罚款5000元。开展尾矿库安全风险治理，区政府下达关闭辖区3座尾矿库指令，责令辖区3座尾矿库实施闭库并销号，其中2座尾矿库已完成闭库销号、1座尾矿库已全面落实尾矿库安全生产包保责任制。

【烟花爆竹专项整治】 2022年，延平区应急管理局在延平城区范围内组织开展烟花爆竹禁燃限放宣传教育工作，向群众发放禁燃限放倡议书30000份，在各街道村（居）粘贴禁燃限放通告1500份。组织各乡镇、街道向广大市民朋友宣传烟花爆竹燃放安全知识，强化人民群众燃放烟花爆竹的安全意识。区应急管理局牵头组织延平公安分局、区市场监督管理局开展烟花爆竹安全专项检查工作，对全区85家烟花爆竹零售店和2家烟花爆竹批发企业开展全覆盖检查，打击非法销售烟花爆竹零售店20家，收缴烟花爆竹150余箱。3月18日，查处一批非法储存烟花爆竹，涉案金额28万元，已将该案移送南平市公安局延平分局。

【工贸领域专项整治】 2022年，延平区应急管理局加强对工贸企业安全

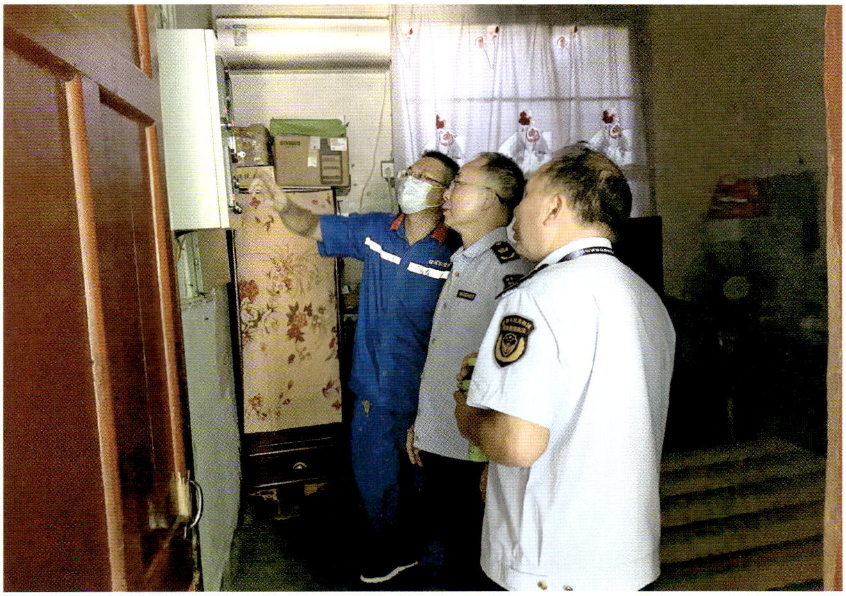

2022年8月10日，延平区应急管理局联合樟湖镇安办对樟湖辖区工贸、危化企业进行安全生产执法检查 （刘 洋/摄）

生产工作部署和监督检查。出台《关于全面提升工矿商贸企业安全生产标准化建设质量的意见》，制定《延平区工贸行业小微企业安全生产标准化达标定级实施办法（试行）》，全年规模以上工贸企业标准化定级52家。全面落实企业安全生产主体责任，利用“双控平台”对规模以上企业进行网上动态监管，完善企业双重预防机制，定期开展风险巡检和日常隐患排查工作，全年约谈9家工贸企业。根据年度执法计划，结合工贸行业安全生产大检查、轻工重点企业有限空间作业专家指导服务、工贸行业安全生产专项整治“百日清零行动”，全年累计检查工贸企业90家次，发现隐患277项，完成整改277项（其中重大隐患7项，全部完成整改），对17家工贸企业相关违法行为进行行政处罚，共处罚款15.1万元。

【安全生产综合监管】 2022年，延平区应急管理局根据依法行政的要求，完善安全生产行政执法双随机机制，加大非事故处罚力度，1月至11月，对有违法行为的企业立案查处27起，共处罚款55.12万元，行政处罚率37.5%。上报典型执法案例6起，报送率、合格率均为100%。在做好应急管理系统行业领域安全生产监管的基础上，充分发挥安全生产综合协调监管职能，协调、督促、配合、参与区有关职能部门和乡镇（街道）对道路交通、消防、建筑施工、人员聚集场所等开展安全生产隐患排查大整治工作。深化基层综合行政执法改革，推进乡镇（街道）实行“一支队伍管执法”，将24项涉及安全生产的行政执法权赋权给15个乡镇、将10项涉及安全生产的行政执法权赋权给6个街道，切实解决基层管理中存在的多头执法、重复执法以及“看得见管不了”等问题。

【生产安全事故查处】 2022年，延平区应急管理局规范一般生产安全事故调查处理工作，草拟出台《延平区道路运输一般生产安全事故报送和调查处理工作意见》，加强道路运输事故调查处理工作，预防和减少生产经营性道路运输事故。延平区人民政府成立由区应急管理局分管领导任组长的生产安全事故调查组，按照《生产安全事故报告和调查处理条例》和“科学严谨、依法依规、实事求是、注重实效”的原则，以及“四不放过”（事故原因未查清不放过、责任人员未处理不放过、责任人和群众未受教育不放过、整改措施未落实不放过）的要求，依法调查生产安全一般事故2起，对该2起事故的2家责任单位和2名责任人处罚款合计64.99万元，全部上缴国库。

防汛抗旱

【概况】 2022年，延平区认真落实各项防汛抗旱防台风措施，扎实开展各项汛前安全检查，修订完善防汛预案，落实抢险队伍，备好备足防汛物资，做好业务培训，组织应急演练。持续开展群测群防体系建设，抓好水库度汛方案审批，水库、地质灾害点和在建工程等重点部位的安全度汛及汛期水库防洪调度工作。根据区气象局、水文局预警，区防汛抗旱指挥部迅速研判适时启动应急响应，全年全区启动应急响应18次，其中四级响应7次、三级响应6次、二级响应4次、一级响应1次。6月16日至21日，全区共计转移3375人次。该轮强降雨通过科学研判，适时启动应急响应，及时劝导转移群众，较好地完成市委、市政府“不死人，少损失”的任务要求。全年降水1827.5毫米，比历年多7%（其中6月降水量591.1毫米，比历史同期多83.9%；11月降水量265.1毫米，比历史同期多304%，其余月份大都比同期减少）。

【应急演练】 2022年，延平区制定和修订各类应急预案109个，组织各类应急预案演练1371场次，参演人数达12754人次；举办应急救援管理培训班23场次，参加培训1143人次；检查79个单位，提出整改意见67条。制定出台《南平市延平区乡（镇）、街道综合应急救援队伍建设方案（试行）》，组建21支乡（镇）、街道综合应急救援队（含西芹镇、夏道镇等8个乡镇专职消防队）。

【无人机应急救援】 2022 年，延平区应急管理局组建南平市首支无人机应急救援队伍，加强应急救援能力。4 月 29 日，在福建省防暴雨洪水演练中开展无人机投递物资实战。组织开展应急演练，其中无人机救援队围绕提升实战能力的目标，先后在新城中心、正荣、江南等片区开展高层建筑及老旧小区全覆盖的试飞实战演练，参加南山镇龙江寺水库联演联训计划烧除。清明期间，在环城路、卧龙山公墓等散葬坟墓、墓区聚集地采用“人工巡视 + 无人机巡视”的立体巡检模式，对墓区周边进行立体化摸排，利用无人机加挂喊话系统，提示祭扫群众“用火安全、文明祭扫”。

（供稿人：洪雨薇）

（责任编辑：李远圆）

消防救援

【概况】 2022 年，延平区消防救援大队下辖江滨、文体 2 个消防救援站；现有人员 55 人，包括指挥员 14 人，消防员 26 人，政府专职消防员 5 人，消防文员 10 人；配备消防车辆 10 辆、基本防护装备 1522 件（套）、抢险救援装备 331 件（套）。大队全年接警出动 501 次，出动消防车 761 辆次，出动指战员 4424 人次，营救被困群众 50 人，疏散 300 余人，抢救、保护财产 7000 余万元。是年，延平区消防救援大队被延平区委、区政府记集体三等功、被团市委认定为市级“青年文明号”、获评第九届“南平青年五四奖章集体”。

【隐患排查整治】 2022 年，延平区消防救援大队围绕消防安全专项整治“三年行动”“消防安全百日会战”“高层建筑重大火灾风险专项整治”等消防安全综合治理工作，因地制宜开展“沿江两岸建筑消防安全专项治理”，召开现场会推广典型经验。草拟《延平区城区消防安全防范指导意见》，探索总结社区消防群防群治工作做法，提请延平区政府下发。深入推进各项专项治理工作，先后针对高层建筑、老旧小区、文物古建筑、涉疫场所、经营性自建房等火灾隐患突出的场所区域组织开展专项整治，对排查发现的重大火灾隐患场所采取政府挂牌督办、媒体曝光、行政处罚及强制等措施，不断加强消防安全管理水平，降低火灾风险，保护居民人身和财产安全。通过“双随机、一公开”机制，检查社会单位 1107 家次，发现火灾隐患 683 处，督促整改火灾隐患 699 处；下发责令改正通知书 343 份，行政处罚 14 家，临时查封 4 家，责令“三停”1 家，罚款 10.38 万余元；提请南平市政府挂牌督办 7 处区域性火灾隐患，提请区政府挂牌督办重大火灾隐患单位 3 家。对辖区高层建筑、老旧小区进行摸排，清理堵塞消防车通道行为 300 余处，对居民小区消防车道进行划线，设立警示标识。在消防隐患治理同时兼顾疫情防控，指导单位、企业 30 余次。

【火灾防控】 2022 年，延平区召开消防工作会议 15 场次，制定下发消防工作文件 27 份，开展消防安全大排查大整治及消防安全百日会战专项行动等工作，重点深入高层建筑、老旧小区、涉疫场所、文物古建筑等场所开展消防安全排查整治和安全隐患治理，发动 21 个乡镇街道和区直部门采取单位自查、基层排查、行业抽查等方式，列出问题隐患、整改措施、整改责任、化解销号“四个清单”，消除一批消防安全重大隐患风险、解决一批突出问题，提升消防本质安全水平，坚决遏制火灾事故发生。全区 21 个乡镇街道成立消防安全委员会，设立消防工作站，完成消防委托执法赋权工作，推动区、乡两级政府投入 332.7 万元完成夏道、炉下、峡阳等 8 个乡镇专职消防队和 141 个村级微型站建设任务。组织开展老旧住宅电气火灾隐患排查治理，将四鹤街道杨西社区作为全区电气改造试点，并结合老旧小区改造将电气线路改造纳入改造范围，年内全区依托老旧小区改造共设置充电桩 145 处；发动组织大队宣传小分队和社区网格员清理违规占用消防车道行为 300 余处，清理飞线充电 180 多处，清理楼道杂物垃圾 78 吨。

【消防宣传】 2022 年，延平区消防救援大队结合文明城市创建等工作，组建 6 支宣传小分队，每周深入城区各街道社区开展防火巡查，通过走街串巷、入户宣传等“一对一”“点对点”的精准宣传模式，普及消防安全知识。年内，小分队共开展宣传 114 次，粘贴各类海报 2000 余份，发放消防宣传资料 4 万余份。为充实消防宣传队伍，大队聘任社区、村级宣传大使 314 人，

2022 年 12 月 4 日，延平区王台镇溪口村元桥木业厂房着火，延平大队江滨消防救援站到场处置 （区消防救援大队／供）

2022年10月11日，延平区消防救援大队深入林业职业学院开展“消防进军训”消防宣传活动（区消防救援大队／供）

开展各类宣传培训1000余场次，大队以暑假为契机，联合教育局发文部署消防安全教育暑期专项行动，开放消防站共计80余次，邀请学校师生进站参观体验“火焰蓝”生活。开展“小小消防员”绘画作文和“我眼中的火焰蓝”故事讲述活动，全区共投稿1200余份，评选奖项共计170个。通过政府购买服务的方式，利用户外LED、楼宇视频等媒介开展全城亮屏行动，滚动播放消防安全提示；在元旦、春节、“五一”、国庆等节日期间，发送提示短信共计10万余条，营造良好的宣传氛围。大队积极利用 线上方式，拓宽普及面，组织辖区重点单位、学校、街道乡镇通过线上开展消防培训6场，受教育人群3万余人。

【救援抢险】 2022年3月20日0时39分，延平区水南街道394号民房发生火灾，南平市消防救援支队指挥中心接警后立即调派延平区消防救援大队江滨站、文体站和特勤站前往处置。同时，调派顺昌、建瓯、建阳消防救援大队增援。现场明火于5时25分被扑灭，先后从火场营救出被困群众7名，无人员伤亡。

4月12日14时01分，南平市消防救援支队指挥中心接到报警称：S10线宁光高速南平延平段A道4+100千米处发生货车追尾天然气槽罐车事故，导致槽罐车泄露。支队指挥中心立即调派延平区消防救援大队文体站、特勤站前往处置，同时调派顺昌、建瓯消防救援大队增援，共计10辆消防车，57名救援人员参与处置。经过近18个小时的艰苦奋战，成功处置泄漏事故。

9月10日20时28分，延平区闽东大厦702居民住宅发生火灾，南平市消防救援支队指挥中心接警后立即调派延平区消防救援大队江滨站、文体站和特勤站7辆消防车，36名救援人员前往处置，现场明火于22时00分被扑灭，无人员伤亡。

（供稿人：吴　双）

（责任编辑：李远圆）

【森林防灭火】 2022年，延平区全年未发生森林火灾，森林火灾受害率为零，控制在省下达0.8‰指标内。区森林防灭火指挥中心开展野外火源专项治理行动和全区春季(清明)期间、秋季森林防灭火专项工作督查。全年共发布禁火令8次，在高火险及禁火令期间开展“三级网格”网格员电话抽查15次，共计抽查975人次，占全区“三级网格”网格员总数的35%。在高火险期间全区共派出森林防火工作组108个，设置检查关卡89个，出动护林员（网格员）15460人次。全区完成区、15个乡镇、4个街道、244个行政村的森防网格，共有各级网格成员2786名，形成区—乡—村及乡镇（街道）—村—村民小组的通信联系“三级网格”指挥体系建设和应急联动机制。严格实行生产性用火申报、审批制度，并开展林区及其周边森林火灾隐患排查整治工作，强化农事用火、林事用火、祭祀用火等生产性和非生产性野外用火隐患排查。全年组织森林防火隐患排查559人次，排查出森林火灾隐患38项，全部完成整改；全区查处违章野外用火17起，查处13人，处罚金12600元。

（供稿人：洪雨薇）

（责任编辑：李远圆）

2022年3月10日，延平区森林防灭火指挥部组织开展南山镇龙江寺水库计划烧除暨森林防灭火应急演练（黄敬航／摄）

经济管理与监督

宏观经济管理

【概况】 2022年，延平区落实省委“提高效率、提升效能、提增效益”行动和市委大抓项目抓大项目“三大攻坚行动”部署，聚焦“十四五”规划主要目标，全方位推动绿色高质量发展赶超。辖区地区生产总值455.23亿元，比上年增长2.5%。其中，第一产业、第二产业、第三产业增加值分别比上年增长6.4%、1.4%、2.5%。

【规划编制实施】 2022年，延平区发改科技局围绕年度国民经济和社会发展计划目标，做好经济指标运行监测，认真分析落后因素，研究提出应对措施，每月每季向区委、区政府提交经济运行分析报告，为领导决策提供参考。

【上级补助资金】 2022年，延平区发改科技局通过发改系统争取中央、省级预算内补助资金21563.46万元，较上年增加10622万元。其中，中央预算内投资项目12个，争取补助资金20973万元；省级预算内投资项目6个，争取补助资金590.46万元。争取地方政府专项债券项目10个，总投资18.73亿元，争取专项债券资金4.24亿元。

【项目审批】 2022年，延平区发改科技局推进“最多跑一趟”“一趟不用跑”，网上可办事项100%。项目备案全部通过福建省投资项目在线审批监管平台备案系统办理，实现群众和企业到政府办事“零材料申报”“全程网办”。全年窗口办理项目审批331件，其中审批项目77件、核准项目3件、备案项目251件，提前办结率100%。落实国务院取消和下放一批行政许可事项，做好延平区机构改革后行政权力事项调整，梳理本单位行政审批和公共服务事项81项，其中：公共服务3项，行政许可27项［含市级委托下放“企业投资35千伏及以下非跨县区的电网工程项目（按照国家及省里制定的相关规划）核准”4个子项］，其他行政权力51项。推动工程建设项目审批制度改革，做好立项用地规划许可阶段的牵头工作，配合其他审批部门全面推进工改各项工作。对于政府性投资项目涉及的节能情况（不再单独进行节能审查的项目）、社会稳定风险评估分析均可统一编制在可行性研究报告文本中，统一审核。

【固定资产投资】 2022年，延平区固定资产投资比上年下降2.9%，8个行业实现投资正增长，其中交通运输及仓储业、农林牧渔业、体育、水利、卫生及信息传输、软件和信息技术服务业6个行业投资增长超10%以上。全年新增入库项目193个，总投资121.39亿元，入库投资较上年增加10.11亿元。

【重点项目建设】 2022年，延平区46个省、市重点项目完成投资46.25

2022年底，南福路快速通道工程完工 （区发改和科技局/供）

亿元，占年计划的116.4%，其中38个在建项目完成投资41.45亿元，占年计划的116.5%，超序时进度16.5个百分点。南平市人民医院八仙院区、延平工业园区基础设施等9个项目按计划开工；延平区纪豪米面制品加工、西芹官田A地块安置小区等18个项目按计划竣工。

（供稿人：陈联海）

（责任编辑：李远圆）

重点领域改革

【经济社会事业及生态文明体制改革】2022年，延平区印发进一步深化生态文明建设实施方案、生态文明建设2022年度实施计划，推动延平生态文明建设加快发展。峡阳镇峡阳庄武王庙、南山镇吉溪村中共闽浙赣省委闽江地下航线陈列室等2处河湖文化遗产入选福建省第一批河湖文化遗产，洋后镇后坪村、茫荡镇北山村被命名为“福建省森林村庄”，巨口乡被认定为2022年“清新福建·气候福地”气候康养福地等；制定《延平区碳达峰碳中和先行行动方案》，加快构建延平区碳达峰碳中和“1+N”政策体系；制定《延平区“十四五”塑料污染治理行动方案》，建立塑料污染治理重点工作月度报送机制，大力推动塑料污染治理；抓实经济社会运行和绿色高质量监测与绩效管理“生态文明建设”指标考评工作，延平区2022年度“生态文明建设”指标考评位居全市前列；争取生态领域政策支持，全年获得中央、省级预算内生态领域专项资金2620万元。

【深化行政审批制度改革】2022年，延平区发改科技局加快转变政府职能，全面实行政府权责清单制度，依法设定的行政许可事项全部纳入清单管理，清单之外一律不得违法实施行政许可。全年承接上级下放行政许可事项8项，编制梳理延平区行政许可事项253项，出台《南平市延平区行政许可清单（2022年版）》。深化“互联网＋监管”应用，全区应梳理检查实施清单944项，已梳理944项，梳理率100%，监管对象数17746家，执法人员数1179人，监管动态数34条，曝光25条。规范监管信息反馈，录入本级监管行为25158条，其中行政检查23074条，行政处罚2062条，行政强制2条，其他监管行为20条，实现主项覆盖率82.15%。深化“互联网＋政务服务”，全面推广福建省网上办事大厅、“e政务”等电子政务应用，重点打造“身后一件事（全市试点）”“水电气网联动报装一件事（全市率先）”“纳税一件事”“开办企业一件事”等企业、群众全生命周期“一件事”套餐推广应用，其中“身后一件事”累计办件31件，“水电气网联动报装一件事”累计办件105件，“纳税一件事”累计办件227641件，“社会救助一件事”累计办件1972件，“新生儿出生一件事”累计办件6件，推动审批权限不断前移和政务服务便利化。全年，全区进驻省网办事大厅6516个事项，行政许可办理时间节省91.53%，即办率占比81.97%，“一趟不用跑”占比97.91%，全流程网办占比68.89%；办理“跨省通办”635件、“省内通办”4216件。督促各部门对省网上的“权责清单管理系统”进行更新，确保行政审批服务事项办事指南与“权责清单管理系统”中依申请权责事项的对应关系。整合入驻包括公安、不动产、医保、人社、公积金等18个部门192项功能，开启“刷脸时代”互联网政务全流程自助办理的新模式。“e政务”进驻紫云派出所、税务大厅、西芹镇、农商行各支行等20个人流密集场所，打造出延平区特色的“家门口不打烊的政务服务窗口”。对全区20个“e政务”自助服务网点进行全覆盖全方位的指导和督促，确保发挥出最大的便民服务效能，实行“e政务”站点动态管理制度，全年调整4个点位，实时跟踪各网点运行情况，落实“e政务”自助机入驻国家电网紫云供电营业厅（三元路），实现全区“刷脸办电”，打造出延平特色的“24小时自助服务区”和15分钟便民服务圈。

（供稿人：陈联海）

（责任编辑：李远圆）

审　计

【概况】2022年，延平区审计局共完成审计项目25个，其中含福建省审计厅统一组织实施项目6个，南平市审计局统一组织实施项目2个。审计查出主要问题金额21125万元，其中违规金额12万元，管理不规范金额21113万元，向区纪委监委和有关部门移送审计发现问题线索6条，向被审计单位提出审计建议81条，促进被审计单位制定整改措施6项，建立健全规章制度4项。

【预算执行审计】2022年，延平区审计局以推进深化预算管理制度改革，促进积极的财政政策，提升效能为目标，对区财政局具体组织的2021年度财政预算执行及其他财政收支的真实、合法和效益情况进行审计，发现5个方面12个问题；对区水利局、区卫健局2个单位开展2021年度预算执行和决算及其他财政收支情况审计，嵌入实施贯彻落实中央八项规定及其实施细则精神情况、“1+X”专项督查、软件正版化3个专题审计。8月29日，延平区审计局把审计情况和发现的问题在延平区第十八届人大常委会第五次会议上做报告，整改情况于12月7日在区十八届人大常委会第七次会议上向区人大常委会报告。

【政府投资审计】2022年，延平区政府投资审计中心完成重大公共工程建设项目跟踪审计1个，结算造价审

2022年4月12日，洋后镇党政主要领导干部自然资源资产离任（任中）审计现场进点会
（应玮珊/摄）

计项目1个，审核直接机构审计项目60个，累计审计工程项目金额9.649亿元，核减不实造价1.86亿元，核减率19.25%。

【经济责任审计】 2022年，延平区审计局完成经济责任审计项目5个，审计发现区水利局在贯彻执行政策措施、财政财务收支管理、固定资产管理等3个方面8个问题；审计发现区卫健局在贯彻执行上级方针政策和决策部署、财政财务收支管理、固定资产管理3个方面6个问题；峡阳镇在政策执行、财政财务管理、基建投资等3个方面22个问题；审计发现太平镇在政策执行、财政财务管理、基建投资、固定资产管理和处置4个方面。全年经济责任审计共移送问题线索3条，提出审计意见建议20条。

【自然资源资产离任（任中）审计】 2022年，延平区审计局对峡阳镇、洋后镇、太平镇、巨口乡等4个乡镇自然资源资产开展离任（任中）审计，审计发现问题25个，提出审计建议15条，被审计单位完成整改问题21个，采纳审计建议15条。

【国家重大政策专项审计】

涉粮问题专项审计 2022年，延平区审计局对2018年至2021年涉粮政策落实情况和涉粮资金使用情况进行审计，发现5个方面问题。对2018年至2021年涉粮政策落实情况、涉粮资金使用情况进行审计，抽查企业和个体工商户6家，涉粮财政资金2笔24.30万元，发现政策落实情况方面问题5个。

重大政策措施落实情况跟踪审计（为民办实事项目及政策落实情况专题审计） 2022年，由福建省审计厅统一部署，南平市审计局统一组织，延平区审计局对教育和农村供水情况开展审计，对区水利局、教育局为民办实事项目进行审计，重点审计城乡供水一体化建设项目、学前教育学位、义务教育学位、护眼近视防控等方面建设情况，发现4个方面9个问题，提出审计建议4条。

乡村振兴相关政策落实和资金使用情况审计 2022年，延平区审计局对延平区农业农村局2020—2021年度乡村振兴相关政策落实和资金使用情况审计，发现3个方面8个问题，并形成专题报告上报区委、区委审计委员会及区政府，提出审计建议3条，促进财政资金管理合法化和规范化，提升财政资金使用效益。

【国有企业审计】 2022年，延平区审计局根据《中华人民共和国审计法》规定及延平区人民政府《关于研究西区管委会等机构撤销相关工作的纪要》，对南平西区城市建设开发有限公司（下称“两城公司”）2004年至2021年10月资产、负债、损益情况进行审计，重点关注西城公司2004年2月至2021年3月资产管理、负债管理、工程项目管理等方面情况，并根据审计情况对资产负债及损益情况进行调整，审计共发现问题17个，提出审计建议4项。

（供稿人：康　琳）
（责任编辑：李远圆）

统　计

【概况】 2022年，延平区统计局完成各项常规统计调查任务以及住户调查大样本轮换等工作。全年开展定期报表任务16项，抽样调查任务19项；完成《统计年鉴》《2020南平市延平区人口普查年鉴》《统计摘要》《统计月报》等资料汇编。8月，延平区统计局获得福建省第七次全国人口普查突出贡献集体称号，廖尧英、黄诗婷获得福建省第七次全国人口普查突出贡献个人称号。

【统计调查】 2022年，延平区统计局开展全面调查和抽样调查任务。全年承担的主要定期报表任务16项，主要抽样调查任务19项。

2022年延平区统计局主要全面调查任务表

表2

序号	专业统计名称	报表种类（种）	统计调查对象数量				数据采集期
			月报	季报	半年报	年报	
1	综合统计	4	11家			20家	月报、年报
2	农林牧渔业	27		19个		19个	季报、年报
3	规模以上工业	6	107家	22家		107家	月报、季报、年报
4	能源统计	7	111家	5家	107家		月报、季报、半年报
5	500万元以上投资项目	4	316个				月报
6	房地产开发经营	4	25家			25家	月报、年报
7	资质等级以上建筑业	5		182家		182家	季报、年报
8	规模以上服务业	2	26家			29家	月报、年报
9	限额以上贸易业	15	96家	58家		96家	月报、季报、年报
10	规上劳动工资统计	3		388家		388家	季报、年报
11	科技（研发、创新调查）	8				415家	年报
12	基本单位名录库	2				2000家以上	年报
13	互联网经济	4		1家		418家	季报、年报
14	部分行政事业单位表	2	31家				月报
15	乡卡	1				19个	年报
16	村卡	1				246个	年报

2022年延平区统计局主要抽样调查任务表

表3

序号	专业统计名称	报表种类（种）	统计调查对象数量				数据采集期
			月报	季报	半年报	年报	
1	畜禽调查	5	75家	96家		96家	月报、季报、年报
2	文化产业调查	1		9家			季报
3	住户收支与生活状况调查	8	60户老户、120户新户	60户		60户	月报、季报、年报
4	粮食播种面积调查	3			10个村		5月、8月、10月
5	粮食产量调查	5			10个村		8月、10月、11月

续表 3

序号	专业统计名称	报表种类（种）	统计调查对象数量				数据采集期
			月报	季报	半年报	年报	
6	农村固定资产投资调查	2		3 个村			季报
7	成本费用调查	1				107 家	年报
8	规下劳动工资调查	1		68 家		330 家	季报、年报
9	劳动力调查	1	96 户				月报
10	亿元市场调查	1				4 家	年报
11	农民工监测	7		30 户		30 户	季报、年报
12	工业生产者价格调查	2	30 家				月报
13	规下服务业调查	5		23 家			季报
14	新设立小微企业及个体经营户跟踪监测调查	1		15 家			季报
15	规模以下工业调查	1		25 家			季报
16	规模以下商贸调查	2		33 家			季报
17	资质等级外建筑业调查	4		18 家			季报
18	交通能源消费调查	2				10 家	年报
19	人口抽样调查	2				29 个村	年报

【统计服务】

撰写统计信息分析　2022 年，延平区统计局撰写统计分析文章 89 篇，其中综合分析 12 篇、专题分析 7 篇、经济社会信息 4 篇、“七人普”相关课题研究 5 篇、十八大以来发展成就分析 1 篇、专业分析 60 篇，提供统计信息 119 条（篇）。加快统计数据的开发和利用，每月发送《延平统计月报》，每月编制“全区主要经济指标完成情况分析表”，在“延平政府网站”的统计数据专栏发布每月全区主要经济指标统计数据、统计分析、统计信息。及时公布统计工作动态、定期公布经济运行情况；发布统计公报，为社会公众提供简明、快捷、高效、优质的统计服务。

统计业务培训　2022 年，延平区统计局组织专业人员分别对工业、固定资产投资、房地产建筑业、服务业、贸易业、劳动工资、农业等开展 24 场次业务和普法培训，累计培训 664 人次。

2022 年 11 月 21 日，统计局工作人员在市图书馆进行全区统计业务培训，讲解《中华人民共和国统计法》
（刘红蕾 / 摄）

统计法治宣传　2022 年 9 月 20 日，国家统计局南平调查队联合区统计局在四鹤街道杨真公园举办以“数说新时代　奋进新征程”为主题的第十三届“中国统计开放日”活动，让群众走近统计、了解统计、感受统计，向广大居民群众宣传统计法相关知识。12月8日，国家统计局福建调查总队、延平区人民政府、国家统计局南平调查队、南平市统计局联合区统计局、文化体育和旅游局在紫云街道激情广场举办以“深入学习贯彻党的二十大精神,开启依法统计依法治统新征程”为主题的2022年国家宪法日和《中华人民共和国统计法》颁布纪念日宣传活动。

【统计执法】 2022年，延平区统计局对梅山、黄墩、炉下、来舟4个乡镇（街道）的40家企业开展“双随机”统计监督检查，涉及规模以上工业、投资项目、商贸业、规模以上服务业等，立案查处统计违法案件1起。配合省、市统计执法部门完成对延平区的执法工作，营造良好统计环境。

【统计资料汇编】

统计年鉴汇编 2022年，延平区统计局编辑出版《延平统计年鉴2022》，全面、系统地记载2021年全区及各乡镇街道各部门经济和社会发展主要经济发展情况方面的统计数据。汇编的主要内容有综合、国民经济核算、人口与劳动力、固定资产投资、人民生活、财政金融、农业、工业、建筑业、交通旅游、社会消费、文教卫生等，各部分篇末附有《主要统计指导解释》。统计年鉴表现形式主要有统计指标数据、统计图表、统计公报等。

2020南平市延平区人口普查年鉴汇编 2022年，延平区统计局编辑出版《南平市延平区人口普查年鉴2020》，系统、翔实地记载2020年南平市延平区第七次全国人口普查相关反馈数据。汇编分三部分，第一部分是全部人口的数据,包括普查表短表、长表共同部分的内容，主要反映人口的基本状况；第二部分是普查表长表数据，主要是人口各种结构情况；第三部分是附录，主要是普查的有关规定和技术文件等。

统计摘要汇编 2022年，延平区统计局编辑《延平统计摘要2022》，便于读者及时了解延平区年度国民经济和社会发展情况的主要指标数据信息。该汇编所使用的年度数据绝大部分取自年度报表，部分为快报数。汇编内容包括综合与核算、人口与居民生活、农业、工业、固定资产投资、交通邮政与旅游、贸易、财政与金融、教育、科技、文化、卫生等主要经济和社会指标。

统计月报汇编 2022年，延平区统计局汇编《统计月报》，按月汇编反映延平区月度国民经济和社会发展情况的主要指标数据信息。该月报资料所使用的月度数据取自各专业月度报表快报数，内容主要包括综合、国民经济核算、农业、工业、安全生产、固定资产投资、贸易、外经、旅游、财政、金融、人民生活、服务业等主要经济和社会指标。

统计公报 2022年，延平区统计局编辑《南平市延平区2021年国民经济和社会发展统计公报》，充分反映延平区2021年度国民经济和社会发展情况。公报资料所使用的年度数据绝大部分取自年度报表,部分为快报数，内容涵盖延平区国民经济和社会发展主要情况。

2022年12月8日，统计局工作人员在激情广场向广大居民群众宣传统计法相关知识，发放统计法普法宣传材料 （林艳艳/摄）

【住户调查大样本轮换】 2022年，延平区统计局严格按照国家、省、市调查队的统一部署，印发《南平市延平区人民政府办公室关于认真做好住户调查大样本轮换工作的通知》（延政办〔2022〕5号），树立全区“一盘棋”工作理念，扎实开展“一图两表”绘制、摸底、开户和试记账等各项工作，圆满完成住户调查大样本轮换，为今后五年住户调查工作开展打下扎实基础。利用“美丽延平”公众号、《闽北日报》、南平电视台等媒体，相关文章阅读量达9200人次。落实大样本轮换专项工作经费40万元，购买劳务服务专门从事住户调查工作。编制住户调查记账指南，对记账户集中培训和“一对一”指导，利用微信、电话和日常走访，为记账户答疑解惑。本次样本轮换，延平区15个调查小区完成摸底2878户，落实最终记账户150户，其中电子记账94户，电子记账率75.2%，纸质记账31户，C问卷25户，记账工作逐步稳定。

【统计抽样调查】

畜禽调查　2022年，延平区统计局开展主要畜禽监测调查，选定畜禽样本96家，涉及猪、牛、家禽、羊4个种类，其中生猪样本75家、家禽样本8家、牛样本12家、羊样本1家。畜牧业生产是农业生产的重要组成部分，畜产品是城乡居民的主要副食品之一，也是菜篮子工程的主要内容之一，通过主要畜禽监测调查，有助于及时准确地反映延平区畜牧业生产发展情况，为党和政府制定畜牧业发展政策，推动社会主义新农村建设提供科学依据。

劳动力调查　2022年，延平区统计局开展劳动力调查。抽中6个调查村居，分别为紫云街道三元社区、剑津社区，黄墩街道大沟社区，水南街道九峰社区，四鹤街道杨真东社区，巨口乡村头村委会，每个样本点每月抽取16户进行抽样调查。

人口变动情况抽样调查　2022年，延平区统计局开展人口变动情况抽样调查，严格执行调查制度，规范调查流程，强化业务培训，紧抓时间节点。调查涉及26个村（居）委会，核实样本信息及住房单元居住情况约15000个，入户登记被抽中的住房单元约1100个，保质保量完成反映人口迁移变动、城镇化进程、生育状况以及人民生活水平的基础性调查工作。

【统计信息建设】　2022年，延平区各乡（镇）、街道统计信息建设进一步完善，在联网直报期间通过电话、短信、一套表技术服务QQ群和微信群等渠道第一时间发布平台更新通知，保障企业一套表联网直报和数据处理正常运作。加快统计数据的开发和利用，运用日常统计月报、摘要、年鉴等统计资料将统计数据信息资料进行整理编制，及时更新、公开各类统计信息。加大新增企业培育力度，全年全区新增纳入联网直报统计企业及大个体68家，其中规模以上工业企业10家、限额以上贸易业企业（大个体）37家、规模以上服务业5家、资质等级以上建筑业16家。

（供稿人：林艳艳）

（责任编辑：李远圆）

市场监督管理

【概况】　2022年，延平区市场监督管理局不断优化营商环境，严格履职，严守底线，各项工作取得新的发展。全年新增市场主体12798户，比上年增长-67.60%。其中，新设立企业5065户，比上年增长12.46%；新开业个体工商户7698户，比上年增长-77.98%；新增农民专业合作社35户，与上年持平。12月31日，全区实有市场主体103218户，比上年增长11.93%。落实“四个最严”要求，严把食品、药品、特种设备、产品质量安全关口，全年未发生系统性、区域性安全事故，安全放心消费环境进一步优化。

【食品安全监管】　2022年，延平区市场监督管理局持续深化“餐桌污染”治理，建设食品放心工程，推动食品安全“两个责任”落地见效。指导3家餐饮单位申报创建省级“互联网+明厨亮灶”示范单位，全区44所公立学校食堂均接入“阳光餐饮”智慧监管平台，实现“互联网+明厨亮灶”智慧监管。推进食品安全“一品一码”全过程追溯体系建设，全区食品安全“一品一码”信息追溯系统注册805家，累计录入有效信息2265.33万条。开展食用植物油、肉制品、乳制品、脏乱差店家入驻外卖平台等30个专项整治行动，检查餐饮环节、食品生产环节、食品流通环节经营者5183户次，排除食品安全隐患545个，存在问题的393家均整改到位，查处食品违法案件119件，罚款138.62万元。全年抽检各类普通食品、食用农产品1442批次，不合格27批次，总体合格率98.2%。建立区、乡、村三级209名包保干部责任清单和任务清单，并签订承诺书。其中，指导A级主体福建长富乳品有限公司按要求配备食品安全总监和安全员；完成95家餐饮单位及126家单位食堂的分级建档工作，以及34家B级包保主体食品安全总监和安全员配备，创新D级食品生产经营主体包保模式在全市示范推广。食品安全满意率位居全市第二。

【药品安全监管】　2022年，延平

2022年5月31日，延平区市场监督管理局执法人员开展食品安全检查工作

（区市场监管局／供）

2022年3月21日，延平区市场监督管理局执法人员开展药品安全检查工作

（区市场监管局／供）

区市场监督管理局以提升药品安全满意率为抓手，开展中药饮片、药品流通环节、药品网络销售、麻醉和精神药品、医疗器械、儿童化妆品等专项检查，检查药品经营企业683家次、医疗器械经营企业44家次、医疗机构96家次、化妆品经营企业59家次；上报药品不良反应463例、不良反应160例、医疗器械不良反应92例、化妆品不良反应53例；抽检“两品一械”107批次，其中药品62批次（中药饮片6批次）、医疗器械6批次、化妆品4批次，配合市级抽检35批次。开展基层医疗机构“规范药房”标准化建设，全面完成248家“规范药房”标准化建设。药品安全满意率位居全市第三。

【特种设备安全监察】 2022年，延平区市场监督管理局开展特种设备安全隐患大排查大整治，持续推进特种设备安全专项整治三年行动计划，开展节日及重要会议期间特种设备、电梯紧急报警装置、起重机械双限位、燃气相关特种设备及气瓶、压力管道、特种设备超期未检等特种设备专项整治，检查特种设备使用单位345家次，整改隐患260条。整治公用燃气压力管道12847.57米，基本完成延平区需整改工业压力管道使用单位67家，整治工业压力管道11874.5米。

【产品质量安全监管】 2022年，延平区市场监督管理局持续开展对食品相关产品、危险化学品、危险化学品包装物及容器、电线电缆、低压电器、建筑用钢筋、水泥、化肥等重要生产资料生产企业的监督检查，及时排查质量安全隐患，立案10件，罚款3.55万元。组织60余名企业质量管理人员参与首席质量官任职培训会，引导企业持续提升质量管理水平。对电线电缆、有机肥等重点工业产品50个批次开展监督抽查。工业产品生产许可获证企业监督抽查合格率100%。

【消费维权】 2022年，延平区市场监督管理局推进“12315”和“12345”平台归并优化工作和“12315”五进建设，调解处理“12315”投诉举报5843件、“12345”投诉举报1638件、信访件50件，为消费者挽回经济损失285.7万元。南平世华新城中心市场、南平市延平区梅山农贸市场获评南平市“星级文明集市”。

【优化营商环境】 2022年，延平区市场监督管理局持续深化“放管服”改革，优化营商环境。企业开办压缩至1个工作日，大部分事项基本实现即办。完善跨区域通办机制，审批事项实现寄递服务双向免费，为市场主体减免费用480元。畅通市场主体退出机制，分别办理企业、个体工商户简易注销登记482户、280户。实行新开办企业免费赠送公章、财务专用章、发票专用章等3枚印章，免费赠送印章1517套，为市场主体减免费用

2022年4月29日，区市场监管局执法人员开展特种设备安全检查工作

（游乐晨／摄）

15.17万元。推进知识产权强区建设，与区检察院、延平公安分局建立保护知识产权、优化营商环境协作配合机制；与区法院、区司法局、区文体旅局成立延平区知识产权纠纷人民调解委员会，受理、调解知识产权纠纷。指导21家企业分别申报国家、省、市知识产权优势企业；指导5家企业开展专利质押贷款贴息项目申报；指导企业完成36件专利密集产品备案工作。指导29家企业将111项企业标准在企业标准信息公共服务平台进行自我声明，其中1项为国家标准；全面推动计量服务实体经济三年行动，指导161家强检计量器具使用单位网上备案，备案强检计量器具2622台(件)。提供居民水表、燃气表仲裁检定，化解计量纠纷38件；办理34家企业中国商品条码系统成员证书及中国商品条码系统成员证书续展业务。推进小微企业质量管理体系认证提升行动，覆盖竹木、机械、农业、食品4个方面，4家小微企业完成验收。运用《服务市场主体纾困十条措施》，免费开展疫情防控用体温计等计量器具检定，减半收取餐饮企业电梯、锅炉等检验费用，为企业减免费用约7万元。

【创建文明城市】 2022年，延平区市场监督管理局聚焦农贸市场，争创文明城市。延平区制定《中心城区农贸市场综合整治行动方案》，成立5个综合整治组，明确街道、成员单位工作职责和目标任务。以胜利、昼锦农贸市场整治为突破口，全面推进中心城区农贸市场综合整治稳步开展。组织成员单位对中心城区农贸市场开展检查，对各级督查及明察暗访通报问题清单逐一制定整治措施，明确具体责任人和时间节点，整改问题800余个。

（供稿人：祁一清）

（责任编辑：李远圆）

价格管理

【价格调控】 2022年，延平区发改科技局加强价格监测和预警，每周定期向国家、省发改委价格监测中心报送炉下、西芹、王台等5个国家级粮食、生猪实时价格应急监测点粮食和生猪实时价格，为价格经济决策提供基础数据。落实社会救助和保障标准与物价上涨联动机制，落实各项价格临时补贴政策，对登记在册的城乡低保对象、特困人员、领取失业保险金人员、享受国家定期抚恤补助的优抚对象和“五老”人员发放价格临时补贴，受益人数约1.04万人。配合市发改委按市区一体化模式于春节、中秋、国庆期间同步启动平价商店运行机制，补贴方式采取差率控制、标价分离方法定价，政府补贴差额在超市收银处直接扣减，受益于民，全年春节、国庆、中秋期间，延平城区7家平价商店共补贴金额约227.19万元，供应平价各种食品约2468.88吨。

【价费管理】 2022年，延平区发改科技局落实国家明令取消、停征和减免的各项涉企收费政策。实行全区行政事业性收费情况报告制度和收费目录清单公示制度，加强收费单位事中、事后监管，未在收费目录清单内的一律不得收费。配合市发改委开展涉企违规收费专项整治行动，规范城镇供水、供电、供气行业收费行为；配合延平区民政、市场监管等部门开展行业协会商会乱收费整治；配合自然资源、城市管理等部门开展城区公共空间违规设立经营性停车场整治，规范收费。

【价格认证】 2022年，延平区发改科技局开展涉案物品价格认证。运用福建省价格争议调解处理网络系统，实现涉案价格认证网上申请、办理，提升价格认证工作的信息化管理和服务水平，为公安严打、司法公正和依法行政提供价格法律依据。全年受理案件138件，涉案标的总金额138.75万元。

（供稿人：陈联海）

（责任编辑：李远圆）

农业农村

综　述

【概况】 2022年，延平区农林牧渔业总产值达77.46亿元，增长7.1%，全市排名第一；农村居民人均可支配收入23794元，增长7.1%，增幅全市第二，完成粮食播种面积9873.33公顷，粮食总产量达5.9万吨，连续三年增产。水果、茶、奶、蛋、水产品等重要农产品全面增产，分别增长30%、45%、31.5%、13.95%、10%，延平区农业农村局获评“全市创新农村工作机制先进集体”。

【农业基础建设】 2022年，延平区高标准农田建设完成421.73公顷，累计建成高标准农田2784公顷，同步实施高效节水灌溉186.67公顷，改善低洼易涝和渍害低产田面积906.67公顷，全区耕地质量平均等级提升1个等级，农业基本生产条件有效改善。完成蔬菜采后商品化处理中心项目4个，组装式冷藏库项目建设14个，建成农产品产地初加工中心1个，省级优质农产品标准化示范基地6个。

【农业“三品”培育认证】 2022年，延平区组织申报无公害农畜产品认证1个、绿色食品13个。累计获得认证产品268个（绿色食品61个、养殖无公害37个、蔬菜无公害140个、果品无公害17个、食用菌无公害6个、水产无公害1个、其他无公害6个）。“延平黄瓜、延平快白菜、延平黄金百香果、延平丝瓜、延平茄子、闽北空心菜、闽北地瓜叶、延平鸡蛋”8个产品，被全国名特优新农产品名录收集登录，获得证书。

【农业“五新”技术推广】 2022年，延平区农业农村局争取基层农技推广体系建设项目资金91万元。建立农业试验示范基地4个、田间学校5所，培育科技示范主体480人，推荐76名基层农技人员参加部、省、市农业农村主管部门组织的业务培训，组织150名区乡农技人员安装农技推广App。全年开展高素质农民中央资金培训200人次，省级资金培训1500人次。

【农业信息服务】 2022年，延平区农业农村局完善区级“12316”服务调度中心，推广“12316”微信小程序，做好专家值班坐诊，开展技术服务；开展农业信息进村入户工程，建成194个益农信息社、1个县级益农信息社运营中心。开展“互联网+”农产品出村进城工程，积极发展农村电商，培育圣丰到家、武夷一方田等网络交易平台，全年完成交易量6000万元。加快推进乡村振兴数字化建设，联手广电网络集团，打造南平市首个建成投用的乡村振兴综合服务平台，推动乡村产业数字化、乡村治理现代化、乡村生活智慧化，加快构建智慧农业大数据中心服务平台。打造“掌上农田”管理平台、南平市延平区农业数字化全程质量控制监管平台、延平区数字农业创新应用基地数据管理平台等大数据中心。建设市级、区级物联网应用示范点8个，分别是南平市延平区大自然农产品专业合作社、福建省南平市兴邦农业开发有限公司、南平市跃农绿色蔬菜基地有限公司、南平市德隆生态农业发展有限公司、南平市圣民禽业有限公司、南平市延平区圣鑫蛋鸡养殖专业合作社、南平市蒲阳兔业有限公司、南平圣丰生态农业发展有限公司。延平区面向农产品优势产区、重要集散地等空间布局，坚持建设主体自愿申报的原则，全区共遴选支持18家区级以上示范家庭农场、合作社、村级集体经济组织建设农产品产地冷藏保鲜设施。以村集体经济发展产业为中心，支部领办合作社为重点，建设4个集配中心。为服务于集配中心建设，配套建设不同类型、不同区域的个体仓14个，分别是以笋竹产业带为重点，在洋后万兴、西芹金程丰建设笋竹个体仓；以柑橘产业带为重点，在南山福洋、王台百鹭、塔前众兴园建设柑橘个体仓；以特色中药材为重点，在茶洋茶籽油、文在栀子建设中药材个体仓；以支持延平区三茶发展为重点，在洋后高村建设茶叶加工仓，充分发挥集配中心功能，辐射8个乡镇，30个行政村，带动1000户农户，冷藏保鲜设施贮藏能力达0.206万吨，年运转能力达5万吨，年销售收入4亿余元，有效推进“互联网+”农产品出村进城。

【基层农技推广体系示范县创建】2022年，延平区农业农村局争取基层农技推广体系建设项目资金91万元。建立农业试验示范基地4个、田间学校5所，培育科技示范主体480人，推荐76名基层农技人员参加部、省、市农业农村主管部门组织的业务培训，组织150名区乡农技人员安装农技推广App全年开展高素质农民中央资金培训200人次，省级资金培训1500人次。

【设施农业与绿色农业项目建设】2022年，延平区农业农村局策划绿色农业项目57个，项目总投资37.5亿元，完成投资26.49亿元。全区8家规模以上食品产业实现总产值27.4亿元、实现增加值5.88亿元。

【农产品质量安全】2022年，延平区接续深化全国农产品全程质量控制技术体系建设，完成国家良好农业规范（GAP）再认证企业18家，规范农业生产行为，培育“武夷山水”品牌企业27家，打响延平长富乳业、享通蔬菜、延平百合等县域特色品牌，获批全国绿色食品原料（蔬菜）标准化生产基地创建单位；成功举办首届“延平贡茶”品鉴会、“迎新春 庆丰收”优质农产品品鉴活动、“乡村振兴”农特产品展销会等大型特色农产品展示展销活动，更好地展示推介延平贡茶等“延”字号优质特色农产品。持续开展“治违禁、控药残、促提升”行动，严格落实《南平市延平区农业农村局等6部门关于印发〈延平区食用农产品“治违禁 控药残 促提升”三年行动实施方案〉的通知》文件精神，将问题较为突出的11种农产品（豇豆、韭菜、芹菜、乌鸡、禽蛋、肉牛、肉羊，大口黑鲈、鸟、鳊鱼、大黄鱼）纳入重点品种治理范围；加大对芹菜、长豇豆、韭菜等11种重点品种的监测力度，提高抽样检测频次，强化对相关企业的督查力度，目前未发现违法违规行为；精准掌握种植养殖情况，完善重点品种监管名录库；不断加强生产环节巡查检查培训指导，出动监管人员307人次，检查生产经营主体201家次，指导种植养殖户正确、规范、科学、合理购买和使用农业投入品；严格落实食用农产品承诺达标合格证与一品一码追溯并行制度，全区累计569家农业生产主体纳入追溯管理；通过线上巡查结合现场执法检查方式，督促生产主体按实际经营管理情况及时、完整上传生产记录，每批次销售农产品赋码准出。2022年线上巡查主体59907家次，生产记录巡查发现问题132个，现场检查主体364家次，开具农产品质量安全监督记录37张，推进源头赋码产品181667批次。推进72户建档散户开具食用农产品合格证254张，保障产品数量63.8吨。全年全区接受部级风险监测抽样17份，其中散户0份。省级农产品质量安全监测抽样、专项执法监督抽样89份，其中散户8份。市级农产品质量安全监测抽样84份，合格率均为100%；市级农产品质量安全风险检测56份，合格率100%。全区共完成快速检测蔬菜、水果等样品9617个，合格率100%，水产品样品60个，合格率100%，农产品质量安全工作站获评全省“最美农安卫士”集体。

【农村扶贫】2022年，延平区坚持把巩固脱贫攻坚成果放在突出位置，严格落实“四个不摘”要求，全面推进防止返贫监测帮扶措施落实落地，着力在巩固、拓展、衔接上下功夫、见实效。2022年，全区有建档立卡脱贫户1745户、4642人，年人均纯收入达17275元，较2021年度增长8.12%；40个脱贫出列村财政收入不低于10万元。延平区收到市级以上各类衔接资金1733.13万元，实施帮扶项目68个，其中中央资金474万元，省级资金952.54万元，市级资金306.59万元。

【乡村振兴】2022年，延平区扎实推进“百镇千村”试点示范项目，围绕产业发展建设共实施试点村项目101个，总投资11961.58万元；打造赤门乡“花木之乡”示范带、樟湖镇“崇蛇原乡”示范带，共实施项目30个，总投资3157万元；王台镇“科技特派”示范带列入省级精品示范。樟湖镇剧头村获评2022年度乡村振兴实绩突出村，大横镇博爱村获评市级乡村振兴四星级示范村，洋后镇洋后村、塔前镇虎山村、太平镇曾厝村、来舟镇宋坍村获评三星级示范村。溪后村入选央广网“宣传党的二十大，乡村振兴看福建”样板村，斜溪村建成投用全市首个乡村振兴综合服务平台。

（供稿人：张宗祥）

（责任编辑：邓璟靓）

种植业

【概况】2022年，延平区耕地地力保护补贴面积达12901.61公顷，共计发放耕地地力保护补贴资金1894.61万元。其中耕地地力保护补贴资金1792.54万元，平均每公顷补贴92.63元；种粮大户补贴资金102.07万元，平均每公顷补贴100元。全区水稻投保面积4889.40公顷，总保险费1100115.75元，其中各级财政承担的保费88.03万元、种植户承担的保费21.98万元。全年粮食播种面积9871公顷，粮食产量5.9012万吨；蔬菜瓜果种植面积9107.13公顷，总产量208774吨；食用菌10500万袋，总产量34772吨（干品+鲜品）；水果面

2022年5月，延平区经济作物站专技干部在南平市延平区恒丰果蔬专业合作社指导蔬菜种植技术工作 （陈致丽／摄）

积1118.87公顷，新增面积678公顷，总产量25643吨；茶叶总面积266.8公顷，新增面积69.4公顷，总产量443吨。

【粮食作物生产】 2022年，延平区粮食播种面积9871公顷，粮食产量5.90万吨。其中，水稻播种面积完成7993.67公顷，产量5.17万吨；旱粮面积完成1877.33公顷，产量0.7356万吨，包括马铃薯种植面积503.07公顷、甘薯188.8公顷、豆类565.73公顷、玉米619.73公顷。

【经济作物生产种植】 2022年，延平区蔬菜瓜果种植面积9107.13公顷，总产量208774吨，同比增长3.5%；食用菌10500万袋，产量34772吨（干品＋鲜品）；水果面积1118.87公顷，新增面积45.2公顷，总产量25643吨，同比增长41.4%；茶叶总面积266.8公顷，新增面积69.4公顷，总产量443吨，同比增长44.3%。

【农业疫病防控】 2022年，延平区建立农作物病虫害绿色防控与统防统治示范片6个，面积89.33公顷。全年完成各类农作物绿色防控面积34133.33公顷次，统防统治面积16800公顷次。全区农药使用量为827吨，比上年减少2.59%。一年来出动技术人员120人次，对水东、水南、夏道、炉下等乡镇（街道）新建小区、道路绿化带、公园绿地等区域进行普查。截至2022年底，全区发生病虫害面积约为520公顷，开展防治 884.13公顷次，铲除蚁巢710个。

（供稿人：余深凯）

（责任编辑：邓璟靓）

畜牧业

【概况】 2022年，延平区生猪出栏69.71万头，比上年增长3.93%。奶牛存栏2万头，比上年增长18.97%；牛奶产量10.14万吨，比上年增长8.61%。羊出栏2.95万只，比上年增长2.34%。家禽出笼983.34万羽，比上年增长4.09%；禽蛋产量1.96万吨，比上年增长14.38%。

【畜牧养殖】 2022年，延平区科学规划，推动畜牧业高质量发展，围绕“稳定生猪产业、做优奶产业，发展蛋禽业”的发展目标，编制《延平区畜牧业发展规划（2020—2030）》及环境影响评价，全面调整优化畜禽养殖布局。落实新改扩建项目，推动新建养殖小区建设与投产。福建利众种猪有限公司种猪生态养殖小区完成一期建设，新增生猪存栏8000头，南平市延平区鸿瑞生态农业有限公司新建牧场项目完成建设，新增奶牛2800头。鼓励养殖场转型升级，推进畜禽标准化养殖。2022年，2家畜禽养殖场被确认为省级标准化示范场，1家被确认为省级美丽牧场，奶业全产业链示范基地入选全国首批现代农业全产业链标准化试点，长富乳品入选农业产业化国家重点龙头企业，南山生态园获批全国奶业休闲观光牧场，全区畜禽养殖规模化率达到90%以上。

【动物防疫】

动物疫病强制免疫 2022年，延平区强制免疫病种有高致病性禽流感、口蹄疫、小反刍兽疫，群体免疫密度常年保持90%以上，其中应免畜禽免疫密度达到100%；免疫抗体合格率全年保持在80%以上，春秋季集中强制免疫抗体抽检合格率达到90%以上。免疫高致病性禽流感1168.01万羽，免疫家禽新城疫880.95万羽，免疫家畜口蹄疫174.72万头次，免疫猪瘟163.01万头次，免疫高致病性猪蓝耳病146.04万头，免疫羊小反刍兽疫3.40万只。

2022 年延平区动物疫病强制和计划免疫情况表

表 4

项目	动物	上半年存栏（头、只、羽）	免疫（头、只、羽次）	下半年存栏（头、只、羽）	免疫（头、只、羽次）	疫苗发放（万头份、万毫升）
口蹄疫	猪	405892	811800	409156	818300	39.74
	羊	15315	20880	19025	22830	
	牛	18077	36150	18619	37200	
合计		439284	868830	446800	878330	
猪瘟	猪	405892	811800	409156	818300	
高致病性猪蓝耳病	猪	405892	710600	409156	749800	
小反刍兽疫	羊	15315	15262	19025	18730	5.15
禽流感	鸡	1777700	3500400	2560404	5120800	841.75
	鸭	670665	1341030	706300	1412600	
	鹅	3	3	14	14	
	鸽子	173450	173450	131850	131850	
合计		2621818	5014883	3398568	6665264	
新城疫	禽	1823200	3603850	2631700	5215600	

动物疫病监测 2022 年，延平区农业农村局开展动物流行病学调查 6 项，159 份调查表，其中畜禽重点疫病 5 大项，问卷调查 41 份，人畜共患病布鲁氏菌病基线调查 1 项，问卷 118 份；对强制免疫疫病和重点免疫疫病抗体开展监测，共监测养殖场 370 场次、散养户 75 户，血清学抗体监测 34956 份，春秋防集中监测抗体合格率在 90% 以上，全年抗体合格率在 85% 以上。完成“非洲猪瘟”核酸检测 111 场次 16079 头份，其中生猪调运监测 31 场次 15270 头份，“非洲猪瘟”入场入舍、风险评估监测 79 场次，监测 809 头份，监测结果均为阴性，为重大动物防控工作提供科学的依据。

2022 年延平区动物疫病免疫抗体监测情况表

表 5

项目	场次、户数		监测数	抗体合格数	抗体合格率	阳性数	阳性率
猪瘟抗体	规模猪场	24	754	723	96%		
口蹄疫 O 型抗体	规模猪场	24	754	667	88%		
	规模牛场	6	270	230	85%		
	规模羊场	28	325	291	90%		
口蹄疫 A 型抗体	规模猪场	24	754	678	90%		
	规模牛场	6	270	252	93%		
高致病性猪蓝耳病抗体	规模猪场	24	554	465	84%		

续表 5

项目	场次、户数		监测数	抗体合格数	抗体合格率	阳性数	阳性率
结核病抗体	规模牛场	13	9723			0	0%
布病抗体	规模猪场	24	754			0	0%
	规模羊场	77	1522			0	0%
	规模牛场	22	10621			0	0%
小反刍兽疫抗体	规模羊场	28	325	308	95%		
禽流感 H5 抗体	规模禽场	63	3704	3484	94%		
	散户禽	75	756	698	92%		
新城疫抗体	规模鸡场	36	1042	975	94%		
	散户鸡	38	190	168	88%		
禽流感 H7 抗体	规模禽场	63	1852	1755	95%		
	散户禽	75	375	355	95%		

【“非洲猪瘟”防控】

“非洲猪瘟”疫情排查　2022 年，延平区农业农村局对辖区内的 75 家生猪养殖场、无害化处理场、屠宰场每周定期开展“非洲猪瘟”疫情排查，全年未发生“非洲猪瘟”疫情；开展“非洲猪瘟”入场入舍采样监测排查，按照 2000 头以上规模养殖场全覆盖、年出栏 500 ～ 2000 头规模猪场按 2% 的比例抽检，全区共采样监测 809 份样品，72 家生猪养殖场，无害化处理场、屠宰场各 1 家，监测结果为阴性，覆盖面超过 80% 以上，为“非洲猪瘟”疫情风险评估提供了有效依据。

分片包场排查机制　2022 年，延平区农业农村局畜牧兽医干部对 75 家生猪规模养殖场实行挂场排查制度，每位畜牧兽医干部挂 1 ～ 3 家规模养殖场，对所挂的养殖场开展“非洲猪瘟”疫情排查，指导督促规模养殖场做好“非洲猪瘟”等重大动物疫病防控工作，严格执行生物安全措施，杜绝疫情发生。

生猪调运监测　2022 年，延平区农业农村局生猪调运监测 15270 份样品，31 场次，监测结果均为阴性，降低生猪长距离运输带来的疫情传播风险，保障市场供应。

加强运输车辆清洗消毒　2022 年，延平区农业农村局完善运输车辆“清洗—消毒—清洗—烘干”的设施建设，实行车辆集中消毒的长效监管机制，确保车辆集中消杀效果落实到位，确保调运生猪车辆的安全。

落实屠宰企业两项制度　2022 年，延平区农业农村局落实官方兽医派驻制度，农业农村局派驻 7 名专业技术人员（其中官方兽医 5 名）和 3 名动物检疫协检员驻厂实施生猪屠宰检疫工作；落实生猪屠宰企业非洲猪瘟自检制度，2022 年生猪屠宰场共检测非洲猪瘟样品 50728 头，检测结果均合格，官方兽医共检疫生猪 50728 头、牛 2271 头、羊 5710 只。

开展非洲猪瘟消毒灭源集中行动　2022 年延平区农业农村局制定下发《延平区“大清洗、大消毒”专项行动方案》，下发消毒剂 7.37 吨，消毒 19 个乡镇街道、190 家规模场、258 个行政村以及其他场所 19 个，消毒面积 1600.43 万平方米。

生猪运输车辆备案机制　2022 年，延平区平台备案车辆 133 辆，其中省内运输 83 辆、跨省运输 50 辆。

【疫病净化和无疫小区建设】

推进动物疫病净化、无疫小区建设工作　2022 年南平市丰旺牧业有限公司奶牛布鲁氏菌病、结核病非免疫通过省级净化场评估认证，南平市长源牧业有限公司、南平市富洋牧业有限公司奶牛布鲁氏菌病非免疫通过省级净化场复评估认证，完成 2 家养殖场无疫小区维持建设报告，2 家国家级、4 家省级净化场维持建设报告。

【强制免疫“先打后补”工作】

推进强制免疫“先打后补”工作　2022 年，延平区全面完成 97 个规模养殖场“先打后补”牧运通平台审核登记，审核验收福建南平瑞旺家禽有限公司等 17 家养殖企业“先打后补”补助项目，核定免疫动物数量 851086 头（羽），核定补助金额 84.397 万元，并将补助资金拨付到位。

【畜禽粪污资源化利用】　2022 年，延平区完成全国畜禽粪污资源化利用整县推进项目，通过整县推进项目带动，全区 91 家规模养殖场全覆盖完成粪污资源化利用设施建设及改造，新建 2 个集中式有机肥加工厂，新建 1

个全区畜禽粪污综合利用中心。畜禽粪污综合利用率常年保持在95%以上，规模养殖场粪污处理设施装备配套率达100%，解决畜禽养殖业污染问题，构建种养结合、生态养殖、农牧循环的绿色可持续发展新格局。

【动物卫生监督】

动物产地检疫和屠宰检疫　2022年，延平区农业农村局下发《延平区农业农村局关于转发南平市农业农村局关于进一步规范生猪养殖环节管理的通知》《关于进一步加强家畜布病防控和调运监管工作的通知》和《关于进一步规范动物检疫工作的通知》，要求各乡镇畜牧兽医站严格按照《动物检疫管理办法》的规定和生猪及其产品实施“点对点、批批检”管理要求开展产地检疫，严格出证条件，对检疫合格的出具产地检疫证明，产地检疫率达100%。全年全区生猪产地检疫69.30万头，家禽检疫428.55万羽，牛检疫3750头、羊检疫8132只。在天晟屠宰场设有驻场检疫室，配置能适应检疫的仪器设备，官方兽医严格按《生猪屠宰检疫规程》做好入厂、宰前、宰后检疫，对检疫合格的出具检疫合格证明，加盖验证印章，屠宰检疫率达100%。全年生猪屠宰同步检疫达5.90万头，牛2983头、羊8298只。对产地检疫和屠宰检疫检出的病害动物及动物产品，严格按照《无害化处理规程》进行处理。

“瘦肉精”监管　2022年，延平区农业农村局除在“两节”假日前各开展一次瘦肉精专项整治行动外，重点加强养殖环节监管。加强对辖区内规模养殖场的监管，抓住关键时期，不定期对存栏生猪“瘦肉精”监测（盐酸克伦特罗、莱克多巴胺、沙丁胺醇抽检），屠宰场（点）按日屠宰量的3%检测。外调的生猪确保车车有抽检，每车次必须抽1～2头生猪进行检测。全年共检测盐酸克伦特罗13370份、莱克多巴胺13370份、沙丁胺醇13370份，全部为阴性。

兽药市场监管　2022年，延平区农业农村局加强兽药店专项检查和兽药GSP药品经营质量管理规范验收工作，对45家兽药店开展专项检查，明确45家兽药经营企业均在农资监管信息平台登记备案。

饲料和添加剂质量安全监管　2022年延平区按照《南平市农业农村局关于开展瘦肉精、饲料和生鲜乳监督抽检的通知》要求，加强对饲料和饲料添加剂生产、经营、使用单位的监管力度，全年检查饲料生产、经营企业61家次，检查养殖企业135家次。全年抽检饲料样品5份，检测结果均合格。

生鲜奶质量安全监管　2022年，延平区农业农村局加强对奶牛养殖场的监管，抓好源头关，督促企业切实落实企业主体责任，根据《南平市农业农村局关于开展瘦肉精、饲料和生鲜乳监督抽检的通知》文件要求，组织开展全区生鲜奶违禁物专项监督，省级抽样39批次，部级抽样24批次，检测结果全部合格。

病死动物无害化处理　2022年，延平区农业农村局共出动59人次，开展乱丢弃病死猪巡查11次。对全区规模养殖场和病死猪集中无害化处理场开展专项督查，累计无害化处理病死猪74172头。延平区对28家规模养殖场和1家集中处理场发放病死猪无害化处理补助。

检疫监督与综合执法的衔接　2022年，延平区动物卫生监督所向农业综合执法大队移交生猪私屠滥宰线索3起，并组织捣毁生猪私宰窝点1个；移交兽药无证经营线索3起，取缔无证经营点3个；移交非法经营生猪类案件线索1起，组织捣毁非法窝点1个，移交饲料生产经营环节线索6个，有效地将日常监管与综合执法工作相衔接。

屠宰企业监督管理　2022年，延平区农业农村局加强生猪进场检疫和屠宰检疫，安排驻厂检疫人员依法实施检疫工作，并对进栏生猪进行“瘦肉精”抽样检测。屠宰动物的废弃物一律无害化处理，定期开展督查，查看无害化处理记录。南平市天晟屠宰在区农业农村局的监督指导下，按照规定对车辆和人员进出消毒通道、转运台及待宰栏开展消毒，对屠宰场进

2022年3月，在南平市福延牧业有限公司开展奶牛结核病监测和布鲁氏菌病监测采样工作　（郑丽英／摄）

行全面冲洗消毒，对所有铁件用火焰枪燃烧消毒，提高生物安全防范，严格按照要求每天消毒1次，消毒池每星期清洗1次，更换消毒药，保持消毒池药液的有效浓度。全年督查定点屠宰点32次、93人次，确保出厂肉的质量安全。

（供稿人：晁　杰）

（责任编辑：邓璟靓）

【延平蜂蜜】　养蜂业是延平区的传统产业，养殖历史悠久，“延平蜂蜜”色泽清透，光亮如油，深受消费者喜爱。“延平蜂蜜”生产地域在福建省南平市延平区境内，介于北纬26°15′～26°52′，东经117°50′～118°40′之间，范围包括6个街道、13个镇、2个乡。

延平区地处福建省中部偏北，武夷山脉、鹫峰山脉、戴云山脉会集于此，山地丘陵分布广，为闽江干流的源头，森林覆盖率达74.11%，素有“森林之窗，本甲全闽”之称。区域内属中亚热带海洋季风气候，四季分明，雨热同期，冬无严寒，夏无酷暑，温湿适宜，为“延平蜂蜜”蜜粉源植物柃木、树参、五倍子、飞龙掌血藤、野橄榄、山桐子等的生长及延平蜜蜂的生存、活动创造了优良的自然环境条件。蜜蜂作为日出性昆虫，有趋光性。延平区域内四周峰峦环绕，地域海拔高，有海拔千米以上高峰40余座，光照时间长，平均年日照时数为1758.8小时，年日照率39%，充足且长时间的光照有利于采集活动的大量进行，采集范围广，酿蜜时间长，酿蜜过程中水分蒸发强，黏稠度提升。

“延平蜂蜜”果糖和葡萄糖含量≥70%，水分含量≤17%，波美度>41°，果糖、葡萄糖和淀粉酶含量高，水分含量低，有效保证品质与产量。延平区“树参蜜”更是质量上乘。延平区“树参蜜”产自海拔800多米的茫荡山森林保护区阔叶林中。“药食同源”野生蜜粉源植物“树参花蜜”由中华蜜蜂采集酿造而成，自然成熟优质蜂蜜，呈深琥珀色，经农业农村部蜂产品质量监督检测测试中心（北京）测试淀粉酶值12.77，果糖含量41.3%，葡萄糖含量32.7%。

2022年，全区共有养蜂户298户，养蜂数量26183箱（群）。以饲养“中华蜜蜂”为主，占蜜蜂养殖总量的95%以上。年产蜂蜜191000千克，产值1650万元；全区有养蜂专业合作社9家，带动养殖户150户。5月，中国养蜂学会与福建省南平市延平区养蜂协会签订学会服务站合作共建协议，通过创新驱动助力工程的示范带动，加快推进延平养蜂产业转型升级。

渔　业

【概况】　2022年，延平区水产养殖面积1313公顷，其中池塘养殖479公顷、水库养殖817公顷。水产品产量10465吨（全部为淡水产品），比上年增长3.81%。

【“水乡渔村”建设】　2022年底，延平区有“水乡渔村”8家，为进一步转变渔业生产经营方式，推动休闲渔业发展，促进“百姓富、生态美”和“清新福建”建设，全区共接待游客2.8万余人，增加劳动就业206人，增加收入230万元。

【名特优品种推广】　2022年，延平区有工厂化鳗鱼养殖企业5家，养殖面积约5公顷，产量达703吨。推广虹鳟、鲟鱼、黄颡鱼、青虾、泥鳅、虎纹蛙、棘胸蛙等特色品种的养殖，提高渔民的收入水平。全区推广稻田养殖虎纹蛙面积2公顷，亩产量1300千克。棘胸蛙22家40公顷，产量25吨。

【大水面生态养殖技术推广】　2022年，延平区樟湖镇溪口村在武步溪溪口段开展大水面生态养殖技术示范推广，面积55公顷。由村民按股份制承包，每年上缴村集体10万元。大水面养殖主养鱼类为鲢鱼和鳙鱼。鲢鱼和鳙鱼主要以浮游生物为食，不需人工投饵，且具有净化水质，防止水体富营养化的作用，“以水养鱼，以鱼控藻”，既保证了湖面生态，又实现了渔业创收。

【水产技术推广】　2022年，延平区农业农村局遴选技术指导员5人、科技示范基地2个和社会化组织1个。主推品种为虎纹蛙、加州鲈鱼、抗病草鱼、异育银鲫“中科3号”和黄颡鱼“全雄1号”等5个品种60公顷。主推技术为《大水面生态养殖》《稻（莲）渔综合种养》《淡水池塘鱼螺综合养殖技术》《淡水鱼山塘高效生态养殖技术》《棘胸蛙仿生态产卵和孵化技术》5项。完成基层水技推广体系建设“五项制度”制定，制作实验示范基地标牌、科技示范户门牌，订购技术指导员手册和科技示范户手册。对项目实施档案制管理，加强信息上报工作。通过深入田头、养殖场、组织培训班等形式开展技术培训，指导养殖户进行池塘建设、苗种购进、生产管理、病害防治等工作。

（供稿人：杨运义）

（责任编辑：邓璟靓）

农机管理

【概况】　2022年，延平区农机化工作紧紧围绕省、市、区农村工作会议部署和年初制定的农机化目标任务，围绕促进粮食增产、农业增效、农民增收，完成各项农机化工作任务，推进农机化向全程全面高质量高效转型升级。全区的农机装备水平、作业水平、安全水平、社会化服务水平正稳步提升，加快全区农业现代化和农业机械化进程。

【农机化作业服务】　2022年，延

平区围绕“春耕”“双抢”“三秋”等重点农时，组建农机合作社投入社会化服务，强化农机作业的组织管理和信息引导，做好机具整合、开展技术培训、后勤维修、重点技术推广和安全保障等工作。全区农业机械化水平稳步提高，主要农作物/水稻综合机械化率为70.48%/74.24%，播种面积14.8/7993.33公顷，机耕作业面积13.91/7966.67公顷；机插作业面积6.14/3220公顷；机收作业面积10.1/5940公顷，均超额完成年初制订的计划指标。

【农机购置补贴政策实施】 2022年，延平区大力支持乡村振兴战略，在农机购置补贴实施过程中，坚持创新发展，突出重点环节，加强补齐机械化短板力度并向粮食类机具倾斜，加快推进农业机械现代化建设。在个人申请、手机App申报的基础上，全年共计完成农机购置补贴资金994.12万元，其中中央补贴资金710.91万元，省级补贴资金283.21万元，累计受益农户997户，补贴各类农机具2961台（套）。其中：耕整地机械311台、田间管理机械1186台、收获机械89台、农产品初加工机械93台、排灌机械27台、畜牧水产养殖机械633台、废弃物处理机械32台、农用搬运机械105台、其他机械485台。

【农机安全监管】 2022年，延平区开展道路交通安全综合整治“三年专项行动”、重要节假日安全检查、农机安全生产隐患大排查大整治、农机安全生产宣传、拖拉机年度检审、平安农机示范村创建等活动，制定并下发《关于加强上道路行驶拖拉机交通安全治理工作的通知》《延平区农业机械安全监管指导工作机制方案》《农机领域安全生产隐患大排查大整治工作方案》《延平区农业机械事故应急预案》。延平区农机中心、各乡镇（街道）农机站联合公安交警部门、农业综合执法大队开展联合执法187次，全年出动检查人员465人次，查处各类违法行为54起，全年下发各类安全宣传材料450余份，安全短信群发950条，农机上牌率、年检率、持证率分别达98.04%、90.00%、94.12%。通过开展农机安全生产宣传月、农机安全警示教育等活动及农机手的培训工作，全年累计培训农机手200人，全区农机安全生产形势持续稳定，全年无重特大农机事故发生。

【农机推广服务】 2022年，延平区农机中心在王台、塔前、南山等乡镇先后召开5场机耕、机插、机收现场会及“五新”机具新技术推广演示会，通过在现场会上发布推进粮食全程机械化、蔬菜全程机械化等先进技术成果、先进农机具等，让各大农机合作社、农机大户、种植大户等加强交流学习借鉴，提高对农机化新技术、新机具的认识。还分别建设一个水稻和特色农作物全程机械化示范基地，以提高水稻耕整、播种、植保、收获、烘干、秸秆处理6个环节，丘陵山区特色农作物机械化作业水平为目标，坚持重点突破与全面推进相结合，推广先进适用的农机化技术及装备，着力提高全区农业生产机械化水平。

（供稿人：廖 婧）
（责任编辑：邓璟靓）

林 业

【概况】 2022年，延平区实现林业总产值77.54亿元，同比增长6.18%。其中：第一产业产值13.21亿元，同比增长5.18%；第二产业产值41.10亿元，同比增长6.09%；第三产业产值23.23亿元，同比增长6.93%。竹业总产值16.29亿元；争取专项资金6145万元。林业用地面积210860公顷，其中有林地面积195766公顷，森林覆盖率74.47%，森林蓄积量2167万立方米。重点生态公益林面积42360公顷，占林业用地面积的20.09%，主要分布在茫荡山国家级自然保护区、闽江干流及其一级支流、库容3亿立方米以上的重要水库一重山、重要交通干线两侧、环城四周一重山，构成延平区基本完善的生态体系。

【造林绿化】 2022年，延平区围绕“森活延平”的目标，全年完成植树造林1417.87公顷，占任务数的106.87%。实施“多彩森林”建设，完成“两高”、重点区位“一重山”花化彩化规模化改造提升5处43.86公顷，种植花化彩化苗木10余种4.5万株，占任务数的100%。完成武夷山国家公园保护发展带国土绿化试点示范项目466.87公顷，占任务数的100%。推进农村人居环境品质提升行动、美丽乡村建设，茫荡镇三楼村、茫荡镇际头村、洋后镇大禄村3个行政村被授予“省级森林村庄”称号；王台安槽下、塔前虎山2处古树群被授予第二批“福建最美古树群”称号。大力宣传“互联网+全民义务植树”活动，推广造林绿化、自然保护、认种认养等8类尽责形式，义务植树83.2万株，参加人员25.37万人次，新建义务植树基地2个1.27公顷。扶持延林林木繁育中心续建杉木三代良种和木荷造林绿化苗木基地，实施省级财政培育苗木项目，全年育苗1.5公顷355万株，培育杉木三代良种80万株、木荷60万株，打造了总产量达140万株的造林绿化保障性大型苗圃，保障全区造林绿化用苗。

【林长制工作】 2022年，延平区林长办将考评任务的25个大项、85个小项及时分解到林业局和区直相关林长制协作单位及各乡镇（街道），强化督查督导做好林长制考评任务工作；压实各方除治责任，坚持以“两高”、国省干道沿线为重点，将延平区境内京福高铁、南三龙快速铁路及福银高速、浦南高速、延顺高速沿线一重山松林纳入提升改造范围，国道205和316沿线疫情小班符合条件的优先纳入，非疫情小班做到相对集中连片，逐步形成疫情防控阻隔带。全年全区完成松林改造提升面积2871.53公顷，占年度任务的94.05%；建立松林改造提升示范片6片。狠抓松枯死木清理，实行区、镇、村三级联动，重点针对高铁、高速沿线的松枯死木，力争做到“即现即清”。强化疫情山场除治、疫木源头及除害处理3个主要环节监管，发挥“林长+警长”作用，联合开展打击涉松疫木违法犯罪专项行动，组织对15家疫木指定除害处理企业开展检查；落实减免措施，争取到“两高”沿线突发松材线虫病疫情的造纸工艺林、松木丰产林皆伐改造山场有偿投资回收款按30%减免的政策；委托第三方开展枯死松树分布无人机普查工作。全年投入松材线虫病防治资金299.11万元，完成松材线虫病防治性采伐面积1637.67公顷，占年度任务97.69%；从2021年10月至2022年底，完成松枯死木清理38243株；全区在高速口和国道与延平交界处增设5个监管探头，新增8家松材线虫病指定除害处理场，全年全区松材线虫病指定除害处理场达23家。全面落实问题图斑整改，加大护林员队伍建设，加快构建林长制数字化管理机制，全年延平区309名护林员全部纳入天空地一体化管理平台，确保网格化巡护全覆盖。

【义务植树基地】 2022年3月10日，延平区四套班子领导，延平区林业局等区直机关干部，王台镇政府干部130余人在王台镇罗坍村海峡农业循环生态家园开展义务植树活动，共栽下北美红枫、黄金槐、银杏等树木300余株，面积0.4公顷。该园区依托政府平台，长富与亨通公司形成产业链合作，发展“牛—沼—菜（果）”生态循环农业。建设农业循环生态义务植树基地，不仅将林业与农业有机结合，而且从源头促进王台百合小镇发展，使农业观光、农耕体验、工业旅游等一、二、三产业更好地融合发展，实现乡村振兴。

2022年3月9日　延城首个“互联网+全民义务植树”活动现场签到打卡点

（区林业局/供）

【森林资源管护】

森林防火　2022年，延平区全面落实区—乡镇—村—村民小组四级的通信联系及省林业局“护林员巡护系统”指挥体系建设和应急联动机制，履行林业部门的行业管理责任，开展森林火灾隐患大排查整治工作，组织隐患排查2910人次，排查一般森林火险隐患37起，整改37起，未发现重大森林火险隐患。利用智慧林业管理系统平台加大护林巡护管理，与应急局、南平森林消防大队、大凤林场扑火队开展联演联训计划烧除工作，首次运用无人机开展无人机铺设管带和无人机空中灭火。全年全区未发生森林火灾，建设森林防火阻隔带43.3千米；出动森林防火宣传车1215辆次，发放宣传单5.8万张，张贴禁火令2800余张，出动护林员巡查宣传7828人次。

森林病虫害防治　2022年，延平区林业局加大森林病虫害防治力度，组织各林业站、林场林业有害生物测报员及（村工区）护林员对马尾松毛虫、刚竹毒蛾等七种主要林业有害生物进行监测调查，科学预测和发布2023年主要林业有害生物发展趋势及生产性预报；委托第三方首次开展延平区2022年春季枯死松树分布无人机普查，对延平区现有42360公顷松林开展松材线虫病疫情监测普查，调查覆盖率达到100%。建立疫情防控监管平台，成立254人的监测队伍和区级松材线虫防治行动专班督导，实现区、镇（街道、林场）、村三级监测网络；运用松材线虫病精细化监管平台开展疫情监测普查工作，调查员采集上传松树异常信息及现场照片，逐步实现松树异常监测、取样检测、疫木除治、监理核查全过程可视化管理。建立疫情防控监管平台，因地制宜实施松林改造提升；狠抓松材线虫病除治质量进度，简化疫木采伐许可证审批手续和争取减免政策，严格疫区疫木监督管理，因地制宜实施松林改造，指导林农在更新造林时营造乡土珍贵树种。全年完成林业有害生物防治面积累计3448.4公顷，无公害防治率100%。

林地资源审核　2022年，延平区林业局依法严格保护林地资源，全力推进“护绿”工作，对林地使用情况实行护林员定时定点巡查、无人机等现代化手段监管和各类工程建设项目跟踪服务。全年依法审核审批各类建设项目征占用林地26起，面积74.414公顷。

【林业改革】　2022年8月，延平区林业局启动森林经营碳汇项目，以延平区国有林场为试点，与中福海峡（福建）勘察设计有限公司签订合作协议，共同开发碳汇项目。第一期开发面积约1000公顷，项目计入期20年。预计可产生减排量5.6万吨CO_2当量，产生交易价值130万元。出台《延平区“森林生态银行”实施方案》，设立“延平区森林生态运营中心”，根据“一村一平台、一户一股权、一年一分红”的合作模式，筛选确定炉下镇炉下村、樟湖镇新岭村、峡阳镇梅照村为“一村一平台”试点村；在炉下镇设立村级森林生态运营平台，3个试点村开展合作造林面积281.06公顷，涉及农户1735户。

【木竹产业发展】　2022年，延平区林业局组建竹木加工产业项目专班，研究制定《延平区推进竹木加工产业发展行动方案》，依托现有南平工业园3大组团、大横绿色产业园区和国道沿线山垄工业平台，对接市工业园区大型竹木加工企业，帮助其衔接发展上下游产业链；走访区内重点企业36家，对全区林产化工、竹木加工、新上锅炉企业进行调查摸底，参与打造“三元竹产业循环经济专业园区”，培育区级工业园区，培植全区龙头企业和品牌。对接协调辖区内9家银行为29家企业融资贷款1.95亿元；争取笋竹精深加工项目资金265万元，促进8家企业开展设备更新改造，带动投资1600万元；争取竹业重点县项目省级财政补助资金275万元，完善相关竹产业基础设施建设。谋划3800坎坎下水上乐园项目、延平区林业碳汇开发项目、延平区林业生态修复与保护发展重点项目3个；引进改扩建项目3个，总投资3.037亿元。开发建设竹木加工产业小微园，帮助协调市、区科技局派遣省级科技特派员服务企业工作；促成南山顺嘉竹制品与闽职院竹业加工研究小组的产业化建设对接。

【百合花产业发展】　2022年，延平区百合花种植444.7公顷，实现产值4.5亿元，比上年增长19%；配送百合花52123件；成立百合花产业工作领导小组和高质量发展行动方案工作专班，制定《延平区百合花产业高质量发展行动方案》；争取省级财政花卉项目资金439万元，建设智能温室大棚1万平方米，拱形双层大棚1公顷；投资155万元在王台镇溪后村建设1个面积1.33公顷的花卉产业示范园产业展示区，每次可容纳参观培训500人左右；与4家银行合作推出“花农贷”，50%以上花农可获得个人经营性贷款资金3000万元；组织开展盆栽百合花栽培生产，在茫荡宝珠生产基地分期种植5000盆；与区气象局合作打造“百合气象专题服务”；开展家庭园艺创新服务行动，推进社区园艺师制度；构建“政府+协会+物流公司”协同管理运营模式，成立延平百合物流中心，开设延平百合“绿色空运通道”，实现“线上+线下”双线齐发，百合花销售市场已覆盖31省126个各级批发市场，实现出口新加坡。2家花卉企业成功获评省级林业产业化龙头企业。

【林下经济】　2022年，延平区在保护生态环境的前提下，因地制宜发展以林菌间作、林花模式、林药套种、林禽共养、林蜂共养、森林旅游等为主的林下经济，全年在南山镇、王台镇等地种植葛根33.67公顷，在峡阳镇种植土茯苓18.27公顷，带动周边林农种植药材。抓好林下经济示范基地建设，全年新增林下经济示范基地3个，多年来建设可学可看林下经济示范基地共计57个。把握“健康中国”“乡村振兴”战略发展契机，优化基地森林康养环境，完善基地森林康养基础服务设施，鼓励社会资本参与森林康养产业发展，打造延平特有的森林康养品牌。1月，延平区三家单位（部门）获得国家级森林康养试点称号。

【人工商品林保险】　2022年，延平区生态林参保面积3.89万公顷，投保率100%；商品林参保面积13.3万公顷，投保率88.2%。

【古树名木保护】　2022年，延平区将古树保护列入林长制工作考核，依托“林长+警长+检察长”保护模式，与森林警察大队、检察院协同对古树进行司法保护；开展全区古树名木普查建档工作，与中国人寿财产保险公司签订《古树名木救治保护保险》，投入保费30万元承保古树名木5090株，争取古树名木抢救复壮资金15万元，抢救复壮古树名木4株。

（供稿人：何小敏）

（责任编辑：邓璟靓）

水　利

【概况】　2022年，延平区境内有一江三溪，七十二支流纵横交织，水资源十分丰富，除“一江三溪”外，本区河流长度5千米以上的有87条、总长1574千米；10千米以上的有30条，总长974千米。从集雨面积上看，五级河流共25条，其中＜50平方千米的16条、50～100平方千米的9条；四级河流共11条，其中100～200平方千米的6条、200～500平方千米的3条、500～1000平方千米的2条；延平区内没有三级河流；二级河流（10000～50000平方千米）共3条，即建溪延平区境内河长33千米、沙溪延平区境内河长9千米、富屯溪延平区境内河长36千米；一级河流（＞50000平方千米）共1条，即闽江延平区境内河长65千米，沿岸大多风景优美，拥有较丰富的水利风景资源。延平区境内水能资源理论蕴藏量112.27万千瓦，可开发水电装机容量52.23万千瓦，可开发利用系数90.3%。

【农村饮水安全】　2022年，延平区

全力推进城乡供水一体化工程建设，项目可研批复总投资12亿元，项目已完成来舟铁路水厂和樟湖集镇供水改造工程，夏道集镇管网提升改造工程正在实施中，有序推进樟湖镇池历坑水库、峡阳镇及太平镇初步设计等前期工作。10月18日区政府第15次常务会同意由农业农村局为项目实施机构，采用公开招投标选择特许经营权合作方，12月15日在南平市公共资源交易中心上网开标，中标结果正在公示中。推进饮水安全工程补短板为民办实事项目建设，涉及来舟镇宋坍村、南山镇村尾黄田等2个村，总受益人口1960人，省级补助资金49万元。持续推进农村饮水维修养护工作，涉及水厂504处，补助资金335.1万元。

【中小流域治理和安全生态水系项目建设】 2022年，延平区有序推进项目建设：延平区吉溪安全生态水系建设总投资875万元，综合治理河长7千米；延平区西塔溪塔前段中小河流治理工程总投资2990万元，综合治理河长6.1千米；延平区吉溪南山段中小河流治理工程总投资2990万元，综合治理河长5千米；延平区王台溪中小河流治理工程总投资2990万元，综合治理河长6千米等4个项目均已完成建设。

【水土保持】 2022年，延平区水利局持续全面贯彻落实《水土保持法》推进水土保持“一方案三同时”制度的落实，加强生产建设项目水土保持监督管理，切实控制人为的水土流失。全年对延平区辖区内市级以上审批的10个已建或在建的生产建设项目水土保持方案的实施情况进行专项检查，督促生产建设单位落实水土保持“三同时”制度，有效防止水土流失造成的危害。全年延平区水土流失治理面积任务1520公顷，实际完成2466.67公顷；计划投入治理资金3325万元，完成3325万元。完成南福路快速通道工程（一期）、裕正·星城首府（一期）等19个项目水土保持方案审批工作。全年完成94.56万元水土保持补偿费征收工作。继续利用“3·22”水日、“12·10”水土保持宣传日等，开展水土保持宣传教育科普活动和水法律法规宣传教育系列活动。

【水资源保护管理】 2022年，延平区水利局严格水资源管理“十四五”用水总量和强度双控目标，进一步落实建设项目水资源论证制度，落实取水许可制度，严格取水许可审批，实施区域内取水总量控制，不越权审批和重点打击无证取水，认真开展取水工程建设项目水资源论证工作，强化取水许可工程设施验收。完成全国取用水管理专项整改工作，完成11家大中型灌区取水许可。全年，行政服务中心窗口受理取水许可12家，其中，中型灌区11家，工业企业1家，通过水资源论证审查；延续取水许可107家。延平区水利局不断强化节水护水宣传教育，推进各类爱河护河、节水护水宣传和实践活动，11月8日，延平区水利局组织河长办、水政监察大队与福建南平技师学院开展“实施国家节水行动，建设节水型社会”为主题的节水护水进校园活动。

【河道采砂巡查整治】 2022年，延平区深入贯彻“绿水青山就是金山银山”思想理念，切实保护全区河道砂石资源，依据法律、法规及上级精神，区政府下发《关于印发延平区开展河道采砂领域扫黑除恶专项整治行动方案的通知》和《南平市延平区人民政府关于全面禁止非法采砂的通告》，实现全区禁采。2022年以来出动执法人员220人次，下发责令停止水事违法行为通知书17份，责令限期改正水事违法行为通知书11份，对侵占河道行为立案4起，行政处罚1万元。3月11日，联合王台镇政府、城管大队、公安等多部门对王台四处非法堆砂点进行清理，对王台溪4处非法采砂点进行现场拆除，捣毁吸砂管10根共80米，洗砂池5个面积200平方米，有力震慑王台非法采砂的违法行为。8月8日，联合西芹镇政府对花竹2处码头开展整治行动，拆除型车3处，输送带2条。进一步加强部门联动机制，开展联合执法打击非法采砂行动，加大巡查力度，发现一起打击一起。全年严格按照省、市采砂管理要求，在禁采工作的同时，结合河道疏浚工作，以“疏堵结合为原则”开展河道砂石专项整治工作，对堆砂场码头全面进行清理整治，关闭全部砂场码头。

【实施河长制】 2022年，延平进一步完善河长制制度，建立健全网格化管理，严格按照《延平区关于进一步落实河长办监督管理实施意见》《延平区关于进一步强化河道巡查规范管理的通知》等，进一步强化各级河长履职、河道专管员监管机制；调整因人事变动的河长及更新公告与河长公示牌，进一步健全区、镇、村三级网格化管理体系。深化落实“河湖长制”“双河长制”，全区区级河长4名（优化配置2名总河长、2名流域河长）、乡级河长42名、村级河长206名、河道警长35名，设立区、镇级河（湖）长公示牌264块。通过“无人机+河道专管员”的巡河模式，对全流域进行全方位的摸排，针对性地开展整治工作。高度重视水利部、省河长制明察暗访通报的各类问题，建立问题清单，狠抓问题整改，全年，水利部、省河长制明察暗访通报的各类问题80个，已全部完成整改。利用智慧延平河长制信息共享平台，做好建设健康美丽河湖各方面信息报道，强化正向引导，推进信息宣传工作，编辑工作简报16期，政府网站信息公开22期，微信公众号发布142期。

（供稿人：肖紫晋）

（责任编辑：邓璟靓）

工　业

综　述

【概况】　2022年，延平区规模工业完成产值331.3亿元，比上年增长5.03%。其中，区属规模工业企业完成产值89.1亿元，比上年增长-1.19%。辖区规模以上工业完成增加值58.28亿元，比上年增长1.3%。其中，区属规模以上工业完成增加值19.67亿元，比上年增长0.4%。全年工业项目固定资产完成投资49.13亿元，比上年增长2.58%，其中，区本级完成工业投资34.20亿元，比上年增长16.35%；辖区完成工业项目技改投资29.63亿元，比上年增长-9.53%，其中，区本级完成技改投资18.98亿元，比上年增长-4.58%。

【加大规上规下企业培育】　2022年，延平区加大上规入统企业培育，建立“小升规”企业培育库，对年内有望上规的8家企业（恒效节能、远拓电气等）加强跟踪指导。全年辖区新增新建投产企业3家，规下转规上企业10家。其中区属新增新建投产企业2家，规下转规上企业6家。加强规下工业企业指导，跟踪12家规下样本库正常生产经营的企业生产经营情况，跟踪服务好新增入库的水东金鸡山社区的漫品智造玩具、鑫天合服饰、天悦服装、海思服饰、鹏鑫制衣以及王台上溪口村的长辉木业等7家样本村样本企业每季度营业收入数据情况。

【信息化工作】　2022年，延平区推进4项总投资0.42亿元的数字化转型升级重点项目建设，完成投资额0.21亿元，主要应用场景在生产过程数字化、产品流转、质量追溯等。如荣坤钢化玻璃购置智能系统生产连线；华孚电器在产品质量管理及产品质量追溯等信息管理领域提供全面的解决方案。打造标杆企业，推进“数字＋制造业”，依尔婴通过引进“定制服装工贸 ERP 系统”“服装智能吊挂系统”“智能化仓储改造”等，实现原材料或半成品精准到达、生产要素和企业资源的统一调配。区本级6家企业通过工信部“两化”融合管理体系贯标认证，企业围绕生产、采购、销售、财务管理、办公等关键业务环节开展数字化升级改造。如三金电子推动财务管理环节ERP信息管理系统和生产流程数据采集系统集成创新应用项目。

【推进提升企业质效】　2022年，延平区加强优质中小企业梯度培育，鼓励和引导企业开拓细分市场，朝着“专精特新”方向发展，成为行业的“单项冠军”“配套专家”，举办“延平区专精特新企业领导力培训会”“利润空间——目标降本增效主题分享活动会”和“专精特新”“技术合同认定”惠企政策宣讲会等各类培训活动，帮助企业提升经营管理水平，应对经济下行压力，在挑战中不断完善自我。南平元力、华泰汽配获评省级“专精特新”中小企业；荣坤钢化、昊伟新能源获评2022年第一批省级创新型中小企业。通过复核的国家级、省级单项冠军产品各1项。

工业企业服务

【工业企业扶持】　2022年，延平区持续开展“百名局长帮扶百家企业”活动，结合延平区“三大攻坚行动”实施方案，组织全区18名处级领导和31个区直部门挂点领导走访帮扶47家区属规模以上工业企业，了解企业生产经营、融资需求、市场开拓等情况，认真听取企业的意见建议和困难问题，及时帮助协调解决。协调南平时代新材料项目落地、三金电子新增购地、申阳科技环保用工、中磊项目厂房建设等项目推进过程中的困难问题。9月20日，市工业园区管委会、区工信局、发改科技局和南平市中小企业平台联合举办“专精特新”“技术合同认定”惠企政策宣讲会。华孚电器、元乔木业、华闽南配等30多家辖区省级以上“专精特新”中小企业、“专精特新”培育企业的40多位高管人员参加活动。

【实体经济服务】　2022年，延平区加强惠企政策宣传，宣传中央和省、市、区出台的一系列惠企政策，指导企业通过“党政新时空·政企直通车”的“政策云配”功能智能匹配惠企政策，受理企业咨询、诉求、建议，进一步强化助企、援企的精准性。全年区级“政企直通车”平台发布政策36条，收集企业反映的政策申报、用工奖补等困难问题27件，均办结；依托“政企直通车”平台将政策录入“免申即享”系统，延平区全年发布19项认定类“免申即享”政策清单，涉及工信、发改和科技、商务、市场监管4个部门。

【政策资金扶持】　2022年，延平区指导帮助企业申报技改完工投产项目奖励、省级新增规模以上工业企业奖励资金。三山钢铁、长富乳品等27家工业企业获得工信领域各类奖补资金共计1120.0372万元，涉及奖补项目13个。推荐企业申请中小微企业纾困贷款18家，金额共计1.37亿元；申请帮扶基金企业7家，累计转贷8笔，金额共计3960万元；对第二季度新增贷款的区属规模以上工业企业给予贴息支持，符合贴息政策企业7家，贴息资金共计15.745万元。

【二轻工业集体服务】　2022年，延平区二轻工业总会强化企业安全生产主体责任，组织召开二轻系统综治和安全生产工作企业厂长书记联席会议4次，督促直属企业切实加强组织领导，持续推进企业安全生产由被动接受监督向主动加强管理转变，增强各直属企业抓好安全生产工作的政治自觉和责任自觉，深入二轻各直属企业，开展安全生产知识和技能宣传教育，通过实地查看消防设施、检查安全生产台账等方式，对全系统8家企业单位开展安全生产隐患大排查256家次，排除隐患24个。全系统投入各类安全生产资金23.6万元，新增消防器材18个。受持续性强降水影响，加强对易发生地质灾害企业的旧厂房、旧职工宿舍区的安全预警及防汛工作，强化应急值班和预警防范，对出现山体滑坡、旧厂房屋面塌陷等及时采取应急措施，做好直属企业靠高边坡、陡坡、易发生地质灾害的旧厂房和破旧职工宿舍区等安全防汛工作。对困难企业安全生产投入资金不足，二轻联社在自身经费紧张的情况下挤出9.7万元支持各企业安全生产。做好已改制企业19家，未改制企业6家（其中5家已停产多年）的服务工作。引导群众依法信访，对涉及历史政策的问题，为20多名职工出具了各类所需证明材料，协助解决社保、医保以及达到退休年龄办理退休手续时遇到的各种问题。促成引进2家新企业入驻，解决二轻闲置厂房的使用问题。10月，二轻关工委深入延平区塔前中心小学，走进留守儿童的家庭，向留守儿童及家长表达了关心和慰问，给5位留守儿童捐赠学习礼包。

2022年11月，二轻总会工作人员在企业（二塑）指导安全生产工作

（陈世林／摄）

【工艺美术行业管理】　2022年，延平区二轻工业总会弘扬延平区优秀传统文化，宣传推介延平茶洋窑非物质文化遗产项目及茶洋窑文化示范基地，陪同省工信厅工美中心及市工美协会领导对延平区工艺美术工作及茶洋窑文化开展调研活动，促进了延平区工艺美术产业繁荣发展。

（供稿人：李枝松）

（责任编辑：李远圆）

节能降耗与技术改造

【节能降耗】　2022年，延平区抓好节能降耗对标工作。督促综合能耗3000吨标准煤以上的重点用能企业落实节能目标，特别是加强对三山钢铁、长富乳品、和顺碳素、金牛水泥等重点耗能企业的监管，重点用能单位能耗在线监测上传、重点用能企业按时填报月报数据。加强高能耗行业和企业能耗管控，引导鼓励和顺碳素、金牛水泥等重点耗能企业进行节能技改，开展行业能效对标，区属重点耗能企业的单位产品能耗达到或优于行业平均水平。开展节能宣传周和全国低碳日活动，6月17日，在文化广场开展节能宣传周和全国低碳日主题宣传活动。

【技术改造】 2022年，延平区实行工业技改项目挂点挂项机制，建立重点工业技改项目清单，抓好项目分类推进，重点攻坚，重点跟踪管理。南线电力电缆设备升级改造项目等列入2022年省级重点技改项目共9项，当年计划投资1.63亿元，全年完成投资1.56亿元，占年度计划的95.8%。豪泰日用品加工项目等列入市级重点工业项目共10项，当年计划完成投资2.93亿元，全年完成投资4.13亿元，占年度计划的140.95%，超序时进度。

（供稿人：王健政）

（责任编辑：李远圆）

工业园区

【概况】 2022年，延平工业园区炉下产业区企业17家，正常生产16家，在建1家。其中规模以上企业7家，实现工业产值139551万元，税收1164万元。大横产业区企业16家，正常生产12家，在建3家，签约1家。其中规模以上企业6家，实现工业产值60980万元，税收1301万元。争取专项债资金2.13亿元，根据延平工业园区发展现状，精心谋划，合理布局，建设污水处理厂、标准厂房等，进一步完善产业区基础设施配套建设，改善投资环境，促进产业集聚入驻，提质增效。

大横产业区标准厂房（在建） （吴跃磊/摄）

【《成片土地开发方案》等编制】 2022年，延平区炉下产业区《成片土地开发方案》报至省自然资源厅待审核；《延平新材料产业园总体规划》（专项规划）、《控制性详细规划》完成。

【投产项目】 2022年，延平区投产项目4项，具体为：福建纪豪食品有限公司米粉、面制品等系列产品加工，总投资15000万元；福建南平市豪泰日用品有限公司化妆棉、棉签等生产项目，总投资30000万元，一期项目投产，二期项目正在建设中；南平市中磊竹木制品加工项目，总投资6000万元，用地25亩；延平区鑫元竹木循环综合利用项目，总投资2亿元，用地64亩，完成土地招拍挂，一期项目投产，二期项目正在建设中。

【建设项目】 2022年，延平区建设项目4项，具体为：福建南平金豆源豆制品加工项目，总投资23000万元，用地63.17亩，总建筑面积51000平方米，完成土地招拍挂，正在进行厂房建设；福建青创天下报废机动车拆解厂项目，总投资6200万元，用地15亩，完成土地招拍挂，正在进行规划、设计等工作；福建福雅进口名贵原木现代化加工项目，总投资21500万元，5月签约项目，拟租用延平区大横产业区龙山平台竹木园区标准厂房；延平新材料产业园，征地总面积631.724亩，完成编制《延平新材料产业园总体规划》《新材料产业园基础设施建设项目可行性研究》，完成林地可研报告、地质灾害评估报告、水土保持方案、社会风险评估报告和地质勘察。正在编制《延平新材料产业园总体规划环境影响报告书》。

（供稿人：官　艳）

（责任编辑：李远圆）

财政 税务 金融

财 政

【概况】 2022年，延平区财政局按照区委“12335”行动和“10+6”重点工作部署要求，推动积极的财政政策提质增效，更可持续。落实政府“过紧日子”要求，全力做好财政工作，财政收入及时足额入库，财政支出确保重点支出和各项民生支出的需求，有力保障全区财政平稳运行。根据快报统计（下同），2022年，全区一般公共预算总收入完成108230万元，同口径增长5.10%。其中：地方一般公共预算收入完成80221万元，同口径增长16.29%；上划中央收入28009万元，同口径下降14.57%。全区一般公共预算支出（含上级专款）271458万元，比上年增长15.12%。

【社会民生保障】 2022年，延平区教育、社会保障和就业民生等相关支出233622万元，占一般公共预算支出的比重86.06%，比上年增长12.53%，确保各项民生等重点支出及时落实到位。

教育经费保障 2022年，延平区安排教育支出56826万元，主要用于免除城乡义务教育阶段学生学杂费和补助生均公用经费及城乡义务教育阶段学校为学生免费提供作业本费。用于教师基础绩效奖、乡村教师生活补助、学生营养改善及生活补助，退休教师一次性补贴专项经费，支持校舍安全保障建设、公办幼儿园建设，支持义务教育薄弱环节改善与能力提升，推进义务教育均衡发展和城乡一体化建设。

社会保障和就业 2022年，延平区安排社会保障和就业资金59834万元，用于居家养老、乡镇敬老院、幸福院补助，大力促进养老服务业发展、做好残疾人保障工作。坚持就业优先，支持就业困难人员社保补贴、公益性岗位补贴、就业培训、职业技能提升等，努力实现更高质量和更充分就业。

基本公共卫生服务 2022年，延平区安排卫生健康资金19585万元，落实基本公共卫生服务经费保障机制，将基本公共卫生服务补助经费由常住人口每人每年79元提高到84元，稳步提升基本公共卫生服务水平，支持推进疫苗接种工作，做好常态化疫情防控经费保障。支持医药卫生体制改革，推进疾控体系改革，支持公立医院和基层医疗卫生机构综合改革，完善公立医院薪酬制度改革和绩效考核。

文体事业发展 2022年，延平区安排文化体育与传媒支出1802万元，用于支持城乡文化设施建设、文物保护、文体活动、全民健身活动、公共

2022年5月，延平区财政局依托现有体育公园的基础设施打造财政法治主题公园
（区财政局/供）

文化馆免费开放奖励等，支持体育健身场地建设。

科技事业发展 2022年，延平区安排科学技术支出3147万元，用于创新财政科技投入机制，支持实施财源建设、重大科技专项费用等支出。

【农村发展服务】

惠农强农政策 2022年，延平区制定出台《延平区财政涉农资金管理实施办法》，完善财政支农项目申报和资金管理制度建设，提高涉农资金使用效益。安排5653.36万元用于各项涉农补贴，其中：农机购置补贴1020.96万元，耕地地力保护补贴资金1894.60万元，实际种粮农民一次性补贴405万元，库区移民直补资金2332.8万元，使惠农强农政策落到实处。

乡村振兴发展 2022年度，延平区扶持壮大村集体经济，根据区政府对试点村扶持发展的安排，健全试点村村级集体经济发展增收机制，新增扶持村集体经济发展试点村6个，拨付财政资金580万元。按照农村公益事业财政奖补项目实施方案，安排财政资金1535万元，用于实施150个农村公益事业财政奖补建设项目。安排本级财政衔接乡村振兴资金6957万元投入乡村振兴，用于完善农业农村基础设施建设，促进农业产业发展和农民增收。

改善基层建设 2022年，延平区拨付14324.124万元用于改善基层建设。其中，拨付农村公路养护省级补助资金1014万元，2020年度农村客运和出租车成品油价格补助资金503.18万元，2022年度车购税补助地方建设项目资金（第一批）、国道G205线延平九峰隧道及连接线公路工程（中央直达资金）1亿元，2020年度岛际和农村水路客运油价补贴资金71.28万元，2022年度国防交通（第一批）中央基建投资资金2731万元，2021年度下半年河渡工和船管员安全奖励补助资金4.664万元。

【财政转移支付】

财政资金争取 2022年，延平区制定出台《延平区向上争取资金奖励办法（试行）》，牢牢把握福建省财政厅挂钩共建延平区重要契机，主动对接省财政厅各处，参与谋划重大项目，进一步争取项目资金，为经济社会发展提供坚实财力保障。全区争取转移支付资金22.07亿元，比上年增加5.07亿元，增长29.5%，全市排名第一。提出挂钩共建项目14项，争取资金11685万元，项目资金涉及苏区、老区社会公益事业发展项目、补齐科教文旅短板、产业振兴示范村、环境综合整治和乡村绿化、财政支农、文化产业项目等，有力促进延平区经济社会绿色高质量发展。

向下级财政转移支付 2022年，延平区努力缓解乡镇（街道）财政困难。安排资金17901万元，用于对乡镇（街道）的转移支付补助，增强基层政府的公共服务保障能力，其中各乡镇（街道）补助资金12803万元，农村税费改革转移支付5098万元。

【财政管理机制创新】

财政保障力度 2022年，延平区财政局严格按省市要求，在规定的时间内，完成规范公务员、事业人员津贴补贴及机关事业退休人员生活补贴工作。将乡镇（街道）干部、职工的住房公积金纳入财政预算，切实保障基层干部职工住房权益。

预算绩效评价工作 2022年，延平区财政局组织开展培训会，提高各乡镇街道、区直各单位相关业务人员对预算绩效管理的认知水平和实操能力，提升延平区预算绩效管理整体水平。要求各单位每一笔支出做好预算绩效评价，严格把关预算单位经费申请，将绩效评价融入一般性支出，协商压减年初非必要性预算。

财政投资评审工作 2022年，延平区制定出台《南平市延平区政府投资项目预算评审管理办法（试行）》，对预算金额达到400万元（含）以上的政府投资项目预算进行评审。全年完成工程预算评审项目31个，送审工程造价48846万元，审定工程造价44997万元，净审减工程造价3849万元（含审增工程造价7万元），净审减率7.88%，进一步节约项目建设资金，提高了政府投资建设资金使用效益。

财政监督检查 2022年，延平区财政局落实财政监督检查要求，常态化开展“三公”经费监管，开展2022年度的会计信息质量监督检查，对全区162家行政事业单位开展“进一步加强财会监督”自查自纠工作，对45家单位自查自纠发现的72个问题进行整改。

2022年5月17日，福建省财政厅到延平开展助力市场主体纾困发展财政政策落实情况座谈会
（区财政局/供）

医疗电子票据改革　2022年，延平区财政局按照“统一部署、分步实施、有序推进”的原则，在2021年全面完成机关事业单位财政电子票据改革工作的基础上，2022年重点推进医疗收费电子票据管理改革工作。在改革过程中协调，努力克服收费接口对接等困难，于9月完成医疗收费电子票据改革工作，至此全面完成财政票据从纸质票据向电子票据过渡的改革工作。

深化国企改革工作　2022年，延平区财政局聘请专业第三方服务机构“惠信股份公司”协助开展改革工作，整合重组国有企业，组织搭建三大集团，完善集团组织架构，确定集团核心管理层及法定代表人，制定出台国有企业监管、“三重一大”决策、薪酬管理、人事管理等相关制度。在保证现有融资结构稳定的前提下，分步对现有资产进行一定分类，划归各集团运行管理。

【落实稳经济政策】

落实留抵退税政策　2022年，延平区财税部门广泛宣传、解读政策，利用专题上门辅导、线上提示提醒、网格化服务等方式，加强对符合条件纳税人的政策精准解读，让减税降费红利实实在在惠及广大纳税人缴费人，确保应知尽知、应享尽享。加强统筹上级财政安排的转移支付资金和自有财力，确保退税资金保障到位，退税款及时足额直达市场主体。全年留抵退税9423万元。

阶段性减免房屋租金　2022年，延平区财政局根据延平区政府《延平区积极应对疫情影响进一步帮助市场主体纾困肩负的若干措施》（延政文〔2022〕42号）及区国资委《关于延平区积极应对疫情减免小微企业和个体工商户房屋租金的通知》（延国资〔2022〕15号）文件精神，减免延平区范围内承租区属国有企业和行政事业单位国有房屋的服务业小微企业、从事生产经营活动的小微企业和个体工商户承租户租金376户644.01万元。

清退政府采购保证金　2022年，延平区财政局严格落实政府采购政策，遵循政府采购涉企保证金相关制度规定，对2021年1月1日至2022年6月30日内签订政府采购货物和服务合同的质量保证金进行清退，合计清退26.04万元。

（供稿人：刘美菊）

（责任编辑：李远圆）

税　务

【概况】　2022年，延平区税务局充分发挥税收职能作用，推进全年各项税收工作取得新进展、展现新面貌，精准落实税收优惠政策，为延平“二次创业”、打造福州都市圈门户城市建设，提供了强大的税收保障。全年组织税费收入40.34亿元，比上年增收15.51亿元，增长62.5%，其中：税收收入11.31亿元，比上年减少3.46亿元，下降23.4%；社会保险费收入10.23亿元，比上年增收0.69亿元，增长7.2%；其他非税收入18.8亿元，比上年增收18.29亿元，增长3587.3%。组织完成延平区一般公共预算总收入8.62亿元，其中地方一般公共预算收入完成5.06亿元。

【减税降费】　2022年，延平区税务局新增减税降费及退税缓税缓费约4.75亿元。通过落实减税降费及退税缓税缓费政策，宣传税费优惠新政，运用“减税降费监控平台”大数据实时监测落实情况，利用电子税务局平台精准推送税收优惠政策公告、办税流程等信息，让纳税人缴费人应享尽享、应享快享。

【法治税务建设】　2022年，延平区税务局推进依法治税，深入落实改革任务，统筹优化执法方式，健全税收监管体系。强化税务执法规范建设，落实行政执法公示、执法全过程记录、重大执法决定法制审核“三项制度”，做好执法记实和执法轨迹化管理，全年录入音像记录32条。落实“首违不罚”清单制度，实施“首违不罚”987户次。编制发布区局权利和责任清单，加强与区政府权力清单的工作衔接，实行动态管理。全年公示税收行政许可720条、一般行政处罚38户次、委

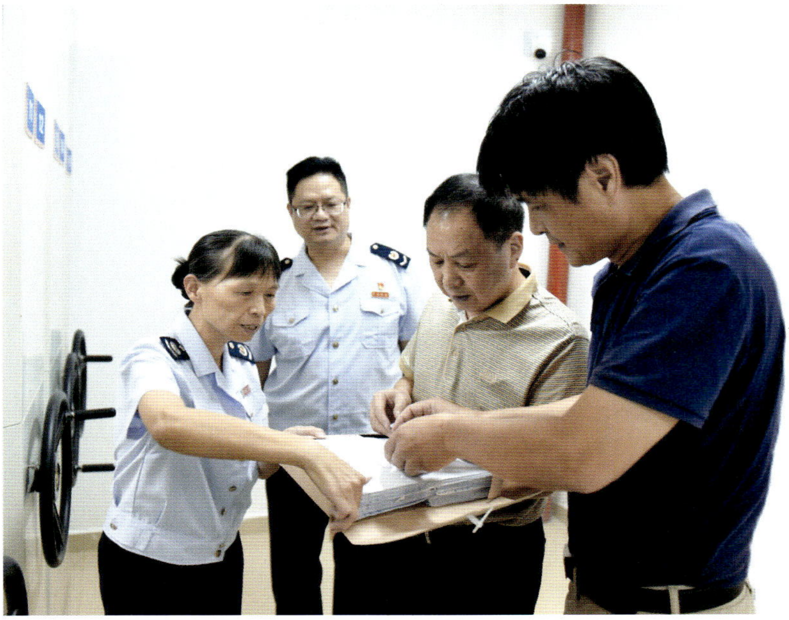

2022年7月27日，福建省税务局一级巡视员林国镜（右二）到延平区税务局指导征管档案管理工作　（池雪倩／摄）

托代征协议3户次。

【税收征管】

税收保障　2022年，延平区税务局着力强化税收保障工作。关注区重点项目、重点工程，深入一线，有效帮助企业纾困解难。全年先后接收区直部门涉税数据45批次，逐项对接施工许可审批和工程中标项目118个；重点保障服务项目25个，涉及投资金额约9.14亿元；推送涉税数据24批、8518条次。深入推进精诚共治大格局。

税费管理　2022年，延平区税务局稳步提升税费征管质效。推行专票电子化，全年推行电子专票337户，开具发票10689张；取得电子专用发票企业674户，发票5610张。高效推动“全电发票”扩围试点工作，开展全电发票受票宣传和随票精细服务，针对重点企业开展“一对一”靠前服务，推动全电发票业务精准落地。探索建立“税郡通”实践应用机制，丰富数据应用成果，充分发挥“税郡通”跨区域和多维度比对功能优势，提供深层次、综合性、个性化的数据分析服务，为地方党政税收经济决策提供重要决策辅助，提升基层税务机关“以数治税”“以税咨政”能力。坚持“税费皆重”理念，构建税务、财政、人社、医保四部门“统模式”工作协调机制，全面梳理社保费各项缴费政策，整合汇总各类存量数据，确保城乡居民社保费“统模式”征缴平稳落地。创设“网格宣传”模式，深入各乡镇、街道，现场解说“两险”系统操作流程，在公示栏粘贴宣传海报；发动乡镇街道干部，发放宣传资料、辅导缴费操作。全年印发《城乡居民基本医疗保险缴费须知》1.1万份，宣传海报《致城乡居民基本医疗保险缴费人的一封信》1000份。

【纳税服务】　2022年，延平区税务局始终坚持以纳税人缴费人为中心的理念，持续深化税务领域“放管服”改革，倾力激发市场主体活力，税费服务质效进一步提升。

2022年6月6日延平区税务局邀请省政协委员邓长昌（右二）、区人大代表走进办税服务厅参加“走流程 问需求 优服务”活动　（徐悦善/摄）

“非接触式”办税服务　2022年，延平区税务局持续优化“非接触式”办税缴费服务模式，依托电子税务局、闽税通App、微信公众号等“非接触式”办税缴费服务通道，采用“网上办”“预约办”“延期办”等措施，拓展网上办理覆盖面，提升网上办事效率。全年累计办理涉税缴费业务58.95万户次，其中线上办理58.59万户次，线上办理率99.4%。其中：电子申报率99.61%；其他涉税缴费事项办理率95.08%；发票领用网上办理率94.48%。

纳税辅导　2022年，延平区税务局开展便民办税春风行动，精准服务助力企业发展。举办“走流程问需求优服务”活动。邀请人大代表、政协委员走进办税厅，体验办税缴费服务，谈体会、问实效、提建议，推动营商环境持续优化。成立税悦工作室，提升精细化服务。以“一站式”集成服务为重点，与“税e办”征管服务工作室双线联动，聚焦纳税人缴费人“难点、堵点、痛点”问题，创新服务举措，打破部门壁垒，提高服务水平。组建“青税优服”税特派，开展精准辅导。主动服务地区特色产业，推动企业科技创新，促进区域经济生态协调发展，获省局领导表扬性批示。区税务局全年举办各类减税退税宣传8场次，走访企业865户次，开展“一对一”上门宣传936户次，帮助福建成功山水旅游投资有限公司等50余户企业解决100多个问题。

（供稿人：池雪倩）

（责任编辑：李远圆）

金　融

【概况】　2022年12月，延平区本外币各项存款720.63亿元，比年初增加79.45亿元，增长12.39%，比上年同期增长11.97%；各项贷款余额584.6亿元，比年初增加24.56亿元，增长4.39%，比上年同期增长4.36%；不良贷款余额5.15亿元，不良贷款率0.88%。

【农村信用建设】　2022年，延平区50个村获评南平市首批“金融信用示范村”、来舟镇获批南平市首批“金融信用示范乡镇”。

【搭建服务平台】　2022年，延平区推广“金服云”平台，鼓励企业通过该平台申请纾困贷款。截至12月底，延平区累计有474家次企业申请纾困贷，286家次企业获得贷款共计9.47亿元。

【绿色金融发展】　2022年，延平区召集辖内银行召开绿色金融发展工作推进会，加快做好绿色企业和绿色项目评价认定入库工作，做大绿色信贷规模，全区19家绿色企业认定入库。力促涉农银行转型升级，助推农业发展。南平农商银行来舟支行获南平银保监分局认定，授予“绿色支行”称号。

【特色产业助力】　2022年，延平区鼓励金融机构在风险可控和商业自主原则下，结合延平特色创新信贷产品和服务支持绿色发展。兴业银行南平分行下放涉农贷款36.25亿元，较年初新增8.5亿元，增幅31%；9月，兴业银行南平分行落地全省首笔奶牛活体抵押贷款400万元，有效提升农业经营主体金融供给能力，有力践行金融科技赋能乡村。鼓励银行上门服务，南平农商银行主动对接即将落地延平区的首个南平菌草基地，实地走访、主动上门向企业介绍账户开立的基本流程、所需资料和时间，简化开立流程，加快开户效率，做到资料审核与面签等各环节紧密衔接，确保开户流程顺畅，限时办结。

【企业融资成本降低】　2022年，延平区通过“企业家下午茶”“晚餐会”了解企业的资金诉求，用心帮助方欣培训学校、申阳科技公司、鑫顺农业发展公司等企业牵线辖区的银行解决困难，助力企业做大做优做强。根据省、市要求，省进出口银行为进一步扩大贷款投放力度，金融办摸排辖区涉进出口业务企业贷款意向，推荐3家企业给省进出口银行，意向融资22.5亿元。协调工商银行、兴业银行、南平农商行，根据三大产业经营特点、资本实力、市场前景等建立信用评级制度，开发符合企业生产周期的特色金融信贷产品，在银行贷款利率、期限、金额方面给予优惠支持，3家银行已开发“游乐贷”“旅店宝”“保温贷”“酒店易贷”“保温e贷”“购建贷”等6种信贷产品方案。为降低区属企业的融资成本和风险，2022年以来主动作为，当好参谋，为区属国企融资严格审核把关20余次，助力区属国有企业健康平稳发展。

【商务活动】　2022年，延平区营造良好的营商环境，推动区内企业又好又快发展，推选区国运公司参加第三届资产管理武夷峰会，现场签约“非公开发行公司债券项目”，区国运公司在上交所发行6亿元债券，募集资金6亿元。

【金融风险防范】　2022年，延平区以集中宣传和日常宣传相结合的方式，结合春节和“5·15”反电诈宣传日、防范非法集资、9月网络安全周等宣传日，开展多种形式的宣传活动，不断提升社会宣传氛围。全年开展了5次集中宣传，发放宣传材料1万余份，普及金融知识1200余人次。与人行南平中心支行、南平银保监分局、公安、市场监管局等部门建立紧密合作机制，对辖区内类金融机构进行摸排和上门核查，全年开展专项排查行动7次，涉及类金融机构39家次。扎实开展清理整顿各类交易场所工作，经过摸排，延平区无交易场所。加强类金融监管，完成宇辉典当的迁入审核、注册登记，以及国侨典当的年审整改。

【信访工作】　2022年，延平区金融办跟进了解安华亚、金瑞龙等事件的处置情况，全年配合处非办接访13次，帮助化解矛盾纠纷，引导信访人理性上访，通过法律途径解决问题。针对海川药业公司涉访事件，对接省、市金融局，深入企业和主管、监管部门调查了解情况，召集有关部门集中分析研判，认真接待上访人群，了解信访诉求，引导企业主动对接信访人群，采取措施及时、妥善做好上访人的债权债务善后处置工作。

（供稿人：刘思源）

（责任编辑：李远圆）

商贸　服务业

综　　述

【概况】　2022年，延平区充分利用区位优势，聚焦消费、贸易、投资、电子商务、招商引资等重点领域，激发商务经济强大活力、动力，各项商务经济指标平稳增长，推进“一把手”招商项目取得新突破。

【招商引资】　2022年，延平区完成“一把手”招商引进总投资2亿元以上项目11个（意向签约项目5个、正式签约项目3个、开工项目3个），总投资91.96亿元。完成处级领导总投资亿元招商引资项目合计31个，总投资155.09亿元。全力推进“一把手”招商项目取得新突破，精准发力挖掘一批大项目、好项目。对接区委书记黄桂诚招引的总投资21.5亿元南平时代动力锂电池石墨负极材料和大规格超高功率石墨电极生产项目和总投资15亿元闽东北现代智慧农业大市场项目；对接区长叶文平招引的总投资5亿元铁路报废物资福建综合处置基地项目，协调相关部门合力做好项目初步选址确定，实现大项目突破。围绕培育打造“3+4+5”产业集群方向，认真做好第二十二届中国国际投资洽谈会工作方案，“一把手”外资金色乐园项目参加福建省重大项目集中签约仪式并成功签约。

2022年6月29日，延平区2022年第二季度项目集中签约仪式　　（黄　榕/摄）

【外贸出口】　2022年，延平区累计完成出口22.42亿元，比上年增长13.4%。完成进口0.28亿元，比上年增长-14%。持续深入辖区企业宣传稳外贸政策，加强金融、信保、海关、税务等部门具体扶持政策法规宣传，指导企业用好中央中小开、省级外贸云展会等政策，全年兑现外贸政策资金230.08万元，帮助外贸企业纾困解难，提振发展信心，扩大辖区出口规模。鼓励企业参加广交会、中国国际进口博览会、外贸线上展会、举办外贸云展会推介培训会，推动延平区外贸出口企业转型升级。加强出口信用保险政策宣传工作，延平区参加投保出口信用保险的小微企业33家，保额495万美元，全区外贸企业参加出口信用保险总保额4200万美元。

【利用外资】　2022年，延平区实际利用外资1083万美元（7056万元人民币），比上年增长76.7%，全市排名第一位，系统在存外商投资企业91家，其中新增外商投资企业3家，投资领域主要涉及房地产行业、农业、竹木制品制造等，投资来源以韩国等国家和地区为主。

【商业贸易】　2022年，延平区完成社会消费品零售总额114.59亿元，比上年增长3.4%。新增限上商贸企业40家。推动省级示范商圈建设，探索创新消费模式，组织开展“全闽乐购”年货节、“繁荣夜经济·活力新延平”、“寻味延平美食嘉年华”、“全闽乐购·畅游南平”汽车专场、“全闽乐购·畅游南平”电器专场等5场促消费活动，发放补贴、消费券、美食券等413.17万元，带动全区消费超亿元，有效激发市民消费热情，促进全区消费稳定增长。

【市场运行秩序】　加强“菜篮子”产品信息监测预警和信息发布工作，提升调控保障能力，检查、指导18家省级城市副食品调控基地完成年度指导性生产计划，争取省级城市副食品重点调控基地项目资金40万元。与夏商超市等5家大型超市签订《超市生活必需品市场应急保供协议》，确保应急时生活必需品不断档、不脱销。成品油市场专项整治工作取得突出成效，2022年延平区立足辖区实际，聚焦成品油市场专项整治行动，完善“3+X”工作机制，建立商务、市场监管、公安、中石化延平分公司等部门联合执法，检查成品油市场、企业内设加油站点等经营主体242家次，取缔非法储存柴油黑窝点2个，查扣储油罐4个、库存柴油约2.6吨，移送涉嫌安全生产违法违规案件1起。

（供稿人：胡滨玉）

（责任编辑：李远圆）

供销合作商业

【概况】　2022年，延平区根据全国供销总社精神，恢复县级供销合作社，同年5月成立南平市延平区供销合作社联合社，辖15个乡镇基层社和1个城区供销社，16个基层供销社（其中12个全资企业、4个开放办社吸纳加盟企业），另有4家直属公司。全区供销社系统商品销售总额17.34亿元，比上年14.36亿元增长20.75%，其中：消费品零售额11.57亿元，比上年11.21亿元增长3.21%，农业生产资料销售额1.43亿元，比上年1.09亿元增长31.19%。全系统农副产品购进额12.85亿元，比上年12.51亿元增长2.72%；再生资源购进额414万元。全年领办农民专业合作社1家，累计发展213家。延平区蓝田农业种植专业合作社获评2022年度省级示范社。

【主要营销服务网络】　2022年，延平区乡镇规模型（营业面积450～1000平方米）供销超市6个：福建供销华铺超市樟湖店1066平方米，南山店450平方米，西芹店890平方米，夏道供销新华都超市907平方米，夏道供销山园果业生鲜超市800平方米，炉下供销连开荣供销超市480平方米。另有农贸市场1个：峡阳供销农贸市场1500多平方米，86个摊位。家电类销售服务商场1个：延平城区供销合作社综合楼一层店面320平方米。南平市供销运输公司（马站里2号）汽车维修车间350平方米，门店开展比亚迪新能源汽车售后服务和无腻子钣金修复新工艺维修服务，提升企业汽车二类维修资质及综合服务功能。

【保供促销工程建设】　2022年，延平区供销合作社联合社对接省供销社挂钩共建延平区工作，策划对接扶持项目并组织实施，争取“保供促销工程”专项资金100万元，建设樟湖、太平、大横、茫荡等乡镇、村惠农综合服务中心，为农民群众提供日用消费品销售、农资供应、农副产品购销、快递物流、便民代办等服务。太平镇为农服务中心项目占地面积260平方米，建设农资供应服务、农副产品购销、日用消费品销售、快递物流、便民代办服务等功能区；茫荡镇三楼村供销惠农综合服务中心占地面积约60平方米，购置办公设备，相关农资展示样品购置和场景装修等，提供大米、锥栗、洋芋粉、笋、茶叶、水果等农副产品购销、快递物流配送、便民代办等服务；樟湖镇龙池村惠农综合服务中心，结合该村农文旅项目开发，配套建设惠农综合服务中心，项目占地面积40平方米，购置办公设备，相关农资展示样品购置和店铺装修等，提供农资、渔料供应配送、农副产品购销、日用消费品销售、快递物流配送、便民代办等服务；大横镇溪洋村农产品产地仓储冷库配套设施建设项目，新建农产品冷库1座（二层），建筑面积约300平方米，室外给排水工程1千米，绿化100平方米，室外硬化道路200平方米，配套建设通风、消防、供电等附属设施，并购置制冷保鲜等设备。西芹供销社省级惠农服务中心完成一期配套项目建设，面积490平方米。

【农资保供稳价服务】　2022年，延平区供销合作社联合社始终坚持为农服务宗旨，认真贯彻落实全省农村工作会议精神，保障粮食安全生产农用物资有效供给，充分发挥农资重要经营品种的主渠道稳价作用，根据农资市场发展变化的趋势和特点，围绕“保量稳价，保质应季”的要求，努力做好春耕农资储备及供应服务工作，确保不误农时。全区农用物资销售3885万元，比上年3239万元增长19.94%，其中化肥销售3506万元，比上年2833万元增长23.76%，农药销售379万元，比上年406万元降低6.65%。化肥供应总量16804吨，比上年减少2245吨，其中：氮肥3060吨，比上年减少568吨；尿素1137吨，比上年减少231吨；碳铵1923吨，比上年减少337吨；磷肥2834吨，比上年减少270吨；钾肥428吨，比上年减少216吨；复合肥5735吨，比上年减少633吨；有机肥1687吨，比上年增加10吨。化学农药供应241吨，呈逐年下降趋势，实现减肥降药目标。

（供稿人：魏运荣）

（责任编辑：李远圆）

烟草专卖

【概况】　2022年，延平区落实种植

面积480公顷，比上年增加133.33公顷；收购烟叶1.83万担，担均价比上年增长4.1%；销售卷烟17632箱，完成全年进度的100.18%，条均价比上年增长4.35%，销售收入比上年增长4.93%，查获各类涉烟案件146起，查获卷烟数量3397.2条，其中假私非卷烟1426.4条，比上年增长15.04%，市场净化率95.8%。

【烟叶生产】 2022年，延平区落实种植面积480公顷，比上年增加133.33公顷；收购烟叶1.83万担，担均价比上年增长4.1%；亩产值比上年增长5.7%；创税比上年增长48.4%，产业效益进一步提升。完成烟基项目222项，受益烟田面积1511.33公顷。完成雪茄烟晾房及附属设施项目建设，为延平雪茄烟高质量发展打下基础。完成援建水源工程项目收尾工作，有效保障南山镇农田灌溉及居民用水需求。

【卷烟营销】 2022年，延平区销售卷烟17632箱，完成全年进度的100.18%，条均价比上年增长4.35%，销售收入比上年增长4.93%，高于全市平均0.43个百分点。卷烟销售稳中有进，销售进度和收入增幅均排名全市第二；省产烟培育取得成效，条均价增幅排名全市第一；营销办在全市营销序列考核中综合排名第一，获评全市先进营销办公室称号。

【品牌培育】 2022年，延平区烟草专卖局深化工商协同，共育品牌新机制。形成“工业资源支撑、商业统筹配置、零售客户受激励、消费者得实惠”的运行机制，围绕直营店、“海丝新晟”流通品牌、诚信互助小组“三大阵地”建设，持续开展“线上+线下”结合的品牌宣讲、主题陈列、驻店派吸、培训交流等品牌活动，助力一、二类卷烟销售比上年增长7.28%，增幅排名全市第二位，其中省产一、二类卷烟比上年增长18%，增幅排名全市第一位。

【终端建设】 2022年，延平区烟草专卖局研究制作《提升农网客户卷烟经营毛利率》课题，首次创新践行“海丝新晟”农网特色终端结对帮扶、农村小店建设、“互动+标签”策略等五大对策，获全市二等奖，全省优秀奖；协助海丝门店开展云课堂、直播宣传、短视频拍摄等活动，累计微信宣传50次，宣传目标客户5120户次，覆盖零售客户1500余户，互动次数2100次，点赞3万次，累计宣传客户18600户次，2个短视频分别获得市局二等奖和三等奖，其中1个被省局推荐至国家局参评。

【专卖管理】 2022年，延平区烟草专卖局专卖管理监管效果再突破，查获各类涉烟案件146起，查获卷烟数量3397.2条，其中假私非卷烟1426.4条，比上年增长15.04%，市场净化率95.8%。市场治理精准化。完善零售户监管信息，重点信息维护率提升至96.4%，零售户归格率99.5%。“三统一”系统市场检查命中率42%。建立负面清单管理制度，加大违法违规成本。

【综合管理工作】 2022年，延平区烟草专卖局企业管理不断加强，管理效能再推进。延平区局坚决贯彻落实国家局、省局、市局党组决策部署，深入践行省局“三为三谋”发展宗旨、“三高三新”发展目标、“1234”工作思路及市局“四大工程”，统筹疫情防控和生产经营，高质量发展迈上新台阶。严格落实市局“十四五”发展规划和高质量新发展评价指标体系实施方案，开展“三层四维”评价指标体系交流研讨，采取分类对标、任务对标和责任到人等措施，抓好评价指标体系2022年度目标落地实施。风险防控落实到位。抓好《中华人民共和国安全生产法》的宣传教育，开展安全生产大检查，做好专项整治三年行动巩固提升年收官工作。以一月一主题形式开展烟草专卖法实施三十周年系列普法活动，坚持依法治企，妥善处理各类纠纷，开展法律风险防控体系试点，提高法律风险防控水平。统筹抓好疫情防控、保密管理、网络安全，保障发展稳定。人员活力再激发，制订2022年度培训计划，举办各

2022年5月12日，延平区烟草局专管员进社区开展普法宣传教育 （区烟草局／供）

类培训18场次，受教育438人次。营销办获得“一星级全国青年文明号”称号。

（供稿人：王 迎）

（责任编辑：李远圆）

电力供应

【概况】 2022年，国网福建省电力有限公司南平市延平区供电公司供电网络以城区为中心分上下两个供电区，承担延平区15个乡镇中的10个乡镇的供电任务，无城网。上半区有茫荡、来舟、王台、峡阳4个乡镇；下半区有炉下、太平、樟湖、南山、巨口、赤门6个乡镇，2个半区无联络线未形成环网，但与南平供电公司有5处联网点；延平区其余5个乡镇均由南平供电公司直供。2022年，公司全行业用电户63927户，供区内全社会用电量36883.34万千瓦时。第一产业用电6399.3382万千瓦时，比上年增长0.44%；第二产业用电20016.406万千瓦时，比上年下降13.78%，其中，供区工业用电19830.1182万千瓦时，比上年下降13.75%；第三产业用电2683.9131万千瓦时，比上年增长0.97%；城乡居民生活用电量7783.6848万千瓦时，比上年增长6.11%。综合线损率3.32%，比上年增长0.27个百分点。公司完成固定资产投资2140.53万元，比上年增长23.62%。完成纳税总额854.21万元，比上年降低8.4%，实现安全生产7039天。公司蝉联三届“省级文明单位”，连续九年保持福建省“安康杯”竞赛先进单位。

【营销管理】

营销基础管理 2022年，延平区供电公司开展投诉管控效力专项整治，全年累计受理95598投诉工单0件，比上年下降100%。深化供电所低压业务营配融合，采集成功率、采集数据应用率分别提升至99.95%和99.93%。实施异常台区治理，台区综合线损率2.39%。延平区智能交费完成率50.55%。

电能替代 2022年，延平区供电公司实施电能替代项目9个，完成替代电量1917.92万千瓦时。全面优化分布式电源并网接入流程，全年新增光伏发电站166户，新增容量3.1305万千瓦时。

供电营商环境优化 2022年，延平区供电公司持续压减办电环节、缩短办电时长、减少办电成本、持续提升供电可靠性。全面应用竣工验收标准作业卡，实现160千伏安及以下符合条件的小微企业低压接入。主动对接省、市“五个一批”重点项目，为客户提供专职客户经理，为用户接电工程办理带电作业，缩短用户办电时长，为客户申请农民创业园优惠电价开辟绿色通道，减轻企业负担。

【电网建设】 2022年，延平区供电公司完成农配电网投资1466.18万元，新建、改造10千伏线路19.31千米，10千伏线路11条，新建和改造配变28台，容量1万千伏安，新建、改造0.4千伏线路39.63千米。梳理2021—2025年35千伏电网规划项目，完善4个35千伏项目。优化2022年10千伏及以下配网投资方案、配电网诊断分析及中低压配电网滚动规划，完成31个项目储备。加强项目前期管理，完成福建南平延平香山110千伏变电站10千伏配套送出工程项目储备工作。

【安全生产】

生产运维管理 2022年，延平区供电公司深化变电设备缺陷治理，整改问题235条。加强频繁停电治理，重点推动高故障线路综合整治，供电可靠率99.94%，比上年下降0.02%，用户平均停电时长4.95小时/户，比上年上升55.7%。全年未发生35千伏高故障线路和35千伏及以上变电设备故障。10千伏线路故障率同比上升8.31%，配变故障停运率同比上升35.94%。

安全隐患和违章治理 2022年，延平区供电公司开展安全隐患排查治理工作，录入安监一体化系统一般事故隐患3项，全部完成整改，整改率100%。持续开展反违章工作，由公司领导带队开展周末、节假日关键时段执规检查，全年检查作业现场1281处，发现违章132起（严重性违章2起、一般性违章130起），发现问题176条。

（供稿人：张文勇）

（责任编辑：李远圆）

2022年12月16日，国网延平区供电公司对企业配电设备进行红外测温，宣传冬季安全用电知识，助力企业安全度冬

（林 琳/摄）

城乡建设

综　　述

【概况】 2022年，延平区城乡建设局围绕省上新提出的九大工程和十大样板工作要求，策划实施城市建设品质提升项目69个，总投资90.16亿元，年度投资19.08亿元，已完成投资19.31亿元；历史文化保护活化利用5栋历史建筑以及村内整体人居环境整治，包含整村必要基础设施及人居环境整治及吴氏墓亭、墓亭下大厝、石狮墙厝、灰墙厝、大厝书斋等5栋古建筑测绘建档、保护图则编制、历史建筑修缮等，项目累计投资约350万元；行政审批窗口受理各项审批业务670件，限时办结率达100%，连续4个季度被评为“红旗窗口”和“服务之星”；全年完成建筑业总产值94.17亿元，比上年增长4.2%。

【行政审批】 2022年，延平区城乡建设局有建筑工程施工许可证核发等50个事项入驻行政服务中心，其中行政许可类29项、行政确认2项，公共服务类5项、其他行政权力14项。全部事项采用全流程网办，所有考核指标均超标。“全程网办”率98%（考核指标85%）、“减时限”比例94.16%（考核指标为90%）、即办率88%（考核指标为70%）、“一趟不用跑”100%（考核指标94%）、减材料压缩至2.34个（考核指标为3个）、减环节压缩至2.12个（考核指标为2.3个）。全年延平区城乡建设局审批窗口受理各项审批业务670件，限时办结率达100%，连续四个季度被评为“红旗窗口”和“服务之星”。按五级十五同的工作要求，完成与省网事项匹配和信息核对工作，50个审批事项一次性告知单全部在福建省网上办事大厅公开；涉及项目审批的施工许可证核发等事项通过南平市工程建设项目审批管理系统实现无纸化审批。市级下放的建筑企业资质审批通过南平市住建行政审批信息系统受理审批，通过南平住房和城乡建设网向社会公示，强化社会监督。住建审批窗口在全市建筑工程许可“营商环境”评比中，排名全市第二。

【城市建设品质提升】 2022年，延平区城乡建设局根据《2022年南平市城乡建设品质提升实施方案》要求，组织各单位围绕省上新提出的九大工程和十大样板工作要求，策划实施城市建设品质提升项目69个。全年开工69个，开工率100%。总投资90.16亿元，年度投资19.08亿元，已完成投资19.31亿元，投资完成率101.22%。对接研究上级资金扶持政策，争取各类资金1.86亿元，争取资金总量全区排名第二。

九大工程　2022年，延平区城乡建设局城市更新工程类项目30个，年计划投资8.19亿元，已完成投资8.50亿元，占年计划的104%；新区组团工程类项目2个，年计划投资4亿元，已完成投资4.02亿元，占年计划的100.01%；生态连绵工程类项目6个，年计划投资4223万元，已完成投资4483万元，占年计划的106%；交通通达工程类项目13个，年计划投资5.28亿元，已完成投资5.15亿元，占年计划的97.57%；安全韧性工程类项目14个，年计划投资8010.5万元，已完成投资7170万元，占年计划的89.5%；农村水环境治理工程类项目1个，年计划投资1200万元，已完成投资2000万元，占年计划的166%；农村居住环境整治工程类项目1个，年计划投资50万元，已完成投资57万元，占年计划的112%；农村风貌管控工程类项目2个，年计划投资2550万元，已完成投资2687万元，占年计划的105%。

花化彩化工作　2022年，延平区城乡建设局计划完成规模化花化彩化项目19个，计划种植各类树种47381株，种植草籽面积15000平方米。2022年度，已完成种植枫香、红叶乌桕、红花荷和黄山栾种等各类树47381株，种植草籽面积15000平方米，完成率100%，完成计划内所有项目。

样板工程建设　2022年，延平区南铝绿色社区建设样板项目，总投资3000万元，年计划投资2500万元，已完成2550万元，占年计划投资的100.02%。该样板工程在2022年全省绿色社区样板工程评比中取得优异成绩，获得正向激励奖励300万元。

【老旧小区改造】　2022年，延平区城乡建设局实施37个老旧小区改造项目，涉及27600户，完成1200栋楼改造工作，涉及建筑总面积15.8515万平方米，拆除违法建筑44处5130平方米，新增公共绿地、袖珍公园43处28300平方米，道路改造拓宽31000平方米，改造雨污分流管网22000米、供水管网620米、供电管线4900米、消防管网4300米，新增机动车及非机动车停车位256个，新增物业管理12处、社区管理用房3处。

【消防服务】　2022年，延平区城乡建设局消防设计审查项目12个，消防验收项目13个，竣工验收消防备案项目26个，防止消防不合格项目投入使用；既有住宅加装电梯踏勘45部（其中同意35部、不同意10部），出具20份既有住宅加装电梯施工意见函，电梯井道验收11部；对江南污水处理厂一期工程、延湖湾4号楼两个项目竣工验收合格后未报主管部门备案的违法行为进行行政处罚。

建筑业

【概况】　2022年，延平区城乡建设局密切跟踪服务库内及有望新建投产入统建筑企业，完成全区相关产值调度工作。全年完成建筑业总产值94.17亿元，比上年增长4.2%。

【龙头企业】　2022年，延平区城乡建设局根据《南平市住房和城乡建设局关于培育南平市建筑业龙头企业有关事项的通知（试行）》（南建筑〔2022〕3号），2022年度全市36家龙头企业，延平区13家，延平区区龙头企业数量在全市排名第一。

【保温产业】　2022年，由住建局和财政局牵头开展支持保温产业发展相关政策，制定出台《延平区进一步支持保温产业发展的实施意见的通知》（延政规〔2022〕5号），完成2020年度至2022年度考评及资金奖励工作，发放奖励金6815.37万元。通过政策落实和正向激励，为保温企业注入拼搏动力，促进保温业务不断回归。

【安全生产】

汛期安全　2022年，延平区城乡建设局根据往年天气情况及市、区上级部门关于防汛工作的相关文件要求，组织质安站人员对辖区在建项目展开全面检查。组织防汛专项检查，派出38个检查组、76人次，对全区38个在建工程进行汛期安全检查，组织2个在建项目开展防汛演练，通过场地排水、人员撤离、脚手架加固等应急演练，提高在建项目应急防汛水平。调动住建领域抢险救灾应急队伍参与抢险救灾工作。建立住建领域抢险救灾应急队伍14支，可参与救援抢险机械设备102台，可参与人员140人。全年出动建筑业企业约28家，参与救灾人员480余人次，机械设备240余台次。

自建房安全　2022年，延平区城乡建设局根据《延平区自建房安全专项整治实施方案》，牵头组织乡镇、街道在推进全区房屋结构安全排查整治三年行动和7大类房屋结构安全隐患排查整治“回头看”的基础上开展排查。全区完成自建房结构安全“回头看”排查66793栋，完成率100%，发现一般安全隐患房屋（C级）3栋，发现重大安全隐患房屋（D级）7栋，现10栋危房均已拆除，完成整改。

在建工地安全　2022年，延平区城乡建设局检查项目82个，造价约8.45亿元，发现问题324个，已全部整改。全区在建工程施工情况良好，未发生安全生产事故。

燃气安全　2022年，延平区城乡建设局牵头组织各乡镇街道开展燃气供应点、餐馆、机关食堂安全大检查，对辖区内燃气企业安全隐患进行排查，通过对各燃气设施及储罐安全阀、压力表等监控设施开展自查，逐项排查燃气设施安全风险隐患，实施“隐患清单，动态销号”管理。燃气安全生产检查发现隐患127个，完成整改。全区现有使用燃气营业性餐饮场所1023户，已全部安装燃气泄漏报警装置。

古村落、古建筑消防安全　2022

2022年9月，南平市（延平）质量月启动仪式暨质量安全生产标准化绿色现场观摩会
（区住建局/供）

年，延平区城乡建设局多次组织各乡镇、街道围绕历史文化名镇名村及传统村落排查消防安全隐患问题，排查164栋房屋，其中83栋历史建筑，涵盖1个历史文化名镇、3个历史文化名村及23个传统村，发现消防隐患问题15处，已完成整改。吸取屏南县万安桥国宝焚毁事件教训，再次组织乡镇、街道开展历史建筑消防安全自查工作，发现消防安全隐患5处，下发《消防安全隐患整改通知单》1份，已完成整改。

“安全生产月”活动 2022年，延平区城乡建设局根据延平区安委会和市住建局关于“安全生产月”活动的要求和工作部署，围绕“遵守安全生产法 当好第一责任人”为主题制定并下发“安全生产月”活动方案，开展安全生产宣传教育工作，40个在建项目工地悬挂“安全生产月”宣传标语60余条，并发动在建项目开展安全应急演练活动。6月15日，延平区城乡建设局响应安委会号召在南剑州大剧院文化广场开展宣传主题的安全生产月专题活动，发放“建筑施工安全知识”宣传单200余张，通过对工地安全生产知识进行宣传，强化建筑施工从业人员的安全意识。

房地产业

【概况】 2022年，延平区城乡建设局出台促进房地产健康发展若干措施、落实房票政策、采取“一房一价”申报制度、提高公积金贷款额度、完善购房补贴，多举措稳控延平区房地产市场，稳定房价及释放刚性需求，加大新建商品房去库存力度，缩短去化周期，把刚性需求购买力留在延平本地，促进延平区房地产业的良性平稳健康发展。

【房产交易服务】 2022年，延平区城乡建设局坚持高标准严要求，从便民利民出发，提高办事效能，确保房屋备案信息准确无误，已完成房屋备案4801套，建筑面积42.77万平方米（其中：商品房备案2712套，建筑面积25.18万平方米；存量房备案2089套，建筑面积17.59万平方米）。升级改造“商品房预售资金监督管理信息系统”，将房票所赋资金纳入商品房预售资金监管资金池，2022年8月19日正式实行房票资金抵顶期房的监管账户资金措施，确保资金池正常放款，保障房企资金正常流转，提高房票使用率，释放购房刚性需求。

【房地产市场】 2022年，延平区城乡建设局稳控政策，促进房地产业持续向好。延平区商品房售价实行申报承诺及“一房一价”制度。要求各房地产开发公司向延平区城乡建设局出具《延平区商品房售价申报承诺书》，以幢为单位向延平区城乡建设局报备今后六个月商品房销售均价。六个月内销售商品房的价格浮动范围不超过报备价格±10%，将“一房一价”申请预售报备价格录入系统，并要求公示的表价活动范围不得超过申请预售报备价格的±5%。牵头制定促进房地产健康发展若干措施。2022年4月6日，南平市延平区人民政府印发延政规〔2022〕4号《关于印发延平区促进房地产业良性健康发展若干措施的通知》。促进房地产业良性健康发展若干措施主要有提高公积金贷款额度、购房凭证抵扣、完善教育和城市配套基础设施和完善购房补贴等措施，促进延平区房地产业良性健康发展。已申请购房补贴的商品房1009套，销售总面积为105877.11平方米。落实房票政策助推片区开发。延平中心城区四鹤里丹巷（三泰）片区开发项目，旧城改造规划总面积65.21亩，拆迁总户数327户，需拆迁建筑面积47520平方米，采用房票凭证购房安置办法。延平区13家房地产开发企业与延平区项目征迁协调指挥部签订《延平中心城区房屋征收房票凭证使用结算协议书》，同意接受购房户使用房票凭证购房。房地产业经济指标完成情况：延平区2022年1—12月房地产业商品房销售面积完成50.13万平方米，比增0.04%。

【住房保障体系】 2022年，延平区城乡建设局协助市住房保障中心对2020年新增延平中心城区公租房（含廉租房）保障家庭194户进行房源预分配选房；复核延平中心城区公租房（含廉租房）保障家庭货币补贴359户、574人；组织市、区相关部门对延平中心城区公租房（含廉租房）承租保障家庭全覆盖入户走访，走访1120户。保障性住房上市交易审批10件，增值收益21.17万元。

【片区开发】 2022年，延平区城乡建设局按照“先急后缓、梯次开发”原则，做好片区开发征迁前期摸底、费用测算等工作。2022年以来，先行启动里丹巷片区、建溪片区、南福片区，完成拆除面积（以协议数认定）17.45万平方米，完成计划征迁量116.35%（其中：里丹巷片区2.93万平方米，南福片区10.11万平方米，建溪片区4.41万平方米）。房票签约面积7.82万平方米（其中：里丹巷片区2.39万平方米，建溪片区4.11万平方米，南福片区1.33万平方米），使用房票购房426套，面积5.08万平方米，使用房票600多张，房票金额24495.64万元，全部审核完毕，按期房60%、现房80%需兑付金额19541.81万元，实际兑付7648.12万元。房屋征迁面积、使用房票购房网签备案面积等数据在百日攻坚评比中位居全市第五。

美丽乡村建设

【集镇污水处理】 2022年，延平区城乡建设局把握政策导向，向上争取预算类资金和专项债券资金用于乡镇污水建设项目资金。联合延平生态环境局多次召开乡镇污水项目图纸评审会，按照政策导向、可靠合理、节约建设资金的原则对计划实施的污水项目进行评审，提出有关意见，推进污水项目实施。2022 年目标任务为新建乡镇污水配套管网 20 千米，截至 2022 年 12 月，实际完成乡镇污水配套管网建设 32.07 千米，完成率 160%，分别为夏道镇已完成管网建设约为 2.1 千米、樟湖镇已完成管网建设约为 6.97 千米、洋后镇已完成管网建设约为 5.1 千米、西芹镇已完成管网建设约为 12.43 千米、南山镇已完成管网建设约为 5.47 千米。

2022 年 12 月，樟湖镇剧头村墓亭下大厝（将军厝）古建筑活化利用（区住建局 / 供）

【裸房整治】 2022 年，延平区城乡建设局按照“属地责任”，各乡镇承担组织实施、推动落实直接责任，印发《关于下达 2022 年度裸房整治任务的通知》（延建办〔2022〕25 号），将任务下达至各乡镇，压实工作责任。2022 年目标任务为既有裸房整治 1100 栋。截至 2022 年 12 月，实际完成 1150 栋裸房整治，完成率 104.5%，分别为洋后镇裸房整治 78 栋、西芹镇裸房整治 78 栋、王台镇裸房整治 78 栋、塔前镇裸房整治 85 栋、南山镇裸房整治 78 栋、茫荡镇裸房整治 50 栋、炉下镇裸房整治 78 栋、巨口乡裸房整治 45 栋、太平镇裸房整治 85 栋、大横镇裸房整治 81 栋、峡阳镇裸房整治 78 栋、赤门乡裸房整治 73 栋、来舟镇裸房整治 73 栋、樟湖镇裸房整治 90 栋、夏道镇裸房整治 100 栋。

【历史文化保护】 2022 年，延平区已公布的 83 处历史建筑（其中 1 处已灭失），26 处已完成编制，其余 56 处区住建局于 9 月份通过招投标委托第三方公司对 56 处已公布的历史建筑开展测绘建档、保护图则编制工作。12 月，82 处历史建筑已完成测绘建档保护图则编制工作。重点改善提升延平区樟湖镇剧头村传统村落项目，邀请乡建乡创闽台合作的台湾团队设计单位进行修缮保护设计，进行建档测绘工作。通过招标确定施工单位及监理单位，施工前要求施工单位对施工人员进行安全培训，各工种带证上岗，施工过程要求施工单位严格参照设计图纸进行安全施工。12 月，完成 5 栋历史建筑修缮并活化利用以及村内整体人居环境整治，完成率 100%，包含整村必要基础设施及人居环境整治及吴氏墓亭、墓亭下大厝、石狮墙厝、灰墙厝、大厝书斋 5 栋古建筑测绘建档、保护图则编制、历史建筑修缮等，项目累计投资约 350 万元。

【危房改造】 2022 年，延平区城乡建设局为确保建档立卡脱贫户住房安全，对脱贫户住房情况实行动态监管机制，通过组织各乡镇结合农村房屋隐患排查、动态监测机制等工作，每月对全区范围内包括农村建档立卡脱贫户、农村低保户以及农村分散供养特困人员等在内重点对象农房进行房屋排查，建立农村低收入群体等重点对象住房安全筛查和危房鉴定情况台账。根据省厅文件，2022 年补助标准 1.76 万元 / 户，监测发现有 14 户农村低收入群体住房存在隐患，其中 1 户建档立卡脱贫户、12 户低保户、1 户特困户，已列入 2022 年危房改造工作，修缮工作主要针对木质房屋的墙体、梁、柱子等结构进行修缮加固，保障住房安全，14 户均已竣工。

【农村生活垃圾分类】 2022 年，王台镇作为延平区垃圾分类试点乡镇，根据上级“五个有”的要求，全年王台镇投入资金约 56 万元，安装垃圾分类亭 13 个，配备垃圾分类桶 52 个，精准投放宣传广告，通过图文相结合方式，围绕“垃圾分类从我做起”为主题，将可回收物、有害垃圾、厨余垃圾及其他垃圾的类别等常识展现出来，培养村民垃圾分类意识，营造良好宣传氛围。

（供稿人：胡　丰）

（责任编辑：魏可欣）

市政管理

【概况】 2022 年，延平区城市管理局负责全区城市管理行政执法、中心城区市容环卫、背街小巷市政维护及物业管理工作，落实机构改革，承接开展延平中心城区市政、排水、桥梁、公园、园林工作以及相关的行政审批权、行政处罚权等工作，以创建国家级、省级文明城市（区）为契机，紧扣延平区城市品质提升、绿色高质量发展超越、智慧城管精细化等发展目标，努力破解民生难题，增进民生福祉。

【市容环境综合治理】 2022年，延平区城市管理局围绕创城任务目标，按照创城测评体系标准，针对辖区主次干道、背街小巷、城乡接合部、农贸市场及校园周边等各类违章占道经营、店面外溢、车辆乱停放、乱贴乱画违章小广告、夜市排档扰民、乱搭乱建等市容顽疾加强巡查整治，牵头人居环境整治组与各部门加强沟通协作，相继开展小广告乱张贴、违反门前三包行为等专项治理，在城市管理联合执法过程中持续加强美城环卫、金盾市容辅助，完善“5+2+X”联动执法机制，提升整治成效。全年针对各类不文明经营影响市容行为，累计暂扣流动摊贩、占道经营各类物品1000余件，下达《责令改正通知书》535余份，给予行政处罚535起，处罚金额45700元，配合各街道向经营户派发“门前三包”责任书4037份。

建筑垃圾运输管理 2022年，区综合执法大队直属中队采用路面巡查、设卡检查以及不定期夜间突击检查等方式，重点针对渣土车在建筑垃圾运输的过程中车身不洁、未密闭运输、冲洗不干净、污染路面、抛洒滴漏五类违法违规行为，做好工地源头管控并加强路面管理，加大查处力度。全年累计清运无主二次装修垃圾共计384处，约212立方米。查处建筑垃圾运输违法违规行为66次，发放整改通知书4份，劝导教育人数154人次，立案处罚5起，罚款20500元；现场处罚24起，罚款12600元，共计33100元。

停车场管理 2022年，区综合执法大队直属中队加强巡查和做好安全防范工作，对延平中心城区各停车场所的相关经营或产权单位进行安全宣传教育，要求其提供营业执照、用地产权证明、停车场方位图及平面示意图，并签订相关备案表和安全承诺书。全年累计完成信息材料登记68家、

2022年8月20日 四鹤街道辖区四鹤执法中队规范共享单车停放
（四鹤执法中队／摄）

签订安全承诺书68家。排查期间发现存在安全问题90个，现场督促即时整改90个，全部完成整改，全部完成销号。

户外广告管理 2022年，区综合执法各中队排查中心城区户外广告牌、店招，对中心城区现有的店牌店招签订安全承诺书，做好新、改建店牌店招的备案登记制度，开展对“两高”和轻轨沿线等重点区域的违规户外广告专项整治。采取查询档案、现场拍照取证、现场宣传动员等方式，对辖区内各类户外广告摸底排查，建立登记台账；对照台账，配合相关乡（镇）、街道及职能部门，对辖区内违法广告、破损广告、LED灯箱、软体条幅、橱窗广告等各类违章户外广告下达《责令改正通知书》，限期自行拆除或整改。全年摸排延平中心城区各类违规广告牌2355面，已拆除329面。

【“两违”综合治理】 2022年，延平区城市管理局继续牵头开展城市“两违”问题整治攻坚战。全年累计制止违规装修286起，处罚补办违建2宗、面积0.89万平方米，罚款177269.7元，拆除各类违建181宗、面积0.98万平方米（其中实施“即查即拆”新增违建43宗、面积0.25万平方米）。配合区委组织部对各类拟提拔干部、下派挂村干部、评“两优一先”、职级并行、市区人大政协候选人等组织部要求审查的人员进行“两违”审查（共审查257人次）；配合对农村党组织发展的党员是否存在“严重违法占地、违章建房行为”进行审查（截至年底，共审查2096人次）。联合供水、供电、房产登记中心部门开展管控措施，实施断水、断电、冻结产权等联动措施136次，有效提高治违成效。

【环卫保洁】

环境卫生 2022年，延平区城市管理局结合创城工作全面提升城区环境卫生治理水平，做好、做细城区道路保洁、交通隔离栏杆清洗、延平湖沿江两岸保洁、直运收集转运生活垃圾、餐厨垃圾收运、环卫公厕管理保洁等项目监督管理工作。加强日常动态保洁力度，配齐配足保洁员，对城区主次干道、背街小巷进行分片包干，定人、定时、定点清扫；加强农贸市场等重点场所周边的环境卫生保洁巡查保洁，尤其是早市、晚市，市民采购较集中的时间段，增加保洁力量。做好文田垃圾处理场生产工作，按照环保部门批复和相关规范要求处理垃圾渗滤液7.25万余吨；按时巡查设备运行情况，定期进行安全隐患排查，保障设备设施安全运行；开展填埋场

封场工程前期准备工作，完成项目建议书暨可行性研究报告编制并向上级主管部门申请项目立项；对临时堆放在处理场填埋区大件垃圾进行破碎，并转运至南平市生活垃圾焚烧发电厂规范处理。

垃圾分类　2022年，延平区城市管理局牵头开展生活垃圾分类工作，开展各种生活垃圾分类宣传活动20余场次，发放垃圾分类相关宣传材料2万余册；城区6个街道14个小区先行试点开展生活垃圾分类工作，运营分类屋20座，亭17座，户数达8441户，投入资金91.2万元；垃圾分类已覆盖延平区党政机关、企事业单位、学校、医院等在内175家。

【市政维护】　2022年，延平区城市管理局公用事业服务中心完成道路、排水设施维护投资约400万元。其中车行道修复约3500平方米，对市区人行道维修约4000平方米，修缮及刷新护栏约5000米，修复阻车石约90个；修复沟道及截水沟70米，处理井盖异响及更换破损井盖约190处，清理各类渣土、淤泥土方约1200立方米。参照市桥梁中心片区网格化精细化管养机制，将管桥隧划分为3个网格片区，城市桥梁（含隧道、地下通道）41座，投入资金约474万元。延平城区接收的113千米市政污水管网管理、维护等工作，已完成11894.92米的主干管网污水管网和576座检查井的疏通，清理出垃圾、淤泥约1134立方米，处理井盖异响及更换破损井盖约597处，更换防坠网562张，投入资金约198万元。中心路灯所维护路灯2689盏，处理电缆故障26处，维护路灯控制箱155个，巡查路灯变压器39台。

【公用事业管理职能】　2022年，延平区城市管理局协助主管部门做好市区道路破路、占道审批管理等技术性、辅助性、服务性工作；做好全区小街巷市政设施建设等日常事务性、技术性、辅助性工作；承担城市道路、路灯、桥梁、排水管道、排涝站、夜景灯等市政设施维护工作。

【信访件处置】　2022年，延平区城市管理局受理群众有效诉求件43385件，办结43373件，办结率99.97%，及时回复率达100%。南平市、区信访局转办件79件、南平“12345”便民平台1841件、“随手拍”平台476件、局来访18件，其中重访12人次；局来电62件；“智慧城管”平台40897件。

【物业服务】　2022年，延平区城市管理局物业服务中心主要完成物业企业信用评价管理、物业项目合同备案、业委会备案、住宅专项维修资金管理、开展多种专项检查活动等各项相关工作。全区62家物业企业登入福建省物业服务企业信用评价系统填报企业信息，已获得信用等级的物业企业42家，41家物业企业，126个项目完成项目合同备案，114个业委会完成备案。南平城区住宅专维资金结余2.74亿元，全年审核拨付89笔、金额77万元，公有住房专维资金结余0.87亿元，全年审核拨付1笔、金额约2.7万元。物业服务中心加强对物业小区开展各项检查活动，督促物业企业加强管理，提高服务质量，对查出的问题当即要求物业企业整改，并下发限期整改通知书。全年获得通报表扬并信用加分的企业有8家，获得通报批评并信用减分的企业有4家。

【信息技术工作】　2022年，延平区城市管理局成立智慧城管指挥中心并制定各项运行制度，以制度管理推进工作，加快智慧城管指挥中心运行，专职人员组建，系统初步建设完成，并通过终验，初步实现二期建设目标，同时按照市级部门要求做好数据对接工作，实现与省、市级平台联网互通，最终实现城市管理一体化运行。运行以来，数字城管系统受理违法建设、占道经营、渣土撒漏、垃圾乱丢等城市管理有效事件40961件（其中智能抓拍33436件，采集员上报5841件，城管热线投诉1589件），办结40866件，及时办结率99.8%。综合执法系统处理简易案件1193件，处罚金额82105元，完成一般案件68件。

2022年度，受理群众有效信访件、诉求件2488件，办结2476件，办结率99.5%，及时回复率达100%。其中，国家、省、市、区信访转办件79件；南平“12345”便民平台1841件；“随手拍”平台476件；局来访18件，重访12人次；局来电62件。

【城市综合管理服务中心工作】　2022年，延平区城市综合管理服务中心受理转办各平台诉求件47887件，其中，民生110话务量、工单量29945件；12345诉求量15728件；随手拍诉求量2214件。2021年度延平区“12345”平台率值完成情况排名全市第三；2022年8月顺利完成国务院第九次大督查“回头看”检查工作；疫情期间在区政府办指导下，规范“12345”平台涉疫件办理流程，制定延平区涉疫件“19+5”工作机制，确保涉疫件在24小时内办结，无逾期件产生，被南平市作为经验向省里汇报。

【法治城管建设】　2022年，延平区城市管理局狠抓法治建设，树立城管新形象，规范行政审核审批，优化营商环境。开展普法宣传7次，召开各类培训会10余次，执法证考试通过率达99%；办理行政处罚案件836件，处罚金额102400元，应诉行政案件8起，复议案件3起；审批城市道路占用等1176起，通过福建省非税收入收缴系统收费金额454323.4元；非大型户外广告招牌设置通过备案173起，办结率100%；收到立法征求意见20余份，对相关规定提出修改和删除等立法意见，有关意见被上级部门予以采纳。

（供稿人：杨颖华）

（责任编辑：魏可欣）

自然资源　生态环境

自然资源

【概况】　2022 年，延平区自然资源局聚焦自然资源领域，攻坚克难，进一步强化自然资源要素保障，按照“抓任务落实、抓项目保障”活动方案和自然资源“一镇一清单”的具体工作内容，深入推进自然资源管理各项工作。

【国土空间规划编制】　2022 年，延平区王台镇等 12 个乡镇已完成国土空间规划中间成果，王台镇等 12 个乡镇已完成生态保护红线、永久基本农田保护红线、城镇开发边界“三线”的划定。同时，积极配合南平市自然资源局开展《南平市国土空间总体规划（2020—2035 年）》编制工作，已完成延平中心城区文本、图集、18 个专题的中期成果、中心城区城镇开发边界与乡镇衔接工作。开展“多规合一”村庄规划编制工作，对峡阳镇浪石村等 29 个“多规合一”村庄规划编制，完成规划成果编制，通过专家技术审查，获得延平区人民政府批复。

【专项调查工作】　2022 年，延平区自然资源局持续抓好农村地籍与房屋调查成果整改入库工作，全面完成 4 个合同包 245 个行政村农村地籍与房屋调查成果入库；完成水东街道红星村试点发证工作。做好 2021 年度国土变更调查，数据成果已通过自然资源部核查。开展 2021 年度耕地变化图斑整改工作，确保年度全区耕地总量进出平衡。延平区自然资源局同统计局于 6 月 9 日共同发布“三调”数据，延平区“三调”成果已应用于国土空间规划、三区三线划定、耕地后备资源调查、林权数据整合、卫片执法等专项工作，向林业、农业农村、住建等部门提供基础数据服务。

【耕地保护】　2022 年，延平区自然资源局坚持最严格的耕地保护制度，强化耕地保护目标责任的落实，对各乡镇（街道）耕地保有量、基本农田保护面积、年度补充耕地任务和高标准农田建设任务完成情况进行考核，对认真履行耕地保护责任目标，全面完成年度耕地保护任务的乡镇(街道)给予奖励。根据部省级安排，做好永久基本农田的划定不实整改工作，对划定的“三区三线”永久基本农田 9583.07 公顷中划定不实图斑进行核查整改和补划工作。开展耕地进出平衡核实整改工作，对下发的 1760 个图斑，面积 286.99 公顷，其中永久基本农田 1109 个图斑，面积 162.09 公顷，督促各乡镇做好核实整改工作。

【土地整治】

补充耕地种植管护入库　2022 年，延平区补充耕地种植管护涉及 17 个乡镇、街道 100 个项目，完成入库 54 个项目。

新立项批复土地整治项目　2022 年，延平区完成 25 个县级土地开发项目立项及投资预算批复，面积 42.26 公顷，23 个项目开工建设，区级预验收项目 22 个（其中市级组织验收 20 个），新增耕地面积 27.93 公顷，完成备案入库 4 个项目，入库指标 4.928 公顷；完成 5 个旧村复垦项目立项批复，福建省自然资源厅先行核定 6.51 公顷，5 个项目市级均已组织验收，新增耕地面积 6.88 公顷。旧村复垦指标结算情况完成旧村复垦指标结算项目 6 个，面积 9.49 公顷。

补充耕地任务　2022 年，下达延平区补充耕地任务 26.67 公顷（水田 20 公顷），其中分解到延平区自然资源局的任务 23 公顷。完成补充耕地面积入库指标 25.74 公顷，历年结转冲抵任务 8 公顷，当年转出增减挂钩指标 6.28 公顷，年度补充耕地任务合计完成 27.46 公顷，年度任务比例 102.98%。开展补充耕地和增减挂钩指标交易工作，全年补充耕地指标交易 23.83 公顷，交易资金 3467.8934 万元；增减挂钩指标 6.28 公顷，交易资金 4520.64 万元。

【土地开发利用】

项目用地保障　2022年，延平区自然资源局做好农用地转用和土地征收项目报批，福建省人民政府已批准11宗农转征项目，用地总面积65.57公顷。做好工业、教育、养老等经营性商住商服用地外的土地供应工作，已完成10宗划拨项目供地工作，划拨总面积27公顷，完成出让9宗，出让总面积58.7公顷，收取出让金9997万元。保障集体建设用地项目需求，受理4宗使用集体建设用地项目，用地总面积1.321公顷。完成居民个人申请划拨国有建设用地使用权补办出让手续1宗，收缴土地出让金9769.6元。

土地征收成片开发方案编制　2022年，延平区共计划编制土地征收成片开发方案6个，其中炉下工业园区面积50.97公顷、新材料产业园大洲片区面积46.75公顷、小鸠村地块面积6.01公顷，3个地块已经福建省人民政府批复。正在编制的王台小微竹木加工园面积9.15公顷、大横产业区龙山工业组团面积121公顷，完成征求意见及方案公示工作，请南平市人民政府研究。水南街道际头洋地块已启动土地征收成片开发方案编制工作，完成征求意见、进行方案公示等有关工作。

重大项目征地拆迁攻坚　2022年，延平区主动融入重大项目征地拆迁攻坚工作。延平区征地拆迁攻坚市级重点项目16个，土地征转用报批任务面积147.21公顷。全年完成征转用报批面积142.345公顷，报批完成率97.7%。

农村村民住宅建设审批　2022年，延平区满足村民个人建房需求，完成赤门乡西马村安置点项目村民住宅农用地转用，规划安置34户，用地总面积0.899公顷；正在办理村民住宅农用地转用2宗，分别为西芹镇西芹社区村坂后小组邓文贵等6户村民建住宅项目，用地总面积1.74亩；大横镇博爱村卢旺财村民建房项目，用地总面积0.116公顷。

【不动产登记服务】　2022年，延平区自然资源局进一步压缩不动产登记各项工作的办理时限，实现一般业务办理时间压缩至3个工作日、抵押登记业务办理时间压缩至2个工作日内。全年发放不动产证书1793本。牵头组织开展好清理规范林权确权登记历史遗留问题试点工作，该项目已通过市级验收。为妥善解决延平区水东街道红星村集中安置点应民椿等168户安置户办证问题，多次组织有关部门、水东街道办事处等召开专题会议研判，为应民椿等168户村民办理不动产权证书。

【批而未供及闲置土地处置】　2022年，延平区自然资源局加快推进批而未供土地处置，按照专项行动计划要求，实现批而未供和闲置土地处置面积16公顷，处置率33.53%，完成闲置土地9个项目，处置面积83.81公顷，处置率92.65%。

【地质灾害防治】　2022年，延平区自然资源局完成延平区2022年度地质灾害防治方案编制（延平区地质灾害隐患点为286处，高陡边坡1959处），建立健全群测群防网络，成立了地质灾害隐患排查和应急技术领导小组，负责延平区范围内地质灾害隐患排查和应急处置技术指导、巡查检查、督促指导工作。开展了地质灾害防治培训、应急转移演练，切实提高了群众防灾意识和自救、互救能力。极端强降雨期间防汛工作，对全区286个地灾点、1959个高陡边坡点和新隐患点等进行定时和不间断全覆盖巡查，并结合全区安装在地灾隐患点上64处监测设备进行技术数量分析，对发现险情的隐患点，提示要求镇、村干部立即迅速组织受威胁群众转移，确保了群众的生命财产安全，全年汛期期间，全区转移人数3214人，无人员伤亡，确保人民群众生命财产安全。此外，针对重点以及危险系数比较高且搬迁难度大的地灾隐患点和高陡边坡地，积极向上争取治理项目及资金，全年争取地灾隐患点工程治理8个，排危除险工程包8个，总投入治理资金2272万元。

【国土空间生态修复】　2022年，延平区自然资源局稳步推进矿山生态环境恢复治理，委托王台镇人民政府开展延平区王台镇溪后罗源采石场废弃矿山地质环境治理恢复，已完成修复工作并通过验收。加快推进临时用地复垦，全年验收临时用地项目14宗，面积53.9公顷。

【矿山地质环境治理恢复GNSS巡查】　2022年，延平区自然资源局充分发挥GNSS在矿山地质环境治理恢复监督工作中的作用，委托闽北地质工程勘察院对延平区有效矿山（除矿泉水外）的地质环境治理恢复情况进行全覆盖检查，督促矿业权人履行地质环境治理恢复主体责任，不断提升监管水平。

【自然资源综合执法】

执法检查　2022年，延平区自然资源局结合卫片监测、日常巡查、群众举报、上级交办等开展立案查处工作，全年立案查处违法用地7宗，违法用地面积0.78公顷，其中耕地面积0.2026亩，基本农田面积0.1453亩，收缴罚没款41.7759万元。全年新增违法方面，省“天地网”违法图斑275宗，总面积46.573公顷，耕地面积18.66公顷；已整改252宗，总面积44.01公顷，耕地面积18.12公顷，宗数整改率91.6%，耕地面积整改率97.1%。自然资源部下发的违法用地图斑涉及延平区31宗，图斑面积7.862公顷，耕地面积1.4公顷；整改19宗，图斑面积5.542公顷，耕地面积1.3186公顷。

信访工作　2022年，延平区自然资源局针对“12345”便民服务平台、

2022年6月25日，延平区自然资源局开展“土地日”宣传活动

（自然资源局／供）

上级部门、相关单位转交办、群众来信来访等渠道反映的58件信访问题，均做到规范办理，按时办结，及时反馈。根据南平市自然资源局、延平区信访局要求，做好各类信访报表的报送工作。

【自然资源宣传】 2022年，延平区自然资源局按照“谁执法谁普法”的工作要求，全面落实普法责任，结合自然资源管理宣传活动，以“4·22”地球日、“6·25”土地日、“8·19”测绘日等为契机，分别在峡阳镇、结对社区开展宣传活动，扎实做好农村乱占耕地建房“八不准”、执法监察、矿产资源、地灾防治等相关政策法规宣传，不断提升全社会守牢耕地保护红线、依法依规用地意识，发放宣传资料约3500余份，解答现场咨询300余人次。

（供稿人：刘　劼）

（责任编辑：李远圆）

生态环境

【概况】 2022年，南平市延平生态环境局严格落实党政领导生态环境保护目标责任制，全力打好升级版污染防治攻坚战，持续改善生态环境。境内8个主要流域考核断面Ⅰ～Ⅲ类优良水质比例100%。10省控重点小流域考核断面Ⅰ～Ⅲ类优良水质比例100%。1个县级以上和14个农村千人以上集中式生活饮用水水源地断面水质达标率100%。全区优良天数比例98.9%，细颗粒物浓度（$PM_{2.5}$）均值18微克／立方米。全年4个季度功能区噪声昼间、夜间平均等效声级达标率均为100%。延平区在2022年度全市党政领导生态环境保护目标责任书综合考评中位列第二。3月22日，南平市延平生态环境局被福建省生态环境厅授予2021年生态环境保护执法大练兵表现突出集体称号。7月14日，南平市延平生态环境局办理的南平市首例超期未变更排污许可信息违法案被福建省生态环境厅采用为福建省深入贯彻落实排污许可制度严厉打击不按证排污等违法行为（第四批）典型案例。

【水环境质量】

地表水主要断面水质　延平区位于闽江上游，境内有闽江、沙溪、富屯溪、建溪等水体，按《地表水环境质量标准》（GB 3838—2002）划分，延平区所属的国、省控水质监测断面8个，分别为：花竹、十里庵、洋坑、刘家大桥、古田黄田、水东大桥、吉溪大桥、溪口大桥。其中水东大桥、十里庵、古田黄田为国控断面，古田黄田为延平区出境断面。2022年，延平区主要河流水质总体保持良好，按《地表水环境质量标准》（GB 3838—2002）评价，Ⅰ～Ⅲ类优良水质比例100%，水域功能达标率100%，其中Ⅰ～Ⅱ类优质水质比例100%。

地表水重点小流域水质　延平区共有省控重点小流域考核断面10个，2022年，水质总体保持良好，Ⅰ～Ⅲ类优良水质比例100%，其中Ⅰ～Ⅱ类优质水质比例100%。

城市降水　2022年，延平区酸雨频率24.1%，降水pH值年平均值5.65。相比2021年，酸雨频率略有下降，降水pH值年平均值略有上升。

城市集中式生活饮用水源　延平区饮用水水源地2个，分别为五星桥水库饮用水水源地、安丰饮用水水源地，其中安丰饮用水水源地为备用水源地。2022年，延平区生活饮用水源年取水量约2627.7万吨，水质达标率100%。

乡镇集中式生活饮用水源　延平区有乡镇（街道）21个，列入监测的乡镇集中式生活饮用水源地14个（其中水东、水南、黄墩、梅山、紫云、四鹤等6个街道及茫荡镇使用城市集中式生活饮用水）。2022年，延平区乡镇集中式生活饮用水源地水质总体保持良好，Ⅰ～Ⅲ类优良水质比例100%。

【空气环境质量】 2022年，延平区环境空气质量总体二级、“良”；平均综合指数2.27。全年发布日报365天，优良天数比例98.9%，其中一级天数253天（占69.3%），二级天数108天（占29.6%）。主要污染物臭氧。可吸入颗粒物（PM_{10}）年均值26微克／立方米；二氧化硫（SO_2）年均值6微克／立方米；二氧化氮（NO_2）年均值12微克／立方米；细颗粒物（$PM_{2.5}$）年均值18微克／立方米；一氧化碳（CO）年均值0.8微克／立方米，臭氧日最大8小时年均值127微克／立方米。

【声环境质量】

城市区域环境噪声　延平区按250米×250米共设置135个区域环境噪声网格测点，覆盖面积20.13平方千米。2022年，城市区域环境噪声平均等效声级昼间为54.5分贝，达到《环境噪声监测技术规范城市声环境常规监测》（HJ 640-2012）二级水平。

城市道路交通噪声　延平区交通噪声监测点数为25个，监测路段长22.99千米。2022年，交通噪声平均等效声级昼间为69分贝，达到《环境噪声监测技术规范城市声环境常规监测》（HJ 640-2012）二级水平。

功能区噪声　延平区环境功能区噪声共设置4个监测点，每个季度分别监测一次，进行24小时连续监测。通过对功能区噪声的监测结果进行分析，2022年，延平区昼、夜间功能区噪声均达到《声环境质量标准》（GB 3096-2008）相应声环境功能区标准限值。

【项目审批】　2022年，南平市延平生态环境局将22个审批服务事项纳入至南平“放管服”统一平台及南平市工程建设项目审批管理系统，实行“一窗对外、一号办理、一键转办、一链跟踪、一章审批”管理；持续压缩审批时限，对省市重点建设项目实行环评受理材料“容缺后补”。2022年共办理环评审批44件，登记表备案51件，国家版排放污染物许可证核发69件，排污许可登记管理34件，企业环境应急预案备案33件。

【环境监管】

污染源监管　2022年，南平市延平生态环境局严格执行“双随机”抽查制度，加强污染源监管，共随机抽取污染源监管企业85家，其中重点排污监管企业20家，一般排污监管企业65家。持续牵头开展“静夜守护”噪声整治行动，全区共检查各类噪声场所1812家次，责令整改18家，行政处罚6家，处罚金额1.1万元，约谈餐饮、娱乐场所30家，建筑工地6处。牵头开展畜禽养殖污染巡查整治，发现畜禽养殖污染点位859处，已完成整改847处，生猪削减率98.25%，削减或规范化养殖禽类100%，另外，市级督查移交30处散养点位已全部完成整治。

环境执法　2022年，南平市延平生态环境局深入开展“清水蓝天”行动等各类专项执法行动，结合常态化开展扫黑除恶斗争治理行业乱象，严厉打击生态环境违法犯罪行为，共下发整改通知124份，立案处罚环境违法案件29件，处罚金额214.1622万元，配套实施查封、扣押措施3件，停产整治1件，查处散乱污企业8家，其中，关停取缔3家，规范整治5家。

环保网格化监管　2022年，南平市延平生态环境局持续发挥环保网格员作用，各级环保网格员在福建省生态云环境监管网格化监督系统录入环保网格巡查事件62008件，上报环保网格事件10192件，处理率100%。

环境安全管理　2022年，南平市延平生态环境局全年持续开展安全隐患排查整治，排查企业151家次，排查发现并已完成整改一般环境安全隐患数19项。督促劳特化工等33家企业完成企业环境风险评估、突发环境事件应急预案编制（修订）、备案工作。加强尾矿库环境监管，完成辖区内2座尾矿库每季度日常巡查。在照溪（五星桥水库）水源地开展突发环境事件应急演练，提升环境应急反应能力，全年全区未发生突发环境事件。加强辐射安全监管，排查核与辐射利用单位46家次，责令8家单位期限办理辐射安全许可证，均完成申领。

在线监控监管　2022年，南平市延平生态环境局做好污染源监控管理系统日常监管工作，新增监控点位18个，对监测数据异常的企业，及时督促整改。强化水电站下泄流量管控，对108家水电站全覆盖进行现场检查并开展“回头看”，同时对月度考核不合格、监控数据异常的水电站开展执法检查，共检查电站169家次，发现问题38家次，下发责改决定书38份，立案处罚1家。

环境信访投诉件办理　2022年，南平市延平生态环境局受理办结12369环保举报管理平台、南平市“12345”便民服务平台、南平市随手拍信访信息系统等渠道环境信访举报件983件。

【环境监测】

监测能力建设　2022年，南平市延平生态环境局根据日常监测使用情况，新增阳离子色谱仪，对智能烟尘采样器进行改造升级，对pH、溶解氧、电导率等设备进行电极更换，合计投资约22万元。

环境质量监测　2022年，南平市延平生态环境局完成农村环境质量试点监测，5个农村“万人千吨”饮用水水源地水质监测，9个乡镇级、千人以上农村集中供水饮用水水源地水质监测，4个农业面源污染控制断面水质监测，380个千人以下农村饮用水水源地水质监测，16座乡镇生活污水处理设施进、出水水质监测，19座在用日处理能力20吨及以上农村生活污水处理设施出水水质监测，延平区声环境功能区噪声、城区酸雨监测，主要流域（闽江支干流）及小流域监测断面、县级集中式饮用水源地水质预监测，入河排污口调查监测等监测任务。

其他日常监测　2022年，南平市延平环境监测站完成南平市延平区环境卫生服务中文田垃圾处理厂、南平延鸿环保电力有限公司、南平市万源丰纸制业有限公司等5家区属重点污染源执法监测及其他监督性监测工作。完成2022年自行监测数据上报及数据审核并开展畜禽养殖行业自行监测指导工作。

环境统计　2022年，南平市延平生态环境局完成2021年度环境统计上报及国控重点污染源环境统计直报工作，完成2022年度延平区环境质量报告。

【环境综合整治】

生态环境问题整改　2022年，南

2022年8月3日，福建省生态环境执法总队执法人员联合南平市延平生态环境执法人员开展“清水蓝天”专项执法行动
（生态环境局/供）

平市延平生态环境局扎实推进中央生态环保督察反馈问题和省、市通报突出生态环境问题整改销号，分别研究制定了整改方案，明确责任单位、整改目标及整改措施。根据整改方案定期调度整改进展，同时上报市生态环保督察办。对发现整改滞后的问题，及时通报并督促相关责任单位加快整改进度；对相关责任单位反馈整改过程中存在的困难，及时上报区委、区政府研究解决。经过认真整改，第二轮中央生态环保督察反馈问题涉及延平区9个，已全部完成整改及区级验收销号，同时上报市级审查；2020年省生态环境保护例行督察反馈问题涉及延平区8个，已全部完成整改及区级验收销号，同时上报市级审查。

水污染防治 2022年，南平市延平生态环境局完成《古田黄田水生态环境提升方案》《延平区水环境质量提升三年行动方案（2022—2024）》和《延平区水环境“一河一策”及“一断面一方案”规划》编制；完成371个千人以下农村分散式饮用水源保护区划定及勘界立标；推进夏道、炉下、樟湖等农村生活污水治理项目；持续开展斜溪流域水环境综合治理项目，计划总投资6733万元，已完成投资约3300万元，持续开展徐洋溪流域水环境综合治理项目，计划总投资6899万元，已完成投资约2110万元；督促西芹镇完成画眉新村入河排污口整治，将画眉新村管网铺设纳入西芹镇生活污水二期（林学院片区）治理工程并完成建设。

大气污染防治 2022年，南平市延平生态环境局组织对7家机动车尾气检测机构进行执法检查，下发限期整改通知书2份；督促合理安排炼山作业，已收到炼山山场报备8片，337亩；推进重点行业VOCs深度治理，天富生物蓄热式环保焚烧炉工程、南孚电池钢壳喷涂有机废气治理设施升级改造项目均已建成运行；组织对城区周边22家加油站等重点行业开展专项执法监督检查抽测，发现问题15处，已完成整改；对全区唯一一家涉消耗臭氧层物质企业奇聚新型建材公司（使用HCFC-22）完成系统申报；新南针燃气导热替代燃煤导热（煤改气）及定型废气处理技改项目已建成运行，三山钢铁除尘系统超低排放改造项目已完成待验收；完成810辆柴油车路检和入户抽测、99辆非道路移动源入户抽测任务。

土壤污染防治 2022年，南平市延平生态环境局完成畜禽养殖污染防治规划编制；建立土壤隐患排查制度，上报涉镉排查、矿区历史遗留固体废物排查情况；完成10宗用途变更为住宅、公共管理与公共服务用地的地块土壤污染状况调查；落实地下水污染源防渗漏工作，完成福建南平工业园区白炭黑—林产化工循环经济专业园地下水环境状况技术调查项目；现场检查涉废塑料企业33家次，处理涉塑料污染信访投诉件4件，查封非法塑料造粒作坊1家；持续开展危险废物整治三年专项行动，排查涉电镀、钢铁冶炼等相关企业17家，完成危险废物规范化管理年度评估工业企业42家，下达责令整改通知书2家，完成涉危单位危险废物管理计划备案141家，转移处置各类危险废物19239.15吨；成立医疗废物处置专班，制定《延平区区域核酸采样点医疗废物清运及处置工作应急预案》，检查医疗废物处置单位、隔离点等114家次，对全区3家涉疫医院及在用的医学集中隔离观察点开展总余氯定期监测，采集数据480组。

【推进改革创新】 2022年，南平市延平生态环境局推进碳排放工作，南铝社区创建低碳社区试点，已于4月底通过专家评审验收；有序推进纳入碳市场交易管理的4家企业碳履约配额清缴。推进排污权交易，协助8家企业完成排污权交易。开展企业信用评价，完成109家强制参评企业环境信用评价。落实环境污染责任保险，更新2022年度纳入环境污染责任保险范围企业名单，已完成投保企业16家，共计签单保费23.1098万元。

（供稿人：刘银金）

（责任编辑：李远圆）

交　通

公　路

【概况】　2022 年，延平区拥有公路总里程 279.884 千米，其中国道 178.388 千米，省道 101.496 千米。2022 年辖区公路综合优良路率 93.5%，干线优良路率 100%。

【公路交通项目建设】　2022 年，南平市公路事业发展中心延平分中心参建专项工程共 4 项，完成南平市延平区普通国省干线公路安防设施完善工程（二期）、规模化花化彩化提升工程、2022 年普通国省道路面修复养护及预防养护工程、2022 年延平区 G205 线 K2105+700 涵洞新建工程。

南平市延平区普通国省干线公路安防设施完善工程（二期）　2022 年，南平市公路事业发展中心保障桥梁通行安全：国道 205 线樟湖库区大桥警示标志、桥梁航标等缺失，存在行车、通航安全隐患。增设桥涵标牌 2 面，通航净高标牌 4 面，桥柱灯 12 盏，桥墩警示标志 4 面，警示柱 6 根等。

规模化花化彩化提升工程　2022 年，南平市公路事业发展中心延平分中心秉持“绿色、智慧、人文”的发展理念，立足普通公路特点，突出地方特色，突出规模数量，开展国省干线公路绿化提升工作，实现规模化花化彩化，推动公路绿化品质提升，实施路线：G205 线 K2132+811 ～ K2137+350，实施里程 4.539 千米。

普通国省道路面修复养护及预防养护工程　2022 年，南平市公路事业发展中心延平分中心修复及预防养护路段：国道 205、316，省道 306。修复养护：按资金效益最大化原则，优先安排 PQI 值接近 80 路段的路面破碎板置换（原则上至少连续置换 3 块以上）、沥青罩面等修复养护，并同步实施裂缝、错台、板角断裂、边角剥落等病害修复，确保修复后 PQI 值达到良等以上水平。预防养护：以维持巩固良等路段路况为目标，优先安排 PQI 值为 80 ～ 85 路段预防养护。预防养护路段以裂缝修补为主，对个别破碎严重且影响行车安全的破碎板、坑槽、坑洞等同步予以修复。

延平区 G205 线 K2105+700 涵洞新建工程　2022 年，南平市公路事业发展中心延平分中心对损坏涵洞采用新建 Φ1.2 米圆管涵 +24 厘米厚 C40 混凝土路面（抗折 5.0MPa）修复方案。路段起终点桩号：K2105+695 ～ K2105+705，里程 0.01 千米，公路技术等级二级；核定主要工程量：新建 Φ1.2 米圆管 14 米，C20 片石砼涵洞进出口构造物 23.33 立方米，开挖土石方 259.88 立方米，旧路面挖除 120 平方米，C20 砼水泥稳定基层 120 平方米，24 厘米厚 C40 混凝土路面（抗折 5.0MPa）120 平方米，C20 砼圆管包封 18.63 立方米，C20 砼基础 18.96 立方米，新建检查通道及金属栏杆 6 米，原 A 级波形护栏拆安 8 米等。

【路产路权管理】　2022 年，南平市公路事业发展中心延平分中心全年上路巡查 165 天，出动 481 人次、170 车次，开展联合整治行动 18 次。纠正、制止违章事件 164 起（其中占用挖掘公路 3 起、污染公路 77 起、占道堆放 61 起、倾倒垃圾 4 起、打场晒粮 1 起、种植作物 4 起、违法搭接平交道口 3 起、违法设置非公路标志 3 起、违法埋设管线 2 起、损坏公路附属设施 6 起）。办理路政许可协议式管理 19 起，处理路产损坏赔补偿案件 6 起。

做好公路安全保畅工作　2022 年，南平市公路事业发展中心延平分中心为保障公路安全畅通，产权所人员加大上路巡查力度和频率，发现并制止各类影响公路安全畅通的违法行为，不定期对管辖公路、涉路施工场所等进行安全隐患排查，消除公路安全隐患，为人民群众的生产生活做好有效的安全保障。与延平区交通综合行政执法大队、公安、交警、养护班站等保持信息互通，全面掌握路况信息，处置突发状况，保障节假日、春运期间及汛期道路安全畅通。

做好非公路标志清理整治工作　2022 年，南平市公路事业发展中心延平分中心为进一步净化、美化公路通行环境，结合《延平区户外广告整治提升百日攻坚专项行动方案》（延城管委办〔2022〕2 号）文件要求，产权所人员主动协调相关职能部门，联合延平区交通综合行政执法大队、城管办等单位部门开展集中拆除作业。经过对公路沿线非标的调查摸底、进村入户走访宣传等大量的前期准备工作，拆除辖区国省干线大大小小违法设置非公路标志牌共 56 面，进一步推进非公路标志许可管理标准化。通过非公路标志专项整治行动，有效遏制随意设置非公路标志牌的势头，净化公路路域环境，维护公路路权。

做好公路路域环境整治工作　2022 年，南平市公路事业发展中心延平分中心针对辖区“滴、洒、漏”污染公路易发路段，分中心产权所走访相关运输企业、施工场地，向当事人发放《中华人民共和国公路法》《公路安全保护条例》等宣传材料；对公路两侧影响较为严重的企业和个人，分中心产权所上门发放宣传材料，讲述有关法律法规及路域环境整治的意义。通过因势利导的宣传方式，取得群众对路域环境整治的理解和支持，为整治工作打下良好的基础。分中心主动联合延平区交通综合行政执法大队、交警大队、当地镇政府等相关单位部门，对违法占道堆放、擅自搭接公路平交道口、“滴、洒、漏”污染公路、占用桥下空间等违法行为开展多次联合整治。通过整治，清理占道堆放 25 处，共计 167 立方米；整治擅自搭接公路平交道口 3 处；整治南平大桥桥下空间违章搭盖，桥下空间周围砌上隔离墙，消除桥下空间安全隐患。

【公路养护】

小修养护管理标准化　2022 年，南平市公路事业发展中心延平分中心认真贯彻落实省公路管理局“三化五优”的养护理念，全面营造更加“生态、和谐及服务优质”的公路交通环境，以市公路中心养护标准化细则为指导，制定详细的小修养护标准化实施方案，逐步将小修养护标准化往常态化方向迈进。每月对班站小修养护工程量及质量进行检查考核，养护质量达不到要求的立即予以整改，对检查及考核情况进行通报，对每月班站长会议中提出的问题及时予以解决和落实，使分中心养护水平得以提高，朝着精细化、专业化、标准化的方向发展。

小修养护专业化和机械化　2022 年，南平市公路事业发展中心延平分中心根据《福建省普通公路养护标准化指南》《南平市普通公路养护标准化细则系列之小修养护标准化、养护内业标准化》等有关规范及文件的要求，统筹安排下达小修养护计划，严格控制小修经费的支出，修缮公路沿线设施，对全线小修工作进行公开招标，要求具有二类乙以上养护、三级公路工程资质的施工单位，施工内容为分中心辖养路段的小修修复、应急养护、零星工程及小修专项项目。中标单位为福建省东易建设工程有限公司。小修队长及时对公路沿线损坏的构造物及沿线设施进行调查，以任务单的形式下达给小修修复施工单位修缮；保持公路设施的完整和功能完好，确保路容路貌干净整洁、安全畅通。结合系统 App 适时掌握养护情况，不断提升应急处治能力，适时分析养护数据，掌握成本信息，为养护管理工作提供决策，打造南平版信息化决策系统。

建标准化“品质路”　2022 年，南平市公路事业发展中心延平分中心根据《南平市普通公路水泥混凝土路面小修技术指导意见》《福建省公路水泥混凝土路面（沥青混凝土路面）预防养护技术指南》等要求，对照全年路况检测数据，对检测报告中“日常养护、预防性养护、结构性修复”路段，从接缝养护、裂缝修补、错台处治以及坑槽修补、灌浆稳板、路面刻纹等方面创新，根据调查的病害情况，分析病害成因，初步拟定修复方式，在 6 月中旬前完成前期分析工作。根据病害轻重情况，结合资金落实情况，对应设计病害修复方式，再统一安排或者分阶段安排施工，比较实施预防性养护路段近两年同向路况数据，对比实施效果和路况数据变化，分析预防性养护和路况变化关联，为下次预防性养护提供数据依据。

推进“品质”工程　2022 年，南平市公路事业发展中心延平分中心以《南平市普通公路养护标准细则》系列丛书为基础，从“路基、路面、桥涵隧、沿线设施以及绿化”等方面入手，围绕养护管理标准化各个环节，创新养护技术、工艺，改进养护机械设备，改良养护材料，改善养护作业方式，以点带面创建一段：有标准、有特色、有文化、有底蕴的“品质路”，选树标准化典型项目。

公路安全精细化提升工程　2022 年，南平市公路事业发展中心延平分中心为全力保障人民群众出行安全，持续促进公路交通安全形势稳定向好，根据交通运输部要求，分中心大力开展 2022 年度公路安全精细化提升工程的实施。根据市中心的批复，主要工作量为 A 级钢筋混凝土防护栏 758 米；钢筋砼护栏加装钢扶手 673 米；A 级波形梁钢护栏 2448 米；原 A 级波形梁护栏（提级）7398 米；A 级波形护栏改造（含桥梁人行道 + 金属栏杆）2888 米；金属梁柱式护栏 430 米；禁令标志 75 杆；桥涵助航标志工程 1 项；热熔标线 65852 米；振动标线 1376 米等。

创新制度，推市场化“转型路”　2022 年，南平市公路事业发展中心延平分中心以《南平市普通国省干线公路小修市场化养护管理指导意见》为基础，完善专管员制度（针对专管员考核进行完善），总结创新成果，制定出台《延平区普通国省干线公路小修市场化养护管理办法》，建立完善的市场化“转型路”管理体系，为小修养护全面推向养护市场奠定基础。采用多元化养护管理模式将延平分中心管养路段进行划分。采用社会化养护模式的班站有：炉下站、南新站，承包单位为福建省大田县中交建设工程有限公司；采用“1+X”模式，自2021年10月起，外洋站养护通过政府采购公开招标，中标单位为福建省丰溢公路养护工程有限公司，采用的模式为：向养护公司购买劳务人员。材料和机械均由分中心提供，分中心派驻专管员进行专职管理并负责内业工作的模式，要求养护公司在工作日中养护作业人员不少于18人。通过多元化养护管理，大大提高养护水平。

【护路宣传】 2022年，南平市公路事业发展中心延平分中心营造浓厚的路政宣传氛围。结合工作实际制定切实可行的活动实施方案，召开动员部署大会，提前制作宣传资料，并在公路沿线村镇、葫芦丘停车休息区、各公路站等地悬挂宣传横幅，在办公场所利用LED显示屏滚动播放宣传标语。开展“暖心”服务活动。在常态化疫情防控下，在公路服务区、路政服务大厅等场所，为货车司机提供加水、如厕、充电、休息等基本服务。走进大横路段高速路口核酸检测点，对过往司乘人员开展法律法规宣传，并引导过往司乘人员进行核酸检测，为有需要的人员送上应急药品和路况咨询等便民服务。开展“主动走访”活动。深入延平区四鹤街道名流社区、延平区黄墩小学、当地企业、公路沿线村镇、货运站场、在建工地等，为群众发放宣传册、宣传单、印有宣传信息的宣传物品，送法规、政策和服务上门，通过开展座谈交流、观看短视频等方式，广泛深入地向群众普及《中华人民共和国公路法》《公路安全保护条例》等法律法规规章知识。推动优化大件运输许可服务。在大件运输许可申请时，优先进行现场勘查，保证在最短时间内提供最好的服务。开展《中华人民共和国民法典》（以下简称《民法典》）和法治政府建设示范创建宣传活动。围绕“美好生活，民法典相伴”主题，开展“学习《民法典》从我做起”活动，组织干部职工从《民法典》颁布的背景及意义、主要架构、亮点等三个方面进行学习，发动职工积极参与福建省“有典不一样”民法典线上知识测试，让大家对《民法典》有更准确、更深刻的理解和认识。以“路政宣传月”为契机，通过开展进机关、进乡村、进社区、进学校、进企业、进单位“六进”活动等大力宣传《民法典》和南平市全国法治政府建设示范创建活动，提升公众知晓率、参与率。充分发挥网络媒体的宣传作用。邀请南平电视台拍摄汛期公路部门清理溜方保障公路畅通现场，深入宣传公路保通保畅工作，并在省电视台福建新闻频道播出。利用微信公众号、朋友圈、美篇等自媒体强大的宣传作用，发布路政宣传月主题、工作亮点等信息，扩大路政宣传影响力和感召力。

2022年1月13日，南平市公路事业发展中心多元化养护模式研讨会在延平召开

（区融媒体／供）

【公路交通安全生产】

安全责任　2022年，南平市公路事业发展中心延平分中心将安全生产管理工作纳入分中心重要议事日程，建立健全公路安全生产责任体系，成立安全生产领导小组，制定安全管理责任清单，明确分工。签订安全责任书，层层分解安全生产工作目标任务，做到安全生产一级抓一级，层层抓落实。全面完成普通国省干线公路行业安全生产各项整治任务。与公路养护施工企业签订安全生产合同，督促公路养护施工企业及时办理工伤保险，为施工人员办理简易人身保险等。

教育培训　2022年，南平市公路事业发展中心延平分中心坚持抓好公路养护和养护施工企业职工、特种机械操作手和从业人员的教育培训工作。全年共召开11次月度安全例会及4次季度安全生产会议，将安全生产工作纳入支委会及中心事务会议同研究、同部署。扎实推进安全宣传“五进”工作，推动安全宣传进企业、进农村、进社区、进学校、进家庭。开展消防安全应急演练1次，参加公路应急抢险钢桥架设培训演练。

车机管理　2022年，南平市公路事业发展中心延平分中心为进一步加强公路养护机械（设备）管理，优化养护机械（设备）的配置，提高养护机械（设备）使用效率。以应急机械标准化为依托，以养护车、洒水车、扫地车等为载体，以智能化、数据化为辅助，建立普通公路应急机械精细化管理制度，切实做到信息精确，数据共享，实时监控，进一步提升机械

2022 年 6 月 15 日，延平公路分中心深入太平镇曾厝村开展安全生产月暨综治宣传活动（延平公路分中心 / 供）

化管理水平。对各公路站的机械（设备）及应急机械（设备）实行定人、定机、定岗，明确责任。

应急保障 2022 年，南平市公路事业发展中心延平分中心全年共出动人员 390 人次、机械 160 辆次，处置道路水毁计 284 处。其中溜方 60306 立方米 /243 处、路基缺口 9674 立方米 /28 处、涵洞损坏 8 处、水过路面 4 处。在分中心全体干部职工的共同努力下，未发生道路长时间阻断、大面积灾毁等现象，确保分中心辖养路段道路安全形势总体平稳。

风险管控 2022 年，南平市公路事业发展中心延平分中心组织安全生产检查排查组 47 个，参加人员 108 人次，检查单位 8 家、公路站 5 个、公路 279.884 千米、桥梁 50 座、隧道 3 座、房屋 41 栋 /20 处，主要检查国省干线公路、长陡下坡、临水临崖、桥涵隧、公路站、车机、养护作业安全布控、安全设施管理、房屋及养护工程施工等，共出安全生产检查通报 11 期，查出一般安全隐患 34 项，下发隐患整改通知书 28 份，已完成整改 34 项，整改率 100%。

“扫黑除恶” 2022 年，南平市公路事业发展中心延平分中心聚焦严厉打击涉普通国省干线公路领域违法犯罪行为，全面摸排核查涉黑涉恶和行业乱象线索、完善服务区设施和管理、建立健全源头治理长效机制等。分中心在支委会、党员大会、分中心事务会议、安全生产月度 3 和季度会 4 上共部署常态化扫黑除恶斗争工作 8 次。在机关设置举报箱并公开举报电话，畅通信息渠道。分中心领导带领相关股室人员到公路站和养护施工企业开展扫黑除恶斗争宣传并开展线索摸排调研 2 次，调研 5 个公路站及公路养护施工企业 8 家，未发现涉黑涉恶线索。认真梳理排查全年信访案件 3 件，未发现涉黑涉恶线索。做好信息报送和内业资料收集归档工作。在本单位及公路养护施工企业发放延平区委政法委致延平广大居民朋友的一封信共计 100 多份，宣传平安建设。深入挂点村开展“扫黑除恶”和综治宣传，共计发放宣传册 200 余份。在单位工作群发送平安建设宣传片：平安“三率”伴我行宣传视频和平安建设宣传片《美丽家园、平安南平》6 条。

【“春运”管理】

加强公路养护 2022 年，南平市公路事业发展中心延平分中心各公路站加强公路日常养护管理工作，重点加强对桥梁、涵洞、隧道以及连续长下坡、事故多发、易结冰、易拥堵路段、地质灾害隐患等路况复杂和交通量大、重型车多路段的巡查检测，加强路面保洁等日常养护，完善公路标志、标线及安全防护设施。建立春运期间公路站职工轮值制度，确保人员上路巡查和养护，发现路面坑槽、桥涵损坏等情况，报告并修复；强化隐患整改，对高边坡、高挡墙、隧道、桥涵、连续长陡下坡、临水临崖、事故多发、存在地质灾害隐患路段等进行全面排查，发现和消除安全隐患。春运期间开展 2 次安全生产和消防检查，检查国省干线公路养护及在建工程管理、各公路站春运值班、应急保障、疫情防控、维稳等工作情况，排查发现公路一般安全隐患 5 处，完成整改 5 处，做到闭环管理。春运期间及时清理边坡溜方、落石、路面污染、滴洒漏、倒伏树木、占道堆物等隐患 21 处，清理边坡土石溜方约 110 立方米（2 处）。科学合理安排养护施工作业，减少养护作业对交通的影响，提前做好绕行线路方案和现场的交通引导工作。

加强路网运行监测及信息发布 2022 年，南平市公路事业发展中心延平分中心强化路网监测。加大春运高峰时段、易受恶劣天气影响路段、事故多发路段的路网运行动态监测力度，加强与公安、气象等部门沟通合作，对重点路段制定疏堵和分流绕行预案。发布路况和拥堵缓行路段信息，引导自驾人员合理选择出行路线、时间和目的地，避峰错峰出行。强化信息发布。通过可变情报板、“闽北公路”微讯公众号、新闻媒体等，向社会发布普通国省干线公路阻断、绕行线路、注意事项等信息。

提升应急处置能力 2022 年，南平市公路事业发展中心延平分中心加大春运高峰时段、易受恶劣天气影响路段、事故多发路段的路网运行巡查力度，加强与公安等部门沟通合作，对重点路段制定疏堵和分流绕行预案。做好易结冰路段的保通保畅，做好人员和应急物资及机械设备的储备工作，组织人员30名备勤，在樟湖公路站备有工业盐4.5吨、砂石等材料50立方米。分中心备有发电机组1台、移动照明灯1台、抢险车辆12台、自有和社会化挖掘机5台、自有和社会化装载机5台；配置各类施工安全标志200面、安全锥200个，水马100个。

加强路政巡查　2022年，南平市公路事业发展中心延平分中心加大路产路权巡查力度，发现路面违章现象，告知交通综合执法部门处理。健全春运协同联动机制，加强与公安、交通综合执法机构等部门的协调配合。对涉路施工行政许可事中事后监管，重点检查被许可人从事许可事项活动是否落实保障公路、公路附属设施质量和安全的防护措施以及应急处置措施，施工现场是否按规范设置相应的安全警示标志等涉路安全保障措施。产权所春运期间共上路巡查25天，25车次，60人次；在公路巡查中发现并及时纠正、制止违章12起，其中堆放物品4起、污染公路5起、设置非公路标志1起、倾倒垃圾2起。

提升春运服务水平　2022年，南平市公路事业发展中心延平分中心春运期间在葫芦坵停车休息区和国道沿线4个公路站设立5个便民服务箱，并对便民服务箱内物资更新和补充（如2023年春运服务指南、常用应急药品、电话号码簿、地图、小型修车工具等服务物资），对葫芦坵停车休息区和公路站的厕所做到洁净卫生并进行消毒。工会组织做好春运一线职工生活服务和福利保障，结合“两节”开展1次送温暖活动，进行走访慰问工作，帮助解决实际问题和困难，让广大一线干部职工安心、暖心。

强化春运宣传　2022年，南平市公路事业发展中心延平分中心春运期间利用延平公路微信群及公众号及时发送道路安全信息和疫情防控信息。通过新闻报道、微视频、微信公众号等形式新颖、灵活多样的宣传平台，讲好“春运故事”，营造文明、祥和、喜庆的春运氛围。开展舆情引导，利用大数据技术，加强对春运舆情的监测分析，掌握本单位公路领域的热点焦点问题，掌握苗头动态，回应群众和从业人员关切，做好沟通解释和矛盾化解。制作春运安全宣传横幅7条、春运宣传报道2篇；向司乘人员提供2023年春运交通运输服务指南手册5册及葫芦坵停车休息区和樟湖公路站张贴2023年春运交通运输服务指南2幅，提高公路部门为民服务水平。

（供稿人：洪明俤）

（责任编辑：邓璟靓）

2022年1月24日，延平公路分中心在葫芦坵服务区开展春运“暖冬行动”温暖回家路活动

（延平公路分中心/供）

水路运输

【概况】　至2022年底，延平区辖闽江干流及建溪、沙溪、富屯溪三大支流，水域面积近百平方千米。涉水乡镇、街道共17个，其中太平、大横、来舟等3个涉水乡镇设有8个客运渡口，分别是太平渡口、儒罗渡口、更古渡口、陈墩渡口、大笏渡口、延安渡口、大仁洲渡口、王富渡口（停渡）。全区在航渡船7艘，水运企业4家，共有营运船舶48艘（10185.77载重吨）。

【水运安全监管】

安全检查　2022年，延平区地方海事发展中心落实水上安全管理责任制，逐级传导安全生产主体责任，持续开展水上交通安全检查。特别是春运、汛期、大风寒潮强对流天气、节假日等重点时段的安全检查，全年派出检查组64个、检查人员160人次，排查渡口103道次、各类船舶142艘次（其中渡船103艘次）、水运企业19家次、水工作业单位7家次，排查各类隐患和问题75个，整改到位75个，有效落实水上安全管理责任制，未发生重大安全生产责任事故。辖区“水上交通安全管理‘三长责任制’责任书”“渡船船员安全渡运承诺书”“防汛安全告知书”“水路运输企业安全生产责任状”签订率达到100%。

水运企业资质核查　2022年4月21—22日，市、区两级水路运输管理部门联合对辖区内4家水运企业开展资质核查。检查组一行重点对企业上年度的生产经营状况，安全管理机构及各项安全、防污染管理制度和预案，海、机务专职人员配备，船舶船员内业台账资料，企业自有船舶运力，订立劳动合同的高级船员情况，安全生产责任险落实情况，疫情防控工作措施落实情况等进行检查，对存在问题的企业、船舶实施清单管理，建立台账，督促其限期落实整改，适时开展复查，逐一销号管理。

据市水路运输事业发展中心统计：全区在册的4家水路普通货物运输企业（南平市惠风运输有限公司、南平市樟湖水路运输有限公司、南平市锦平水运有限公司、福建省南平广通物流有限公司）通过核查3家（福建省南平广通物流有限公司未通过核查），共55艘运输船舶（9453总吨）通过核查。

11月14日，延平区水路运输管理部门组织人员对新成立的南平闽江航运发展有限公司进行水路运输经营资质初审，出具初审合格的意见。南平闽江航运发展有限公司新建的“武夷1号”“武夷2号”两艘内河集散两用货船顺利下水，其中“武夷1号”为柴油动力，“武夷2号”为增程式电动货船，用于装载集装箱、干杂货及干散货，上述两艘标准化船舶的建设和应用将为振兴闽江航运市场，带动沿闽江经济带发展起到示范作用。

水路客运承运人责任险 2022年，延平区地方海事发展中心继续深化客渡船舶强制保险措施，按照“应保尽保，不漏一船”的原则，全区7艘在航渡船合计投保198客位，每个客位最高保额35万元人民币，水路客运承运人责任险投保率继续保持100%，为群众水上平安出行提供坚实的保障。

推进安责险落实 2022年以来，延平区地方海事发展中心多次组织召开安责险知识培训会、专题会议宣贯会传达新《中华人民共和国安全生产法》精神，普及安责险知识，宣传购买安责险的重要性和必要性；并结合现场指导检查，推进水运企业安责险落实到位，有效保障企业及船员的合法权益。

做好应急处置 2022年3月23日10时许，延平区地方海事发展中心接到大横镇水安办求助：停靠在延安渡口的渡船闽南平渡4395受到河水冲击，缆绳收绞困难，如缆绳长时间拖拽受力将有可能发生破损断裂，船舶就有漂流的风险。地方海事人员第一时间派员赶赴现场开展应急处置，协调联系附近渡口渡工和大功率渔船前往救助。临近的大笏渡口渡工赶来，地方海事部门指挥渡工驾驶“闽南平渡4395”，在大功率渔船的护送下，安全驶离延安渡口，于当日12时10分转移至附近水流平缓的大横镇原农耕码头堆砂场锚泊，险情消除。

信息预警 2022年延平区地方海事发展中心加强与气象、水文、水电站等部门的沟通联系，将恶劣天气预警信息及禁（限）航通告以微信群和手机短信群发的方式，发送至水上交通从业人员，提醒提前采取防范措施。全年累计发送各类安全宣传和预警信息92283条。

推动临时码头启用 2022年，延平区为降低货物运输成本，解决水运企业货物临时周转困难的实际，在延平区地方海事发展中心的努力下，8月26日，区政府组织市港航、区河长办、水利、交通、海事等部门召开专题会议，会议决定启用2个砂石料堆场码头（南平市中间窠码头、延平区西芹镇闽江砂石料场），用于水路货物临时运输。

【水上交通综合应急演练】 2022年12月7日，市、县（市、区）两级地方海事部门联合南平市锦平水运有限公司夏道水上抢险救援队、南平市延平区蓝天救援队、水运企业等单位在延平区闽江干流新城港区水域举办2022年水上交通综合应急演练，四十余名参演执法人员及志愿者，乘坐夏道镇渡船、闽海巡901、闽海巡907、闽海巡909、闽南平工4006、水上应急救援艇、闽南平污01、蓝天救援1号、蓝天救援2号等9艘船舶，现场模拟船舶失火乘客疏散、落水人员搜救、船舶消防灭火、失控船舶拖带转移、船舶漏油拦截及溢油清除等科目的演练。

【水上交通安全宣传教育】

安全生产月咨询日活动 2022年6月15日，延平区地方海事发展中心派员到南剑州大剧院举办开展第21个“安全生产月”宣传咨询日活动，通过分发宣传材料、现场解答等方式宣传《中华人民共和国安全生产法》、防溺水、救生设备使用、船舶垃圾分类、船舶防汛注意事项、船舶消防等知识，将“遵守安全生产法，当好第一责任人”的宣传主题传达给广大市民。活动期间，累计发放各类宣传材料120余份。

水上交通安全知识进校园活动 2022年11月17日，延平区地方海事发展中心联合南平市延平交通运输综合执法大队走进延平区大横中心小学，开展以“水上平安交通，安全伴我成长”为主题的水上交通安全知识进校园活动，共有40余名师生参与活动，通过PPT课件讲解、互动答题和水上交通事故案例展板展示等多种方式，讲解船舶安全标识、消防救生设备、乘船注意事项、防溺水及遇险救助等知识，现场演示救生衣的正确穿戴方法，并邀请学生自己动手穿戴实践，并向学生赠送《小学生水上交通安全教育读本》、水上安全知识书签及学习文具共100余份。

商渔船船主面对面交流活动 2022年5月24日及11月16日，延平区地方海事发展中心分别在夏道镇南平市锦平水运公司和太平镇政府组织开展“商渔船船主面对面”宣讲活动，活动邀请部分航运公司负责人、货船船员代表、渔船驾驶员、渡船船员参加。会上播放商渔船防碰撞警示教育视频，海事人员介绍辖区水域通航特点，对近年来发生的商渔船碰撞事故进行通报，反思事故发生的原因，督促参会人员吸取事故经验教训，敲响警钟，强化安全意识，堵住安全漏洞，完善工作机制，避免类似事故再次发生。随后，就船舶碰撞、搁浅及弃船应急开展安全宣讲，最后商船和渔船船员现场进行交流互动，使商渔船船

2022 年 11 月 17 日，水上交通安全知识进校园活动　（区交通局 / 供）

员对对方船舶的操作特性、避碰规则、瞭望盲区有更为直观的了解和更加深刻的认识，共分发宣传材料 60 余份。

（供稿人：乐程敏）

（责任编辑：邓璟靓）

铁　路

【概况】　2022 年，延平区铁路建设发展中心紧紧围绕省、市、区政府的工作部署，开展铁路重点项目的策划、推进工作，有效地推进各项工程建设，努力化解各类矛盾纠纷，完成各项阶段的工作任务。

【昌福高铁踏勘初设】　昌福高铁是一条以路网功能为主、兼顾沿线城际客流的高铁骨干线路。是京港（台）高铁通道重要组成部分，是福州至银川综合运输大通道重要组成部分，是支撑“一带一路”倡议、推动陆台经济社会融合发展、促进区域协调发展、带动老区苏区振兴发展的重要基础设施。主要承担粤闽浙城市群与南昌及以华中、西北、西南、华北大部地区之间的旅客交流和承担沿线城际客流。

2015 年来，经本铁路建设发展中心工作人员共同努力、配合上级有关单位及中铁设计单位做大量的户外踏勘及内业资料整理工作，为项目设计单位提供可行性研究设计的资料，并取得阶段性成果。2022 年 12 月 15 日，在延平区政府顺利召开昌福高铁延平段预可调研座谈会，参加会议的有中铁设计单位项目总体负责人，市铁路建设发展中心、区政府领导及各有关单位人员。昌福高铁初步设计总体呈东西走向，线路起自江西省南昌市，经抚州、资溪县，进入福建省南平市光泽县、邵武市、顺昌县、延平区，终至福州市。初步设计延平区内线路长度约 47.2 千米，项目总投资约 85 亿元。

【铁路拆迁安置】　南三龙铁路征地拆迁安置工作全面完成。完成征迁土地总面积 56.7 公顷；完成临时用地复垦 9 处 46.92 公顷、“三改”工程 100 余处。安置总户数 416 户，面积 66199 平方米，其中省重点工程项目西芹镇官田 A 地块安置小区安置的 317 户（最后一批安置户）已于 2022 年 12 月 30 日完成交房手续。

（供稿人：曾建荣）

（责任编辑：邓璟靓）

教　　育

综　　述

【概况】　2022年，延平区属共有各级各类学校155所，其中教师进修学校1所，中等职业学校1所，特殊教育学校1所，完全中学及初中14所，九年一贯制学校5所，小学48所，幼儿园85所。在校生48930人，教职工数3908人。

【改善办学条件】　2022年，延平区坚持政府主渠道投入和多方筹资相结合，实施公办幼儿园项目1个，建筑面积3300平方米，总投资419万元；实施校舍安全长效机制项目18项，规划建筑面积7716平方米，总投资445万元；实施义务教育薄弱环节改善与能力提升项目1项，总投资365万元。完成教育装备和服务类采购6532.69万元。

【教育信息化建设】　2022年，延平区城域网学校出口带宽达到11200MB，总出口带宽达到4GB，城镇中小学班均10M以上。组织开展延平区2022年师生信息素养提升实践活动（教师部分）。收到各校选送的有效参赛作品307件，其中9件作品送交省赛分获省一、二、三等奖。

【教师队伍建设】　2022年，延平区进一步优化师资配置，新招聘中小学、幼儿教师165人，安排教师校际交流160人。推荐一线教师参加国培、省、市级各类业务培训325人；推荐8名2022年南平市第二届“最美教师”，4名教师被确认为南平市高层次E类人才，评选16位2022年（第四届）“延平名师”，推荐3名2022年高中教育质量提升工作中表现突出先进个人，荣获福建省特级教师称号1人，推荐南平市“十四五”教学名师培养对象8人、学科教学带头人培养对象36人、学科骨干教师培养对象58人，确定为福建省乡村优秀青年教师培养奖励计划1人，双向交流评优2人。评审通过中小学、幼儿园高级教师45人，中级教师79人，初级31人，增补聘任教师专业技术职务129人。提升乡村教师生活补助标准，按平均每人每月不低于500元、镇中心区每人每月100元标准分春、秋两季发放。发放原辞退代课教师养老补助金96.12万元。

【教育督导】　2022年，延平区教育工作实际，有效履行督政、督学和评估监测职责，不断提高督导工作实效，助力延平教育发展取得更大实效。2月发布《关于调整充实组成人员的通知》（延政督〔2022〕2号），调整充实区政府教育督导委员会成员，设立总督学、副总督学；组织开展“两项督导”“县域义务教育优质均衡”区级自查自评工作；组织开展教育工作专项督导和综合督导评估、幼儿园办园行为督导评估和2021—2022学年学校工作综合督导评估；认真组织实施省义务教育质量监测工作，12所小学和8所初中样本校参加福建省义务教育语文、数学、道德与法治质量监测；加强责任督学队伍建设，组织责任督学开展每月一次随访督导工作，肯定办学行为规范成效，提出存在问题及整改意见。

【公共服务】　2022年，延平区高考设3个考点，91间考场，2467名考生参考；中考设置城区考点16个，共计187间考场，全部考场均安装空调。全区考点考风考纪良好，顺利完成中、高考工作，实现“平安考试”目标。中小学、幼儿园通过南平e政务平台，实施入学一件事改革，秋季招生工作平稳有序。积极回应网络舆情群众热点问题，办理答复信访件118件、“12345”便民服务671件、“随手拍”8件，办理人大代表建议6件、政协委员提案19件。

【平安校园建设】　2022年，延平区教育系统全面开展安全生产大检查，组织22个排查整治组，参加人员313次，检查单位和场所234家，排查发现一般隐患127项，整改127项，整改率100%。联合城管、市场监管等职能部门开展校园周边环境整治行动100余次，出动人员400余人次，累计劝导各类占道行为400余起，并向校园周边商家及群众宣传扫黑除恶治乱相关法律法规，增强群众参与意识，形成教育牵头、部门协同、共管共治、标本兼治的工作新格局，巩固校园周边行业乱象专项治理行动成果。

【思政一体化建设】 2022年，延平区以学科课程为基石、校园文化为根本、师资队伍为抓手、劳动教育为载体、心理健康为主导、家校联动为引领，推动"思政、德育、教育、实践、健康、育人"六大元素，构建思政一体化建设工作思路。召开全市教育系统思政一体化观摩现场会。评出170个班级为全区中小学（幼儿园）"先进班集体"，各级文明校园50所，文明校园创建率100%。开展"新时代好少年"评选，12名同学被评为延平区"新时代好少年"。开展市优秀班主任推荐评选，13位老师被评为南平市优秀班主任。

【共青团和少先队工作】 2022年，延平区坚持党建带团建、带队建，聘任53位同志为全区中小学校少先队大队辅导员（副大队辅导员），召开少先队辅导员专业技能培训，强化新时代少先队辅导员队伍建设。开展延平区"喜迎二十大　永远跟党走　奋进新征程"主题征文，20名同学分别荣获区级一、二、三等奖及优秀奖。协办南平市"红领巾小健将——喜迎省运会·共建新南平"三人制篮球邀请赛，评定83个少先队集体、589名少先队员为延平区"红领巾奖章"二星章集体和个人。

【美育教育】 2022年，延平区将美育教育与其他学科教学相互渗透融合，推动学校艺术教育的发展，学生艺术技能达标率达94.6%，举办"喜迎二十大　永远跟党走　奋进新征程"延平区中小学校园文化艺术节系列活动。

【阳光体育】 2022年，延平区入选全国青少年校园足球特色学校（幼儿园）4所，全国青少年校园篮球特色学校1所，福建省青少年校园足球特色学校1所，福建省青少年田径传统学校1所，南平市青少年校园足球特色学校4所，南平市青少年解斗士传统学校1所；加强体质健康监测，合格率较上年提高1个百分点，学生体育技能达标率达95%。

【普法教育】 2022年，延平区聘请94人为学校法治副校长，规范开展法治教育。开展"八五"普法、"美好生活 民法典相伴"主题宣传、反间谍宣传、抵御防范宗教向校园渗透、"争当国家安全小卫士"手抄报征集、"百场法学家百场报告会"等形式多样的法律进校园活动。

2022年5月15日，延平区金山体育馆举办南平市"红领巾小健将——喜迎省运会·共建新南平"三人制篮球邀请赛颁奖仪式 （区教育局/供）

【心理健康教育】 2022年，延平区组织教师参加教育部办公厅举办的心理健康教育教师培训，建立学校心理健康咨询室，开展学生心理健康测评，开展延平区青春健康师资培训。聘任68位医务工作者为延平区学校（含在延市属学校）健康副校（园）长。

【爱国主义教育】 2022年，延平区开展社会主义核心价值观实践活动，弘扬民族精神，推进朱子文化、南词艺术、茶洋窑等优秀传统文化进校园。开展第十九届学校读书节、"暑假读一本好书"、第十七届省运会会歌《青春永驻》MV传唱、"喜迎二十大　永远跟党走　奋进新征程"主题征文、"传承红色基因，延平党史我来讲——争做红领巾讲解员"、清明祭英烈等活动。

【关爱农村留守儿童】 2022年，摸清全区1191位留守儿童底数，建立工作档案，成立关爱留守流动儿童工作领导小组、设立亲情电话，借助社会力量，为留守流动争取更多的社会关爱。通过"一对一""城乡儿童手拉手"等形式，实现农村留守儿童关爱服务的全员、全方位和全覆盖。

【教育脱贫巩固】 2022年，延平区发放各教育阶段学生资助资金654.88万元，惠及学生8292人次，其中：学前政府助学金42.65万元，受助家庭经济困难学生508人次；下拨义务教育营养改善计划专项资金177.55万元，受助学生3551人次；发放经济困难学生生活补助71.61万元，受助学生2300人次；高中免学费4.32万元，受助学生54人次，发放高中助学金22.83万元，受助学生228人次；中职免学费326.13万元，受助学生1553人次，发放中职助学金9.8万元，受助学生 98 人次。

学前教育

【概况】 2022 年，延平区属共有幼儿园 85 所，其中公办幼儿园 23 所、占比 27.1%，民办幼儿园 62 所、占比 72.9%。在园幼儿 13423 人，其中公办幼儿园 7661 人、民办幼儿园 5762 人。幼儿园教职工 1932 人，其中公办幼儿园 937 人、民办幼儿园 995 人。共有省级示范幼儿园 2 所，市级示范幼儿园 14 所，区级示范园 38 所。

【办园行为规范】 2022 年，延平区持续开展“小学化”专项治理工作。落实《3～6 岁儿童学习与发展指南》《幼儿园一日活动规范》，以游戏为基本活动，通过宣传图册、网站、家长会、家园联系栏等多种形式，开展幼儿园幼小衔接等活动，引导幼儿园和家长更新教育观念，促进幼儿身心和谐发展。

【普惠优质发展】 2022 年，新建来舟中心园，将南针幼儿园（民办）改建成茫荡中心园南针分园（公办）。新认定普惠性民办幼儿园 1 所，全区民办园共 85 所，普惠性幼儿园 64 所，普惠性幼儿园覆盖率提升至 95.1%。完成 5 所市级示范性幼儿园、4 所区级示范性幼儿园评估工作，各级示范性幼儿园在园幼儿比例达到 85.8%。

义务教育

【概况】 2022 年，延平区属共有初中 18 所，在校生 11551 人，专任教师 1024 人；小学 48 所，在校生 22849 人，专任教师 1735 人；特殊教育学校 1 所，在校生 146 人，专任教师 31 人。

【标准化学校创建】 2022 年，延平区教师进修学校被评为福建省标准化县级教师进修学校，巨口中心小学等 7 所学校被评为省级义务教育管理标准化学校。全区评为省级义务教育管理标准化学校共 47 所（按 66 所校计，不含市属校），通过率为 71.2%。

【教学质量管理】 2022 年，延平区夯实小学“强基”、初中“壮腰”工程，中考总分优秀率居全市第 2 名，水东学校等 4 所学校总分平均分列全市前 40 名。南平一中统招线位居全市同系列学校第 1 位；南平高级中学统招线连续第 15 年位居全市同系列学校榜首。南平一中、南平高级中学统招线分别高出其他九县市一中、二中系列校平均值 21.45 分和 86.22 分。

【课程教学改革】 2022 年，延平区加强课程实施管理与指导，提升教师驾驭新课程的能力和水平，促进新课程标准在课堂教学中的有效实施和双减工作的根本落地。二实小等 5 所学校的课后服务项目研究各自形成特色，被评为市级优质项目。南平三中、扬真小学被确定为市级课后服务主题探究课程试点学校。40 余篇典型课程改革案例在省、市、区级以上媒体报道。

【特殊教育】 2022 年，延平区有特殊教育学校 1 所，即延平区开智学校，在校就读学生 72 人，送教上门学生 74 人，教职工 44 人。全区普通中小学随班就读残疾学生 174 人，送教上门学生 35 人，全区义务教育阶段残儿少入学率达 99.7%。全区共建成 1 个特教资源中心和 1 个特教实训基地，均设在开智学校，同时建成 5 个特教资源教室，分别设在西芹、夏道、王台、樟湖和南山的中心小学。

职业与终身教育

【职业教育】 延平区有中等职业学校 1 所，即南平机电职业学校，该校拥有一个中职部、一个实训区和一个成教部。全校共有教职工 72 人，全日制中职学生 932 人，非全日制中职学生 263 人。已开设 6 个全日制中职学历专业：机电技术应用、网络信息安全、旅游服务与管理、智能设备运行与维护、金融事务、高速铁路乘务等，另外还开设 2 个非全日制中职学历教育专业：计算机技术应用和建筑工程施工。延平区委领导积极促成南平机电职业学校与福建元力活性炭股份有限公司达成校企合作办学协议，连续两年成功开办“元力股份班”，并与闽北职业技术学院、元力股份有限公司达成三方协议，成立“元力产教融合”学院，进一步拓展合作办学深度。

【终身教育】 2022 年，延平区终身教育促进委员会制定《南平市延平区“十四五”终身教育发展规划》，设立终身教育服务中心，设在南平机电职业学校成教部。以南平市广播电视大学和南平机电职业学校为依托的社区大学和社区学院各 1 所，梅山和西芹 2 所社区学校，宝珠终身教育学校 1 所，并在 6 个街道的 61 个社区及 15 个乡镇的 193 个村居均设立终身教育学习网点。全区终身教育社区覆盖率达 99%，村居覆盖率达 75.7%。建立服务全区的终身教育专兼职管理队伍 334 人，专兼职教师队伍 372 人，志愿者队伍 1186 人。

（供稿人：陈　佳）

（责任编辑：邓璟靓）

科　技

综　述

【概况】　2022年，延平区研发投入企业42家，研发投入总额6.09亿元，全年争取省级科技计划项目2项，获补助经费130万元。新注册商标1080件，全区累计有效注册商标6302件。发放知识产权发展保护专项经费12.66万元，专利授权量624件，比上年增长14.7%。

【科技项目与经费】　2022年，延平区推动企业与高校院所的科技合作，有效打通科技成果转移转化通道，提升企业持续创新能力，推动延平区产业转型升级，全年争取省级科技计划项目2项，获补助经费130万元。

【科技研发投入】　2022年，延平区发改科技局宣贯落实好国家、省、市有关科技奖补政策，全区（市辖区）有研发投入企业42家，研发投入总额6.09亿元；引导、鼓励、推动企业产品研发与科技创新，引导元力活性炭、三金电子等20家企业争取企业研发费用分段补助，申请经费补助537.55万元；华泰汽配、南线电缆、享通农业等13家企业争取科技创新券补助，获补助29.66万元。

【科技创新体系建设】　2022年，延平区大力培育创新企业，打造一批高水平制造业创新中心、企业技术中心、协同设计中心、省级新型研发机构，全区国家级高新技术企业26家，省级高新技术企业18家，省科技小巨人企业12家，入库科技型中小企业36家，省级创新型企业7家，省级（企业）工程技术研究中心4家，省级重点实验室1家（元力），省级众创空间2家，市级众创空间4家，省级农业星创天地6家。

【“6·18”项目成果对接】　2022年，延平区抓好第二十届“海创会”筹备工作，做好宣传发动工作、抓好日常对接。第二十届“海创会”延平区推荐南平市三金电子有限公司、南平市祥寿茶籽投资有限公司等4家项目单位参展，参展产品5项。

【科技特派员工作】　2022年，延平区出台《深入推进新时代科技特派员制度三年行动计划（2021—2023年）》，由区委书记、区长担任双组长，建立综合协调等6个工作组和“6+X”联席会议机制，21个乡镇、街道派驻科特派联络人，245个村派驻科特派信息员；选认省、市、区三级科技特派员144人，其中省级42人、市级12人、

2022年7月7日，省农科院罗土炎（左二）研究员团队到西芹镇、塔前镇开展淡水养殖技术指导服务　（区发改科技局／供）

区级90人，科特派服务及慧农信培训实现245个行政村全覆盖；通过“数字赋能”“科技赋能”打造集科技服务、管理考评等多功能一体化运作的“人人都是科特派”小程序，并依托其开展第十二批区级技能类、综合类科技特派员选认工作；设立长富、华泰2家院士工作站，从百合、畜牧等领域组建10支科特派技术服务团队，在全区乡镇、街道及相关服务单位进行巡回指导；申报省级科特派后补助项目9项，争取资金合计255万元，项目通过数和资金位居全省前列；《百合籽球培育及复壮技术应用》等2个项目荣获南平市首届科技特派员创新创业大赛示范推广类一等奖；积极推进科技特派员主题馆（二期）改造提升工程及周边基础设施等项目建设，成功打造以王台镇溪后村为中心的科技特派员机制乡村振兴示范带。

（供稿人：陈联海）

（责任编辑：李远圆）

知识产权保护

【“武夷品牌”建设】 2022年，延平区新注册商标1080件，全区累计有效注册商标6302件（含驰名商标5件、马德里商标17件、地理标志证明商标5件、集体商标10件）。积极培育“延平茶洋窑瓷器”“延平贡茶”“洋后中洋花生”“虎山萝卜”4件地理标志证明商标；推荐林家铺子等6家企业加入“武夷山水”生产主体企业。在西芹、来舟、南山等3个市场监管所和延平区茶洋窑协会设立“商标品牌指导站”。元力、祥寿、兴一春、欣然等5家企业获评2021—2023年省级林业产业化龙头企业；茶洋窑制作技艺等2个项目入选福建省第七批省级非物质文化遗产代表性项目名录。全年组织企业参加福建省供销社“一县一周”名特优农产品年货展销订货会、海丝高速助乡村振兴福农优品展销、2022年全国绿色食品宣传月（福州站）；举办科特派系列活动——农特产品展销会；指导塔前镇举办“土堡公社”品牌战略发布会等10余场宣传活动；开展“三茶”产业商标、地理标志、“武夷品牌”建设业务培训及讲座，进行现场交流互动。完成创建省级优质农产品标准化示范基地6个、18家GAP再认证工作、2022年农产品产地初加工中心考核验收工作。持续开展“一品一码”全程追溯体系、“武夷山水”溯源平台建设。完成食用农产品承诺达标合格证与“一品一码”追溯并行制度。全年赋码出证累计完成12843批次。

【王台新型城镇化标准化试点】 2022年，延平区市场监管局召开国家标准《农业社会化服务·科技特派员服务规范》专家研讨会，正积极推进编制初审和终审。12月30日，国家标准化管理委员会发布《国家标准化管理委员会关于新型城镇化标准化试点项目目标评估合格的通知》（国标委发〔2022〕49号），确定福建省南平市延平区王台镇新型城镇化标准化试点项目目标评估合格。

【知识产权监管】 2022年，延平区市场监管局查处知识产权侵权案件27件，罚款5.6509万元。知识产权行政执法办案量54件，均上报国家知识产权执法保护统计系统。发放知识产权保护专项经费12.66万元，其中华泰汽车配件工业（南平）有限公司优势企业奖励10万元、福建剑源木塑科技有限公司专利权反向质押贷款贴息2.66万元。

【专利授权】 2022年，延平区专利授权量624件，比上年增长14.7%。其中发明专利11件，比上年减少31件；实用新型516件，比上年增加100件；外观设计97件，比上年增加11件。有效发明专利227件，比上年增长1.34%，位居全市第三。

（供稿人：祁一清）

（责任编辑：李远圆）

气象科技

【概况】 2022年，延平区年平均气温20.8℃，较常年气温偏高0.7℃，≥35℃高温日数74天，与常年偏多28天。23℃型秋寒出现在10月7日，正常；无20℃型秋寒。全年无“倒春寒”和“五月寒”等灾害。降水量1846.9毫米，与历年同期相比偏多147.9毫米，偏多8.7%，日最大降水量92.7毫米，出现在6月17日。年日照时数1768.1小时，较常年偏多6.8小时，属正常。2022年影响延平区的主要气候事件有：冷空气、冰雹、暴雨、高温、干旱。

【主要气象灾害】

冷空气 2021年12月29日—2022年1月1日，延平区受强冷空气影响，过程降温幅度已达12～14℃，全区出现寒潮天气。极端最低温度出现在1日，全区所有乡镇最低气温均低于0℃，以茫荡镇-9.9℃为最低，城区最低温度-1.4℃。无灾情上报。

1月7—9日，延平区过程降温幅度达10～14℃，降温强度达到强冷空气等级，极端最低气温出现在9日凌晨，以茫荡镇-11.2℃为最低，城区最低气温-2.4℃。据不完全统计，延平区茫荡镇出现小雪或雨夹雪。无灾情上报。

冰雹 2022年4月22—23日，延平区出现强对流天气，其中王台镇、茫荡镇、太平镇、炉下镇、塔前镇5个乡镇出现直径5～10毫米的小冰雹。延平区还有部分乡镇出现6～8级雷雨大风。

11月29日，洋后镇出现冰雹，历史罕见。冰雹持续20分钟，直径

2 厘米，部分房屋瓦片严重受损。南山镇冰雹直径 1～2 厘米，十个村庄出现冰雹强对流，一处老房屋倒塌，部分老旧房屋瓦片受损。直接经济损失 1 万元。

暴　雨　2022 年 3 月 20—23 日，延平区受冷暖气流共同影响出现一次强降水天气过程，经统计，3 月 20 日 18 时—23 日 07 时全区有 21 个站点过程累积雨量超过 25 毫米；有 3 个站点过程累积雨量超过 50 毫米；城区雨量 40.1 毫米。

3 月 24 日 20 时—27 日 08 时，延平区受冷暖气流共同影响出现一次强降水伴强对流天气过程，经统计，全区 22 个站点过程累积雨量超过 25 毫米。其中 2 个站点过程累积雨量超过 50 毫米，以峡阳镇 50.7 毫米为最大；城区 39.2 毫米。

3 月 29 日 20 时—4 月 1 日 08 时，延平区受冷暖气流共同影响出现强降水并伴有强对流天气，全区普降大雨到暴雨。经统计全区有 29 个站点过程累积雨量超过 50 毫米，以茫荡镇安丰村 79.3 毫米为最大；城区 47.6 毫米。

4 月 25 日 08 时—29 日 08 时，延平区受冷暖气流共同影响出现一次强降水伴强对流天气，全区普降大雨到暴雨，少数乡镇大暴雨。经统计全区有 44 个站点过程累积雨量超过 50 毫米；有 5 个站点累积雨量超过 100 毫米，以茫荡镇宝珠村 119.5 毫米为最大；城区累积雨量 85.1 毫米。

5 月 10 日 08 时—12 日 08 时，延平区受冷暖气流共同影响出现一次强降水伴强对流天气，全区普降大雨，部分暴雨，少数乡镇大暴雨。经统计，全区 40 个站点过程累积雨量超过 25 毫米，占总站点的 88.9%；有 9 个站点过程累积雨量超过 50 毫米，占总站点的 20.0%；有 1 个站点累积雨量超过 100 毫米，占总站点的 2.2%，以赤门乡 116.9 毫米为最大；城区 56.0 毫米。其间， 11 日 08 时—12 日 08 时全区 33 个站点过程累积雨量超过 25 毫米，占总站点的 73.3%；有 6 个站点过程累积雨量超过 50 毫米，占总站点的 13.3%；有 1 个站点累积雨量超过 100 毫米，占总站点的 2.2%，以赤门乡 108.8 毫米为最大；城区 45.5 毫米。

5 月 25 日 08 时—6 月 5 日 08 时，延平区受冷暖气流共同影响普降暴雨，局部大暴雨。经统计， 全区有 7 个站点过程累积雨量超过 250 毫米；以大横镇金斗山隧道 311.7 毫米为最大，城区雨量为 180.8 毫米，最大小时雨强为塔前镇西洋村 81.3 毫米。

6 月 4 日 20 时—13 日 20 时，延平区受冷暖气流共同影响普降大暴雨。经统计，全区有 15 个站点过程累积雨量超过 250 毫米，以樟湖镇西塘村 358.8 毫米为最大，城区雨量 279.5 毫米，最大小时雨强为水南街道后谷村 44.7 毫米。

6 月 16 日 08 时—19 日 08 时，延平区受冷暖气流共同影响普降大暴雨。经统计，全区有 46 个站点累积雨量超过 50 毫米，其中有 19 个站点累积雨量超过 100 毫米，以王台镇际洲村 145.4 毫米为最大，城区雨量 102.8 毫米，最大小时雨强为大横镇博爱村 23.1 毫米。本次暴雨，延平区全区受灾 22657 人，农作物受灾 1496.13 公顷，无严重损坏房屋，一般损坏房屋 350 户 604 间，直接经济损失 25491.65 万元，其中房屋及居民家庭财产损失 988.37 万元，农业损失 6522.12 万元，工矿商贸业损失 1526.2 万元，基础设施损失 16404.96 万元。

8 月 07 日 08 时—8 日 07 时，延平区出现分散性短时强降水，局部出现暴雨。经统计，共有 5 个站点累积雨量超过 25 毫米；有 1 个站点累积雨量超过 50 毫米，以樟湖镇 65.9 毫米为最大。最大小时雨强为樟湖镇西塘村 52.8 毫米。

8 月 31 日 08 时—9 月 1 日 07 时，延平区出现强对流天气，部分乡镇出现暴雨。经统计，全区有 10 个站点累积雨量超过 50 毫米，以樟湖西塘村 93.1 毫米为最大，最大小时雨强为南山镇 56 毫米。

11 月 1—6 日，延平区受第 22 号台风“尼格”外围云系、冷空气及人工增雨共同影响，出现一次较明显降水过程，全区普降中到大雨。经统计，10 月 31 日 20 时—7 日 08 时全区有 41 个站点过程累积雨量超过 25 毫米，有 2 个站点过程累积雨量超过 50 毫米，以茫荡镇 61.1 毫米为最大，城区 31.1 毫米。

11 月 29 日 08 时—30 日 08 时，延平区受冷暖气流共同影响，普降大雨到暴雨，部分乡镇暴雨。经统计，延平区共有 23 个站点过程累积雨量超过 50 毫米，以南山镇 76.9 毫米为最大，最大小时雨强为城区 47.2 毫米。30 日延平日降水量均刷新当地月同期最大降水量纪录。

高温　7 月 1 日—8 月 22 日，在西太平洋副热带高压控制下，延平区降水明显偏少，高温天气频发，呈现高温日数多、持续时间长、高温范围广、极端气温高、过程极端性强等特点。

高温日数多，7 月 1 日—8 月 22 日延平区≥ 37℃的高温日数达 32 天，位居历史同期第 2；连续时间长，7 月 1 日—8 月 22 日，延平区出现 3 次持续性高温天气过程，分别出现在 7 月 8—16 日、7 月 20 日—8 月 1 日和 8 月 9—28 日，连续高温日数分别为 9 天、12 天和 19 天；极端气温高，7 月 1 日—8 月 22 日，城区极端最高气温为 39.9℃（7 月 24 日），其中连续 7 天最高气温≥ 39℃。过程极端性强，7 月 1 日—8 月 22 日，延平区出现 3 次持续性高温天气过程，分别出现在 7 月 8—16 日、7 月 20 日—8 月 1 日和 8 月 9 日—8 月 22 日。综合考虑高温过程的持续时间、影响范围、极端最高气温，3 次高温过程综合强度均属极端高温事件。高温天气在 8 月 22 日后逐渐减弱。

干旱　2022 年 1 月 15 日—2 月 10 日，延平区降水持续偏少，出现不

2022年3月6日，延平区气象局的工作人员在茫荡国家气象站维护（郑 凯/摄）

同程度气象干旱，部分乡镇出现气象特旱。受9—11日强降水过程影响，气象干旱解除。无灾情上报。

8月13日—11月16日，延平区出现一次气象特旱过程，属夏秋连旱。至11月16日全区干旱解除。

【气象服务】 2022年，区气象局做好气象灾害的监测、预报、预警气象服务工作。全年区气象台共启动灾害性天气应急响应14次。共制作和发布各种天气决策材料557期，其中《重要天气预警报告》47期；《重要气象信息专报》77期；《短时强天气报告》65期；《下周天气》51期；发布灾害性天气预警信号277期。发布灾害性天气预警短信24.5万余条；共组织开展人工影响天气作业15次，发射防雹增雨火箭弹149枚。

专业专题气象服务 2022年，延平区气象台及时提供森林火险、地质灾害等级预报等，做好水稻、烤烟、百合花等特色农业气象服务，做好春运、高考、端午、中考、中秋、国庆等专题气象服务，为省运会以及其他重大社会活动提供气象保障服务；面向“一县一品”百合花产业，与林业局联合发布百合专题气象服务，提供未来一周天气趋势、生产建议等，为百合花生产种植提供强有力的气象预报信息，助力乡村绿色产业发展；适时发布景观专题气象预报。

气象现代化建设 2022年，延平区气象局逐步完善政府主导防灾减灾机制，升级改造6个、新建2个区域自动站，进一步增强了延平区气象灾害监测能力。7月，延平区气象局配合“中国天然氧吧”创建，完成王台镇溪后村生态气象监测站建设，实现负氧离子、气溶胶颗粒物、臭氧、紫外线指数等相关数据监测。

（供稿人：彭钰涵）

（责任编辑：李远圆）

文化　旅游　体育

文　化

【概况】　2022年，延平区继续完善公共文化体育服务体系。区文化馆、区少体校，以及基层综合文化服务中心各类文化体育娱乐设施对公众免费开放。区电影公司配合中心任务开展精神文明、安全生产、移风易俗等宣传活动，放映公益性电影2928场，开展主题系列文艺活动18场；5支文艺团体（队），涉及舞蹈、合唱、表演等多个专业门类，为群众文化活动开展培养业余文艺骨干和文艺队伍。

【群众文体活动】　2022年，延平区文体旅局举办虎年送福、元宵纳福、福在延平等“我们的中国梦 文化进万家”主题系列文艺活动18场；组织多支文艺小分队开展“下基层、到村居”文化下乡活动，深入基层为文艺爱好者进行专业辅导培训，持续到水南街道岭柄洋小学开展畲歌教学、剪纸特色教授课。做好农村公益电影放映。全年，组织公益电影放映队深入230个行政村、3个社区，累计放映电影2760场，观影人数近12万人次。

【文体旅基础设施建设】　2022年，延平区文体旅局与福建广电网络集团延平分公司在15个乡镇网点携手打造“全民阅读流动点”，满足广大人民群众日益增长的文化需要。巨口乡九龙村农家书屋成功获评为第二届福建省示范书屋。完成《延平风物》手册、自驾车手绘地图的补充完善工作；溪源峡谷、茫上古堡和三千八百坎景区3家A级旅游景区的标识标牌、数字化解说系统建设以及通往国道、高速路口重点景区交通标识牌建设。

【文艺创作】　2022年，延平区文化馆选送的剪纸作品《和谐美满》入选“玉兔呈祥——癸卯全国剪纸艺术精品展”，《欢颜》入选“福来福见”——喜迎党的二十大全国百福剪纸艺术精品展，《福禄寿喜》荣获“格物致美·喜迎国庆——2022全国窗花剪纸创意精品展”三等奖；漆画作品《秋颜》《荷香》参加“丹漆抒怀”福建美协漆画艺委会作品线上邀请展。

【文化遗产】　2022年，延平区文体旅局通过提质提级，茶洋窑制作技艺、延平枕漆艺制作技艺于年初入选福建省第七批非遗代表性项目名录，“茶洋窑制作技艺”刘国华等9人升级为市级传承人。龙怡凤茶洋陶瓷有限公司被市委宣传部授予南平市首批“文化产业示范基地”称号。设立十番音乐、茶洋窑制作技艺、畲歌等传习所11处，争取非遗保护传承专项资金15万元，

2022年6月10日，在南平市博物馆举办闽瓷遗珍　海丝明珠——延平茶洋窑瓷器展
（区文体旅局／供）

用于茶洋窑制作技艺、十番音乐等非遗项目的传习培训。推广特色乡土美食，成功申报延平笋燕、峡阳桂花糕等10项传统制作技艺入选市级非遗项目名录，连续推出全区15个乡镇“延平福宴”介绍，阅读量5万多人次，获得读者和网友好评。

【文物保护】 2022年，延平区文体旅局制定下发《文物消防安全专项整治方案》，文保单位要消防安全自查，建立文物安全隐患台账，落实限期整改；争取省级资金140万元对王台革命旧址群（溪口苏维埃革命委员会旧址）、茶洋窑遗址等文保单位进行修缮；完成21个木质结构文保单位微型消防站的建设；对辖区内所有文保单位开展“一保一档”建档工作，47个省级、区级文保单位完成建档工作。

【文化产业】 2022年，延平区有9家规上文化企业，分别是南平市朝阳珠宝首饰有限公司、南平剑州大剧院有限责任公司、南平市富兴纸业有限公司、万源丰纸制业有限公司、福建悦森贸易有限公司、福建南孚市场营销有限公司、延平区优乐文化传媒有限公司、南平市禾一家居用品有限公司、南平梓轩竹业有限公司。2022年1—9月，9家规上文化企业完成营业收入26.15亿元，比上年增长111%。

【行政审批规范】 2022年，延平区文体旅局承接省政府和市政府下放的审批事项，对涉及行政审批事项按照法定依据、法定期限、法定条件等逐项进行确认，开展新一轮集中清理。保留行政权力事项167项，其中行政许可审批事项15项、行政确认3项、行政处罚120项、行政强制4项、行政监督检查17项、其他行政权力8项；公共服务项目13项。重新理顺审批流程和制定新的一次性告知单，明确行政审批项目要素，规范工作流程；编制行政权力运行流程图，缩短办件时限，将行政审批法定时限压缩三分之二，审批环节控制在3个工作日以内，面向全社会予以公布。

【文化市场监管】 2022年，延平区文体旅局对文体旅行业的房屋安全、安全生产隐患、消防安全隐患等进行全面排查整治，做到“一事一案”“一处一册”，绷紧安全生产这根弦。全年，共出动2250人次，检查文娱场所1010家次，督促整改隐患361处。检查旅行社53家次，出动检查人员302人次，有效规范旅游经营的行为，确保游客安全。进一步推进简政放权、放管结合、优化服务，规范行政审批办理流程，加大文化市场综合执法力度，加强安全消防检查力度，全面落实文化市场“双随机”抽查机制。

【“扫黄打非”专项行动】 2022年，延平区“扫黄打非”领导小组按照中央和省、市“扫黄打非”行动部署，严厉打击涉黄、涉非有害信息和出版物，检查出版物发行单位经营场所64家次，办结非法出版物相关案件4起，没收非法出版物148册，罚款2.4万元。着力于提升“网上＋网下”共管能力，实施“净网”“秋风”专项行动，上报处置网络有害信息数量703条、发现并上报、取缔关闭非法网站数量13个，守护意识形态安全和政治安全。

旅　游

【概述】 2022年，延平区接待旅游人数763.92万人次，实现旅游总收入78.39亿元，旅游经济指标稳居全市第二。

【旅游项目建设】 2022年，延平区文体旅局跟踪推进炉下斜溪“一叶谷”户外拓展休闲项目、茫荡北山思畲旅游综合开发项目、石佛山景区修复提升和改造项目。截至12月，炉下斜溪“一叶谷”户外拓展休闲项目完成投资650万元，占年计划的107.66%；茫荡北山思畲旅游综合开发项目完成投资350万元，占年计划的100.67%。争取省财政厅专项资金1000万元，推动茫荡镇石佛山景区修复改建，全年完成投资700万元。投入120万元，完成溪源峡谷、菖上古堡和三千八百坎景区3家A级旅游景区标识标牌、数字化解说系统建设以及通往国道、高速路口重点景区交通标识牌建设。

【旅游培训工作】 2022年6月，延平区巨口乡举办导游员、讲解员培训班，聘请福建林业职业技术学院专家，进行导游知识与讲解、礼仪常识等内容的培训，全区导游员、讲解员及巨口乡有关村干部约60人参加培训会。7月，选送闽北大饭店、西方财富酒店4名酒店业务骨干参与南平市星级饭店岗位技能预选赛，其中，闽北大饭店3名人员晋级参加福建省选拔赛，并获得优秀奖。

【旅游品牌创建】 2022年11月，延平区巨口乡入选国家级全域森林康养试点乡。

【旅游宣传促销】 2022年2月，针对不同季节特点，延平区文体旅局陆续编制茫荡山避暑康养、炉下斜溪水上休闲度假、延平银杏赏秋之旅、塔前登高览胜之旅等不同主题文旅线路，并推向福州、厦门等旅游市场，成效显著。6月中旬以来到茫荡山、塔前、溪源峡谷避暑休闲旅居康养的游客，每周达万余人。7月9日，延平区政府在延平举办海峡两岸（南平）纪念“延平王”郑成功收复台湾360周年活动。省政协副主席许维泽、南平市市委书记林瑞良等省、市有关部门领导、台湾嘉宾代表等100余人参加。主要活动有：海峡两岸（南平）纪念“延平王”郑成功收复台湾360周年公祭大典、闽台青年射艺大赛、重走延平成功路、书画作品展等，活动得

2022 年 7 月 8—9 日，海峡两岸（南平）纪念“延平王”郑成功收复台湾 360 周年活动
（区文体旅局 / 供）

到各级新闻媒体广泛宣传报道，获得各方好评。9 月，延平区文体旅局在王台镇溪后村举办“人人都是科特派”系列活动启动仪式，活动内容有：“百合仙子”延平文旅 IP 形象公布，“延平贡茶”品鉴会、农特文旅产品展示、科特派主题馆揭牌、省内外新闻媒体、旅行社踩线等活动，吸引近 1 千名游客参加。10 月，延平区文体旅局向省内外征集城市 IP 形象 +LOGO、延平贡茶 IP 形象 +LOGO、延平游乐产业 IP 形象 +LOGO，并组织评审会，投票评选出 61 件作品进入复赛。11 月，延平区文体旅局开展“大美延平，礼赞新时代”短视频大赛活动，活动面向全社会征集各类作品。11—12 月，延平区文体旅局邀请福建电视台拍摄《闽江之珠·门户城市》城市宣传片，并完成拍摄脚本和前期采风工作。

体　　育

【概况】 2022 年，延平区继续吸收各项目优秀教练，推进体育人才培养，在跆拳道、田径、射击、游泳等优势项目上为省、市输送 18 名优秀后备人才，其中举重 5 人、田径 7 人、排球 2 人、射击 3 人、拳击 1 人。全年投入体彩金近 29 万元，帮扶乡镇街道建设全民健身基础设施 15 处，增设 120 件健身器材。

【竞技体育】 2022 年，延平区举办省运会青少部拳击赛和行业部象棋、围棋赛，拳击比赛于 8 月 30 日圆满落幕，赛事为期 6 天，来自全省的 10 支代表队 225 名运动员争夺 28 枚金牌。在后勤保障工作下，作为东道主的南平队发挥出色，荣获 9 金 11 银 3 铜，金牌数取得历史性突破，创造延平区参加省运会以来取得的历史最好成绩。顺利举办省运会青少部拳击赛和行业部象棋、围棋赛，在本届省运会上共夺得金牌 14.5 枚，以 523 分的总数分位列全省 83 个县（市、区）第 14 名，金牌数、奖牌数、总分数均位列南平 10 个县（市、区）之首。

【群众体育】 2022 年，延平区举办篮球、气排球等全民健身赛事 15 场，来自机关、社区、企业近万人参与，大力营造“喜迎二十大，与省运同行”浓厚氛围。

（供稿人：黄翠林）

（责任编辑：邓璟靓）

卫生健康

综　述

【概况】 2022年，延平区有公立医疗卫生机构210个，其中县级医院1个、乡镇卫生院15个、社区卫生机构6个、疾病预防控制机构1个、卫生监督机构1个、村卫生所（室）186个，另有乡镇卫生院会计报账中心1个。乡镇卫生院编制412人，在编在岗377人；6个社区卫生服务中心编制181人，在编在岗117人；注册乡村医生209人，享受乡医津贴补助209人。2022年末，延平区总人口数503393人。全区出生人口2236人，其中男1202人、女1034人，出生率4.44‰，死亡人口3373人，死亡率6.7‰。人口自然增长率-2.26‰，政策符合率97.81%，出生人口性别比为116.25。

【医疗卫生体制改革】 2022年，延平区终止延平区医院与南平市第一医院托管协议，配齐延平区总医院党委、行政班子。延平区医疗服务全年收入（不含药品、耗材、检查、化验收入）占比39.18%，按病种（含DRG、病种、病种分值收费和付费）的出院参保人次数占比38.86%。基层医疗卫生机构上转患者126人次，延平区医院下转患者21人次，区医院上转市级医院18人次。南平市第一医院内科、外科等医学专家共71人次下沉到区医院帮扶，指导手术8台次。围绕《莆田市秀屿区挂钩帮扶南平市延平区工作实施方案》总体要求，建立延平区与莆田市秀屿区挂钩帮扶医共体长效机制，秀屿区医院消化内科专家到区医院指导胃肠镜检查人数278人。

2022年11月23日，在东山小学组织教育系统开展红十字应急救护员培训
（区卫健局/供）

【医政管理】

千名医师万人次下基层　2022年，由市第一医院抽调医师6名，市人民医院抽调6名，市妇幼保健院抽调3名，延平区医院抽调6名组成，共同完成“千名医师万人次下基层”的为民办实事工作任务。支援医师通过教学查房、病例讨论、学术讲座、开展业务培训、服务“特殊人群”、送医上门服务等多样式支援手段开展支援工作，延平区21名支援医师顺利完成210人次的下基层工作，完成支援任务。

医疗卫生保障　2022年，完成省运会医疗保障工作；完成“一年两征”征兵体检工作，共输送优质合格兵源121人；完成党务干部培训班、全区党史学习教育总结会议、十九届六中全会专题研讨班等各项活动医疗保障工作；组织2022年“热血送暖　为生命接力”无偿献血活动，共157人参加，献血量46600毫升。

“放管服”　2022年，行政服务中心区卫健局窗口入住事项共95项，按照从快审批原则办理，对申请人交来的事件进行现场审检，确认无误、材料齐全后对其进行受理，并在网上进行登记。2022年行政服务中心窗口共办理536件，均在承诺时限内办理，提前办结率100%，即办率73%，五星事项率86.3%。

出院患者满意度　2022年延平区二级医院出院患者满意度调查全市排名第2，全省排名第3。

【卫生人才队伍建设】　2022年末，延平区卫生健康系统在编650人。其中：局机关所属事业单位（爱国卫生运动指导中心、卫生专业技术人员工作中心、流动人口计划生育管理站，卫生健康局财务中心）在编17人，其余所属医疗卫生单位在编633人。区属医疗卫生事业单位正式在编卫生专业技术人员595名，其中高级职称119人，中级职称152人，初级284人，见习期40人；研究生学历1人，本科学历159人，大专学历353人，中专及以下学历82人。2022年，与4名本科、7名专科委培生签订定向培养服务协议。通过事业单位公开招考，入编32人，2021年校园招聘入编9人。通过直通车的方式为2名本科、4名专科委培毕业生办理入编核准手续。组织全区医务人员参加职务专业技术实践技能考试共计221人，其中，申报护士执业资格考试36人，参加中初级卫生专业技术资格考试155人，参加卫生系列高级职务专业技术实践技能考试30人；参加高级专业技术职务任职资格评审14人。从延平区医院、社区卫生服务中心、中心卫生院组织10名中、高级职称卫生专业技术人员，充实到洋后、赤门、巨口、太平、塔前等偏远乡镇卫生院，开展下派支援工作；从各乡镇卫生院中选派优秀年轻人才纳入区医院队伍跟班学习。

【爱国卫生运动】　2022年，延平区卫健局开展以“文明健康，绿色环保”为主题的爱国卫生月活动，倡导群众自觉养成勤洗手、勤消毒、多通风、戴口罩，提高群众自我防护能力和社会责任意识。通过电视、微博、微信、发放宣传海报、科普讲座等方式开展主题科普宣传活动308次，张贴海报500处，覆盖人数46875人次。大力整治“乱搭乱建、乱堆乱摆、乱停乱放、乱贴乱画、乱扔乱倒”等“十乱”现象，为阻绝疫情传播创造良好的环境。整治市场卫生死角4389处，出动大型消杀器械136次，清理“十乱”2058次，清理垃圾707吨。集中统一开展灭成蚊行动，共计开展环境整治320次，清除卫生死角4389处，组织发动人数8797人，清理垃圾707.38吨，用药量144.26千克，出动专业防治人员215人，清理蚊虫滋生地30694处，委托延平区疾控中心开展蚊密度监测。

【卫生健康宣传】　2022年，延平区卫生健康局通过微信公众号、辖区学校、企业的微信群、QQ群发布科普健康知识27条，健康教育宣传信息60余条，组织开展大中型宣传活动共计11场，设置横幅标语30幅，展板120面，发放宣传资料6000余份，宣传礼品800余份，咨询人数1500余人次。开展城乡适龄妇女免费“两癌”检查，开展妇幼健康宣传工作，发放免费“两癌”检查宣传材料3万多份。开展“平安三率”老年人防诈骗宣传活动，累计发放宣传材料280余份，宣传品100余份，接受群众咨询40余人次。开展“爱眼日”宣传义诊活动，分发眼健康科普宣传资料300余份，筛查110人次，初筛白内障患者40余人，眼底患者10余人，其他眼病患者40余人。

【信访工作】　2022年，延平区成立专门的信访工作领导小组，制定信访工作应急预案，明确责任领导和责任人员，延平区卫生健康局共受理群众来信来访1260件，其中：福建省信访系统113件、“12345”平台信访件1114件、随手拍平台信访件5件，福建省“12320”热线28件。对于群众投诉举报件，卫健局高度重视，注重事实核实，实事求是办理信访人诉求并及时回复信访人，顺利解决了部分群众合理诉求，化解了矛盾。

【项目建设】　2022年，延平区争取到政府专项债17500万元，中央预算内投资5000万元用于延平新城医院项目（一期）建设，截至2022年底，完成前期工作、基础施工、主体结构施工；争取到政府专项债9250万元，

2022年7月5日，延平区卫生健康局在王台镇上溪口村开展“强国复兴有我”延平区新时代文明实践卫生健康志愿服务进乡村活动　（王福政／摄）

用于延平区基层应急防控体系项目建设，涉及7个乡镇卫生院（社区卫生服务中心）的新改扩建、改造装修工程、医疗设备购置；完成移动方舱核酸实验室建设、延平区疫情防控应急医学观测点生活保障区改造装修项目建设、延平区疫情防控应急医学观察点建设。

【名医评选】 2022年，延平区卫健局组织开展“延平名医”评选活动，评选出王可文等12名技术精湛、具有一定影响力的临床医疗人才，促进全区整体医疗水平的提高。

公共卫生服务

【基本公共卫生服务】 2022年，延平区基本公共卫生服务项目补助从人均79元提高到人均84元，共下达基本公共卫生服务补助资金3491.79万元。共建立居民电子健康档案41万份；高血压患者健康管理45740人，规范管理38093人，规范管理率83.28%；糖尿病患者健康管理16532人，规范管理13621人，规范管理率82.39%；老年人健康管理45564人，健康管理率78.4%。21家基层医疗卫生机构利用“佰安康”智能化公共卫生服务系统，开展各类人群健康体检约7万人次。开展增补叶酸预防新生儿神经管缺陷、免费孕前健康检查、地中海贫血防控，免费产前筛查、城乡居民医保妇女免费“两癌”检查、新生儿疾病筛查等项目。免费孕前优生健康检查超764对，地中海贫血筛查超609对，产前筛查647人，新生儿遗传代谢性疾病筛查2891人，新生儿先天性心脏病筛查2878人，叶酸发放2152人。免费HPV检查3074人，免费乳腺癌检查3411人。

【公共医疗基础建设】 2022年，延平区15家乡镇卫生院和6家社区卫生服务中心均设置发热诊室，做到“应设尽设、应开尽开”。21家单位开展“优质服务基层行”活动，水东街道社区卫生服务中心、樟湖中心卫生院通过“优质服务基层”活动国家推荐标准和社区医院省级评估；水南、紫云、黄墩、梅山、四鹤社区卫生服务中心、王台、峡阳、西芹、大横、茫荡卫生院10个单位顺利通过“优质服务基层行”活动基本标准评估。

【家庭医生签约服务】 2022年，延平区开展以基本公共卫生服务重点人群及建档立卡贫困人员、计划生育特殊家庭为重点人群的家庭医生签约服务。共签约服务约20万人，签约率45%。其中脱贫人口家庭医生签约服务4531人，实现应签尽签。加大家庭医生签约服务宣传，在5月19日前后，延平区基层医疗机构开展以“与家医相约 和健康相伴”为主题的“世界家庭医生日”宣传活动。发挥家庭医生签约服务团队的作用，为群众提供咨询、指导、健康体检及监测等服务，强化签约服务效果。

【乡村卫生服务一体化管理】 2022年，延平区卫健局组织乡村医生开展业务培训，乡镇卫生院对村卫生所开展基本公共卫生服务项目督导及绩效评价，每季度开展一次医保稽核，评价结果与资金拨付挂钩。186家村卫生所全部开通医保终端服务，实现医保“村村通”，村卫生所诊疗约18.66万人次。建立乡村医生聘用与退出机制，被聘用的乡村医生颁发延平区总医院统一印制的“延平区乡村医生聘任书”，由乡镇卫生院统一调配和管理。建立薪酬工资分配制度，各乡镇卫生院将预算的所有村级补助经费进行统筹，按一定比例作为基础工资，根据村卫生所服务人口、巡诊等情况，确定标准，按月发放。完善经费保障，继续落实乡村医生补助政策，2022年，延平区共发放乡医养老保障政府补助195.2138万元，发放乡医津贴25.27万元。

疾病预防控制

【概况】 2022年，延平区报告新型冠状病毒性肺炎确诊病例3例，疑似病例22例。报告法定传染病2166例，比上年同期上升20.94%。持续开展艾滋病、结核病、登革热、手足口病等重点传染病的防治、监测、管理和宣传。加强预防免疫接种信息化管理，完善地方病、职业病的防治和宣传。巩固国家级慢性病综合防控示范区工作，进一步宣传和普及健康文明的生活方式。

【传染病防控】

传染病发病情况 2022年，延平区传染病疫情态势总体平稳，无“小麻”“白喉”本地病例发生，共报告法定传染病2166例，比上年同期上升20.94%。乙类报告1373例，比去年同期下降0.36%。丙类报告793例，比去年同期上升92.01%。

传染病管理情况 2022年，延平区疾控中心开展急性弛缓性麻痹（AFP）、麻疹、新生儿破伤风、乙脑主动监测工作，完成了7例AFP和9例麻疹疑似病例上报和送检监测任务。及时对传染病个案进行流行病学调查处置，采取有效的控制措施，防止疫情的蔓延。对全区乡镇（街道）及二级以上医疗机构开展传染病漏报调查，做到无漏报，无迟报。

登革热防控 2022年，延平区无登革热病例报告。

手足口病防控 2022年，延平区报告手足口病病例478例，比上年增长71.94%，无重症病例、死亡病例，未出现局部暴发疫情。

疟疾防控 2022年，延平区本地无输入性疟疾病例。4月26日，开展以“防止疟疾输入再传播，共创无疟世界”为主题的疟疾防控知识网络宣传。在线指导各基层单位开展“三热

病人”的监测和血涂片制片工作，督促各单位按时完成监测任务。

细菌性肠道传染病防控　2022年，延平区发生一起非01型、非0139型霍乱疫情，经及时处置，疫情控制在最小范围，未造成扩散。已完成检测霍乱、腹泻病例粪便标本307份；采集外环境标本562份，其中水体197份，海产品和食品365份，均未检出霍乱弧菌。已完成痢疾监测病例标本307份，未检出阳性。其他感染病性腹泻标本130份，检出11份沙门菌阳性。

【免疫接种】

常规免疫接种情况　2022年，延平区卡介苗接种率98.46%、脊灰疫苗接种率97.06、脊灰疫苗加强免疫接种率97.09%、百白破接种率97.29%、百白破加强免疫接种率96.21%，白破二联疫苗接种率96.65%、含麻疫苗第一针接种率87.47%、含麻疫苗第二针接种率88.83%、乙肝疫苗接种率98.85%、乙肝第一针24小时及时率95.88%、乙脑疫苗接种率96.59%、乙脑疫苗加强免疫接种率96.47%、A群流脑疫苗接种率97.13%、A+C流脑第一针接种率96.67%、A+C流脑第二针接种率96.49%，甲肝疫苗接种率97.08%。

入托入学查验证　2022年，延平区内学校全部完成本年度查验证工作，查验覆盖率100%。

免规疫苗针对重点疾病监测　2022年，延平区发现发热伴出疹性病例9人，对患者均进行麻疹风疹检测，其中确诊风疹2例，排除病例7例，排除率达到国家规定1/10万要求。全年共报告、检测7例AFP病例，检测指标超过国家规定15岁以下儿童1/10万要求。全年无乙脑和流脑病例报告。全年共报告AEFI病例46例，无报告异常反应病例，每个接种点均有至少1例以上的一般反应报告。监测病例报告的及时性、数据录入完整率和准确率、标本的采集率等均达到要求。

信息化建设　2022年，延平区22个接种点和5个产科接种点现已全面实行接种数据全省联网的信息化管理，覆盖率100%、录入率100%。乙肝第一针接种2304人，接种率95.88%；卡介苗接种2206，接种率91.65%；经查产科首两针中的卡介苗接种率低与部分儿童出生体重不够或有其他暂禁症达不到接种标准而没按时接种等原因有关。

健康教育与健康促进　2022年，延平区疾控中心开展“4·25”预防接种宣传日活动，各接种门诊围绕预防接种日“及时接种疫苗　保障生命健康”宣传主题，开展预防接种宣传活动。通过摆放展板、悬挂横幅、LED屏、发放宣传手册等方式向居民群众宣传相关的儿童预防接种知识。城区接种门诊和中心卫生院共举办“家长课堂”培训班32期，通过妈妈班培训，让家长了解预防接种的重要性，掌握预防接种的相关知识，对提高儿童预防接种的及时性奠定了良好基础。

【结核病管理】　2022年，延平区接收疑似肺结核转诊病例865例，确诊活动性肺结核病例159例，超额1.27%完成接收任务，其中分子学阳性病例数102人，超额29.94%完成接收任务，涂阴病例41例。非结防机构报告肺结核患者转诊追踪情况：结核病病例管理301人，总体到位301人，总体到位率100%；成功治疗活动性肺结核患者162例，成功治疗率90.12%；登记涂阳患者102例；筛查密切接触者368例，筛查率100%。实验室生物安全按照要求规范处置，耐多药肺结核可疑者培养率100%。组织开展第二十七个“世界防治结核病日”宣传活动，发放宣传单、册5000份，展出展板20版，发放礼品1000余份，进行结核病防治基本知识问卷调查共500份。

【地方病防治】

碘缺乏病监测与宣传　2022年，延平区碘盐覆盖率100%，合格碘盐食用率97.4%。利用中心健康教育宣传展板、LED屏等开展以“智慧人生健康路，科学补碘第一步”为主题的碘缺乏病防治宣传。向各个乡镇卫生院发放碘缺乏病的宣传折页3000多份，由各乡镇卫生院进一步宣传科学补碘知识，进一步加大宣传。联合南平盐务局、紫云街道社区服务中心等部门于5月17号在三元公园开展碘缺乏病现场宣传活动。通过区政府微信平台“美丽延平”网络平台加强碘缺乏病的防治核心信息宣传。

地氟病监测　2022年，延平区按照《福建省饮水型地方性氟中毒监测方案》文件要求，开展地氟病监测工作。在2个病区村中，对2个改水工程进行监测，监测结果为工程正常运转率100%，饮用水含氟量合格率100%；抽查2个病区所有8～12岁儿童共计44人，氟斑牙患病率0。

【职业病防治】　2022年，延平区上报职业健康检查及放射卫生健康体检企业、单位共115家，审核职业健康体检4054人，未发现职业病病例、疑似职业病病例。对全区82例尘肺病病人开展随访工作，82例尘肺病病人存活73人，死亡9人。职业性有害因素监测管理共审核企业65家。完成现场监测企业31家，并在国家规定的时间内完成网络直报。

【巩固国家级慢性病综合防控示范区建设】　2022年，延平区根据国家示范区管理办法及慢性病综合防控示范区指标体系相关要求，督促并指导各成员单位继续巩固国家级示范区建设八大项63个相关指标的建设工作，并要求在规定时间内完成国家慢性病综合防控管理信息系统动态年度填报工作。

卫生监督执法

【公共卫生监督】 2022年，延平区卫健局对延平区公共场所单位开展日常性卫生监督检查，监督各类公共场所单位495户次，下达整改意见书126份。对52家单位开展了量化等级评分。对36家公共场所单位开展了双随机监督抽查，对其中22家单位开展了监测抽检工作，检测结果均合格，合格率100%；联合延平区文旅局、南平市公安局延平分局对2家游艺厅、音乐厅和5家宾馆酒店开展了跨部门联合抽查。

【医疗卫生监督】 2022年，延平区卫健局对129家医疗机构进行医疗卫生监督检查，对未按照规范填写病历、未经医师亲自诊查出具诊断报告、未按照核准的地点开展执业活动、未经核准使用限制级抗菌药物等违法违规行为的10家医疗机构及个人立案查处，罚款金额合计13.35万元。对9名执业医师予以警告的行政处罚。开展整顿医疗秩序打击非法行医专项行动，受理社会投诉举报12件，调查处理12件，对1名非医师行医、3家无证行医场所予以取缔并予以行政处罚，没收医疗器械47件，没收非法所得2.15万元，处罚款28万元。

【传染病防治监督】 2022年，延平区卫健局依法对全区医疗机构进行传染病防治监督检查，督促各医疗机构做好消毒卫生及医疗垃圾的处置管理工作，确保医疗卫生安全。对5家违反医疗废物管理规定的医疗机构给予警告的当场行政处罚，对7家存在未分类收集医疗废物、处置不规范、未执行消毒产品进货检查验收制度、未执行消毒隔离制度的医疗机构立案查处，罚款2.7万元。开展医疗机构传染病防治卫生监督综合评价工作，对27家卫生院、医院、门诊部、个体诊所进行传染病防治卫生监督综合评价。对6家集中式餐具消毒单位进行消毒餐具监督抽检，抽检240份，合格率99.16%；对1家监督抽检不符合卫生标准的集中式消毒餐饮具企业立案查处，罚款10000元。全年全区未发生传染病流行事件。

【饮用水卫生监督】 2022年，延平区卫健局对新建水厂等17家集中式供水单位进行现场卫生监督检查，其中9家持卫生许可证供水。组织与管理，工作档案合格17家，合格率100%；水质净化、消毒设施合格17家，合格率100%；涉水产品、消毒产品合格17家，合格率100.0%；出厂水均符合生活饮用水卫生标准。检查二次供水单位15家，主要存在问题：部分二次供水单位水箱（水池）未及时上锁；部分二次供水单位的水箱清洗记录不够完善；部分二次供水单位的水质检测结果未向用户公布。

【学校卫生与职业卫生监督】 2022年，以中小学校自建设施供水、传染病防控工作、教学环境等为监督内容，对辖区内45家学校开展学校卫生监督检查。检查发现学校教学环境主要存在课桌椅配备不符合卫生要求的问题。对48家企业开展职业卫生监督检查，对38家企业下达了限期整改的卫生监督意见书，发现问题38项，警告4家。

【专项整治监督】 2022年，设置PCR实验室感染性废水消毒处理设备，执行出入实验人员登记管理制度，制定实验报告出具流程、时限、审批、签批制度。对本辖区内15家乡镇卫生院、5家医院、13家门诊部、23家个体诊所、17家村卫生所的医疗废物收集和处置情况进行监督检查，对8家未按照规范收集医疗废物的医疗机构立案查处并责令改正，处罚金额合计2.40万元。对7家药品经营单位销售的消毒剂、抗（抑）菌制剂进行监督检查，共检查各类消毒剂、抗（抑）菌制剂50批次，其中6家消毒产品经营单位未严格执行消毒产品进货检查验收制度，未能及时提供生产企业的卫生许可证、消毒产品的卫生安全评价报告、消毒产品检验报告，17批次的消毒产品标签或说明书使用不规范。对辖区内3家医疗美容机构、7家生活美容机构进行监督检查，对1家开展诊疗活动的生活美容机构和1家未按照规范开展执业活动的医疗美容机构予以立案查处。

（供稿人：林梅娟）

（责任编辑：李远圆）

人口与生育服务

【概况】 2022年末，延平区总人口数为503393人。全区出生人口2236人，其中男性1202人、女性1034人，出生率4.44‰。政策符合率97.81%，出生人口性别比为116.25。死亡人口3373人，死亡率6.7‰，人口自然增长率-2.26‰，全延平区21个乡镇（街道）皆成立乡镇（街道）计生协会，村（居）计生协会315个，其中一流村（居）协会186个，合格村（居）协会98个。协会小组1886个，会员39020人，占总人口的7.65%；其中女性会员21300人，占会员总人数的54.6%。

【人口监测预警】 2022年12月末总人口数503393人。1—12月出生人口2236人，其中男性1202人、女性1034人，出生率4.44‰，人口自然增长率-2.26‰，政策符合率97.81%，出生人口性别比为116.25。全员流动71001人，其中跨省流入10061人，流出18923人；省内流入16884人，流出25133人。流动人口、出生情况：1—12月流入8581人、流出13094人，流入人口出生335人，其中男性197人、女性138人。出生人口性别比

142.75；政策内出生 319 人，流入人口政策符合率 95.22%。

【普惠性托育】 2022 年，延平区新增 3 个普惠性托育园，共 279 个普惠性托位，其中补助托位 180 个。室内面积 2477 平方米，户外面积 2160 平方米，设 15 个班级。其中：南平市延平区梅山蓓蕾托育服务中心，室内面积 660 平方米，户外面积 280 平方米，共设 5 个班级，新增 93 个普惠性托位，其中补助托位 60 个；南平市延平区熹宝托育服务中心，室内面积 957 平方米，户外面积 1180 平方米，共设 5 个班级，新增 93 个普惠性托位，其中补助托位 60 个；南平市延平区金球托育服务中心，室内面积 860 平方米，户外面积 700 平方米，共设 5 个班级，新增 93 个普惠性托位，其中补助托位 60 个。

【“四联创”活动】 2022 年，延平区计生协会深入开展“四联创”活动，扎实推进计生协会“五力建设”和“六项重点任务”的落实。全区有 21 个乡镇（街道）计生协会，其中 9 个为先进乡镇（街道）计生协会，创先进面达 42.9%；有村（居）计生协会 315 个，其中一流村（居）协会和合格村（居）协会 284 个，占村（居）协会的 90.2%。持续推进计生基层群众自治工作，全区创建“六好”标准村（居）达 100%；全区有计生协会小组 1886 个，“五好”协会小组为 1479 个，占协会小组的 78.4%。

【生育关怀行动】 2022 年，延平区计生协会围绕全区改革发展大局和人口计生工作中心，立足群团特色，注重关怀服务，开展生育关怀各类活动。

走基层，送温暖 2022 年，区、乡两级计生协会在“两节”期间开展“走基层，送温暖”活动，为 265 户发放慰问金 26.5 万元。

紧急救助 2022 年，延平区计生协会帮扶突患疾病或因意外造成财产损失巨大的家庭 25 户，发放紧急救助款 5.55 万元。

安居工程帮扶 2022 年，延平区计生协会对水南街道罗源村和后谷村、峡阳镇将军街村、炉下镇田头村、茫荡镇筠竹村、南山镇岩溪村的 6 户困难家庭进行房屋修缮帮扶，省、市、区级计生协会每户各补助资金 0.5 万元，共计 9 万元。

生育关怀——金秋助学 2022 年，延平区开展“生育关怀——金秋助学”活动，3 名贫困学子获得福建省计生协会资助，资助金额为每人每年 5000 元，连续资助 4 年，共计 2 万元；14 名贫困学子获得区计生协会资助，资助金额为每人一次性补助 3000 元，共计 4.2 万元。

【幸福工程项目工作】 幸福工程主要以贫困母亲为救助对象，每期每户救助金额为 10000 ～ 50000 元，资助期限两年为一个周期，两年期满收回救助借款。2022 年，延平区计生协会累计投入幸福工程项目资金 291.12 万元，帮扶 21 人发展花卉种植、食用菌种植、畜禽养殖等项目。安排部分人员到有“企业 + 计生困难母亲”运作模式的两家企业务工，2022 年 8 月，按时收回幸福工程款 63 万元，帮扶 20 位困难母亲享受幸福工程项目分红 3.15 万元。9 月，区计生协会再次投入 30 万元幸福工程资金至南平市桂盛鸡鸭养殖合作社，以入股分红形式，让 10 位母亲享受幸福工程帮扶，助力发展生产。

【暖心 2022 百千万扶助计划】 2022 年，延平区计生协会牵头联系南平市农商银行、富德生命人寿保险公司南平分公司、南平市兴业银行、平安保险公司南平分公司等企业，为 14 户家庭进行结对帮扶，每户享受帮扶资金 6000 元。委托南平市黎明职业培训学校，为 120 名母亲提供直播带货、菌菇种植和育婴师等相关培训，进一步提升母亲生产发展能力。

【意外伤害保险】 2022 年，延平区计生协会在全区倡导购买意外伤害保险（中国计生协会与中国人寿保险公司定制的惠民举措，一张保单保费 100 元保全家，保额 16.6 万元，其中意外伤害高残或身故保障 15.6 万元，意外伤害住院医疗保障 1 万元），参保户数 8631 户，投入保费 136.33 万元，理赔金额 85.9 万元，赔付率 63.01%。做好送保赠保工作，为全区 586 户户赠送保费 100 元，赠保总额达 5.86 万元。

【儿童早期发展教育】 2022 年，延平区计生协会委托南平熹贝幼儿园开

2022 年 5 月 14 日，延平区计生协会在南平市熹贝武夷国际幼儿园举办儿童早期发展教育指导中心揭牌仪式 （区计生协／供）

设儿童早期发展项目，并成立儿童早期发展教育指导中心，面向0～3岁儿童及家长开展形式多样的早教活动和早教指导，提升家长科学育儿的理念和本领，促进儿童健康成长。2022年以来共组织辖区525户家庭开展科学育儿知识讲座10次，0～3岁婴幼儿亲子辅导活动3次，0～3岁亲子户外游戏2场。邀请南平市妇幼保健院副主任医师、中国优生优育协会婴幼儿养育照护专业委员严红为基层计生协会工作人员进行能力提升培训，进一步提高了基层计生协会工作人员的专业素养。

【青春健康教育】 延平区计生协会按照“青春健康三三制”原则，为全区10～24岁青少年提供全面的性与生殖健康教育和服务。全区有2个青春健康示范家长学校，1个青春健康俱乐部，1个市级“青春健康教育基地”。通过组建亲青服务志愿者队伍、举办青春健康知识讲座等形式，进一步提高青少年和未婚青年的性与生殖健康水平。2022年，延平区计生协会继续委托南平市三益社工服务中心在延平区开展青春健康项目。截至12月底，已开展青春期科普讲座进学校3场、“青春健康——成长之道”同伴社教育活动1场、“青春健康——沟通之道”家长培训进学校3场、“青春健康—沟通之道”线上直播1场、青春健康师资队伍培训1场、社区家长咨询服务1场、青春健康服务进社区6场，参训学生和家长3892人，多维度护航学生健康成长。

【“5·29”会员活动日】 延平区计生协会在“5·29”会员活动日期间，联合峡阳镇、梅山街道、紫云街道、紫云街道裕达社区、四鹤街道名流社区举办5场群众性主题宣传活动，广泛宣传计生协会的品牌项目、先进典型，讲好帮扶故事、传播协会声音，进一步树立计生协会贴心人、娘家人的形象，让更多的计生群众知晓健康知识、优生优育、人口早教、新型婚育文化、法律援助、家庭意外伤害保险等各项利民惠民的政策。全区各级计生协会共举办宣传活动153场，参加的群众达16373人次，发放宣传材料1.6万份。

（供稿人：陈周颖）

（责任编辑：李远圆）

社会民生

劳动就业

【概况】 2022年，延平区新增城镇就业3632人，城镇失业人员再就业909人，就业困难人员就业541人。全年支出就业专项资金1310.62万元。创新就业工作方式，依托“597”平台，开展“剑州英才零距离 ”网络直播带岗招聘会，累计举办各类线上线下招聘会39场次，有728家（次）企业参加招聘活动，提供就业岗位2.9万多个，进场求职人数近1.2万多人次，与企业达成初步就业意向1838人。全区有见习基地38个。征集就业见习岗位99个。

【就业创业】 2022年，延平区创新就业工作方式，依托“597”平台，开展“剑州英才零距离 ”网络直播带岗招聘会，累计举办各类线上线下招聘会39场次，有728家（次）企业参加招聘活动，提供就业岗位2.9万多个，进场求职人数近1.2万多人次，与企业达成初步就业意向1838人。全区现有见习基地38个。征集就业见习岗位99个，为101人次高校毕业生发放见习补贴86.67万元；组织24家企业申报第五届“中国创翼”创新创业市级选拔赛，13家企业申报省级大中专创业项目，28家企业申报市级优秀创业项目，邀请创业导师开展创业培训。经评审，1家企业获第五届“中国创翼”创新创业省级选拔赛优胜奖，1家获省级大中专创业项目资助一等奖，10家企业（其中三等奖3家、优秀奖7家）获市创业资助，共获资助金46万元。

2022年8月5日，举办“剑州英才零距离”人才招聘会　（区人社局/供）

【职业技能培训】 2022年，延平区开展职业技能培训，举办插花花艺师职业技能竞赛，推进高技能人才队伍建设，全力推动将安全生产、消防安全、禁毒知识等内容纳入各项职业技能培训课程，提升广大劳动者的就业能力，掌握实用劳动技能。在以往电工、育婴员、茶艺师、保育师、评茶员、养老护理员等基础上，新增车工（数控车床）、电力电气设备安装工、送配电线路工、宽带接入装维员、企业人力资源管理师、形象设计师、家庭教育指导、膳食营养搭配、工艺品雕刻工等工种，2022年全年有2603人次劳动者参加职业技能培训，支付培训补贴184.08万元。

【精准就业扶贫】 2022年，延平区建档立卡贫困人口实现多渠道就业

1855 人次，其中就业专项资金补助公益性岗位安置 22 人；推荐就业 639 人次，为有就业意愿的贫困家庭劳动力 100% 推荐就业岗位。收集整理发布就业扶贫招聘信息 12 期。发放公益性岗位工资补贴 142.78 万元，公益性岗位社保补贴 0.75 万元；落实 2022 年企业吸纳脱贫人口就业补贴及社保补贴 2 家企业 3 人 6.1 万元；发放 2021 年用人单位吸纳脱贫人口申请社保补贴、就业补贴 18 家企业 25 人共 14.34 万元有效促进脱贫人员转移就业，帮助增产增收。

【和谐劳动关系】 2022 年，延平区继续开展保障农民工工资支付工作，并纳入全区平安建设工作考评。开展“双随机”检查，维护劳动者合法权益。对 2021 年企业劳动保障守法诚信情况进行等级评价，有 20 家企业列为 A 级、3 家企业列为 B 级、5 家企业列为 C 级。延平区具有劳务派遣经营资质企业 21 家、劳务派遣经营资质备案分公司 9 家，共派遣员工 17773 人，用工单位多集中为国有企业、机关事业单位。全区实行特殊工时的企业 20 家，其中实行不定时工时制企业 20 家，涉及职工 1297 人；实行综合计算工时工作制企业 14 家，涉及职工 6650 人。持续开展劳动关系“和谐同行”能力提升三年行动，推荐评选和谐劳动关系单位，推荐评选南平元力、华孚电器、三红电缆 3 家企业为省级劳动关系和谐企业；推荐评选长富乳业、延鸿环保、荣德胜建设 3 家企业为市级劳动关系和谐企业，炉下镇为市级劳动关系和谐乡镇。

【劳动人事争议仲裁】 2022 年，延平区劳动人事争议仲裁立案 327 件，结案 322 件，涉及金额 935.75 万元，结案率 98.47%，调解成功率 75.47%。

【治欠保支专项】 2022 年，延平区建立无欠薪项目部 31 个，实现“无欠薪项目部”创建活动全行业覆盖，认定 5 个“无欠薪标杆项目”。建立政府投资工程及集资联建工程闭环管理工作机制，签订《施工单位联系方式确认书》230 份。开展超时加班问题集中排查整治专项行动、清理整顿人力资源市场秩序专项行动、夏季高温天气劳动保护专项行动及集中整治拖欠农民工工资问题专项行动等专项检查。开展日常巡查和专项检查及举报投诉案件和查处工作：立案 1 件，涉及劳动者人数 1 人，涉及欠薪金额 953.4 元；协调案件 14 件，涉及劳动者人数 46 人，涉及欠薪金额 374568 元。办结各平台网络件 148 件，办结率 100%。

社会保障

【概况】 2021 年，延平区人力资源和社会保障局全区基本养老保险参保 267997 人、工伤参保 101180 人、失业参保 25878 人。同步完成机关事业单位及企业退休人员基本养老金调整，共惠及 20845 名退休人员。

【机关事业单位社会保险】 2022 年，延平区机关事业基本养老保险参保单位 417 家，在职缴费人员 6670 人，享受基本养老金待遇离退休（职）人员 5542 人。对 2021 年 12 月 31 日前按规定办理退休（含退职）手续并按月领取基本养老金的退休人员进行待遇调整，惠及 5361 人。

【职工养老保险】 2022 年，延平区参加企业职工基本养老保险的有 11754 户，在职参保对象 69426 人、离（退）休人员 16842 人。调整 2021 年 12 月 31 日前按规定办理退休、退职手续并按月领取基本养老金的企业退休人员 15484 名基本养老金，人均月增资 115.92 元，企业退休人员养老金由调整前人均每月 2662.31 元增至 2778.23 元。

【城乡居民社会养老保险】 2022 年 12 月，延平区参加城乡居民基本养老保险 169517 人，其中领取养老金人数 60727 人，当年累计发放养老保险待遇 11889.8 万元（含丧葬补助金 563.4 万元）；被征地农民养老保障金在领 11235 人，当年累计支出养老保障金 1263.15 万元。

【失业保险】2022 年，延平区失业保险参保企单位 2521 个，参保职工 25878 人，基金征收 1308.07 万元。发放失业金 4400 人次，金额 565.03 万元，医保补助 1327 人次，金额 51.03 万元，医保代缴 2789 人次，金额 117.07 万元；发放失业补助金 2393 人次，金额 191.58 万元。继续执行阶段性下调失业保险费率政策至 2023 年 4 月 30 日，为参保单位减轻负担 1962.11 万元，有力地支持企业发展。审核发放失业保险技能提升补贴 86 人次金额 13.85 万元，发放失业人员临时价格补贴 2181 人，金额 11.69 万元。落实发放普惠性稳岗返还政策，445 家单位符合 2021 年度享受普惠性稳岗返还的条件，发放补助金额 225.48 万元。落实企业一次性扩岗政策，为 29 家企业 48 人次发放一次性扩岗补助，金额 7.2 万元。

【工伤保险】 2022 年，延平区参加工伤保险的企业 10905 家，参保人数 101180 人。工伤人数 434 人（其中死亡 6 人），工伤保险待遇支出 2692 万元。全年共受理工伤认定申请案件 335 件，其中参保单位申请 323 件，非参保单位或个人申请 12 件。全年，代收劳动能力鉴定 230 余件。

【意外伤害保险】 2022 年，延平区为在编在岗干部职工及相关人员购买出行意外伤害保险意外险 7354 人次，每年每人 130 元，并实行动态管理。

【就业社保补贴】 2022 年，延平区审核发放 2021 年就业困难人员灵活就业社保补贴1788人，发放金额813.78万元；受理审核2022年就业困难人员灵活就业社保补贴418人次，发放金额199.93万元。为5085名贫困参保人员代缴城乡居民基本养老保险费101.7万元，实现缴费阶段参保人员应代缴尽代缴。开展“两节”送温暖慰问工作，组织慰问辖区就业困难人员100人，发放“两节”慰问金5万元。开展2022年春节期间规模以上工业企业稳定就业奖补工作，发放长富乳业等6家企业奖补资金合计22.22万元。

【社保减免】 2022年，延平区继续执行阶段性下调失业保险费率政策至2023年4月30日，为参保单位减轻负担1962.11万元，有力地支持企业发展。

（供稿人：陈晶晶）

（责任编辑：邓璟靓）

社会救助与慈善

【概况】 2022年，延平区实现城乡低保标准一体化，城乡低保标准按9444元年人均执行。实行5000元以内临时救助由乡镇（街道）审批制度，方便乡镇（街道）及时对困难群众进行救助。

【最低生活保障】 2022年，延平区享受城市低保1274户1836人，累计发放城市低保金961.15万元，月人均补差额446.03元。退出城镇低保112户199人，新增113户162人；农村低保3375户3243人，累计发放低保金2860.94万元，月人均补差额392.26元；退出农村低保150户393人，新增305户512人。特困供养690人，退出63人，新增45人，其中特困人员分散供养416人，集中供养274人。累计发放特困生活补助金930.07万元，护理费478.89万元。

【临时救助】 2022年，延平区对因灾、因病、因学、因疫情影响等困难人员进行临时救助1509人，累计发放546.01万元；发放低保、特困一次性生活补助100元/人，合计发放87.44万元；发放7、8、9、10月临时价格补助，合计110.19万元。

【低保80周岁高龄老人补贴】 2022年，延平区累计发放低保80周岁高龄老人补贴4522人次。

【救助申请家庭经济状况核对】 2022年，延平区救助申请家庭经济状况核对中心共发起核对及复核业务总计9586户，其中城市低保新增及复核核对数1937户；农村低保新增及复核核对数4865户；重残及临时救助新增核对911户；特困人员核新增及复核核对数对738户；廉租房核对16户；公租房核对25户；医疗救助核对402户；关爱帮扶核对2户；困难群众核对7户。

【高龄人口补贴】 2022年，延平区累计发放80周岁以上老人高龄补贴583.7万元，完全失能老人补贴5.26万元，百岁老人补贴13.95万元。

【医疗和残疾人救助】 2022年，延平区累计发放残疾人两项补贴资金合计1204.18万元，其中发放困难残疾人生活补贴4432人508.38万元，发放重度残疾人护理补贴5591人695.80万元（其中一级护理补贴2494人，二级护理补贴3097人）。

【困境儿童和留守儿童保障】 2022年，延平区在册孤儿83人（其中社会散居孤儿12人、福利院集中供养孤儿71人），事实无人抚养儿童158人，全年累计发放救助金369.90万元。新建3个乡镇农村留守儿童关爱保护和困境儿童保障工作示范点和3个未成年人保护工作站，开展留守儿童和困境儿童关爱保护活动18场次；开展儿童福利政策进村居宣讲30余场次，开展《中华人民共和国未成年人保护法》主题宣传4场次。通过政府购买服务方式，开展留守儿童和困境儿童关爱保护项目2个，已支付费用39万元。

【慈善捐助】 2022年，延平区收到爱心企业的积极捐赠：南平世华房地产开发有限公司“吴解放专项慈善基金”定向捐赠，资助延平区老人活动中心添置设施12400元；资助贫苦学生大学学费8000元。北京天润新能投资有限公司定向捐赠延平区夏道镇洋头村议事亭修缮50000元。福州长庆严选文创设计公司资助茫荡镇上际村养老福利事业99010元。南平市烟草公司资助延平区赤门镇赤门乡改善村委会条件300000元。南平市烟草公司延平分公司定向资助延平区南山镇华兴街村村委会解决实际困难20000元。收到个人善款：金延平个人捐赠亲仁养老院10000元。捐助患病贫困居民4人共100000元，其中20000元善款来自“兰金年专项慈善基金”。南平市慈善总会开展“慈善情暖万家”活动，发放困难家庭慰问金50000元。

基层组织建设

【概况】 2022年，延平区认真做好社会工作人才队伍建设。

【社区队伍建设】 2022年，延平区面向社会公开招募9名服务社区高校毕业生，分配来50名社区工作者；新增社区综合服务用房3484.68平方米；推行“一站式”服务，建立社区服务平台72个，接待来访、咨询、办事群众16万人次，为老、弱、病、残等特殊群体免费代理服务3.2万余人次，帮助群众解决困难1.66万件。

【社会组织管理】 2022年，延平区民政局驻行政服务中心窗口合计接件7024件，现场办结7024件，按期办结7024件，按时办结率达100%，合格率100%。将审批事项承诺时限压缩至法定办理时限的20%以内，办理环节统一控制在2个工作日以内。61个涉众涉企行政审批和公共服务事项中85.2%进驻省网上审批大厅，96%列入“一趟不用跑”“最多跑一趟”办事清单，其中“一趟不用跑”占入驻事项的80.7%。开展“双随机”抽查27个；取缔、劝散非法社会组织1家；有257家社会组织参与年报年检工作。

（供稿人：陈婧雯）

（责任编辑：邓璟靓）

水利水电工程移民

【概况】 2022年，延平区境内共有水口、沙溪口、照口、峡阳和南平市五星桥水库5个大中型水电站库区，涉及11个乡镇、3个街道办事处，87个建制村（街、居），省核定列入大中型水库移民后期扶持政策扶持范围的现状移民79287人；小型水库扶助涉及3个乡镇、4个建制村。扶持政策实施情况监测评估调查结果显示：全年移民人均可支配收入22777元，比上年增长8.4%。

【库区后期扶持】

大中型水库移民后期扶持项目 2022年，延平区移民发展中心实施基础设施和基本公共服务设施、移民村人居环境整治、农业基础设施建设等25个项目，投入库区扶持资金9477.42万元。

移民创业大厦建设 2022年，延平区移民发展中心加快资产型生产开发项目移民创业大厦的建设工作。5月通过竣工验收，年底前，正在审计结算中，待区审计中心出具结算征询

2022年11月25日，南平市珍才教育培训（育婴师培训）场景 （魏艳婷/摄）

表后报市移民发展中心组织综合验收。

【库区民生】

资金直补 2022年，福建省移民发展中心核定延平区移民直补资金发放对象38640人，移民直补资金2332.8万元。

技能培训 2022年，延平区移民发展中心举办小车驾驶、烹饪、育婴师等职业技术培训，参训移民共计428人次，拨付补助资金105.346万元；提高移民创业就业能力，拓宽增收渠道，增加移民收入。

平安库区 2022年，延平区移民发展中心持续深化“平安库区”建设，做好工作，库区社会总体保持和谐稳定。

（供稿人：蔡丽敏）

（责任编辑：邓璟靓）

民族事务

【概况】 2022年，延平区委统战部（民宗局）加强爱国主义和中华民族共同体意识教育，持续开展“我是一颗石榴籽 民族团结我先行”创建活动，争取项目资金56万元带动民族村乡村振兴。抓好畲族文化保护传承，推动民族团结事业发展。

【少数民族民生问题】 2022年，延平区民宗局申请中央及省级少数民族资金累计56万元，用于岭炳洋前山小区坍塌道路修复项目、水井窠村乡村旅游产业（畲族民俗文化中心改造项目）及民族团结进步创建项目，督促项目实施和资金拨付。认真做好2021年度和2022年度少数民族资金自查工作，加强少数民族专项资金绩效管理。岭炳洋村获得2022年中央少数民族资金30万元和乡村振兴实绩突出村奖补资金400万元的资金支持，帮助岭炳洋村谋划产业、基础设施和文化发展项目。在充分调研的基础上，申报6个少数民族项目纳入2023年南平市少数民族村发展项目库，实施动态管理。

【民族团结宣传】 2022年，延平区民宗局深化民族团结进步创建。春节期间，以“我们的中国梦”为主题，在城区和民族村举办新春畲族文艺专场演出。选送作品参加全省“百籽同心·铸牢中华民族共同体意识手工艺精品展”等活动。在水东街道玉屏山社区闽江支路醒目位置设立“铸牢中

华民族共同体意识深化民族团结进步创建”大型户外公益广告。在东坑民族小学和岭炳洋村建立铸牢中华民族共同体意识教育实践基地，以“福籽同心爱中华 喜迎党的二十大”为主题，以“五进五结合”为载体，扎实开展“铸牢中华民族共同体意识主题月”和2022年福建省第十五个民族团结进步宣传月系列活动，加强各民族交往交流交融。经验类信息《延平区“三进”深化民族团结进步创建》在《闽北快讯》上刊登。

【畲族文化保护和传承】 2022年，延平区民宗局争取省级少数民族补助款5万元用于《闽北畲族》编撰，该书预计2022年12月中旬出版，为少数民族文化传承留下宝贵历史资料。以福建省非物质文化遗产“岭炳洋畲族山歌”为音乐素材，改编创作舞曲《畲乡春晓》。

宗教事务

【概况】 2022年，延平区委统战部（民宗局）扎实推进宗教活动场所“安全工程”建设，推荐教职人员参加讲经交流活动，开展宗教领域“安全宣传月”和宗教政策法规学习月活动，提高宗教活动场所规范化管理水平。2022年延平区宗教工作在全市“宗教工作责任制”考评中蝉联第一名。

【宗教场所管理】 2022年，延平区民宗局严格落实宗教活动场所“安全工程”。制定《全区宗教活动场所消防安全大排查大整治促稳定工作方案》等，先后召开宗教活动场所、民间信仰活动场所消防安全专项治理工作推进会，对全区66个宗教活动场所和23个民间信仰活动场所进行全方位摸排，共排查出消防安全隐患188个，并以安全隐患排查“回头看”、部门联合督查等形式，落实闭环管理，整改隐患188个。迎接省、市关于文保单位、宗教活动场所消防安全各类督导检查，以查促改促提升。乡镇街道落实属地管理责任，将宗教活动场所和民间信仰活动场所消防安全列入社会网格管理和消防安全教育范畴，定期开展消防培训和实战演练。

【宗教活动开展】 2022年，延平区民宗局稳步推进宗教中国化的延平实践。组织宗教界学习贯彻全国、全省、全市、全区宗教工作会议精神。推荐教职人员参加讲经交流活动。在国庆等重要节日开展升挂国旗活动，引导宗教与社会主义社会相适应。开展宗教领域“安全宣传月”和宗教政策法规学习月活动，组织学习《互联网宗教信息服务管理办法》《宗教活动场所财务管理办法》等，提升教职人员法治意识。开展民间信仰活动场所联系点试点和备案管理工作，拟对2个场所登记备案，推荐民间信仰活动场所负责人参加南平市民间信仰活动场所管理经验交流会，并作经验交流发言。持续推进“四进”场所和“和谐寺观教堂”创建活动，以创建为契机，提高宗教活动场所规范化管理水平。

（供稿人：刘 媛）

（责任编辑：邓璟靓）

居民生活

【居民收入】 2022年，延平区居民收入平稳增长，人均可支配收入3.67万元，比上年增长5.6%。其中，城镇居民人均可支配收入4.22万元，比上年增长4.6%；农村居民人均可支配收入2.38万元，比上年增长7.1%。

【居民支出】 2022年，延平区居民人均消费支出2.39万元，比上年增长5.2%。其中，城镇居民人均消费支出2.67万元，比上年增长4.7%；农村居民人均消费支出1.64万元，比上年增长5.7%。

（供稿人：林艳艳）

（责任编辑：邓璟靓）

民政事务

【概况】 2022年，延平区民政专项事务管理更加有序，依法开展婚姻、收养登记工作，开展殡葬领域治理行动，多措并举推动养老服务体系建设。

【婚姻收养登记】 2022年，延平区办理国内婚姻登记2953对，其中结婚登记1621对、离婚登记834对、补发婚姻登记证498对。办理涉外、涉港澳台和华侨婚姻登记17对，其中结婚登记11对、离婚登记5对、补发婚姻登记证1对。办理收养登记41件。

【殡葬管理】 2022年，延平区开展全区毁林建坟等问题专项治理工作，排查并完成整治“三沿六区”乱埋乱葬坟墓24座。开展殡葬移风易俗整治，开展殡葬移风易俗宣传活动3场次。全区火化数3817具，其中市区本地户籍3454具、外地户籍363具。落实惠民政策，救助低保、优抚对象243人，减免费用29.01万元。推进乡村公墓骨灰楼堂项目建设，完工20个，动工6个，前期工作3个。

【地名普查】 2022年，延平区通过南平与福州两市间县级行政区域界线第四轮联合检查暨平安边界建设工作联席会议的部署安排，完成延平—闽清线、延平—古田线的市间县级界线联检和平安边界建设工作。命名建成南平工业园区道路14条，全区受理制作二维码门牌2884块。按照南平市民政局统一要求完成对《南平市地名录》延平区标准地名部分246页23万字第一稿和第二稿的审稿校对工作。

2022 年 9 月 1 日，延平区民政局在古田、闽清、延平三县交界，与闽清民政局联合对界碑进行界线联检和界线界桩的管理维护　　（梁瑞辉／摄）

【养老服务】　2022 年，延平区在建项目 1 个，招商引资项目 1 个，谋划项目 4 个，总投资约 5.79 亿元；建成农村区域性养老服务中心 1 家，建成长者食堂（助餐点）31 个，评定三星级以上农村幸福院 36 家。全年新增各类养老床位 350 张，每千名老年人拥有床位数达 41.5 张。建立“互联网＋智慧养老”居家养老服务信息平台，采取“街道居家照料中心＋社区居家养老服务站点＋社区居家老人”网格化管理模式，服务城区居家老年人 1.5 人次。通过政府购买服务方式，为全区 80 周岁以上老年人提供意外伤害保险服务，支付保险费用 90 余万元。

【老区建设】　2022 年，延平区争取中央、省、市级资金 98 万元，其中中央衔接推进老区乡村振兴补助资金 45 万元用于南山镇村尾村老人活动凉亭建设、塔前镇虎山村花卉基地道路加宽硬化、巨口乡田溪村巷道路面硬化和洋后镇后坪村休闲长廊凉亭建设等 4 个项目；省级补助转移专项资金 53 万元，用于巨口乡村头村黄家大院南古瓯交通联络站修缮及布展、大横镇埂埕村革命历史纪念馆布展等 2 个项目建设。继续推动开展“阳光 1+1”牵手计划活动，加大夏道镇澄源村和延平区朱子文化研究会的牵手帮扶力度。完成 2 处革命遗址维修申报工作。发放“五老”和“五老”遗孀的生活定补。认真落实区委、区政府关于对革命“五老”人员实施医疗补助和困难“五老”人员的临时救助工作。

（供稿人：陈婧雯）

（责任编辑：邓璟靓）

乡镇（街道）

水南街道

【概况】 水南街道位于延平城区南面，316国道纵贯全境，水陆交通便利，东至湖岸观邸，西至西芹合坑社区，南至上地、玉地村，北至闽江起点第一山九峰山，是延平新城建设主战场之一，辖区总面积100平方千米。2022年辖区常住人口82530人。下设8个行政村，11个社区居委会、41个村民小组、102个居民小组。设有1个党工委、10个党总支、48个党支部，党员1680人。一般公共预算总收入10337万元，比上年增长6.05%；地方一般公共预算收入4768万元，比上年增长7.19%。

【项目建设】 2022年，水南街道固定资产投资项目25个，完成投资额18.55亿元，比上年增长4.6%，完成年度任务数的116%。其中，新开工项目10个：岭炳洋民族乡村建设项目、李侗支路建设项目、闽高南平太阳轻质柔性组件分布式光伏发电项目、南平市人民医院八仙院区内科楼、福星养老照料中心项目、际源村民活动场所、朱熹路中石化加油站建设项目、新城中心澜庭二期、改造提升巴氏鲜奶杀菌技术及配套设施建设项目和八仙村柴坑道路工程建设项目，计划总投资2.89亿元，年度完成投资1.79亿元；竣工项目14个：闽北中医重点专科大楼建设项目、江南第一城御岭、新城花园三期、长富乳品生产加工设备升级改造项目、延平区奔跑气膜体育馆、九峰山道路改造项目、东顺畜牧升级改造项目、岭炳洋民族乡村建设项目、李侗支路建设项目、闽高南平太阳轻质柔性组件分布式光伏发电项目、福星养老照料中心项目、际源村民活动场所、朱熹路中石化加油站建设项目、延平区水南九峰线柴坑段道路改建工程。“一把手”招商引资项目2个，分别是：闽高南平太阳轻质柔性组件分布式光伏发电项目，总投资5200万元，于8月份完工并投产；延平区鑫兴中闽屋面分布式光伏发电项目，总投资5100万元，于11月开工建设。

【南福路项目】 2022年，水南街道南福路项目一期已征收土地面积30.01公顷，完成红线房屋征收237户，54051.77平方米，完成比例100%；完成红线企业征收49家，47687.6平方米，完成比例98%，全年完成征迁面积6.04公顷，南福路一期项目施工进

2022年7月1日上午，水南街道后谷社区党支部开展“忆党史 强党性 当先锋”七一建党节活动 （李 琳/摄）

展顺利，亿发示范段已完成建设并开放通车。

【党建工作】 2022年，水南街道组织中心组学习12次，业务学习18次，组织上党课12次、邀请专家讲座1次、开展各类宣讲35场、主题党日活动52次、参加人员2800人次。严格落实组织生活会、民主评议、“六要”群众工作法、“四议两公开”、村集体“三资”管理等制度；开展村级党组织“达标创星”活动，创建红星村党支部1个，规范化村党支部7个；调整补充村“两委”干部2人，任命专职村党建指导员1人。

【廉政工作】 2022年，水南街道开展警示教育学习14场，共450人次参加学习；开展专项督查13次，查处并立案4件，办结案件2件；信访件1件，办结1件。第一种形态处理2人，警告4人，严重警告1人。

【社区建设】 2022年，水南街道社区“两委”成员共64人，专职社区工作者61人。其中：初级社工师33人，中级社工师13人。“一站式”服务平台11个，接待来访、咨询、办事群众23524次，帮助解决困难565件，免费代理服务2354人次。落实2‰社区综合服务用房480平方米：江南社区480平方米。

【文明创建】 2022年，水南街道新增户外景观小品7个，公益广告114幅，更换褪色、污损公益广告138幅，下发市民公约宣传广告550幅，LED屏滚动播放创城标语、应知应会知识等内容800多条，入户发放创城应知应会材料5000多份、发放测评模拟调查问卷545份。开展安全生产、打击整治养老诈骗、禁毒、防范电信诈骗、境外劝返、“三率”等宣传活动12场次，发放各类宣传单4万余份。

【河长制工作】 2022年，水南街道开展河长巡河144次，河道专管员巡河4852次。充分发挥村（居）网格员作用，加强日常环保网格巡查，事件录入等有关工作，录入环保巡查事件1131件；后谷溪、二根溪小流域综合整治工作有序推进。

【“两违”整治】 2022年，水南街道全力开展全省“两违”综合治理专项行动及全区“两违”综合整治攻坚战，查处拆除新增违法违章建筑63户，拆除面积4608平方米，清除违法占地面积4608平方米，腾出地面积4806平方米。

【信访工作】 2022年，水南街道排查矛盾纠纷209起，及时办理来信来访件101起，接待来访群众10余批100余人次，到村居下访接待群众60余人次，有效化解问题，采取有力措施，及时受理办结“12345”平台交办件1028件，随手拍216件，民生“110”35件。开展领导“接访、下访、领访、办访”活动，畅通渠道、从源头上做好工作。

【卫生服务工作】 2022年，水南街道审理生育服务登记申请315条，办理独生子女证4本，审核“新农合”减免1489人，录入出生158条、死亡255条、婚姻登记112条，完成免费孕前优生检测 49 对，“两癌”筛查385人。农村奖扶140人（其中低保户9人）。

【社会保障】 2022年，水南街道共安置下岗失业人员158人，办理求职登记268人次，用工登记408人次，求职介绍成功336人次；组织各类技能培训8批次，90人次参与学习；领取城乡居民社会养老保险待遇2823人，发放基础养老金437万余元；为企业退休人员死亡办理丧葬补助124人，共533万余元。

（供稿人：吴声杰）

（责任编辑：魏可欣）

四鹤街道

【概况】 四鹤街道位于延平城区中心，辖区总面积36平方千米，森林覆盖率71.84%，境内有国家AAAA级旅游景区——溪源峡谷景区。下辖延福、紫芝、进贤、昼锦、马坑、杨真堂东、杨真堂西、杨真堂中、西门桥、新建、官沙田、长沙、名流、沙溪口14个社区居委会，以及1个行政村（上洋村）、1个蔬菜大队（西门蔬菜大队）。2022年，四鹤街道辖区总人口96078人，户数40544户，是延平区乡镇（街道）管辖人口最多的街道。设有1个党工委、9个党委、1个党总支、52个党支部，有党员1860名。街道被评为福建省第七次全国人口普查突出贡献集体、延平区征兵工作先进单位等。

【经济项目】 2022年，四鹤街道深入实施“大抓项目、抓大项目”攻坚行动，出台《经济项目工作经费奖励方案》，加快街域经济发展。全年完成财政总收入1.44亿元，比上年增长1.4%，其中一般公共预算总收入完成7718.35万元，地方一般财政预算收入6708.36万元；全社会固定资产投资完成10.36亿元；规模以上工业增加值完成4.3亿元，比上年增长5%；限上商贸企业实现零售总额15亿元，比上年增长13.6%；新增入统限上商贸企业5家，规上工业企业1家；新增入库项目12个，总投资5.27亿元；完成“一把手”招商项目3个，总投资4亿元。

【片区开发】 2022年，四鹤街道根据区委、区政府的安排部署，全力推进旧城改造片区开发百日攻坚行动，扎实做好里丹巷（三泰）片区开发项目征迁工作。以社区为单位成立12个征迁小组，举全街之力，实行挂图作战、

2022 年 9 月 8 日，四鹤街道西门桥社区省二建小区 10 号楼房屋征迁拆除施工

（洪志明 / 摄）

细化分工、压实责任，完成签约 173 户，征迁面积 16329.43 平方米，分别完成任务数的 71.78%、75.42%，街道党工委和区抽调 10 名征迁干部被区委通报表扬。

【老旧改造】 2022 年，四鹤街道将老旧小区改造项目作为增进民生福祉的民心工程抓紧抓实，全年申报老旧小区改造项目 9 个，积极争取中央预算内资金 988 万元，开工项目 4 个，总投资 2380 万元，涉及楼栋 49 幢 2008 户 7.8 万平方米，涉改后的小区环境得到极大改善，其中杨东社区百福小区获评省级老旧小区改造示范小区。

【平安创建】 2022 年，四鹤街道全力推进境外涉诈重点人员逼投劝返工作，安排工作组赴缅北开展劝返工作，设立劝返工作奖励金，深挖涉诈人员的人脉关系，通过冻结涉诈人员及家属银行卡、喷涂“涉诈之家”标识、张贴涉诈高危人员头像等多种措施，逼投劝返工作取得积极成效，全年劝返回国 4 人；持续推进“平安三率”、扫黑除恶、打击整治养老诈骗、反邪教等工作，确保辖区安定稳定。

【安全生产】 2022 年，四鹤街道扎实推进安全生产专项整治三年行动，妥善处置“1·27”江滨南路 12 号和“9·10”马坑路闽东大厦 B 幢火情；督促辖区 155 家餐饮企业安装燃气报警装置，全年辖区未发生重大安全生产事故。

【民生保障】 2022 年，四鹤街道加大低保政策落实力度，全年新增低保户 21 户 22 人，实现应保尽保；持续扩大社会保险参保覆盖面，1.84 万名城乡居民医保参保，新增城乡居民社会养老保险 36 人，发放养老金 302.9 万元；加强劳动就业困难群体帮扶，全年提供就业岗位 4190 个，成功安置就业 776 人，对 1.07 万名企业离退休人员进行社会化管理；投资 10 万元率先在全区建成首个长者助餐点，争取社会和爱心企业捐资 5.16 万元，吸引沙溪口社区 16 位老人用餐；加快推进“互联网 + 政务服务”工作，实现政务服务网上办事项达 65 项。2022 年街道便民服务中心绩效考评位列全区第一。

【党建工作】 2022 年，四鹤街道党工委通过邀请干部教师“精讲精学”、党员群众“互促联学”、快递服务“上门送学”、手机扫码“便捷促学”、“小院党课”等方式，推动学习党的二十大精神走深、走实、走心；推行“近邻党建 + 微网格”工作模式，制定《四鹤街道微网格员管理办法》，出台“六个一”激励保障机制，组织各社区开展“最美网格员”评选活动，共评选出“最美网格员”183 名，进一步提升网格服务水平；成立全区首家非公企业党委——福建三山集团党委，开启延平区非公企业党建工作新局面；出台《四鹤街道推进商圈党建工作实施方案》，推动成立四鹤步行街商圈党支部和创世纪步行街商圈党支部 2 个商圈党支部，评选出“共产党员经营户”5 家、“优质商户”10 家，开展各类社会公益回馈项目和志愿服务活动 170 余场，实现组织建设和经济收入“双丰收”。

【社区建设】 2022 年，四鹤街道采取以奖代补的方式，全年调拨社区发展基金 80 余万元，解决社区工作经费短缺和发展不均衡问题；优化社区联片共建机制，将 12 个社区划分为 5 个片区，通过队伍联建、活动联办、资源联用、信息联通、成果联享，实现资源共享、优势互补、共同发展；制定《社区工作者职级待遇晋升实施办法》，激发社区工作者干事创业热情。

（供稿人：卢国聪）

（责任编辑：魏可欣）

紫云街道

【概况】 紫云街道位于延平城区中心，临建溪、富屯溪汇流口，东至滨江路，西至环城路，南至紫芝巷、健康岭，北迄环城路北麓，以驻地紫云岗命名。下辖文体、流芳、剑津、中华、黄金山、华光、鼓楼、胜利、前进、裕达、恒达、三官堂、三元 13 个社区和东门蔬菜大队。2022 年末，街道常住人口 50449 人。下设党总支 13 个、党支部 39 个，党员 1422 名。完成财政总收入 11437.5 万元，其中地方级财政收入 5527 万元；实现规模以上工业产值 2298 万元，社会消费品零售额总产值 8703 万元；固定资产投资 6.9 亿元。

【党建工作】 2022年，紫云街道全面抓好“三会一课”制度执行，规范交纳党费，落实主题党日活动等各项制度，进一步传导责任压力，强化责任担当。严格按照发展党员总要求，成熟一个、发展一个，注重年轻化、知识化和多元化的培养方式，全年新发展党员4人。全面抓好整顿发展党员违规违纪问题排查工作，两批共排查党员173人，发现重点问题5个，一般问题57个，其中批评教育1人，廉政提醒1人。通过全面规范党建工作、提升党建质量、创造工作强项、打造党建品牌，形成示范效应。在打造剑津社区武夷香榭小区的市级示范点、鼓楼社区公营巷小区的区级示范点的基础上，重点培育三官堂社区天台小区示范点建设，成立“移民芳华”老党员工作室，让他们离休不离岗、退休不褪色，主动融入社区治理。全面推进“小院党课”活动，通过文化长廊、红色电影等方式，提高党员参与度，全年开展“小院党课”41场。

【文化建设】 2022年，紫云街道依托新时代文明实践所（站）等阵地，联合辖区共建单位开展“我们的节日”主题活动，通过文艺演出、歌唱比赛、知识讲座、亲子趣味运动会等邻里楼院交流的形式，紫云街道先后开展“送‘福’迎新春 暖心不打烊”“情浓元宵 邻里有福”“粽香端午 邻里有情”“廉粽飘香迎端午 和睦邻里扬家风”“喜迎二十大、奋进新征程、大手拉小手、永远跟党走”七一文艺会演及“致敬革命先烈 传承红色基因 强国复兴有我”主题党日、“巧手做月饼 共叙邻里情”庆中秋、“喜迎二十大、传承好家风 、欢乐庆重阳”等邻里文化活动50多场次，弘扬中华民族传统文化，丰富社区群众的精神文化生活，拉近邻里关系。

【经济发展】 2022年，紫云街道克服经济下行压力等因素影响，多措并举，稳住经济基本盘。紫云街道有规模以上工业企业1家、规下工业企业21家、限上商贸企业12家（批发类企业3家、餐饮企业5家、商超1家、零售企业3家），规上其他营利性服务业企业4家，建筑业企业40家，在库项目18个（其中5000万元以上项目9个）。

【项目建设】 2022年，紫云街道协调争取省级财政项目资金80余万元，完成财政法治主题公园建设，持续投入资金，有序推进社区环境整治等项目的落实。按照“超前谋划、有序推进”的原则，详细摸底、统筹安排老旧小区改造工作，其中天台小区、玉樟岭小区、商业大院小区、农贸小区、金山小区改造工作已基本完成。计划总投资3000余万元的两街两巷沿街所有弄、巷基础设施及店招、门牌改造（包含鼓楼、华光、前进、胜利社区），以及三元社区进步路一建小区、文体社区武装部小区、恒达社区的恒达小区、裕达社区裕达花园小区、慈荫巷片区（文体、流芳社区）人行步道改造等项目正在推进。

2022年6月29日，紫云街道天台小区公园宣讲《闽山闽水物华新》和习近平新思想（黄丹婷／摄）

【安全生产】 2022年，紫云街道组织召开安全生产、消防安全、道路安全等排查与整治相关会议20余场次，节日期间及每月定期开展安全生产大检查，检查辖区企业与商铺等800余次，发出整改通知130多份，整改隐患275个，其中危化企业隐患7个，已按期整改到位；对辖区所有燃气使用单位和自建房屋进行全面排查，累计排查液化气经营户185户，督促整改问题13个；开展房屋结构安全隐患排查整治“回头看”专项行动，排查房屋776栋；开展消防安全百日会战工作，对辖区内的193栋高层建筑及10栋沿江建筑开展消防安全隐患整治，规划消防通道6个、室外消防栓3个及配备210个灭火器，对辖区内的老旧小区、高层建筑建立“一区一册”“一栋一册“，做到底数清、情况明；摸排道路安全隐患，及时整改完善设施，排查出的4处道路安全隐患问题均已完成整改；开展校园周边安全排查整治，在校园周边设置交通警示标识，联合区实验幼儿园、胜利小学、紫云小学等开展安全知识进校园活动，宣传道路交通安全及各类安全知识，提升学生的意识，将各项安全工作落到实处。

【社会保障】 2022年，紫云街道有

低保户 136 户 184 人，特困 9 户 9 人，已发放保障金 1143538 元；开展临时救助，为 73 户家庭申请临时救助，发放救助金 314400 元，做到精准救助，解决困难群众的燃眉之急。纳入最低生活保障残疾人 93 人，享受残疾人困难补贴 100 人发放 121572 元，享受重度残疾护理补贴 293 人发放 361047 元，紫云街道残联提交符合条件残疾人对象 80 人，发放补贴金额 397467 元，其中区级对象 56 人，补贴金额 264916.06 元，市级对象 24 人，补贴金额 132550.94 元。按季度发放公共租赁住房货币补贴，发放货币补贴 195283 元；为符合条件老人 189 人发放 1—12 月份的高龄补贴 114150 元，发放失能老人补贴 1 人 2400 元；率先在三官堂社区设立长者食堂助餐点，以实际行动彰显了对老人群体的人文关爱，为辖区 60 周岁以上老人办理老年人优待证 1200 余份，完善社会保障制度，使老年人享受政策优待。保障困难群众的基本生活，守牢基本民生保障底线。

【生态保护】 2022 年，紫云街道抓住创城的契机，结合人居环境整治行动，开展全辖区无死角、无盲区、无遗漏的环境卫生整治工作。对主干道路、小街小巷、富屯溪、金山溪沿岸、生活小区等各类积存垃圾、卫生死角进行摸排、清理，抓住“脏乱差”和卫生死角等整治重点，实现垃圾“清零”，全年出动人力 300 余人次、清运车辆 30 余台次，清理乱堆乱放物品 550 余立方米；联合城管等职能部门强化餐饮油烟污染的治理，发放整改通知书 11 份，化解油烟信访 7 件，督促 4 家餐饮单位完成油烟整改；开展户外广告整治提升百日攻坚行动，重点针对违章搭建、破烂不堪、存在安全隐患的户外广告进行集中规范清理，累计拆除户外广告 32 处，拆除面积 400 余平方米，督促整改 20 余处，亮出辖区“美丽天际线”，提升城市品位；强化河长及河道管理员日常履职，做好河道巡查、溪流水域监控等工作，巩固金山溪小流域水环境综合整治成效，维护“河畅、水清、岸绿、景美”的水生态环境。

（供稿人：张安媛）

（责任编辑：魏可欣）

梅山街道

【概况】 梅山街道位于延平中心城区核心区域，面积 0.9 平方千米，具有悠久的革命历史。辖区内的红色革命教育基地新四军南平留守处旧址及冯超骧故居，传播着红色革命精神，成为广大居民群众特别是中小学生爱国主义教育平台，南平古八景之一“梅山朝旭”便在此地。街道下辖中山、中和、文宣、东山、超骧、自强、金山塔、解放 8 个社区，常住人口 28098 人（其中辖区内福建省林业职业技术学院学生 3123 人），户籍人口 18335 人，流动人口 3420 人，人口流动性大，以普通话为主要交流语言。2022 年，梅山街道实现财政总收入 4827 万元，其中地方财政收入 2264 万元。全年限上企业社会消费品零售总额 3.83 亿元；规模以上企业工业产值完成 4240 万元；完成固定资产投资 3.51 亿元。

【重点项目建设】 2022 年，梅山街道重点围绕市委、市政府“大抓项目大抓基层”工作机制，突出打好“三大攻坚行动”工作，加快推进项目建设。完成“三大攻坚行动”亿元以上谋划项目市级认定项目 2 个。“一把手”招商项目 2 个，其中意向签约项目 1 个，签约项目 1 个。全年新入统固定资产投资项目 9 个，其中新增入统 5000 万元以上固定资产投资项目 4 个。

【商贸服务业】 2022 年，梅山街道有 2 家以上规模工业企业和 7 家小微企业，限上商贸企业 9 家。全年申报新增入统限上商贸业 8 家：福建悦森贸易有限公司、福建省南平市安和贸易有限公司、南平君达九峰宾馆有限责任公司、福建省南平市劲竹贸易有限公司、延平区方喜烧烤店、延平区马坑方喜烧烤店、延平区小叫天餐厅、延平区创星城小叫天餐厅；未申报退库限上商贸业企业 1 家：南平鑫宇烨电子商务有限公司。

【党建工作】 2022 年，梅山街道有 1 个党工委，1 个社区党委，7 个党总支，27 个党支部，党员 783 名，8 个社区大党委，10 个小区党支部。落实意识形态工作“一岗双责”制、对外宣传“三审”制度，加强宣传阵地管理，做好舆情预案分析。全年开展中心组理论专题学习 28 次，专题研讨 16 次。按照区委宣讲团、乡村讲师团、先模人物宣讲团等宣讲模式，组建 9 支宣讲小分队，结合《闽山闽水物华新》、党的二十大精神等内容，开展宣传宣讲 180 余场，受益群众 10000 余人。

【人居环境整治】 2022 年，梅山街道开展人居环境整治，全年有 6785 人次参与。拆除违章建筑面积 127 平方米，清理旧木料、家具、卫生死角 1023 处，废弃垃圾 120 吨。街居干部发放《致居民一封信》8600 份，制作人居环境品质提升行动宣传标语 64 处，发放倡议书 6500 份，张贴 LED 屏播放、宣传标语 480 条。

【综治维稳】 2022 年，梅山街道落实“一岗双责”，做好矛盾纠纷排查化解工作。排查矛盾纠纷 323 件，成功调解 323 件，调处成功率 100% 。对重点难题问题，街道采取“不推诿不回避”的态度，集中力量进行专题研究部署、制订方案，责任到人，采取有效措施督促推进化解。开展“八五”普法工作，入户宣传 13000 户，发放宣传材料 18000 份，举办各类宣传普法活动 32 场次，全面普及法律知识，倡导“有法可依、有法必依，执法必严，违法必究”，全力构建“法治梅山”。

【安全生产】 2022年，梅山街道开展安全生产隐患集中大排查大整治和安全生产专项整治三年行动收官之战。全年组织开展安全检查391余人次，检查场所641家，发现隐患67个，整改完成67个。组织开展道路安全检查95次，摸排9座以上非营运客运车辆110辆、轻型货车58辆。辖区内新增14个微型消防站，摸排沿江建筑29栋，发现问题隐患27个，全面落实整改完成。

【老区改造】 2022年，梅山街道改善中心城区面貌，提升老旧小区人居环境，推动超骧路片区、梅峰路片区两个老旧小区改造项目开工，计划投资分别为2000万元和1500万元，涉及居民约2500户，主要改造内容包括雨污分离、飞线落地、环境美化绿化、道路修整等。超骧路片区改造项目于10月份完工。持续改善中心城区老旧小区基础设施建设，解放路片区老旧小区燃气管道等基础设施改造项目。改造过程中将民众实际需求纳入设计方案，已完成可研报批。

【教育事业】 2022年，梅山街道辖区内有2所小学（南平市东山小学、南平市流芳小学）、公办幼儿园2所、民办幼儿园3所。在校学生2407人，其中小学生1454人，在园幼儿953人。学校布局合理，能够满足辖区义务教育及幼小教育需要。

【生育服务】 2022年，梅山街道有新生儿68人，信息统计准确率99.58%，政策奖励兑现率100%，流动人口服务管理信息完整率99.35%。办理生育服务登记63对。为30对夫妇提供“免费孕前优生检测”，为242名妇女提供免费“两癌”筛查，参加家庭意外伤害保险79户。

【社会保障】 2022年，梅山街道城镇居民养老保险参保1588人，享受补助90人；城镇居民医保缴费4952人。按时为127户低保户、11户特困户人员提供资助，开展结对帮扶。为35名参战、伤残军人发放定补金，进行慰问；春节临时救助慰问49户困难家庭，送上节日礼物。

【民生“110”】 2022年，梅山街道落实“马上就办、办就办好”，推行“首问责任制”，做到“有诉求，必有回应”。全年办理“民生110”社会网格化服务群众诉求28件，办结率100%，完成便民办理件数1569件，社区代办件数3243件。

【劳动就业】 2022年，梅山街道城镇新增就业312人，城镇失业人员再就业207人，城镇困难对象再就业11人，职业技能培训13人。做好企业退休人员及其档案接管，对困难退休人员进行走访慰问，组织退休老人开展重阳节活动。集中力量对劳务派遣企业、招用农民工较多建筑、制造、餐饮和其他中小型劳动密集型企业以及个体经济组织等12家重点行业和单位开展农民工工资支付情况专项检查，维护农民工及企业员工合法权益，促进社会稳定。

【精神文明】 2022年，梅山街道党工委以南平市创建全国文明城市为抓手，结合支部主题党日等活动，充分发挥7支志愿服务队伍活力，开展系列服务，组成志愿服务小队23支，汇集219名在职党员志愿者全年开展环境整治、健康义诊、法律政策科普等志愿服务活动247场。开展“我们的节日”活动36场次，移风易俗简办丧事135场；街道社区新时代文明实践所、站，街道社区综合文化服务中心全面改造升级，重点建设思想文化教育场所、四点钟学校、雷锋志愿者服务站。以小区为“单位战场”，营造整洁、有序、文明、优美的环境，新增更换文明创建广告牌58面，营造社会主义核心价值观、未成年人保护、文明新风等宣传氛围。维修主干道及小街巷10余条，清洗楼栋56幢，清除小广告2万余张，清扫雨坡、屋顶800余处，清除卫生死角300余处，清运垃圾杂物180余吨，建成的4座垃圾分类屋，均已有序运行。

（供稿人：林露宁）

（责任编辑：魏可欣）

2022年5月29日，梅山街道中山社区在睦邻广场开展“倡导新型婚育文化 品味端午传承文明”义诊活动

（陈艳红／摄）

水东街道

【概况】 水东街道地处延平湖东岸，属城郊街道，东起大洲岛、西临建溪、南濒闽江、北至金鸡山，与南山、夏道、大横三镇接壤，辖区面积80平方千米。辖玉屏山、东溪、金鸡山、兴达、南铝、黄丛岭、塔下、大洲8个社区和塔下、红星2个行政村。街道户籍人口11611户、28933人，以汉族为主。有党工委1个、党委6个、党总支2个、党支部26个，党员1358人。

2022年，水东街道实现财政收入9511.5万元、比上年增加5.04%，其中地方财政收入4512万元、比上年增长5.22%；完成固定资产投资108717万元、比上年减少15.4%；规模以上工业产值1171072万元、比上年增长7.6%；限上商贸企业销售额31420万元；农林牧渔业总产值4766万元。

【工业发展】 2022年，水东街道辖区规模以上工业企业19家，实现工业生产总值1171072万元、比上年增长7.6%；工业增加值283915万元，比上年减少1.74%。其中区属规模以上工业企业2家，有在职职工205人，实现工业生产总值47678万元，比上年增长26.69%，分别是南平南线电力电缆有限公司完成产值32733万元，比上年增长49.2%，工业增加值3997万元，比上年增长45.9%；南平华孚电器有限公司完成产值14945万元，比上年减少4.9%，工业增加值4778万元，比上年减少0.1%。

【重点项目建设】 2022年，水东街道有谋划项目27项、签约项目2项、在建项目20项、竣工（投产）项目7项。被列入市重点项目2项，分别是开元实验学校建设项目、延平区工业路改造提升工程项目。 其中开元实验学校建设项目总投资10700万元，累计完成投资5509万元，占总投资额的51.49%；延平区工业路改造提升工程项目总投资21900万元，累计完成投资21900万元，占总投资额的100%，2022年3月全面竣工。

【房地产建设】 2022年，水东街道辖区内的房地产建设项目施工进展顺利。正荣悦璟湾建成并已交付使用住宅楼30栋，总建筑面积20.35万平方米。正荣财富中心建成并已交付使用住宅楼16栋，总建筑面积30.17万平方米。开元滨江阳光一期累计完成投资158181万元，7栋高层住宅楼已交付使用，8栋高层住宅楼内外墙装修、8栋高层住宅和1栋高层写字楼开展主体施工。闽越地产上元庭建设项目累计完成投资22000万元，3栋高层住宅楼完工，开展室外设施建设。银城房地产南铝产权型人才公寓总建筑面积20000万平方米，住宅楼1栋已竣工交付使用。

【信访工作】 2022年，水东街道排查矛盾纠纷221件，化解221件，化解率100%；受理答复群众来信来访来邮29件；“12345”平台、民生“110”诉求件660件；随手拍诉求件66件，按时办结率均为100%，达到“矛盾化解在基层”的效果。

【扫黑除恶】 2022年，水东街道开展常态化扫黑除恶工作，组织开展常态化扫黑除恶工作会议，传达上级文件及会议精神，扎实部署工作。水东街道高度重视常态化扫黑除恶斗争，把常态化扫黑除恶斗争纳入重要议事日程，始终保持高站位抓推动、常态化抓落实。贯彻落实《中华人民共和国反有组织犯罪法》，组织召开专题学习会，运用线上线下宣传同频发力，及时发布相关法律知识，营造浓厚宣传氛围，推动《中华人民共和国反有组织犯罪法》学习宣传活动走深走实。落实延平区打击整治养老诈骗专项行动实施方案的各项要求，制作15条防范养老诈骗宣传横幅，营造浓厚的宣传氛围。加强常态化宣传、全面摸排线索。深化重点行业领域整治，构建和谐社会稳定环境，重点对信息网络开展一次“扫除”，强化对电信网络诈骗犯罪整治，做好境外涉案人员的思想工作和劝返工作。

【项目征迁】 2022年，水东街道完成针纺园钢厂片区、二针厂片区“水东工业园”和南平市三山置业有限公司的征迁工作，征收土地面积35970.36平方米。

【教育事业】 2022年，水东街道辖区内有公立和私立幼儿园12所，小学4所（水东学校、正荣小学、延平区实验小学东塔分校、南平实验小学武夷分校），初中1所。街道小学、初中适龄人口入学率达100%，小升初升学率100%，九年义务教育覆盖率达100%。其中，水东学校考入南平一中52人，考入南平市高级中学41人。

【生育服务】 2022年，水东街道新增出生人口93人（男44人、女49人），出生人口男女性别比为89.7 ∶ 100；全年办理生育证服务登记106本（一孩59本、二孩44本、三孩3本）；独生子女父母光荣证1本；家庭意外伤害保险完成48户；优生检测完成52对；“两癌”检查项目完成情况：宫颈癌检查完成394人，乳腺癌检查完成404人。至2022年末，水东街道社区卫生服务中心有在编人员30人，其中高级职称8人、中级职称11人，全科医生9人。全年门急诊人数72127人次；国家基本公共卫生服务人口数48410人，建立居民健康档案43936人，家庭医生签约22121人。

【文体活动】 2022年，水东街道建有社区（村）文化活动室11个，面积14300平方米；老年人合唱团1个、健身舞蹈团3个；公共图书阅览室11个，建筑面积240平方米，藏书

16800册。全年举办各类文艺活动12场次，参与群众达1251人次。

【脱贫攻坚】 2022年，水东街道有建档立卡贫困户15户29人。全年2户脱困户参加“雨露培训计划”补助6000元。

【社会保障】 2022年，水东街道参加城乡居民基本医疗保险9073人，参加城乡居民养老保险23人；新增城镇就业人员673人，办理城镇灵活就业人员认定67人；街道有城镇最低生活保障54户、69人，发放低保金约34万元；城乡特困人员22人，发放救助金约37.5万元；农村最低生活保障46户、64人，发放农村低保金27万元；为327人发放重残补贴39.8万元；为60户发放廉租住房补贴约14.2万元；为各类优抚退役军人发放定补金80余万元；为城乡义务所发放优待金17万元；为大学生新兵发放一次性奖励金29万元，全年累计发放各类救济补贴资金约 278.5万元。

【环境治理】 2022年，水东街道强化绿色管控，推进“三线一单”成果应用，落实能耗“双控”制度，完成主要污染物和重金属总量控制任务，碳排放强度指标达到年度目标要求，落实耕地总量和建设用地控制制度，全年水东街道耕地面积2678.72亩；落实“十四五”重点流域生态环境保护规划，配合落实水环境质量提升三年行动方案年度目标任务，开展小流域水环境综合整治工作，贯彻辖区内禁养生猪、牛蛙、鳗鱼、水禽等，截至10月，红星溪、塔下溪水质达到Ⅲ类以上标准；提升畜禽整治成效，对发现有畜禽养殖现象立即责令其清栏、退养。上半年清栏2处12头。组建环保巡查小组，全年累计开展巡查40余次。

【党建工作】 2022年，水东街道培养入党积极分子8名，接收预备党员5名，转正7名。结合“机关联社区、党建促治理”工作机制，在职党员到社区报到367人，开展志愿服务68场。通过延平区三星级近邻示范小区验收3个，正在创建“五型”党建示范点2个。小区党支部开展主题“小院党课”36场次。慰问困难党员、群众56人次。召开抓党建促乡村振兴专题会，对2个村开展农村“党建体检”“达标创星”“共耕希望田”等工作，红星村、塔下村全年村财收入分别为22.26万元、62.8万元，村集体经济经营性收入达10万元以上完成率100%。做好“光荣在党50年”纪念章颁发工作，各党支部“七一”前发放11枚“光荣在党50年”纪念章。以党工委理论学习中心组、“三会一课”“主题党日”、专题宣讲辅导等方式认真抓好党的二十大精神和新党章的学习，全年组织理论中心组学习13次，组织上党课27次、开展专题学习研讨35场次、各类宣讲42场次、主题党日57次、参加人员3900人次，加强全体党员干部深刻领悟“两个确立”，坚决做到“两个维护”。查处党员违纪案件5件，办结5件，党内警告处分2人，开除党籍处分1人，廉政提醒谈话3人。

2022年7月1日，水东街道举办“喜迎二十大，党在我心中”党史知识竞赛

（水东街道/供）

【重大活动】 7月1日下午，由水东街道党工委、办事处牵头，在东溪社区举办“喜迎二十大 党在我心中”党史知识竞赛。

（供稿人：许秀秀）

（责任编辑：魏可欣）

黄墩街道

【概况】 黄墩街道地处延平城区北边门户，素有延平区“北大门”之称。南起明翠阁，西与茫荡镇毗邻，北至国家粮食储备库与大横镇接壤，面对建溪，背靠茫荡山脉。辖东教社区、星光社区、大作社区、马林社区、五里亭社区、常坑口社区、大丰社区、大沟社区和黄墩村，总面积约43平方千米。2022年末，街道户籍总人口22992人；以汉族为主，汉族占人口总数的99.37%，畲族、回族、高山族、侗族等10个少数民族占0.63%。有党工委1个、党总支8个、党支部30个，党员总数1393人。

2022年，黄墩街道完成财政总收入1565万元，其中地方级一般预算收入775万元。全年全社会固定资产投资30842万元；限上商贸零售额2649.8万元；农业总产值6268万元。

【重点项目建设】 2022年，黄墩街道全年新增入库固定资产投资项目7.5个，总投资23270万元。谋划亿元以上项目2个，延平区雨汐竹木制品综合产业化开发项目和延平区华翔仓储物流园；完成“一把手”招商项目2个，延平区顺鑫笋菌食品精加工项目（计划总投资6826万元）和延平区华翔仓储物流园（计划总投资11800万元）。

【建溪片区开发南纸生活区组团项目】 2022年，黄墩街道根据区委、区政府关于建溪片区开发工作的要求，成立建溪片区开发南纸生活区组团领导小组，安排工作人员入户，开展对南纸生活区范围居民的摸底工作。2022年，建溪片区开发南纸生活区组团完成签约54户，签约面积8171平方米，完成拆除34户，拆除面积6876平方米。

【新时代乡村振兴】 2022年，黄墩街道完成各大动物疫病“春秋防”工作，其中“春防”对各村居53190只畜禽展开防疫工作，“秋防”对各村居11315只家禽进行防疫，从源头上控制疫病的发生；按照区农业农村局下发的“国土三调”耕地撂荒疑似图斑数据，厘清完成撂荒面积、位置、耕种现状等情况，对抛荒耕地信息登记造册建立台账，做到底数清、情况明。制订《黄墩街道撂荒地复耕复种整治工作方案》，将治理撂荒地块责任落实到村组干部，形成街道统筹、村为主体、农户参与的工作格局；开展2022年耕地地力补贴统计工作，黄墩村耕地地力补贴面积987.97亩，9个村民小组共受惠农户321户；做好每月有经营性资产村发展壮大集体经济的统计工作，助力村集体经济发展壮大；开展打击农业领域非法集资宣传活动，以“守住钱袋子·护好幸福家”为主题，利用多种形式广泛宣传动员。在五里亭社区广场集中宣传，并向过往群众、沿街商铺发放各种宣传资料500余份，街道LED大屏滚动播放宣传标语，向各村居发放防范农业领域非法集资小常识350余张，在各村居主干道上悬挂横幅以及张贴宣传标语10多处；街道高度重视移风易俗相关工作，成立移风易俗小组，入户宣传发放移风易俗宣传单800余户，劝导白事100余场，签订移风易俗协议书120份。

【党建工作】 2022年，黄墩街道推进“基层党建提质增效年”活动，抓好城市党建“强引领”、抓实农村党建“促发展”。抓好制度落实，将党建工作作为村（社区）综合绩效考评的重点内容，各党支部认真种好“责任田”和“示范田”。强化队伍建设，制订实施街道党员干部教育培训规划，先后安排干部参与征迁、疫情防控等中心工作一线锻炼。深化近邻党建工作，创建四星级、三星级近邻党建示范点各1个；创新工作理念，在大沟社区先行先试，由社区党支部牵头领办物业服务公司，提升服务水平、增进居民福祉、改善社区治理；抓党建促基层治理“两晒两评”活动，梳理工作思路形成调研文章1篇，亮晒抓党建促基层治理能力提升的探索举措；加强党风廉政建设，开展常态化作风建设，机关效能检查7次，街道党纪立案1件，运用执纪监督“四种形态”处理干部8人。

2022年9月2日，黄墩街道有关领导到南纸生活区查看南纸俱乐部拆除情况

（陈　平／摄）

【信访工作】 2022年，黄墩街道排查调处各类矛盾纠纷24件，调处成功24件，成功率100%。2022年，区、街道两级党政领导下访39人次，开展带案下访39件（治重化积事项3件，其中3年以上积案3件），化解息访3件（治重化积事项3件，其中3年以上积案3件），群体访2件。

【法治宣传】 利用LED屏、宣传栏、入户发放宣传单、制作扫黑除恶标语和横幅，举办宣传活动等多种方法，统筹发挥各类宣传阵地作用，做好法治宣传教育。协调司法所、派出所、综治办、各社区（村）等单位，组织实施普法活动、“4·15”全民国家安全教育日、“12·4”宪法宣传日、《中华人民共和国民法典》、《中华人民共和国反有组织犯罪法》、《信访工作条例》等宣传活动。全年黄墩街道开展法制宣传12次，发放相关法律知识宣传材料4600余份；开辟宣传专栏，各社区（村）通过平安宣传栏以多种形式向广大群众宣传和普及法律知识，设立投诉电话和投诉信箱，办理群众投诉、倾听群众意见和建议；利用扫黑除恶工作常态化的契机，各社区（村）走街入户开展宣传工作，提高辖区群众法制观念和意识，增强人民群众安全感。

【安全工作】 2022年，黄墩街道开展安全生产隐患排查治理，开展重点领域安全生产专项整治；开展沿江建筑消防安全整治。黄墩街道沿江建筑22幢全部建立“一栋一档”，发现隐患87处，整改87处；开展消防安全百日会战。黄墩街道排查老旧小区场所155处，发现隐患232处，完成整改232处。排查高层建筑房屋41幢，发现隐患53处，完成整改53处。排查宗教场所2处，发现隐患2处，完成整改2处。

【教育事业】 2022年，黄墩街道有中小学5所，其中九年义务教育公立学校2所（新光学校和建溪学校），民办高中1所（南平八中），公立小学1所（黄墩小学），特殊学校1所（开智学校）；幼儿园5所，即创丰幼儿园、九〇七医院幼儿园、南针幼儿园、黄墩小学附属幼儿园、南纸爱特幼儿园。街道联合派出所到各学校开展“防止校园欺凌讲座”和“反诈”宣传等各类活动10场次，让学生懂得如何预防校园欺凌，防止电信诈骗，提高学生的自我防护能力。

【医疗卫生】 2022年，黄墩街道辖区范围内有各级各类医疗卫生机构4个，即延平区卫生监督所、综合性三级甲等医院中国人民解放军东部战区第907医院（原九二医院）、二级乙等专科医院南平东南眼科医院、黄墩街道星光社区卫生服务中心。黄墩街道社区卫生服务中心有医师7人、助理医师2人，全年诊疗23160人次，建立居民健康档案数21993人，建档率92.28%。按相关规定和要求做好冷链、疫苗存放及信息化管理工作，建立预防接种证1120人，建证率100%；0～6岁儿童健康管理率98.13%；产后访视率94.52%；65岁以上老年人健康管理率83.9%；严重精神障碍患者规范管理率82.09%；Ⅱ型糖尿病患者规范管理率95.01%；高血压患者健康管理率87.42%。老年人中医药健康管理率83.9%；0～36个月儿童中医药健康管理率90.1%。全年辖区内未发现传染病及突发公共卫生事件，无法定传染病报告，无突发重大公共卫生事件。

2022年6月26日，黄墩街道办事处等多家单位联合开展“健康人生，绿色无毒”——“6·26”国际禁毒日宣传活动 （张佳宝/摄）

【人口与生育服务】 2022年，黄墩街道出生人口29人，其中男性9人，女性20人，性别比为45，出生率1.5‰；政策外出生0人，政策符合率100%；流动人口流入登记2921人，流出登记1173人，流出人口占总人口的6.23%。

【文化宣传】 2022年，黄墩街道围绕延平区创建全省文明城市中心工作，成立志愿者服务队10支，发起志愿者服务128次；制作文明新风、核心价值观、市民公约等各类创城公益广告72幅，LED滚动屏宣传186条，开展各类宣传活动18场，举办道德讲堂21次，进学校宣讲扫黑除恶、禁毒宣传、防诈骗宣传等知识13次，发放相关宣传单（册）13300余份，入户宣传3150余户；对接上级新闻机构和网络媒体，全年省级及以上新闻媒体发表文章9篇、市级33篇、区级65篇，全年街道无较大舆情事件发生。

【劳动就业】 2022年，黄墩街道新增退休人员187人，其中市级接收177人，区级接收10人；完成本辖区社会化管理人员市级、区级单位退休人员待遇领取资格、异地退休人员养老金资格认证4626人，报停2人，认证率达99%；为19名死亡退休人员家属办理丧葬费申请；新增城乡居民养老保险参保对象13人，城乡居民养老保险待遇领取20人，变更信息2人，丧葬补助金申请46人。黄墩街道城乡居民养老保险总参保人数2083人；外出劳务人员返乡78人，就业人数63人，未就业人数15人；城镇居民基本医疗保险参保人数4995人，参保率92.45%。

【社会保障】 2022年，黄墩街道现有低保、特困户100户131人，1—6月份新增低保5户5人。全年发放城市低保金521797元、农村低保金137800元，特困补贴138548元及各类补贴（如低保高龄补贴、80岁以上高龄老人补贴等）388610元；为因各种重大疾病、重残、教育等导致生活出现暂时困难的家庭或个人10人申请临时救助，发放救助金49000元；纳入最低生活保障残疾人663名。

【人居环境整治】 2022年，黄墩街道辖区内行政村黄墩村发动党员群众78人次，清运大型物件和建筑垃圾80处，清理僵尸车51辆，组织志愿者开展清理小广告431处，劝导店面外溢110多处、占道经营40余处，与辖区群众签订“门前三包”责任书200余份。

【环保工作】 2022年，黄墩街道与9个居村签订党政领导生态环境目标责任书，明确各居村目标任务，落实责任分工；全年组织各居村、有关单位巡察约371次，出动人员240人次，上报环保事件数151个；清理黄墩村村内塘沟、清理乱搭乱建、清理废旧广告牌、清理生活垃圾约75吨；强化网格化管理环境监管体制，各社区（村）环保网格员，加大日常巡查力度，对辖区重点区域、重点领域定期巡查，巡查是否存在焚烧垃圾、野外用火、废气排放、污水排放等情况，对发现破坏生态环境违法行为，立即进行劝导制止，并上报有关部门。

（供稿人：陈 峰）

（责任编辑：魏可欣）

西芹镇

【概况】 西芹镇地处延平区西南部，距延平区10千米，土地总面积251平方千米。地理位置十分优越，交通便捷、通信发达、设施齐全、物产丰富、人口集中、劳力充足，是延平新城区的重要组成部分。具备四个主导功能，即生态住宅与商贸发展中心；城市文体科教信息中心；城市新的交通枢纽及形象“窗口”；优势产业区（现代仓储物流业、生态型农业、林产品加工业、机械制造业、化工业等）。下辖20个行政村、1个居委会和1个社区管委会，106个自然村、165个村民小组。辖区总人口7.1万，其中镇属人口3.6万，以汉族为主。境内风光秀美，拥有丰富的旅游资源，是农家乐、乡村游的好去处，享有“风水宝地、革命圣地、旅游胜地、投资福地、发展高地”之美誉。

【经济指标】 2022年，西芹镇财政收入4537万元，其中地方财政收入2546万元；固定资产投资4.77亿元，比上年增长30.31%；规模以上工业总产值2.35亿元；完成限上商贸企业销售额4.67亿元，比上年增长29.2%；完成批发业销售额5.67亿元，比上年增长13.4%。

【项目建设】 2022年，西芹镇树立“大抓项目、抓大项目”的鲜明导向，保障项目建设，省重点项目官田A地块安置小区建设项目完工，电力问题得到协调解决，南三龙铁路征迁户喜迁新居。金沙湖公园建成迎客，成为延平区市民打卡“网红”景点，辐射带动周边地区乡村旅游开发。完成开平寺——林学院后山步道，千年古刹、高等学府连点成片。

【招商引资】 2022年，西芹镇通过“一把手”招商，招引一批高质量项目，提高新兴产业。里卡电子科技儿童玩具生产项目建成投产，宏基混凝土搅拌站落成投产，金豆源豆制品加工项目、卧室离心高速钢轧辊投资项目及荷斯坦合作社饲料加工生产项目相继落地，招引项目总投资超8亿元。主要领导走访华泰汽配工业（南平）有限公司、南平市三金电子有限公司、禾一家居有限公司等规上工业企业7家次，服务企业发展。

【粮食安全】 2022年，西芹镇全力以赴稳“三农”，将“三农”工作摆在突出位置，实现农业有序发展，农民稳步增收，农村稳定安宁。发展果园套种玉米、大豆93.33公顷，通过宣传动员、挂钩帮扶及共耕希望田的方式，复耕复种农田53.33公顷，牢牢把握粮食安全主动权。对占耕问题“零容忍”，拆除整治各类图斑105处，整改面积20公顷，复耕面积12公顷，严守耕地保护红线。

【现代农业】 2022年，西芹镇发展“一村一品”产业，激发农民“造血”功能，大力发展“菜—稻”轮作栽培模式，塘下村开发“西红柿—晚稻”栽培8公顷，田垱村“稻花鱼”养殖项目突破10公顷，提高农业生产经济效益。“农业+旅游”模式后发先至，浆甲村桑葚采摘园、坑底村蓝莓采摘园、坑布村水蜜桃采摘园游人如织，农民收入显著提高。

【旅游项目】 2022年，西芹镇打造古刹开平寺、坑布大柳源、高坪竹海、中坪芹山战斗遗址等文化景点。完善景点配套设施，打造“一湖一溪一山”康养生态旅游项目，将浆甲金沙湖、楠坑溪、高坪连接成区块，形成集旅游、观光、休闲为一体的近郊型生态旅游区。借助美丽乡村建设，积极引导村庄集聚集中发展，逐步改善村庄环境面貌，打造一批产业发展型、旅游休闲型、传统村落型、自然生态型等各具特色的美丽旅游乡村。

【对口支援】 2022年，西芹镇突出项目驱动，充分把握市乡村振兴工作队入驻西芹机遇，争取投资96万元的中坪村地灾治理项目和投资320万元的长建村地灾治理项目，保障危险地带群众安全。高坪卓坑头道路硬化项目、西津小区生活道路建设有序推进，乡村道路基础设施条件日渐完备。

【文化教育】 2022年，西芹镇大力发展公益文化事业和文化产业，完成芹山战斗遗址烈士纪念碑翻新工作，传承发展坂山曲艺大腔戏，新时代文明实践所、站及志愿服务支队实现全覆盖，持续夯实创城工作基础。联合公益助学协会，发动西芹商会，为全镇33名优秀教师及41名品学兼优学生发放教奖学金6.1万元，宣扬尊师重教优良风尚，促进教育事业繁荣发展。西芹镇公益助学协会成立13年来，带领团队坚持教育助学，筹资100余万元，奖励立德树人的教师，奖励品学兼优的学生累计1000余人。积极开展民俗文化活动，吉洋畲歌、禾村“猎神节”“过火坪”、坂山“大腔戏座唱”等非物质文化遗产得到保护传承。

【防汛备汛】 2022年，西芹镇面对6月持续性强降雨，全体干部下沉一线，累计出动850余人次，实现地灾点、高陡边坡、低洼地带巡查全覆盖，及时转移危险地带群众489人。调拨资金7万余元，为转移群众提供伙食、棉被等物资保障，处理险情、抢通道路40余处，努力将灾害影响降至最低。

【深度帮扶】 2022年，西芹镇全力以赴兜底线，坚持以人民为中心，牢牢兜住基本民生，想方设法为民办实事，不断实现人民对美好生活的向往。严格落实“四个不摘”要求，做好防止返贫动态监测，补助资金25万元，帮助脱贫户发展产业。发放“雨露计划”补助6.15万元，补助脱贫户家庭子女接受学校教育。全镇229户建档立卡脱贫户不愁吃穿，“两免一补”等教育政策得到有力落实。

【劳动就业】 2022年，西芹镇加大政策倾斜，鼓励更多应届毕业生参军入伍，着力稳住大学生就业岗位基本面。组织20家企业开展“春风行动”专场招聘会，为劳动者提供工作岗位1087个。协调处理8起拖欠工资投诉，有力维护劳动者权益。

【基础设施】 2022年，西芹镇加大基础设施建设，集镇二期道路白改黑、西津小区连接线道路硬化项目均已完工验收，新亭社区主干道得到修复，投入320万元实施兴华二路道路提升工程，解决供电所至林学院路段路面老化问题。改造集镇闲置荒地为停车场，整理规划停车位130余个，解决居民停车难问题。平整集镇道口楼房拆迁残余外立面，制作富有西芹特色的巨幅墙绘版画，展现西芹文明和谐新形象。

【污染整治】 2022年，西芹镇全力以赴治乱象。坚定不移践行“两山”理念，打好升级版污染防治攻坚战。倒排时间节点，严守生态底线、红线，加大生猪零星散养清栏力度，全镇生猪零星养殖户49家全面清栏，清栏生猪2207头。集镇污水收集处理设施全面完工，完成省督办的2处排污口的整治及验收工作，解决集镇污水直排突出环境问题，西塔溪、留墩溪流域水质均保持Ⅲ类以上，全面提升镇域河道水生态环境，促进实现小流域“水清、河畅、岸绿、生态”治理目标。

【网格管理】 2022年，西芹镇全力以赴，调集精兵强将，创新工作方法，以破釜沉舟的决心攻坚难题，使平安建设水平迈上新台阶。深化综治中心规范化建设，聘用专职网格员，落实入户走访排查机制，在重症精神障碍患者救治管理、反邪教、禁毒、扫黑除恶、境外涉诈人员逼投劝返等工作中发挥重要作用。

【信访工作】 2022年，西芹镇扎实开展矛盾纠纷排查化解工作，集中力量重点攻破信访积案，排查化解矛盾纠纷30件，化解老信访户上访问题8批次，全镇信访形势显著好转。

【安全生产】 2022年，西芹镇全力以赴保安全，坚持问题导向，聚焦应急队伍建设，有力有序推动各行业领域安全生产工作。整合人员、场地、设备等资源，根据实际需要，投入5万元建立镇、村消防站6个，投入资金15万元在全区率先配备消防车1辆，进一步提升乡镇消防应急能力。投入资金在重点路段增设减速带、警示牌等设施，不断夯实安全生产的硬件基础。持续开展安全生产“大检查、大整治”活动，安全生产形势总体平稳，全年未发生重大安全生产事故、重大交通事故、重大火灾事故和重大农产品、食品质量安全事故。

【闭环管理】 2022年，西芹镇严格落实闭环管理，全年出动2238人次检查企业及个体经营单位746家，其中烟花爆竹经营单位5家，民爆仓储、运输企业3家，危险化学品生产经营单位4家，造纸经营企业2家，约谈企业4家，发现隐患1013项，已督促落实整改1005项，有效消除安全隐患。

【综合整治】 2022年，西芹镇研判分析行业领域安全生产的共性问题，扎实开展道路交通安全专项整治工作，会同公安部门开展联勤检查60余次，查处交通违法案件1058起。深刻吸取西岩村火灾事故教训，对全镇长期无人居住的木质民房进行摸排断电，督促餐馆等17家生产经营场所安装燃气泄漏报警装置，统筹抓好消防安全。

【林业管护】 2022年，西芹镇强化护林员队伍建设，依法严格保护林地。西芹镇森林覆盖率75.3%，森林蓄积量193万立方米，全镇林地1.96万公顷。加强生态公益林和天然林管护，积极防治线虫病，依规处理松枯死木，强化巡山巡林，严格执行禁火令，制止野外用火行为13起，有效预防森林火灾。

【服务水平】 2022年，西芹镇扎实做好联系群众“最后一公里”，推动全镇广大干部进一步端正工作作风，提高服务水平，持续深化“一站式”便民服务，打造便民直通车，办结率99.4%，群众满意率99.7%以上。发扬“四下基层”“马上就办、真抓实干”等优良作风，大力弘扬廖俊波精神，围绕群众反映强烈的民生问题，不断改进工作。整治卫健、劳保、残联、民政等办（所）入驻便民服务中心，进一步优化服务，让群众办事“少走一步”。

（供稿人：陈盛允）

（责任编辑：魏可欣）

夏道镇

【概况】 夏道镇辖区总面积151.02平方千米，其中耕地面积690.79公顷，园地面积188.89公顷，林地面积10566.67公顷，草地面积288.28公顷，下辖夏道、桥头、小鸠、洋坑、徐洋、水井窠、文田、鸠上、洋头、吴丹、罗坑、田地、小坪、溪头、篁路、安济、大洲、澄源、山后19个村和夏道、龙景2个居委会，辖区总人口47051人，其中户籍人口共8534户29677人，三所大中专院校目前在校学生17374人。

2022年，夏道镇实现全年财政总收入完成5345.38万元，比上年上升2.27%，其中地方级财政收入完成3041.52万元，比上年上升1.37%。固定资产投资11.06亿元，规模以上企业总产值5.95亿元，比上年增长5.3%，限上商贸业零售额2280万元，比上年增长20.3%。农林牧渔业总产值49721万元，比上年增长10.5%，其中农业总产值7970万元，林业总产值6566万元，牧业总产值29764万元，渔业总产值2039万元，服务业总产值3382万元。

【项目突破】 2022年，夏道镇重点项目建设完成，全年新增入统项目11个，总投资9.92亿元，其中亿元以上项目2个。完成投资2400万元夏道集镇供水管网提升改造，投资6899万元徐洋溪小流域综合治理，完成荣坤钢化玻璃技改项目3100万元、科创产业园标准厂房（二期）、福建南平万兴种猪购进等项目。党政“一把手”招商责任有效推进，签约延平区堇力文化传媒有限公司，投资茶洋窑生产基地建设项目；签约南平市洋坑鑫鑫生态农业专业合作社，推动建设洋坑村休闲垂钓基地。

【征地拆迁】 2022年，夏道镇征迁工作进展顺利，镇党委、政府、人大主要领导分别挂帅重点征迁项目，采取每周例会、梳理问题、建立台账式清单等方式，通过政策引导，梳理其家庭社会关系等举措，延平新城港区方面涉及的4个子项目，疏港路98户房屋征迁工作，已完成征地。省级重点项目延平新城医院涉及历史遗留问题的0.97公顷已完成清表交地，新材料产业园完成征地38.86公顷，为绿色高质量发展提供要素保障。

【农业建设】 2022年，夏道镇落实粮食安全党政同责，推进粮食生产千亩示范片建设，以吴丹村为中心，罗坑、洋头、鸠上4村连片形成73.33公顷水稻种植片，完成高标准农田建设44.66公顷，水稻实有种植面积同比增长两倍，保障群众“粮袋子”。推动耕地“非农化”“非粮化”和撂荒耕地集中整治，整治撂荒地复垦并完成水稻、玉米种植52.48公顷。谋划吴丹溪生态水系修复、罗坑水土保持、吴罗洋鸠片区土地整治等项目。建设稻鸭草鸡生态碳汇循环农业项目，探索“水稻—玉米—青储大麦”“水稻—蔬菜”“玉米—蔬菜”等多种复种模式，拓展农业增收路径，提高农业生产效益。

【人居环境整治】 2022年，夏道镇落实农村人居环境整治提升目标任务，围绕“喜迎二十大”“创建文明城市”等主题，发动干部群众开展村庄清洁行动和人居环境整治1700余人次，清运农村生活垃圾2650吨，整治乱堆乱放250余处，提升居住环境。深入推进农村厕所革命，新改建农村户厕32户，开展农村厕所问题摸排整改，农民生活品质持续提升。强化农房风貌管控，完成裸房整治100幢，完成率100%。推进“三化”项目建设，完成花化彩化面积8.66公顷、新增绿化面积135万平方米，乡村风貌持续改善。创建省级“美丽庭院”8户、市级“美丽庭院”16户、区级“美丽庭院”25户。2022年创评省级第三批高级版“绿盈乡村”1个、中级版“绿盈乡村”1个。

【生态环境治理】 2022年，夏道镇保持高压态势，实施污染源头治理，开展多轮生猪零星散养整治、规范水禽养殖、农业面源污染整治，采取规模养殖场末端、工业企业污染常态化巡查和流域断面水质检测等措施，夏道镇小流域断面水质始终保持

2022年12月21日，夏道镇应急救援队在夏道镇民兵备勤基地进行训练（郑昌宏/摄）

在Ⅲ类，巩固小流域治理成效。完成总投资1700万元，建设鸠上、文田、水井窠、罗坑、洋头、吴丹和洋坑村7个农村生活污水治理工程，提升农村生活污水处理能力。完成总投资1000万元，建设徐洋溪水体生态修复及生态护岸工程，提升徐洋溪水生态环境。深化林长制工作落实，高质量完成造林134.46公顷，支持林下经济发展，全年除治马尾松枯死木5247株，除治性采伐210.86公顷，申报市级示范社1个，做好林业有害生物测报和疫木除治工作，加强森林资源保护管理工作。

【乡风文明】 2022年，夏道镇开展精神文明创建工作，配齐镇级新时代文明实践所和21个村文明实践站设备物资，开展志愿服务项目50项，志愿服务时长总计达5500小时，洋头村黄秀兰入选福建省第二届新时代巾帼志愿服务十大最美志愿者。寻找身边好人先进事迹，夏道镇有2名村民分别获区“助人为乐”“敬业奉献”类身边好人称号。开展文明家庭评选，创建省级“美丽庭院”8户、市级“美丽庭院”16户、区级“美丽庭院”25户。开展群众性节日民俗活动，如徐洋三月三、夏道二月二、洋头姜汤节、水井窠畲族文化节等。创建群众广场舞队、腰鼓队等，加强基层文化队伍培训。

【巩固脱贫】 2022年，夏道镇贯彻落实“四不摘”的要求，巩固“两不愁三保障”和饮用水安全，保证脱贫户不返贫，生活稳定。通过发放省级财政衔接推进乡村振兴资金补助、发放脱贫户折股量化分红等方式进行产业扶贫，开发57个公益性岗位，帮助57个脱贫户实现就近就地就业，增强脱贫群众内生动力。帮扶全镇低保户272户、551人，发放农村低保金、城镇低保金、特困金计423.27万元，办理临时救助91户，救助金额51.84万元，做到应保尽保、应救尽救，发挥低保兜底保障作用。

【民生工程】 2022年，夏道镇强化农村基础设施提档工程，新改建农村公路15.7千米，完成投资8243万元夏塔线X805夏道文田至塔前公路改建工程、投资1304万元Y056夏道经斜溪至316国道公路项目，推进城乡供水一体化建设，新建供水管网6.93千米。全年完成27631人的医保参保缴费，参保率97%。发展农村互助养老服务，提升改造3个农村幸福院，建成徐洋、桥头2个长者食堂并投入使用。新建2个村级骨灰塔并完成验收，夏道镇公墓已完工，为推进农村殡葬工作做出贡献。

【综治建设】 2022年，夏道镇平安建设稳定向好。信访件数量比上年下降28.57%，12345便民服务事项办理群众满意度100%，成功劝返5名境外涉诈人员回国。开展安全生产百日攻坚等系列专项行动30余次，召开6次培训会，出动4356人次，检查场所3625个，查处整改安全隐患2352起，均已闭环。打造夏道镇应急指挥平台，成立应急救援指挥中心，整合各类应急救援力量与资源，建立17个村级微型消防站，1个镇级储备中心，内含5个应急站，升级扩建“应急物资器材库”。结合防汛防火等工作，联合演练和应急处突相结合，出动巡查人员1852人次，进村入户宣传2600余人次，发布各类预警信息400余条，设立集中安置点20个，第一时间转移危险区域群众400多人，践行“人民至上、生命至上”理念。

【党组织建设】 2022年，夏道镇坚持党建引领，开展党委理论中心组学习32场、宣讲活动5场、党员干部培训班6期1405人次，提升党员干部素质。充分发挥基层党组织战斗堡垒作用，动员广大党员干部奋战在一线，用时40天完成延平新城港区28户征迁工作。探索建立“四联四促”党建工作机制，联手闽职院、市工业园区、武警南平支队等单位，推动党建工作提质增效。落实“党建体检”，制订《夏道镇抓党建促乡村振兴“红色引擎工程”实施方案》，梳理红色引擎工程7个，推动50个支部书记领办重点项目，坚持串点成线，助力乡村振兴。注重示范带动，抓好洋坑村和小鸠村党建示范点建设，策应集镇连片发展，激活“新夜态”，促进周边村有效增收。全年全镇19个村集体经营性收入均在10万元以上，其中收入50万元以上的村有8个，占42%。

【意识形态工作】 2022年，夏道镇落实意识形态工作责任制，多次组织开展由班子成员、镇村干部、党员参加的集中学习教育，把意识形态工作纳入述职年度考评内容，实行一把手负总责，班子成员各负其责，层层落实责任制。镇党委定期分析研判意识形态领域情况，按照“一岗双责”要求，抓好分管站办意识形态工作，全年召开5次意识形态、网络意识形态工作专题研究部署会，并通过召开意识形态工作联席会、支部书记抓基层党建工作述职会等推动意识形态工作落细落实，对党员干部中出现的苗头性倾向性问题，有针对性地进行引导。

【廉政建设】 2022年，夏道镇落实党委全面从严治党主体责任，推进党风廉政建设和反腐败工作，围绕中心工作和发展大局，发挥纪委监督保障执行、促进完善发展作用，运用监督执纪“四种形态”处理20人次，处置问题线索10件，其中党纪立案3件，督促党员干部履职尽责，确保以严明的纪律从严从实抓好各项工作，以党建引领推动政府各项工作落地落实。把政治建设摆在首位，深入贯彻中央八项规定及其实施细则精神，纠治“四风”强化作风建设，严肃查处形式主义、官僚主义突出问题，强力整治不作为、慢作为、乱作为等问题，提高政务公开法治化、标准化、规范化水平，全力打造政务规范、政事清明、政风廉洁的良好政治生态。

（供稿人：林雅璇）

（责任编辑：魏可欣）

炉下镇

【概况】 炉下镇总面积 8970 公顷，其中山地面积 6860 公顷、耕地面积 549.40 公顷。镇政府所在地距闽江 500 吨级航运码头 6 千米，距京福高速公路切入口 23 千米，距南平市沿江快速通道 2 千米。下辖炉下、田头、官庄、龙村、蛇村、洋洧、瓦口、下岚、下井 9 个行政村和斜溪社区村，47 个村民小组，23 个自然村。全镇户籍总人口有 3870 户约 1.4 万人。

2022 年，炉下镇公共财政总收入为 1105 万元，其中上划中央级收入 454 万元，地方公共财政收入 651 万元。地方级公共财政总收入 702 万元；上级补助收入完成 1318 万元，其中上划中央收入 250 万元、地方公共财政收入 452 万元；上级补助收入 1318 万元。全年财政支出 2020 万元，一般公共事务支出 203 万元、公共安全支出 5 万元、城乡社区支出 7 万元、农林水事务支出 635 万元、社会保障和就业支出 61 万元、医疗卫生支出 22 万元、国土海洋支出 320 万元、商业服务业支出 30 万元、住房保障支出 35 万元、上解支出 702 万元。

【固定资产投资】 2022 年，炉下镇辖区内项目（含市工业园区）完成固定资产投资 11.3 亿元，镇属项目完成投资 5.08 亿元。镇属新增入统项目 16 个，总投资 17.34 亿元，分别为：延平区炉下镇旭农现代化养殖区建设项目、延平区豪泰日用品加工项目、福建熊宝户外重竹配套及木竹生产项目、南平市延平区 Y056 夏道经斜溪至 316 国道（炉下段）改建工程、国网福建综合能源服务有限公司分布式光伏发电项目（二期）、元力生产线改造和包装线自动化改造项目、南平市延平区斜溪流域水环境综合整治项目，延平区鑫元竹木下脚料循环综合利用项目、延平区长辉建筑新材料加工项目、延平区三冠六厂木制品加工项目、爱克泰尔新材料环保型先进粘接材料项目、延平区元丰竹制品加工项目、南平元力药用炭和物理粉炭生产线改造项目、豪泰精梳棉纱生产线技术改造项目、南平工业园区江南污水处理厂一期工程提标改造工程、南平工业园区白炭黑林产化工循环经济专业园公共应急池项目。

【工业发展】 2022 年，炉下镇辖区内共有企业 40 家，其中镇属工业企业 25 家，镇属规模以上工业企业 8 家，分别为：福建金新农饲料有限公司、南平市延平区宏欣竹木有限公司、南平闽橡胶带制品有限公司、南平市辉日牧业有限公司、南平华阳电线电缆有限公司、福建省南平市乾宁助剂有限公司、福建省南平市豪泰日用品有限公司、南平市延平区鑫元竹木有限公司。实现镇属规模以上工业产值 13.9 亿元，比上年增长 58%。新建投产企业 2 家，分别为福建省南平市豪泰日用品有限公司、南平市延平区鑫元竹木有限公司。限上商贸企业 1 家，为南平连开荣供销超市管理有限公司炉下店（好安居 3 月退库），完成销售额 674 万元，比上年增长 4%。

【农业发展】 2022 年，炉下镇实现农业总产值 219709 万元。全镇森林覆盖率 69.81%，拥有乔木林 5690 公顷、竹林 350.92 公顷、国家特别规定灌木林 106.14 公顷、非林地上片林 104.41 公顷。全年家禽存栏 388654 羽，牛存栏 1753 头，羊存栏 1286 只；

2022 年 1 月，炉下镇全貌 （杨孝云 / 摄）

水产以淡水养殖为主，水产品总产量1265吨，其中鱼塘养殖面积120.33公顷、产量910吨。

【党建工作】 2022年，炉下镇有1个党委、21个党支部，共有党员697名。全年吸收预备党员13名，组织党委中心组学习19次，开展专题培训11场，组织党各级领导干部上党课21次，培训党员737人次。

【基础设施建设】 2022年，炉下镇对Y056夏道经斜溪至316国道（炉下段）约8.266千米道路进行宽7.5米沥青路面的Ⅲ级公路改扩建，并建设配套排水工程及安全设施等附属工程。开展斜溪流域水环境综合整治项目，主要建设分为农村生活污水处理厂及配套管网与水体生态修复及生态护岸。完成蛇村、龙村、田头、官庄、洋洧、下岚、瓦口7个村7座生活污水处理设施土建工程、环保工艺及电气设施安装，污水处理设施配套主管网约16.97千米、支管约19.46千米、4座污水提升泵站以及5个化粪池等；完成龙村生态护岸建设工程量的80%、田头炉下护岸基础工程建设全部完成。开展省级水土流失综合治理项目，对斜溪流域炉下村段水土流失进行治理，完成炉下村500余米河道生态护岸建设以及部分河道清淤工程。

【人口与生育服务】 2022年，炉下镇完成优检15对夫妇，新出生人口79人，人口出生率5.1‰，人口死亡率5.9‰，自然增长率-0.8‰。

【社会保障】 2022年，炉下镇推进就业和再就业工作，全年新增就业人员156人，实现就业困难人员再就业46人，帮助50户零就业家庭实现每户至少1人就业。全镇农村合作医疗参合率96.7%。

【精准扶贫】 2022年，炉下镇政府切实以“两不愁三保障”为根本准则，分层分类实施动态帮扶，确保脱贫人口不返贫。炉下镇有脱贫户82户184人。全年，走访排查脱贫户573人次，排查农户3811户13882人。分层分类实施动态帮扶，用好中央财政衔接推进乡村振兴补助资金33.3万元，实施公益性岗位开发60个、脱贫户自主经营和自主创业5个，促进脱贫人口增加收入，稳定脱贫；将省级财政衔接推进乡村振兴补助资金20万元用于瓦口村堀墩自然村新建防洪沟基础设施工程建设，从而促进整村的乡村振兴发展，提高村民的生活质量；协助13户脱贫户办理小额信贷，发放贷款金额8万元，做到应贷尽贷；有4位脱贫户家庭学生享受“雨露计划”补助政策，每人每学年3000元。

【乡村振兴】 2022年，炉下镇整合资源，融合乡村振兴项目、库区项目等，打造“下岚—瓦口—斜溪”乡村振兴示范带，加速景点“串点连线成片”拉动人气，带动年游客量约10万人次。炉下镇省级乡村振兴试点村涉及乡村振兴项目4个，专项资金160万元，其中，斜溪社区村项目80万元，分别为村级组织活动场所修缮和党建氛围营造30万元、生态渔业产业园（一期）项目50万元；下岚村项目80万元，分别为现代休闲农庄建设项目(二期)70万元、乡村振兴党建氛围营造项目10万元，推动党建氛围、旅游产业、休闲娱乐配套设施不断完善。推进斜溪、下岚试点村建设典型示范，建设宜居宜业美丽乡村。下岚村（渔业）荣获2022年度南平市“一村一品”示范村称号。8月，斜溪村建成并投用南平市首个乡村振兴综合服务平台，该平台充分运用大数据、物联网等新兴技术，设有乡村党建、乡村治理、平安乡村、应急管理、乡村文旅、智慧农业和数据中心7大功能板块，推动乡村产业数字化、乡村治理现代化、乡村生活智慧化。12月，斜溪村小公园入选全省乡村“五个美丽”建设典型，瓦口村林仁光户美丽乡村庭院入选福建省2022年乡村“五个美丽”建设典型案例。全年创建美丽乡村庭院54户，建成水井后竹文化公园、下岚村示范一条街等美丽乡村特色微景观，完善下岚村李侗公园、斜溪村福仁公园等乡村主题“口袋”公园功能建设，持续推进斜溪村“美丽水乡渔村”建设。

（供稿人：李志慧）

（责任编辑：吴佳丽）

南山镇

【概况】 南山镇是革命老区，地处延平区东部，镇政府所在地距延平城区30千米，距京台高速南平联络线高速互通口仅5千米，到高铁延平站仅15分钟车程。总面积197.38平方千米，其中林地面积1.57万公顷、耕地面积1435.87公顷。下辖26个行政村、54个自然村，其中老区基点村19个，户籍人口约2.56万人。

2022年，南山镇完成财政总收入487万元，同比增长13%，其中地方级一般公共预算收入366万元，同比增长21.59%。完成规模以上企业工业产值7758万元，比上年增长33.79%；完成农林牧渔业总产值83251万元，比上年增长2.3%；完成固定资产投资73817万元，比上年增长1.58%；完成限上企业商贸业零售额1990万元，同比增长10.01%。

【农业发展】 2022年，南山镇完成冬播、春播、夏播指定目标任务，全年种植粮食1.56万亩。大力发展烟叶种植，烟叶种植面积2190亩（含雪茄烟50亩），较2021年增加590亩。全镇拥有省、市级农业龙头企业4家，累计发展农业专业合作社63家、家庭农场45家，34个绿色食品产品通过部级评审认证。

【基础设施建设】 2022年，南山镇

投资210余万元建设中国共产党人精神谱系主题馆，进一步丰富南山红色文化；投资700余万元建设南山镇污水收集处理厂及配套管网，进一步完善集镇污水处理系统；投资875万元建设延平区吉溪安全生态水系建设项目，投资1668万元建设吉溪中小流域治理项目，进一步保护吉溪两岸的农田和房屋；投资约323万元治理地质灾害及高陡边坡，进一步排危除险；投资90万元建设后溪村现代休闲农庄园，投资195万元建设后溪村银杏茶产业及乡村旅游融合发展项目，进一步推进乡村试点村建设；借力“一事一议”财政奖补政策，争取奖补资金85万元，建设项目13个，进一步改善民生基础设施。

【医疗卫生】 2022年，南山镇出生人口175人，其中男95人、女80人，性别比118∶100。组织开展“两节”“三八”“5·29”计生协会会员活动日等活动12次，分发各类传单1.2万余份，成功申报区级金秋助学1名。

【精准扶贫】 2022年，南山镇严格落实“四不摘”要求，实施动态监测，防止返贫，巩固脱贫攻坚成果与乡村振兴有效衔接。全年落实产业帮扶资金12万元，“雨露计划”补助5.4万元，公益性岗位补贴12万元。对帮扶项目多次通过电话和实地走访进行了解和检查。南山镇通过村集体合作社量化分红、产业就业、种养殖、劳务输出等方式，使7个贫困村村财收入由“零”增至10万元以上。通过产业扶贫、就业扶贫、政策兜底等多项措施，贫困户实现人均年收入9500元以上，精准施策惠及建档立卡脱贫户，建立扶贫长效机制，巩固脱贫户脱贫成果，村财务收入和脱贫户人均年收入均达到帮扶目标。

【社会保障】 2022年，南山镇坚持“以人为本、规范管理”的工作理念，切实履行职责，创新思路，督促用人单位和动员城乡居民参加社会保险。开展就业帮扶活动2次，促成公益性岗位就业17人、高校毕业生就业40人；调解农民工欠薪事件6起，成功调解2起，调解金额5万多元；预防欠薪事件，联系在建工程施工单位签订施工联系方式确认书并签订25份。全镇参加城乡居民社会养老保险13927人，医疗保险缴费参保人数23130人；全镇临时救助88人，共计24余万元；农村低保303户507人发放低保金251万余元；城市低保5户8人，发放城镇低保金4万余元；特困供养人员44户，发放农村特困81万余元；年满80岁的高龄老人637人，发放补贴45万余元；为重度残疾人发放两项补贴83万余元。

2022年5月，南山镇村尾村南平市享通生态农业开发有限公司蔬菜生产基地

（陈文锦／摄）

【教育事业】 2022年，南山镇有2所小学分别为南山中心小学、大坝小学，1所中学为老区中学。2022年中考上重点高中人数28人，在延平区乡镇中学中名列前茅。全年争取20万元用于师生食堂改造。健全完善农村留守儿童关爱服务体系和救助保护机制，先后开展社会捐助、民政资助、精准扶贫、“春蕾”行动、“金秋助学”等活动。

【文化建设】 2022年，南山镇以党建引领打造特色文旅小镇，突出“生态游”、“红色游”与“体验游”的有机融合。打造“红色＋理学”文化旅游线路。整合辖区资源特色，穿点成线，开辟党史学习参观路线，以闽浙赣省委闽江地下航线纪念馆、闽浙赣扩党练干会议会址为主线，游定夫祠、村尾村长富十四牧场等为辅线，主辅结合，发展红色和理学文化旅游，在传承红色文化的基础上融合发展乡村旅游，推动红色文化旅游资源转变为经济资源，助力乡村振兴。以“微讲堂”“微宣讲”等形式，成立乡镇宣讲团、文明实践志愿服务宣传队、老党员等进村入校到企开展党史专题宣讲，宣讲140余次，受众8500余人次。结合“大学习大宣讲”活动，组织党员干部群众学习《中华人民共和国文物保护法》《文物保护法实施条例》等法律法规，开展学习4场次，受益群众125人。组织新时代文明实践志愿者、网格员、党员干部群众等开展文物保护户外宣传普及活动2次，受益群众325人次。深度挖掘南山镇红色文化，开展南山镇讲解员培训3场次。向上争取资金在吉溪建设中国共产党人精神谱系主题馆，引进党建AR智慧沙盘、定制闽江地下航线专属剧本杀等方式，宣传红色文化。对辖区内3处木质结构文保单位配备微型消防站。对省文物保护单位游定夫祠进行白蚁整治，蚁灭治面积达到1000平方米，白蚁预防为2000平方米。强化辖区内文保安全设施，安装游定夫祠AI智能安防系统，并充分利用游定夫祠院内蓄水池，投入资金7250元采购自吸泵、消防箱及配件等消防设备。

【环境整治】 2022年，南山镇投入200余万元，开展农村人居环境整治工作及生活垃圾治理，全镇26个行政村，累计动员3470余人次参与行动。清理生活垃圾、死角4382处，建筑垃圾、装修杂物247处，拆除乱搭建、乱围挡、临搭、简搭、残垣断壁等15处，清理沟渠13.4千米，清理主次干道乱张贴、乱刻画、违法小广告等“牛皮癣”1163处，农村户用厕所无害化改造普及率达97.51%。开展蓝天、碧水、净土保卫战，落实中央生态环境保护督察问题整改，对畜禽养殖场加大管控力度，严禁污染物违法排放行为，清理零星生猪散养点38处426头，水禽养殖2处约3500羽。两个中央环保督察事件整改完成，未发现擅自恢复生产现象。吉溪流域水质常年保持在Ⅲ类水及以上。

【平安建设】 2022年，南山镇深化平安建设工作，营造和谐稳定的社会环境。摸排矛盾纠纷105件，化解105件，化解率100%。扎实开展电诈劝返工作，定期召开境外涉诈人员劝返工作推进会，全年劝返境外涉诈人员8人。扎实开展禁毒工作，逐一访问在册吸毒人员，加强管理，时时掌握动态，联合司法所、派出所及各村干部对开展种植毒品原植物、制毒踏查工作20余次，开展宣教活动共10余场，发放宣传单2000余份，纪念品800余件，受教育学生、群众2000余人。

（供稿人：谢立云）

（责任编辑：魏可欣）

茫荡镇

【概况】 茫荡镇位于延平区北部，北临建瓯市，东接大横镇，南联黄墩、紫云、四鹤等街道，西邻西芹、来舟、王台、峡阳等镇，距离城区8千米。属亚热带季风气候，最高海拔1363.5米、最低海拔87米，平均海拔828米，年均气温19.9℃，年降水量1879毫米。全镇总面积20773.21公顷，下辖安丰、�竹、岩头、大洋、聪坑、上际、三楼、百际、际头、盖头、汶浆、茂地、谢地、依朝、宝珠、北山、照口、仲溪、小楠坪19个行政村，有74个自然村、108个村民小组。2022年末，全镇户籍人口4116户、13871人。

2022年，茫荡镇财税收入完成738.88万元，其中地方级一般预算收入完成377.08万元。完成规模以上工业总产值19902万元，同比增长3.25%，新增规模以上工业企业1家。完成固定资产投资30493万元，同比增长7.29%，新增固定资产投资项目9.5个。全年有亿元以上项目1个，5000万元以上项目2个。

【流域治理】 2022年，茫荡镇做好小流域水环境综合整治，发挥河长、河道警长、河道专管员作用，加大巡查力度和频率，提升小流域水环境，消除辖区劣Ⅴ类水质，基本稳定在Ⅲ类水以上。

【高山特色农业】 2022年，茫荡镇深化优质农特产品品牌建设，促进农林产业高质高效发展。培育扶持特色农业企业、专业合作社和家庭农场；建立各类示范片7个、科技示范户40余户；发展特色农产品，坎下瓯柑、茫荡山猕猴桃、岩头八角瓜、高山反季节蔬菜备受消费者青睐，年产各类高山反季节蔬菜2000多吨，八角瓜1000余吨、坎下瓯柑250吨、猕猴桃150吨；推动高山果蔬、高山茶叶特色品牌建设，聪坑贵夫人葡萄果醋、延平贡茶南芽等被列入“武夷山水”公用品牌生产主体；推进“茶科技、茶文化、茶产业”融合发展，发展优质茶园1600多亩，打造以茶产业为主体的华茂生态农业观光园，建设高质量生产厂房1500平方米，其中初制车间一座，精制车间一座，并配置做青机、萎凋机、色选机等完备生产设施，并获得SC认证，主动融入“武夷山水”区域品牌创建。

【林业工作】 2022年，茫荡镇推进人工造林工作，更新绿化面积29.6公顷；完成国土绿化试点示范油茶抚育改造352亩；完成“十三五”保护和发展森林目标责任，全镇森林覆盖率高达81.64%，林地保有量1.79万公顷，森林蓄积量183.79万立方米；推进天然林保护管护及补助协议签订，完成5815亩天然林停伐管护补助协议的签订；拨付13.23万元天然林保护补助款；落实松林改造提升五年规划，完成2023年松材线虫病疫情除治16个小班1552亩。

【工业企业】 2022年，茫荡镇与工信局、统计局等部门进行业务对接和交流，培育扶持新增1家规上企业，引导企业技改升级，充分释放福建南平婴乐服饰有限公司、南平市新宏服饰有限公司等5家规模以上工业企业产能。

【旅游业】 2022年，茫荡镇推进延平“二次创业”奋力打造福州都市圈门户城市，加快完成石佛山水毁修复二期项目，形成三千八百坎、石佛山景区“一条线”游玩；加快建设华茂生态农业观光园、手工茶工作室、“半岩贡茶”展示馆、茶文化特色民宿等一批茶旅设施，着力建成集茶叶生产、游客采摘、体验制茶、民宿餐饮于一体的茶元素文旅综合体。加快推动北山村思畲旅游民宿及配套设施落地使用；推动三楼村“省金牌旅游村”品牌创建；继续推动“茫荡山特色乡村游”“生态康养休闲游”“茶文化体验游”等旅游线路开发项目，加大力度做好旅游宣传、招商引资等工作，加速构建茫荡全域旅游格局。

【脱贫攻坚】 2022年，茫荡镇落实产业发展扶持政策，拨付中央财政衔接推进乡村振兴补助资金17万元，带动115户脱贫户发展种养殖产业。精准落实“雨露计划”，补助职业技术学校在校生14人4.2万元。开发公益性岗位，投入金额30万元，提供保洁员、公路养护员、河道清理员等就业岗位60个。做好2022年扶贫小额信贷工作任务，完成24户脱贫户的小额信贷申请放款工作。

【社会事业】 2022年，茫荡镇不断完善社会事业，发放临时救助金12.3万元、残疾人补助41.47万元、低保户补助108.19万元、特困户补助32.69万元、高龄老人补贴26.04万元、优抚2.86万元。推进“两癌”筛查，完成HPV筛查58人，完成率145%，乳腺癌筛查72人，完成率180%。顺利完成征兵任务。推进退役军人优待证办理工作，办理优待证157人。推进社保缴费工作，2022年全镇城乡居民社会养老保险参保率达99.5%。

【基础设施建设】 2022年，茫荡镇不断完善公路路网建设，投入资金161万元，完成Y088际头村洛托至峡阳镇洋安道路硬化工程。投入资金1600万元，完成X801县道安丰—演山路段改扩建工程。投入资金165万元，进一步完善全镇道路安全防护项目建设。坚持教育优先发展地位，投入资金1505万元，完成茫荡中心幼儿园迁建项目。投入资金约600万元，完成茫荡镇南针幼儿园改建工程。加强殡葬改革，推进移风易俗工作，投入资金50万元，实施大洋村、盖头村公益性骨灰楼堂项目。

【安全生产】 2022年，茫荡镇开展安全生产专项整治三年行动、2022年大排查大整治等安全生产工作，组织安全检查57次，排查工贸类企业135家次，排查发现安全隐患问题91个，完成整改91个，整改率达100%；房屋安全隐患排查，完成录入省、市系统2967栋；不断加强森林防火宣传，在主要村庄、景区路口设立森林防火卡通宣传形象“虎威威”；2022年，茫荡镇严厉打击道路交通安全违法行为，全年查处酒醉驾23起、涉牌23起、涉证41起、未戴头盔950起，超载超员等交通违法行为为484起；开展全镇道路隐患排查，加强道路交通安全劝导和巡查检查，设立道路交通安全劝导站，配备专职道路交通安全劝导员19名。

【人居环境】 2022年，茫荡镇实施“农村人居环境品质整治提升行动”，结合“六乱”整治，推进人居环境品质提升。全年拆除乱搭乱建乱围临搭及破损广告牌17处，拆除雨棚、店招牌7处；规整各类杆线20处；整治占道经营、店面外溢、乱摆摊220处；收缴常住户保洁费3686户221160元，保洁费收缴率100%。

【综治维稳】 2022年，茫荡镇开展人民调解工作，化解纠纷，2022年司法矛盾纠纷调解化解38件。加强社区矫正及安置帮教工作，2022年有社区矫正对象6人、安置帮教对象54人。不断加强违章建筑打击力度，采取定期、不定期方式深入巡查，对偷建、抢建的违建行为坚决予以处置。进一步增强全镇行政执法队伍力量，2022年新增行政执法持证人员6人，承接上级下放行政执法事项394项。加强新时代文明实践站建设工作，实现19个村新时代文明实践站全覆盖。2022年，北山村获得全省乡村治理示范村荣誉称号。

【人社工作】 2022年，茫荡镇推进全镇城乡居民社会养老保险工作，全镇城乡居民社会养老保险养老资格认证率94.35%，完成新参保登记14人，完成城乡居民社会养老保险待遇到龄领取通知106人，完成城乡居民社会养老保险注销登记122人。

（供稿人：林　雪）

（责任编辑：魏可欣）

大横镇

【概况】 大横镇地处延平区北部近郊，东北与建瓯南雅镇交界、东南与南山镇接壤、西与茫荡镇毗邻，距延平城区26千米。常年平均气温17.9～21.2℃，无霜期247～339天，年降水量1430～2032毫米。辖区土地面积189.73平方千米，其中林地14933.33公顷、耕地面积1113.33公顷，森林覆盖率75.5%。在林地中，毛竹林面积2933.33公顷。境内矿产主要有南平黑矿石、石灰石、花岗岩、大理石等，集中分布在更古、溪洋、常坑等村。地下水资源可利用量529.2万立方米。下辖19个行政村、1个社区，102个村民小组，全镇总人口20065人。2022年，全镇财政总收入1991万元，同比增长11.3%；全年农业产值完成6990万元，同比增长2.8%；固定资产投资完成7.46亿元，同比增长21.23%。

【环境整治】 2022年，大横镇围绕“喜迎二十大”“创建文明城市”等主题，着力实施“三清两改一提升”行动，发动干部群众开展村庄清洁行动和人居环境整治1000余人次，推进博爱“北大门”三化提升工程建设，创建“美丽庭院”45户，其中省级8户，市级15户，群众生活品质明显提升。推深做实林长制、河长制，完成人工造林1812亩、封山育林501亩，森林抚育1313亩；开展水流域综合整治项目和农村生活污水提升治理，投入550多万元实施溪洋、湖尾生活污水管网建设，提升农村生活污水处理能力。开展多轮生猪零星散养整治、规范水禽养殖、农业面源污染整治，镇域内小流域水质稳定在Ⅲ类标准，向上争取中央预算内资金、专项债等各类资金3266万元，建设大横流域水环境整治项目和大横集镇污水管网等项目，巩固小流域治理成效。

【项目建设】 2022年，大横镇对接“双园区下放”发展事宜，产业园区新增征地指标319.16亩成功获批；鑫东来新型导电材料项目、中磊竹木制品项目、岩竹竹丝项目、纪豪米粉等6个项目投入生产；南鑫体育运动鞋、金豆源豆制品加工、博大体育等8个项目开工建设；全年新增入统项目10.5个，其中5000万元以上项目4.5个，总投资达5.75亿元，固定资产投资完成7.46亿元，同比增长21.23%。制订《延平工业园区大横组团建设工作方案》，确定“一核两翼三圈五组团”发展新格局，全年完成征迁和清理地面物176.32亩；投资5900万元，建设4583平方米园区服务综合楼和标准化厂房3栋14048平方米，新增水电、消防等配套附属设施，提高园区投资吸引力，加快园区产业升级发展。

【民生工程】 2022年，大横镇全镇修复供水设施9处涉及8个村，修复供水管道2585米，累计投入修复资金20余万元，完成全镇40个饮水工程维修养护工作；完成康石水库溢洪道杂物清理及排水沟加固、禹溪水库坝脚排水工程和安全鉴定工作。博爱湖州地排涝站、生态护岸等项目得到省农业厅批复；投资1530万完成城镇污水管网工程和大横头溪小流域综合整治项目；新设村级波形护栏70千米，修复养护乡级道路69.7千米。埂埕大桥完成竣工审计工作，红绿灯等安防设施交付使用，解决东岸线9个村7000余名村民的出行难题。

【打造特色农业产业】 2022年，大横镇建成全国首个“菌草家园”循环经济示范区，培育“中国菌草种源基地”，埂埕、博爱、四朵洋等7个村利用闲置土地和剩余劳力种植菌草2300余亩，增加村财务收入23万元，农民增收184万元，经验做法获市委、区委领导批示肯定，多次在央视网、“学习强国”学习平台等国家级媒体报道，前来考察学习人员络绎不绝。

2022年8月，大横镇菌草家园建成 （吴 皓/摄）

【旅游产业】 2022年，大横镇发展全域旅游助推乡村振兴，主动与中福海峡（平潭）发展股份有限公司、省旅游集团、武夷旅游集团对接共谋发展，确定“全域旅游”发展共建总基调，签订共建协议书，梳理共建项目6个，制订《“菌草田园综合体”文旅方案》《大横全域旅游方案》，推行将菌草和茶文化与旅游开发相融合，打造“菌草福宴”特色餐饮，推出凤咪、五谷云深、瀛洲1号、印象瀛洲等茶系列品牌，文旅产业高质量融合发展，成为带动百姓致富、乡村振兴的“新路径”。

【信访工作】 2022年，大横镇打造博爱村“瀛+”议事厅、创立“3+6”议事工作法，建立区级综治中心示范点，全年受理“12345”平台诉求127件，办结信访件16件，实现信访事项及时受理率、按期办结率100%。

【社会保障】 2022年，大横镇开展暖民心行动，高桐、埂埕、大横3个“长者食堂”投入使用，解决独居、孤寡、失能等特殊困难老年人吃饭难问题；在建工程全面施行“无欠薪项目部”制度，全年调处欠薪劳动纠纷2起涉及11人，解决拖欠工资12.68万元；实行“多网合一”管理机制，招聘专职网格员5名，重新整合安全生产、乡村治理、疫情防控等联防联控网格；投入10万元在集镇、12个村组建微型消防站，花费15万元购置消防车辆，组建一支30余人的综合应急救援队和专职消防队，应急能力增强。

【精准扶贫】 2022年，大横镇巩固拓展脱贫攻坚成果同乡村振兴有效衔接，脱贫户、监测户户均收入较上年增长10.09%，“两不愁三保障一安全”得到有效落实，医疗、防贫保险实现全覆盖；落实应保尽保、应救尽救，城乡居民基本养老保险续保11142人，发放低保金、特困金、临时救助等各类补助资金近300万元，金融帮扶信贷24.5万元，发放“雨露计划”助学补助6.6万元，帮助18名脱贫户取得公益性岗位，引导本地劳动力就地就近转移就业，发放就业创业证219人，提供就业岗位1400余个，帮助企业招工200余人，巩固脱贫攻坚成果。

（供稿人：陈仕杰）

（责任编辑：魏可欣）

来舟镇

【概况】 来舟镇位于延平区西南部，距延平城区28千米，东与西芹镇交界，西与王台镇接壤，北与茫荡镇毗连，南与沙县毗邻。辖区土地总面积67平方千米，下辖王富、东山、蛟湖、游地、宋坍、城门、傍溪7个行政村，新建、建设、铁路3个居委会。全镇总人口5650人，有1个党委、21个党支部、党员417名。2022年全镇完成固定资产投资3.67亿元，完成规模工业产值15.4亿元；完成限上商贸批发业销售额9279万元；完成财政总收入5437.3万元，同比增长0.66%，其中地方级财政收入完成2725.36万元，同比增长1.22%。2022年经济工作排名全区前列，获得区委、区政府绿色高质量发展先进集体嘉奖，被授予福建省金融信用乡镇称号。

【工业发展】 2022年，来舟镇发挥以武夷飞燕琼脂、元力活性炭、金牛水泥以及赢创嘉联为龙头的食品药品、化工、建材、竹木加工等四大产业集群的优势，优化产业结构，打造企业品牌，延伸产业链，扶持和带动其他企业发展，营造良好发展氛围。全年完成规模以上企业工业产值15.4亿元，比上年增加18.7%，其中南平金牛水泥有限公司完成工业产值5.23亿元、福建南平武夷飞燕琼脂有限公司完成工业产值9175万元、南平元力活性炭有限公司完成工业产值9.27亿元。

【项目建设】 2022年来舟镇狠抓项目建设，推进高标准农田建设563亩；推进省市重点项目国道205线曲港大桥改建工程，9月实现中段合龙；推进来舟镇延平区乡镇生活污水收集处理项目——来舟镇配套管网工程项目完成全部污水管网铺设；推进延平区来舟镇东山溪安全生态水系建设项目完成部分工程建设。

【乡村振兴】 2022年，来舟镇以宋坍村为试点推进乡村振兴工作，投入专项资金80万元，完成多功能仓储物流仓库一期建设：建设面积300平方米，占地面积300平方米的钢构仓库；开展亮化工程，投入6.4万元，维修路灯20盏，新装路灯44盏，解决群众反映宋坍村国道沿线部分路灯昏暗问题；投入专项资金20万元，完成多功能仓储物流仓库扩建，进行钢柱吊装，钢梁安装等，扩大原有钢构仓库面积150平方米；投入专项资金10万元，完成在宋坍新村建设50平方米村级组织活动场所，党建宣传介绍展板、党建有声读书墙等制作，种植绿化苗木约100株。

【平安建设】 2022年，来舟镇发放平安三率宣传材料2700余份，开展专项集中宣传8场，新增宣传横幅13条。全面排查涉及电信诈骗人员信息，进一步强化宣传教育，做好滞留缅北涉诈人员的劝返工作，来舟镇辖区在册的8名滞留缅北、金三角涉诈人员，短时间内将7名人员劝返入境，劝返工作成效排名全区第一，来舟镇被区委、区政府评为先进集体。推进网格化服务管理，全镇划定一级网格10个，二级网格29个，对应细分50个规模适度的三级网格，聘请专职网格员。加强人财物的保障，完善硬件设施，网格化中心工作人员入驻镇综治中心统一集中办公。网格化工作开展以来，巡查次数1296次，走访次数382次，事件办结件数554件。开展安全隐患排查整治，按照网格化管理模式，逐一建立责任清单、排查清单、整改清单、销号清单。全年来舟镇出动安全生产检查人员1200余人次，检查生产经营单位1649场次。其中，出动工作人员180余人次，组织开展企业检查指导服务40余次，检查发现一般隐患384个，已整改384个，整改率100%。

【社会保障】 2022年，来舟镇对所有低保人员实行动态管理机制，全镇农村低保对象31户57人，发放金额274380元。城镇低保对象19户29人，发放金额146016元；特困户6户6人，发放金额101376元；低保对象中满80周岁老人4户4人，发放金额4800元。全年发放低保户电费补贴4887.56元；发放低保户价格临时补贴8755元。累计低保发放金额54.02万元。全年新增低保户3户4人，12月全部低保户提标，低保金人均不低于450元；完成临时救助23户，发放金额6.8万元。残疾人生活补贴对象52人，残疾人护理补贴对象73人，发放补贴金额15万元。80周岁以上老人238人，全年新增35人，因死亡取消20人，发放金额高龄补贴13.81万元；重阳节慰问百岁老人1人，发放金额2000元。

【精准扶贫】 2022年，来舟镇建档立卡脱贫户22户54人，享受社会保障兜底家庭16户33人，享受产业帮扶——折股量化脱贫户22户，每户年分红达500元以上。鼓励扶持脱贫户发展种养产业，经村、镇评议后，符合产业帮扶申报条件的脱贫户18户，发放专项帮扶资金3.3万元；申请公益性保洁员岗位（扶贫）脱贫户5户，每户补助5000元。对有意愿且符合要求的脱贫户1户办理小额信贷，发放贷款金额0.5万元；帮助2户脱贫户续贷小额信贷，发放贷款4万元。外出务工27人，占比50%，2022年家庭年人均收入在9444元以上，实现不愁吃、不愁穿。

【生育服务】 2022年，来舟镇总人

2022 年 10 月 31 日，来舟镇民政办分管领导刘骤部长到来舟镇蛟湖村百岁老人王周兴家中慰问（张名明 / 摄）

口 5650 人，育龄妇女 1428 人，已婚育龄妇女 997 人（无孩育妇 23 人，一孩育妇 512 人，二孩育妇 413 人，多孩育妇 49 人）。新生儿 20 人；女性初婚 24 人。

【文明建设】 2022 年，来舟镇成立创城工作领导小组，根据《2022 年度来舟镇创建文明城区实地测评任务分解表》，做好创建文明城市工作。来舟镇致力于把新时代文明实践所（站）打造成兼具思想引领、文化传承、新风培育、便民服务等多功能的综合志愿服务平台。建有 1 个新时代文明实践所和 10 个新时代文明站，实现新时代文明所（站）全覆盖。全镇 10 个农家书屋免费面向全镇群众开放，形成全民读书的良好氛围。2022 年来舟镇以新时代文明实践所为平台，开展丰富多样的文化活动，如定期开展理论宣讲、青年志愿活动等，进一步提升群众的生活品质。

【安全排查】 2022 年，来舟镇出动安全生产检查人员 1200 余人次，检查生产经营单位 1649 场次，发现一般隐患 384 个，全部整改完毕。来舟镇与各村（居）、生产经营单位签订安全生产责任书、消防承诺书、森防承诺书等 75 份；与供货商签订应急救灾物资供给合同 11 份，加强应急救灾物资保障。推进消防应急队伍建设，组建镇消防专职队伍，购买消防车辆及增配镇村消防器材，建设村级微型消防站 5 个。镇道安办、公安派出所出动检查 120 余次，查处 1300 余起交通违法；有序推进道路安全防护栏安装 30.7 千米，排查道路安全隐患 10 处，上报区道安办 1 处，完成整改，改扩建道路完善安全警示标志牌 2 个，减速带 2 条，来舟铁路桥安装监控 1 个，安全隐患道路设卡 2 个，加强对安全隐患点的监控。

【党风廉政】 2022 年，来舟镇运用“四种形态”，严肃监督执纪问责。全年立案查处各类违纪违法案件 2 件，已办结 1 件，正在办理 1 件，给予党内警告处分 1 人，拟开除党籍 1 人。运用第一种形态处置 19 人次，起到警示教育作用，为各项工作开展提供坚强的纪律保证。

（供稿人：刘　宁）

（责任编辑：魏可欣）

王台镇

【概况】 王台镇位于北纬 26° 34′ ～ 26° 46′，东经 117° 51′ ～ 118° 02′之间。东濒富屯溪，西与沙县接壤，西北与顺昌县交界，北接峡阳镇，东与茫荡镇、来舟镇毗邻，东南与西芹镇接壤，素有“绿色金库”美誉。辖区总面积 221.11 平方千米，东西长 17.1 千米，南北宽 21.1 千米，316 国道贯穿全境，拥有延顺高速出入口，距延平城区 30 千米，距延平西站 25 千米。下辖 19 个行政村，60 个自然村，108 个村民小组。全镇总人口 5906 户、21025 人，主要为汉族、畲族 2 个民族，当地方言属建瓯语系。设有 1 个党委、32 个党支部，党员 1144 名。

2022 年，王台镇公共财政总收入 2514.18 万元，其中地方级公共财政收入 860 万元；规模以上工业产值约 2.11 亿元；固定资产投资 5.8 亿元，与上年基本持平；限额以上批发和零售业产值 2613 万元，比上年增长 15.1%；招商引资 1.74 亿元；城镇居民人均可支配收入 39880 元，年均增长 3%；农村居民人均可支配收入 22049 元，年均增长 4%。

【党建工作】 2022 年，王台镇发展党员 12 人，其中 35 周岁以下 7 人；预备党员转正 13 人。推进党组织标准化建设。全年完成“两新”党组织的换届工作 5 个、新成立非公党组织 1 个、整建制转移 1 个。继续巩固金星村党组织溪后村、红星村党组织王台、井窠等 7 个村的创建成果，推动埂尾、高埠等 11 个村评星晋级。基层党建工作品牌建设。开展“两晒两评”活动和高品质党建示范点创建工作，打造溪后村“五抓五促”、罗坍村“村企三联同，牵手促振兴”党建品牌，推动基层党建工作提质增效。全年主持召开党建工作会议、支部书记联席会13次，专题研究党建工作4次、督导党建工作3次。组织全镇党员干部深入学习党的十九届六中全会和党的二十大精神，省、市、区委党代会精神，以及上级部门推荐研读书籍，全年党委中心组学习12次，组织干部集中学习38次、各支部学习61场次、党的二十大专题党课54场1560人次，其中，邀请党校老师为城区务工党员上专题党课1次。

【现代农业】 2022年，王台镇粮食播种面积1.8752万亩、优质稻示范展示面积1450亩，商品林30.44万亩、烟叶420亩、蔬菜2980亩、苗木2300亩。引导当地群众种植百合，投资380万元新建王台冷链物流项目，发挥综合运输服务站、花卉（果蔬）物流中心作用，形成“生产—包装—冷链物流—销售”专业化、规模化的百合产业链。全镇种植百合鲜切花面积达6500亩，年产量4000万枝，产值约3.9亿元。夯实农业农村基础。实施土地整理，推进高标准农田建设，推动农业增效、农民增收，全镇生产竹木24.59万立方米，产值3.32亿元。现有竹木制品加工企业31家，其中5家为规模以上工业企业，涵盖“原材料收集—粗加工—精加工—产成品”等多个环节，产品涉及竹菜板、卫浴制品、成品衣柜等种类，带动就业3000余人。发展特色养殖产业。引进建设延平区海峡循环现代农业园投资约4.13亿元，打造1500亩种植基地、330亩奶牛养殖基地、130亩奶牛养殖中心、15万平方米光伏发电、70亩有机化肥生产平台。农业园的鸿瑞生态牧场发展势头良好，该牧场养殖奶牛2600头，预计年产鲜奶3000吨、新鲜蔬菜9000吨；新增产值5000万元。

【特色旅游】 2022年，王台镇发挥王台独特的红色文化资源优势，延伸“绿色金库”时代内涵，整合资源，着眼于生态观光、休闲养生、农事体验等旅游新业态，推进AAAA级旅游景区创建工作。全年溪后村累计投入资金1000万元，建设项目4个；累计投入资金100万元，建设项目2个，已全部完成。特色镇民生补短板、产业发展等项目11个，已完成项目建设8个，正在施工建设3个。在特色镇基础上，打造王台—姜口—井窠—溪后乡村振兴示范带，成为市级重点示范带。深化科特派机制，结合绿色金库生态文明理念和整合乡村振兴、专项债和国有林下经济资金，打造延平区绿色金库生态文明实践基地，投入资金约4200万元，涉及项目14个。已完成10个，施工建设2个，组织招投标2个。

【脱贫攻坚】 2022年，王台镇建档立卡脱贫人口77户211人均未出现返贫，镇、村两级的帮扶力度保持不变，脱贫成果得到巩固。规范扶贫财政资金使用管理，提高扶贫资金使用效益，全年发放扶贫专项资金89.2万元。落实好叠加特殊门诊补助、特殊用药补助以及精神障碍患者医疗特殊门诊下放事宜，最大限度减轻建档立卡贫困户的医疗负担。

【人居环境整治】 2022年，王台镇排查企业、加油站、超市、沿街商铺

2022年，王台镇全貌　　（区融媒体／供）

等经营单位及人员密集场所 171 家，排查整改隐患 216 处。开展自建房排查，对全镇 19 个村存在严重安全隐患的农村自建房进行拆除。打造乡村振兴示范线，生态环境质量持续提升。发动党员群众参与人居环境集中整治 1000 余人次；巩固整治成效，采取购买保洁服务方式，通过公开招标聘请第三方专业环卫公司承担集镇及下辖 8 个村范围内的生活垃圾保洁清运工作，提高社会化专业化管理质量，落实人居环境整治攻坚成效，避免反弹；推进全域水环境整治，投资 3079 万元进行延平区王台溪中小河流治理项目，对王台溪、禾村支流、溪后支流及罗坍支流（含洋坑口段及姜口段）4 条河道、5 条河段新建护岸及河道清淤、清障等综合治理措施。采取综合措施恢复水生态，逐步消除农村黑臭水体，全镇农村生活污水治理率 98%。

【民生保障】 2022 年，王台镇健全低保信息网格化管理机制。全年王台镇享受城镇低保人数 147 户 121 人，累计发放低保金（不含价格补贴）121 人次 80300 元；享受农村低保 2602 户 4503 人，累计发放 4503 人次 1808530 元。新农保、新农合保障面实现全覆盖，保障水平显著提高。加大特困供养工作投入。王台镇敬老院有床位 40 张，入住老人 21 人，全镇农村特困集中供养人员 69 人，全部发放特困补助；农村特困分散供养人员 259 人，累计发放 335635 元。临时救助发放 32 人，累计发放 98000 元。全镇幸福院建设 14 个，长者食堂 1 个，社会关怀力度加大，实现老有所养、老有所乐。加强残联民生工程等各项残疾人政策的宣传，开展残疾人就业、残疾人证办理等残疾人服务工作。

【民生工程】 2022 年，王台镇总投资 1600 万元的王高线改扩建工程，项目全长 12.795 千米，路基路面宽度 6.5 米，全年预计完成 1300 万元投资；总投资 500 万元的王台镇 Y098 姜口村至蕉坑村公路（K0+000 ～ K2+835）改建工程，改建长度 2.835 千米，路基路面宽度 6.5 米，全年预计完成 380 万元投资；投资 580 万元的王台镇玢坍村至际州村部（Y103 线）四级公路改建工程，项目全长 3.642 千米，年底前项目已完工。组织开展巡查，重点关注王台溪、山洪地质灾害、高陡边坡、小水库、小山塘、老旧房屋等重点地区的防御，对山洪泥石流、地质灾害隐患点及其他危险区域内所有人员全部转移到位。全镇转移 140 户 394 人。全镇有避灾点 22 处，均配齐应急保障棉被、床铺、被褥、生活用品等。镇防指及时向 19 个行政村调拨铁锹 90 把、铁镐 40 把、手电筒 90 个、高音喇叭 20 台、应急绳 380 米、雨衣 95 套、雨鞋 95 双。调拨 2 台推土机和 2 台挖掘机集结在集镇，随时支援可能发生的险情。由镇政府干部、民兵连、王台派出所、社会志愿者组成的 1 支防汛抢险综合救援队伍共 30 人，集结待命，随时奔赴一线抢险救灾，平稳安全度汛。

（供稿人：魏金玲）

（责任编辑：魏可欣）

峡阳镇

【概况】 峡阳镇是闽北千年古镇、省级历史文化名镇及祠堂文化发源地，具有丰富的祠堂文化、庙宇文化、古民居文化、民俗文化、饮食文化、桥梁文化。位于延平区西北部，富屯溪畔，与顺昌县相邻，距延平城区 50 千米，距顺昌县城 29 千米。辖区总面积 176 平方千米，其中山地面积 10666.66 公顷、耕地 1333.33 公顷。下辖 22 个村（街），1 个居委会，全镇户籍人口 2.26 万人。

2022 年，峡阳镇财税总收入 1134.08 万元，完成固定资产投资 5.57 亿元，农村居民人均可支配收入 23794 元。

【镇村荣誉】 2022 年，峡阳镇被评为绿色高质量发展先进单位；安科村打造区级“五型”高品质党建示范点、区级党建示范点，被评为区级 2021 年度红星村；新兴街打造区级党建示范点，被评为 2021 年度红星村；德胜街被评为区级 2021 年度金星村；将军街被评为区级科学精准防控疫情示范村；进步街打造区级“五型”高品质党建示范点、区级党建示范点；小梅村被评为 2021 年度区级红星村。

【党的建设】 2022 年，峡阳镇聚焦在发展党员结构优化、标准要求上下功夫，确定积极分子 9 名，发展党员 8 名，其中 30 岁及以下占比为 50%，大专及以上学历占比为 75%。重新核实摸排入党积极分子 50 名，开展农村发展党员违规违纪排查 298 人，排查出问题 64 个，其中“四类重点问题”20 个。学习借鉴延平区街道“近邻党建”模式，在安科村示范点推行“三邻”党建工作法，成立浪石福源联村党委，探索乡镇“近邻党建”新思路。

【农业发展】 2022 年，峡阳镇探索畜牧企业后端消纳地进行粮食种植的发展模式，在峡阳镇 4 个村高速连接线的消纳地建设玉米示范片，种植粮食作物约 100 公顷；在新兴街、杜溪村、陈坍村、葛大村等地推广发展稻蛙种养、烟后稻、花后稻栽培及果树套种模式，建立 2 个优质稻、粮食功能区水稻种植示范片，带动周边 100 公顷优质稻种植，分三批次为 2687 户种粮农民发放一次性补贴 45.81 万元，进一步激发农民种植积极性。

【项目建设】 2022 年，峡阳镇成立峡韵镇投公司，推进鹏华现代农业园、鑫顺奶牛基地、源锦科技高分子新型环保材料项目 3 个市级重点项目，完成投资 3.3 亿元，投资率 110%；对外招商项目 4 个，总投资 4.2 亿元，完成福建金豆源食品加工项目签约，推动延平区峡阳鹏华畜牧粪污处理项目

2022 年 8 月 2 日，峡阳镇首个央企合作项目开工建设　（区融媒体 / 供）

（一期）开工。

【基础设施建设】 2022 年，峡阳镇策划实施 25 个项目，总投资 1355.97 万元，涉及城乡一体化供水改革、水域生态治理、传统古镇街区提升、高标准农田建设等领域；引导各村（街、居）申报项目“一事一议”18 个，向上争取财政奖补资金 120 万元，其中：前进街大垅机耕路建设在《人民论坛》、“福建人大”、“美丽延平”、“延平人大”上刊登，基础设施日益完善。

【产业振兴】 2022 年，峡阳镇利用峡阳文化特色资源，与光大旅行社合作推出 3 条旅游线路，接待游客 8000 余名；并在原有“蔡源—江汜—德胜”“小梅—杜溪—陈坍”2 条乡村振兴示范带的基础上鼓励扶持果蔬、食用菌和现代化畜牧业等特色优势农业企业融合发展，使农业与旅游业、服务业联系日趋紧密，农村活力显著增强。

【耕地保护】 2022 年，峡阳镇落实违法用地“清零”行动要求，成立土地整治工作领导小组，先后召开专题分析、调度会 6 次，将土地整治工作纳入各村年度绩效考评，实行“三天一通报，七天一调度”。全年完成耕地复垦 43 处 9.29 公顷、旧村复垦项目 5 个 4.53 公顷、县级土地开发项目 4 个 6.25 公顷、高标准农田建设项目 1 个 2.56 公顷。

【安全生产】 2022 年，峡阳镇紧盯重点行业、重点领域，定期开展隐患专项排查整治。督促辖区 46 家餐饮业、2 家液化气供应点完成隐患整改 41 处，督促使用可燃气体餐饮业主安装泄漏报警装置 32 个，安装率 100%；对全镇 5836 栋农村房屋、373 家生产经营单位和 10 处古民居进行全面复查，1439 处安全隐患全部整改到位。联合机关单位开展文物保护单位联合检查 13 次，整改安全隐患 69 处；新增文保单位微型消防站 8 个、监控 28 个。开展道路劝导活动 420 余次，劝导超员载客、不戴头盔 70 余起，查纠各类违法行为 400 余起；新增减速带 21 条，警示标识 14 处，波形护栏 11 处，消除各类道路安全隐患 22 处。

【综治维稳】 2022 年，峡阳镇深化“平安互助网”建设，常态化开展各类宣传活动 29 次，发放宣传资料 6300 余份、宣传品 2100 余份，暂无发现相关涉毒犯罪行为、毒品原植物、制毒场所。完成镇综治中心改造提升，探索综治“中心 + 网格化 + 信息化”模式，成功调处和化解各类矛盾纠纷 140 件。

【生态环境】 2022 年，峡阳镇建立生态巡查机制，通过 31 个无线彩色监控实行全流域 24 小时在线监管，对辖区流域各支流断面、企业末端进行水样采集检测 500 余次，环保巡查 100 余次、河道巡查 7200 余次，开展集中整治行动 5 次，与上级环境执法大队联合执法 6 次，对企业下发整改通知书 8 次、作出行政处罚 4 次，反馈信访平台环境问题 2 次，清栏散养生猪场 36 家，削减生猪 400 余头，打捞河道、清除河岸生活垃圾 4 吨，拆除沿河违章搭建 1 处、乱堆乱放 6 处，辖内生态环境持续向好发展。

【教育事业】 2022 年，峡阳镇拨付 4.69 万元用于峡阳中学筹备中考、“周末班车”接送等工作，持续改善教学条件；成立 23 支“控辍保学”工作小分队，建立辖区内 3～5 周岁幼儿入园档案。全镇中、小学入学率 100%、幼儿入园率 98%，中、小学三类残疾学龄儿童 6 人全部随班就读，辍学率为零。

【生育服务】 2022 年，峡阳镇育龄妇女 5296 人，占总人口的 21.56%，已婚育妇 3581 人，占总人口的 14.58%，其中一孩育妇 1488 人、二孩育妇 1689 人、多孩育妇 214 人、二女育妇 415 人（占已婚育妇 11.59%），流入人口审检 92 人，审检率 100%，流出人员 2895 人，办证率 100%。

【社会保障】 2022 年，峡阳镇建设完成首个“长者食堂”，切实解决老年人的“就餐难”的问题；新增农村低保等各类人员 845 人，临时救助 65 户，发放各类低保金 453.2 万元，为 33 名扶贫对象送达岗位信息 99 条，组织 14 家用工企业举办招聘会 2 场、培训班 2 次，提供各类用工岗位 935 个，现场签订就业意向合同 48 人，帮助 60 人提升专业素质和职业技能，让民生保障措施更加坚实有力。

【脱贫攻坚】 2022 年，峡阳镇巩

固脱贫攻坚成效，脱贫户人均收入达17184.22元，比上年提高6.15%。落实各类帮扶政策，发放“雨露计划”补助金10户2.85万元、中央专项产业补助金13万元；为7户脱贫户办理产业帮扶保险、32名建档立卡对象提供当地就近就业机会，办理小额信贷脱贫户21户，共发放贷款10.5万元；申报2023年峡阳镇巩固拓展脱贫攻坚成果和乡村振兴项目7个，计划总投资18.65万元。

（供稿人：吴颖霞）

（责任编辑：魏可欣）

2022年4月17日，文塔线X805（塔前段）公路改建工程开工仪式　（李　欣/摄）

塔前镇

【概况】 塔前镇位于延平区西南部，东与夏道镇、炉下镇相连，南与尤溪县联合乡毗邻，西与沙县交界，北与西芹镇接壤，距延平城区31千米，是省级生态乡镇和省定老区革命乡镇。下辖塔前、棚下、沙舟坑、际上、大坑、赤坑、西洋、石城、石伏、陇岭、大坪、莒上、坑柄、虎山等14个行政村，行政区域面积146.79平方千米，全镇总人口约2.6万人。2022年，塔前镇完成财政总收入238万元，其中地方级一般预算收入122万元，中央级收入116万元。

【农业发展】 2022年，塔前镇依照创建农业强镇发展目标，重点推进虎山村、赤坑村现代农业示范园区提升改造建设。进一步扩大特色农业规模，百合花、多头菊、郁金香等花卉种植面积40公顷，赤坑村精品橘柚种植面积66.66公顷、蔬菜种植面积80公顷，虎山村萝卜种植面积53.33公顷。现代农技持续助力。强化农业信息化建设，通过农业信息服务平台、农业技术培训等方式，为农户提供专业技术指导，发挥农机队伍“最后一公里”服务。实施建立1个优质稻示范片13.33公顷，试验示范5个优质稻新品种，推广机耕80公顷，机收面积达13.33公顷，推进优质稻新品种在塔前镇推广、提质增效。

【基础设施建设】 2022年，塔前镇完成民生项目工程17个，总投资4760万元，项目涉及道路交通、水利设施、隐患整治、污染治理、饮水安全、旧村复垦等与群众切身利益密切相关的领域，其中集镇“断头路”滨溪路的打通，文塔线X805（塔前段）公路改造全面动工，进一步拓展集镇空间，促进道路融合衔接，四通八达的路网结构改善群众的出行条件。

【党建工作】 2022年，塔前镇学习贯彻党的二十大精神、推进党史学习教育常态化制度化，推动镇村党组织开展各类学习57场次，覆盖人数2700余人次。充分利用本地红色资源，组织开展主题党日活动15次，增强党员教育实效。实施镇村干部能力素质提升工程，制订乡村振兴主题培训计划，开展村“两委”干部培训班、党员教育轮训、乡村振兴带头人等相关培训班9期810人次，进一步增强村干部工作本领，提升基层党组织战斗力。狠抓村集体经济发展壮大工作，依托本地资源优势和有利条件，组织党员干部开展实地考察和座谈研讨，推动“一村一品”建设。通过农业资源开发、土地资源利用、乡村旅游等渠道，坚持将产业扶持、“三变”改革作为发展壮大村集体经济有效举措，全年14个村集体经济收入均达到10万元以上，其中8个村达到20万元以上，2个村达50万元以上。

【教育事业】 2022年，塔前中学（初中）有26名学生考入南平一中（高中），成绩为全区上游。在社会各界爱心人士关心、支持、帮助下，塔前教育促进会共收到捐款78638元，发放录取南平一中助学金26人13700元；发放大学录取一本助学金22人22000元，发放研究生助学金8人12000元。

【医疗卫生】 2022年，塔前镇修建延平区总医院塔前分院病房综合楼，总投资约1094万元，总建筑面积2960平方米，设计楼层共5层、床位60张。项目竣工后，将进一步提升塔前镇医疗卫生水平，更好地为当地及周边百姓带来优质、高效的医疗服务。

【环境治理】 2022年，塔前镇优化人居环境。开展整村推进人居环境整治行动，发动群众千余人次。新建无害化卫生厕所34座，严格管控辖区污水排放，建立健全农村人居环境长效管护机制，深化村庄“三化”行动，推动村容村貌向“绿化、美化、花化”升级。推进绿色项目落地，把牢绿色发展方向，推动乡村可持续发展。实施光伏建设，完善集镇污水管网建设，推进西塔溪小流域塔前段生态水系项目落地开工，全面打造山水相融、城景相依的“水美城市”，铸实塔前高质量发展新基础。扎实开展污染防治，常态化开展畜禽污染整治，定期对各村进行巡查，做好巡查记录，全年发现整治问题62处。加大山水林田湖草沙一体化保护力度，完善生态公益林和天然林保护制度，加强对景区生态环境的监督管理。

【社会事业】 2022年，塔前镇衔接乡村振兴工作稳步推进，坚持摘帽不摘责任，构建一级抓一级，层层抓落实的工作格局，低收入困难人员实现应保尽保。扎实推进产业扶贫，发展特色优势农业，完善产业扶持政策，全年发放21万元扶持53户脱贫户用于农作物种植。用好公益性岗位政策，申请开发66个公益性岗位给予安置，让脱贫户实现家门口就业。切实抓好教育扶贫，发放“雨露计划”补助资金4.5万元用于15名就读于中高等职业院校的脱贫户子女，确保贫困家庭学生应助尽助。深化5个贫困村与省财政厅挂钩共建，争取项目资金400万元，落地一批惠民项目，内容涵盖产业振兴、人居环境等，进一步加快塔前乡村振兴的步伐。

【河长制工作】 2022年，塔前镇巩固河长制工作成效，健全责任机制，落实巡查1344次，通过巡查发现问题14个，及时整治解决问题14个。积极配合延平区疾控中心做好农村饮水水质检测工作，全年检测59处，检测结果均合格。

【安全生产】 2022年，塔前镇对全镇范围内所有行业领域、生产经营场所、企事业单位实现“全覆盖”。在全面检查整治的基础上，重点加强对道路交通、消防、建筑施工、危险化学品、烟花爆竹、人员密集场所、工贸行业、文化旅游八大行业领域的检查整治。全年发动镇村干部5500人次开展各领域安全隐患大排查大整治工作，摸排整改安全隐患118处，发放安全生产宣传单6000余份。抓好地质灾害防治工作，实施陇岭、石城地灾点治理，完成赤坑、沙舟坑10幢房屋的高陡边坡整治，持续做好全镇地灾点、高陡边坡巡查，确保人民群众生命财产的安全。

（供稿人：蔡　伟）

（责任编辑：魏可欣）

太平镇

【概况】 太平镇位于延平区东南部，闽江东西两岸，南与尤溪县西滨镇交界，北与南山镇、赤门乡接壤，东与巨口乡、漳湖镇相连，西与炉下镇毗邻，距延平城区37千米。总面积230.42平方千米。下辖太平、刘家、南溪、九凤、九潭、际洋、葫芦山、岳溪、儒罗、杨厝、曾厝、西山、西后、杉岭14个村和1个太平社区居委会，其中有8个库区村（社区），是福建水口水电站库区重点乡镇。户籍人口15928人，其中常住人口8650人。建有1个党委、27个党支部，有党员918名。2022年，全镇财政总收入1942.67万元，其中地方财政总收入1006.31万元。完成固定资产投资6.79亿元、农业总产值4.06亿元，实现规模以上工业总产值12.68亿元。

【农业发展】 2022年，太平镇在全区首创镇农业公司购置农机帮扶和党支部领办合作社先建后补的方式推广代耕代种，形成5个百亩示范片，开垦连片撂荒地5.51公顷。在全区第一个采取工程包+管护包形式招标以确保耕地质量和后续管护，新增县级土地开发耕地1.07公顷。按照区委凭实绩用干部的导向，鼓励村居凭工作实绩保障工作经费，完成一个奖励一个，形成比学赶超氛围。全年推进完成高标准农田建设8.68公顷。组织农业技术培训68人次，推广黑皮鸡枞、黑木耳新品种等“五新”技术2项。2022年际洋村获得全区“三农工作”先进集体荣誉称号。配合相关部门下发卫星遥感监测图斑，拆除违法违建养殖场6处，面积约0.23公顷。加强大棚房的检查整治，开展农业设施大棚及设施农用地检查2次，发现问题1处，已整改1处。

【固定资产投资】 2022年，太平镇产生有效固投104209万元，完成固定资产投资67977万元。策划并入统固投项目11个，即：延平区太平镇银品废塑料资源回收利用扩建项目、太平镇镇国韵休闲观光园建设项目、延平区瑞旺蛋鸡养殖基地建设项目、太平内陆渔港工程设计施工总承包项目、延平区鹏飞高尔夫球钉加工基地建设项目、太平镇茶洋高岭土矿区开采项目、延平区太平镇胡壹坛成功酒加工基地扩建项目、南平市融鑫物资回收有限公司年加工60万吨废钢项目、除尘系统超低排放改造项目、南平浦城荣华梦笔110千伏线路工程项目、延平区太丰文旅商贸中心建设项目。

【基础设施建设】 2022年，太平镇投入库区资金2813.28万元，建设项目6个，惠及刘家、南溪、太平、九潭、葫芦山、儒罗、岳溪、西山8个库区村。争取地方债资金321万元用于实施太平集镇污水管网改造，实现生活污水应收尽收。争取地灾治理资金301万元，完成儒罗梨埔尾、际洋等村地质灾害点治理工程。争取城乡供水一体化项目落地太平，完成太刘南和杨曾厝六个村居的设计和预算。争取部门支持完成太平镇X806区道太平连接线水毁挡墙修复工程和太平镇闽江蛟坑大桥防船撞工程项目。

【环境整治】 2022年，太平镇落实属地生态环境保护责任，成立太平镇环境保护工作领导小组，建立生态环境保护“党政同责一岗双责”工作推进机制，将生态环境保护投入纳入年度财政的重点支出加以保障。组织流域、企业环保等各类巡查工作162次，发现问题76处，全部即查即改。开展畜禽养殖污染集中整治行动21轮，出动人员357人次，下发限期整改通知书53份，清栏畜禽散养点41处，拆除畜禽散养点猪舍8处，面积约2300平方米。制止新、扩建养殖棚15处。组织发动群众开展建筑垃圾清理、规范家畜圈养、拆除乱搭乱建等工作近3000人次，辖区内小流域水质均达到Ⅱ类。

【安全排查】 2022年，太平镇根据《全区安全生产专项整治三年行动实施方案》（延安委〔2020〕9号）及《南平市延平区人民政府办公室关于印发全区安全生产隐患排查整治冬季会战工作方案的通知》（延政办电〔2022〕26号）文件要求，结合辖区实际，坚持长效制度机制建设贯穿始终，持续落实安全监管，在“一网三责”机制基础上，结合《进一步推进安全生产网格信息监管执法工作的实施方案》要求，推动全镇建立完善“网格化+信息化+监管+执法”模式，夯实镇、村(居)等基层安全基础，强化系统化、根本性安全治理。结合实际制作完成“一村一册”“一企一册”，全年排查企业、生产经营场所335家次，参加人员476人次，排查一般隐患60个，已整改60个，整改率达为100%。开展较大规模宣传活动7次，综治、安办、消防、道安、太平派出所等部门结合“平安三率”主题在集镇上开展安全宣传活动，活动累计张贴宣传标语570余张，悬挂横幅39条，发放宣传单5621份。

【人口与生育服务】 2022年，太平镇新生儿68人（男性37人、女性31人），总性别比119∶100。优生检测指导数32人，已检测21人，完成率65%。全镇流动人口在册432人，流入人口在册35人。全年死亡注销23人，协查反馈率100%，申报卫键各项奖励扶助45人。

【脱贫攻坚】 2022年，太平镇将建档立卡贫困人口纳入城乡居民基本医疗保险、大病保险、医疗救助、精准扶贫医疗叠加保险、商业补充医疗保险。家庭医生签约率100%，并由镇卫生院建立健康档案，实时跟踪情况。实施一般造福工程易地扶贫搬迁38户105人，接受职业教育享受“雨露计划”补助8人，发放资金2.4万元。新增农村低保22户30人，城镇低保1户1人，特困4户4人。为城镇低保41户73人申领低保金39.4632万元，为农村低保250户466人申领低保金223.9534万元。为特困户29户申领特困补助49.6499万元。发放残疾人护理补助201人，总计21.0661万元；生活补助203人，总计20.1564万元。新增参保人数16人，全年全镇有参保人数10179人。做好待遇到龄领取通知、养老金资格认证、低保、残疾对象资格认证工作。全镇60岁以上待遇在领人数有3380人，完成资格认证3159人，完成率达95.26%。

【党建工作】 2022年，太平镇广泛组织机关、各党支部党员，以及致富带头人、专业技术人才等人群开展政治理论学习，通过镇党校举办培训班，有效提升全体干部、村“两委”、致富带头人等人群的专业知识能力，开设班次15次，开展各类党员教育学习活动50余场次，受益群众达2500余人次。在党的二十大召开前、召开时、召开后，以表彰“两优一先”，发放10枚“光荣在党50年”纪念章，组织党员干部深入学习《闽山闽水物华新——习近平福建足迹》、《习近平谈治国理政》第四卷等著作，开展主题党日、“我为群众办实事”、“党员奉献周”等活动，组织集中观看党的二十大开幕式，开展谈心谈话、进行研讨。强化党风廉政建设，开展集中学习，集中进行党风廉政教育，认真学习《党员领导干部廉洁自律规范》、《党员领导干部廉洁自律从政准则》、中央八项规定精神、各级纪委全会精神，观看警示教育片，分析典型案例，时刻教育全镇干部职工遵纪守法，依法行政，推动制定《太平镇财政所报销制度及报销流程》，夯实党员干部廉洁自律思想根基，筑牢廉洁自律防线，营造风清气正干事创业的良好氛围。考察培养对象在乡村振兴中发挥的作用，择优发展入党。全年发展党员11名，其中，35岁以下7人，大专本科以上学历7人。

（供稿人：陈　宣）

（责任编辑：魏可欣）

樟湖镇

【概况】 樟湖镇位于北纬26°16′～26°29′，东经118°25′～118°40′，地处延平区最南端，东与古田县黄田、水口两镇交界，东南与闽清县毗邻，西南与尤溪县尤溪口、西滨、洋中三镇接壤，西北与延平区太平镇相邻，北与延平区巨口乡相连。樟湖镇是水口水电站库区重点乡镇，距省城福州市118千米，距延平区56千米，境内316国道、外福铁路纵贯，闽江流经全镇。下辖1个社区居委会和龙池、坂头、麟经、上坂、中坂、中和、下坂、新岭、溪口、武步、香山、剧头、西塘、高洲14个村，共33个自然村、119个村民小组。2022年末，全镇户籍人口6387户、20370人，属福州语系。2022年，樟湖镇固定资产投入4.54亿元，同比增长4.5%；公共财政总收入352万元，同比增长8.9%，其中地方公共财政收入 141.8 万元，同比增长 8.5%。

【党建工作】 2022 年，樟湖镇有 1 个党委、23 个党支部、1119 名党员。学习贯彻习近平新时代中国特色社会主义思想，开展各类学习活动 20 余场次，受众 2300 余人次。乡镇党校平台开设班次 5 次，完成村“两委”干部全覆盖轮训，培训农村党员 1100 余名。开展“我为群众办实事”等活动，牵头落实为民办实事项目 4 个；开展农村发展党员违规违纪自查工作，排查党员档案 129 份，发现一般性问题 43 个、严重性问题 4 个，明确责任人 42 人，并对相关责任人做出相应处理。全面提升发展党员质量；开展党务工作者发展党员集中培训 2 次，引导优秀农村青年入党，发展党员 17 名，其中 35 周岁以下 12 名，占比 71%。集中开展村级换届“回头看”，结合开展党建体检工作，采取“三个一遍”方式对村“两委”班子运行情况开展逐一调研，发现问题 11 个，对后进村剧头村落实“四个一”整顿长效机制，落实存在问题整改 4 项。

【重点项目建设】 2022 年，樟湖镇完成 6 个库区项目竣工验收，总投资 7671.13 万元。加快推进 5 个总投资 4247.19 万元库区项目建设：投资 647 万元的樟湖镇白鸽岛景观提升工程已完工送审；投资 150 万元的溪口城乡供水一体化工程已竣工待验收；投资 2655 万元的樟湖镇溪口库区大桥即将竣工通车；投资 386.4 万元的樟湖镇夫人宫大桥修复工程已完成工程量的 70%，已完成架设梁片，准备进行桥面铺装；投资 408.79 万元的樟湖镇经委楼至码头段主街景观提升已完成工程量的 70%，对店面招牌和道路部分进行改造提升。引进亿元招商项目 2 个，总投资 2.58 亿元。总投资 3 亿元的蛇产业基地项目已完成实地考察并接洽投资方。全力推动省、市、区重大重点项目建设，延平区鑫隆祥羽绒加工项目已有 9 条生产线可开工生产，年产值 1 亿元；总投资 1.21 亿元的延平区湖光纸业改建项目顺利开工建设；总投资 9163 万元的南平延平香山 110 千伏输变电工程按序时进度推进，土建部分完成 95%，电气部分完成 20%。

【农业发展】 2022 年，樟湖镇辖区内粮食作物主要有稻谷、甘薯、大豆、玉米，其中稻谷面积占粮食作物面积的 85% 以上，粮食播种面积 352.9 公顷，产量 2092 吨。辖区经济作物主要有蔬菜、水果、甘蔗、食用菌等，蔬菜种植面积 206 公顷，产量 4530 吨，水果种植面积 26.4 公顷，产量 487 吨。畜牧业以生猪、鸡、鸭等为主，生猪出栏 26122 头，家禽出栏 281545 羽，其中鸡出栏 120265 羽、鸭出栏 156697 羽。樟湖库湾面积大，水域宽广，库区蓄水后形成水域面积 1933.33 公顷，养殖品种有南方大口鲇、湘云鲫、罗非鱼、鳊鱼、草鱼、鳙鱼、鲢鱼等主要养殖鱼种，深受消费者青睐。淡水养殖面积 365.87 公顷，库湾养鱼网箱 4948 个，水产品总产量 2193 吨。

【乡村振兴】 2022 年，樟湖镇以“崇蛇原乡”为主题，建设樟湖镇龙池村—下坂街—新岭村—剧头村示范带，重点围绕促进乡村特色产业发展、推进人居环境整治、发展壮大村集体经济、补齐乡村公共服务 4 个方面短板，实施 7 个项目，总投资 1649 万元。其中：总投资 580 万元的龙池村综合体网箱项目主体已竣工，正在进行内部装修；总投资 75 万元的龙池村立面改造二期、三期项目已进入扫尾阶段；总投资 400 万元的下坂街 5 个乡村振兴项目全部竣工验收；完成龙池乡村振兴品牌打造及三化建设项目，打造党建引领乡村振兴示范点 4 个。

【巩固拓展脱贫攻坚成果】 2022 年，樟湖镇实施防止返贫动态监测和帮扶机制，重点关注有大病重病和负担较重的慢性患者、重度残疾人等特殊群体的家庭，通过电话、微信、实地走访等形式全覆盖排查农户 5861 户 19817 人，其中建档立卡脱贫户 263 户，分散供养特困人员 23 户，农村低保对象和低保边缘户 193 户，农村残疾人户 220 户，未发现返贫疑似对象。争取资金 140 万元推动 14 个村年均增收 7000 元，争取资金 25 万元，扶持剧头村光伏发电、下坂街后峡垅库湾改造项目，实现村集体增收 3.5 万元，推动脱贫攻坚成果与乡村振兴

2022 年 12 月，樟湖镇溪口库区大桥基本完工　（廖庭翔／摄）

有效衔接。

【生态环境治理】 2022 年，樟湖镇打击生猪散养高压态势，组织镇两违办、国土、林业、乡建、环保等部门不定期排查辖区内养殖户和养殖场，规范管理监督，开展巡查行动 64 次，巩固畜禽污染整治成果。完成 2022 年立项县级土地开发项目及 2022 年旧村复垦项目，涉及 7 个村街，新增耕地 131.65 亩；完成第 2 批旧村复垦项目整改 5 宗、卫片专项清理整治问题图斑 17 个、耕地流出整改图斑 4 宗，整改面积 31.39 亩，复耕达到种植条件土地面积 7.1 亩。推进污水改造，争取地方专项债 1000 万元，启动宝峰山及牛形墩、下坂街及中坂街长安路、中小学及旱田峡三个片区生活污水收集处理项目，完成设计、预算，正在推进招投标事宜。保持“两违”高压态势，拆除历史违建 15 处 1.67 万平方米，“两违”建筑实现零增量；完成林业精准提升目标任务，完成植树造林 235 亩，全镇森林覆盖率达 72.9%。

【人口与生育服务】 2022 年，樟湖镇新生儿 91 人，政策内出生 90 人，政策符合率 98.9%，政策外出生 1 人，其中男孩 45 人、女孩 46 人，男女比例约为 98 ∶ 100。办理独生子女父母光荣证 6 本，办理生育服务登记 33 份，开展“生育关怀——金秋助学”活动，争取省级项目补助资金 2 万元。

【社会保障】 2022 年，樟湖镇发放城市、农村低保金、特困补助金、临时补助金等 419.77 万元，残疾人各类补助金 72.43 万元，养老补助金 1207.4 万元；推进拥军优抚工作，帮助 243 名退伍老兵办理优待证，发放参军入伍人员优待金 13.33 万元，发放农村籍 60 岁以上退伍老兵、优抚对象补助金 73.68 万元；推进总投资 100 万元区域性养老服务中心项目建设，新增养老床位 80 张；完成总投资 300 万元的武步村长者食堂项目建设；争取地方专项债，谋划推进总投资 3000 万元的樟湖镇养老服务中心项目建设。

【平安建设】 2022 年，樟湖镇召开安全生产培训会议 8 次、道路安全主题会议 9 次，组织开展交通警示教育学习 3 次，增强镇村干部做好安全生产工作的责任感和紧迫感。投入 230.4 万元建立微型消防站、修缮高洲村抢险救灾地质灾害点，提升全镇安全保障水平。加快推进电信诈骗人员劝返工作，成功劝返核减 14 人；加强基层网格化治理，聘用专职网格员 3 人、基层网格员 68 人开展日常网格化巡查及信息上报工作。

【党风廉政建设】 2022 年，樟湖镇纪委对各村（街、居）“两委”干部开展廉政谈话 37 人次，对相关站（办、所）负责人、分管领导开展约谈提醒 43 人次。运用“四种形态”处理 15 人次，立案查处党员干部违纪违法案件 2 件 2 人，给予党纪处分 4 人，办结群众信访举报件 2 件。开展廉政警示教育活动，组织机关党员干部深入学习党章党规党纪和宪法等法律法规，开展警示教育活动 10 场次，发送廉政短信 300 余条，教育引导党员干部知敬畏、讲规矩、明禁令、守底线，时刻筑牢廉洁自律防线。

洋后镇

【概况】 洋后镇地处延平区东部，位于延平、古田、建瓯三地交界处。全镇总面积 110.77 平方千米，下辖 10 个行政村，全镇总人口 1.3 万人。全镇耕地面积 0.91 万亩，林业用地 15.4 万亩（其中毛竹林 2.8 万亩、经济林 0.95 万亩），林木总蓄积量 82.6 万立方米。随着京台高速公路、南平联络线高速的开通后，洋后镇到延平区 42 千米、到南平市 98 千米、到福州市 95 千米，约 1 小时车程，交通和区位优势凸显。2022 年，洋后镇财税总收入 295 万元，完成固定资产投资 3.98 亿元，完成农林牧渔业总产值 1.52 亿元。

【党的建设】 2022 年，洋后镇聚焦在发展党员结构优化、标准要求上下功夫，确定积极分子 19 名，吸收预备党员 7 名，其中 30 岁及以下占比为 42.8%，大专及以上学历占比为 85.7%。开展农村发展党员违规违纪排查 94 人，排查出问题 53 个，其中“四类重点问题”2 个。

【农业发展】 2022 年，洋后镇“三茶”统筹发展稳步推进，建设高山茶园 400 亩。农业生产稳步发展，开展“齐心共耕希望田”活动，新建高标准农田 511 亩，复耕复种撂荒闲置地 1529 亩，实现粮食种植面积 5636 亩，粮食产量 2145 吨。种植烟叶 750 亩，新植油茶 200 亩，种植蔬菜 100 亩，建设后坪毛竹丰产林示范片 200 亩。

【重点项目建设】 2022 年，洋后镇新增入库项目 8 个，总投资 3.78 亿元。其中基础设施 2 个，为南平市延平区洋后镇大禄溪安全生态水系建设项目，项目总投资 3157.91 万元；延平区洋后镇坑门村乡村振兴人居环境提升项目，总投资 519 万元。绿色产业 6 个，分别是：延平区万兴笋竹加工项目（二期），项目总投资 7585 万元；延平区大禄水乡渔村项目，项目总投资 7190 万元；延平区高村生态农业观光园项目，项目总投资 6792.5 万元；延平区延华武夷中药材种植基地项目，项目总投资 2992 万元；延平区绿航果园建设项目，项目总投资 3600 万元；延平区闽鲜湖羊养殖扩建项目，总投资 6058 万元。所有这些项目建成和投入使用都在为洋后镇培育新的经济增长点，成为就业、转移富余劳动力和增加农民收入

2022 年，洋后镇大禄村　（胡全俤 / 摄）

的主要途径，成为洋后镇全面建设小康社会的主体经济力量。

【乡村振兴】 2022 年，洋后镇以省级乡村振兴试点村大禄村为引领，开展乡村振兴示范带创建，全年实施乡村振兴项目 3 个。完成大禄溪安全生态水系项目，完善基础设施，补齐旅游短板。完成坑门村省级产业振兴项目，保护传承畲族文化，改善人居环境。完成洋后镇便民服务中心后山高陡边坡治理项目，化解地质灾害风险。打造花化彩化绿化工程项目，种植各类树木 1.2 万株。

【酒店经济回归】 2022 年，洋后镇加快培育酒店总部经济，2022 年 5 月 20 日正式成立南平市延平区酒店业协会，助推酒店业高质量发展。

【安全生产】 2022 年，洋后镇严格落实“党政同责、一岗双责、齐抓共管、失职追责”的安全生产责任体系，开展安全生产隐患排查等工作。全镇检查生产经营单位场所 589 次，排查出安全隐患 67 个，已整改 67 个，整改率 100%。加强安全生产工作，严守安全生产底线，加大宣传的覆盖面，宣传安全生产的重要性、必要性。其间，张贴安全生产宣传标语 150 余张，悬挂横幅 12 条、进村入户发放安全宣传单 1350 余份、LED 屏滚动标语 365 频次，集中宣传发放宣传单 1210 余份。

【生态环境】 2022 年，洋后镇推进美丽乡村建设，农村户用厕所无害化改造覆盖率达 93.53%，所有行政村户用厕所无害化改造普及率达90%以上，其中大禄村普及率达 100%。农业生产废弃物资源化利用率达 90% 以上。推进美丽庭院评选，结合人居环境整治、垃圾分类等工作，评选出省级 7 户、市级 12 户。全镇“国家级生态乡镇”各项考核指标均已达到或部分超过，主要流域水质达Ⅲ类以上。

【社会保障】 2022 年，洋后镇新审批农村低保 17 户 29 人，发放低保特困金约 220 万元；发放临时救助金 9.44 万元，救助 21 人；申请南新村长者食堂市级补助 5 万元，为南新村困难老人提供用餐服务。开展办理贫困人员就业推荐服务，推荐就业 40 人次。做好为民办实事项目，其中“助残项目”，对扶贫建档残疾对象申请“居家护理”项目 5 人，每人补助 2000 元，计 10000 元；申请“就业创业”项目 2 人，每人补助 5000 元，计 10000 元。

（供稿人：曾继平）

（责任编辑：魏可欣）

赤门乡

【概况】 赤门乡位于延平区东南部，集镇距延平城区约 42 千米，辖区总面积 106.91 平方千米，属山区丘陵地带，最高点大宝山海拔 1166.8 米、最低点赤门集镇所在地海拔 280 米，地面高程一般海拔 330 米，属亚热带海洋性季风气候，年平均气温 18℃。境内矿产资源主要有白云石、尤山玉、透辉石等石材。境内建有梯级开发小水电站 5 座，总装机容量 3750 千瓦，年发电量约 1112 万千瓦时；1 座小（1）型公益性水库，总库容 285.6 万立方米。下辖赤门、东墙、仁岩、三垱、前坪、西马、尤山、双桥、苦竹洋 9 个行政村，43 个自然村，89 个村民小组。2022 年末，全乡总人口 2631 户、10207 人，以汉族为主。

2022 年，全乡公共财政总收入 94 万元，比上年增长 74.1%；农林牧渔业总产值 18578 万元，比上年增长 11.2%；固定资产投资 35516 万元，比上年增长 20.98%；限上商贸零售额总计 2818 万元，比上年增长 9.7%；工业投资（含技改）1008 万元，比上年增长 100%。

【重点项目建设】 2022 年，赤门乡围绕区委“全方位推进延平‘二次创业’，奋力打造福州都市圈门户城市”发展战略和“12335”行动，大力推进各项重点项目建设。持续培育赤成实业做大做强，赤成农林旅产业融合项目加速推动，已流转土地 113.33 公顷，开发花卉苗木示范区 86.66 公顷，培育 130 多个种类 15 万余株花卉苗木；农业农耕区 26.66 公顷，年增加村财收入约 65 万元，解决当地村民就业约 70 人，村民年增收约 260 万元。完成苦竹洋农产品加工运营中心项目建设，占地面积 3000 平方米，预计每年可增加村集体经营性收入40万元，带动就业50余人，促进全乡农副产品实现产业化、品牌化、集约化发展。引资建设青少年“自然学校”，流转旧建筑2座，山林农田6.66公顷，打造学工学农学军实践教育“自然学校”。

【基础设施建设】 2022年，赤门乡聚焦乡村风貌，提升美丽乡村“颜值”。以乡村振兴示范带沿线立面改造提升和亮化绿化花化彩化为内容，融入福文化和赤门形象文化IP，开展立面改造5100平方米，种植各类花卉树木1000余株，地被保护1000余平方米，打造景观节点7处，安装路灯121盏、福文化IP灯杆公益广告262面，打造“花彩福道”8千米；新建地标集步道、凉亭、观赏池塘于一体的“水尾公园”，将原先的“破烂地”变为如今的“休闲地”，改善周边环境，丰富村民群众业余生活；加速建设污水管网，完成赤门乡污水管网（二期）约4千米的支管建设及污水管网（三期）可坑路段1千米污水管网建设，解决可坑自然村污水处理问题，进一步完善污水管网设施，提升全乡污水处理能力，切实保护兰溪流域水质。

【安全稳定】 2022年，赤门乡聚焦安全稳定，着力筑牢平安赤门“防线”。压实平安建设责任，建立专班包案化解机制，分类解决和稳控矛盾纠纷；开展安全隐患治理，创新建立安全隐患排查整改销号制度，严格落实闭环管理，排查整改安全隐患问题83个；全力做好房屋结构安全隐患排查整治“回头看”工作，对全乡1412栋自建房全覆盖排查；深入开展消防安全百日攻坚行动，加强应急队伍建设，组建半专业应急扑火队30人，建立微型消防站5个；全面履行道路建设和养护职责，推动道路隐患整改，对汛期63处道路水毁、溜方、塌方路段及时抢通。

【农业经济】 2022年，赤门乡传统农业种植持续稳定，实现水稻种植面积553.06公顷，产出水稻337.2万千克；实现烟叶种植面积54.66公顷，产出烟叶11.28万千克，总产值391.04万元；在现有百年野茶基础上流转土地46.66公顷，新种茶苗6.66公顷；调优果树品种结构，推广果树种植新技术，发展赤门村、西马村杨梅，苦竹洋村百香果、双华李，前坪村柑橘，东墙村黄桃，仁岩村柑橘、翠冠梨等特色水果，全乡果树种植面积102.8公顷，水果年产量771吨，年产值约462万元；持续推进蔬菜种植产业稳步发展，全乡蔬菜播种面积159.86公顷，年产量3489吨，年产值约2100余万元。

2022年12月4日，赤门乡苦竹洋农产品加工中心党建馆　（林丹萍/摄）

【粮食安全】 2022年，赤门乡推动撂荒地复耕73.33公顷；完成春粮、夏粮、秋粮播种面积561.73公顷，完成任务数102%；中稻插秧189.47公顷，完成任务数102%；旱粮播种85.07公顷，完成任务数103%；晚稻插秧263.87公顷，完成任务数101%；完成大豆种植31.2公顷，完成任务数102%，超任务完成粮食生产计划，发放地力补贴91.87万元。

【林业发展】 2022年，赤门乡林地面积8397.38公顷，其中，杉木1906公顷，松木1854公顷，竹林2623公顷，生态林1335.7公顷，森林覆盖率76.11%，造林4.2公顷，封山育林33.3公顷，砍伐林木36.2公顷。

【教育事业】 2022年，赤门乡坚持优先发展教育事业，中小学学龄人口入学率均达到100%；小学部有学生137人，中学部有学生125人；有在编教师30人。中考一中上线率位居全区前列，总体平均分居全区第二，及格率第一。

【卫生工作】 2022年，赤门乡拥有卫生院1个，9个行政村中7个村均建设“一体化”村卫生所。赤门乡卫生院固定资产总值333.7万元，拥有病床15张、专业卫生技术人员11人，其中执业助理医师1人、执业医师2人、注册护士5人，检验师2人，药剂师1人。全年，医疗机构（门诊部以上）完成诊疗7988人次。

【社会保障】 2022年，赤门乡向上争取2022年度中央财政衔接乡村振兴补助资金26万元，开发公益性岗位18个，实施“雨露计划”涉及学生20名；深入开展城乡居民养老保险待遇领取资格核查工作，落实全乡城乡居民养老保险待遇领取2191人，发放养老金190.77万元；发放低保金147.7万元；特困补助36.5万元，临时救助金10.08万；事实无人抚养补助金10.6万元，高龄补助17.97万元；残疾人补贴42万元；发放小额信贷17.5万元；慰问困难党员、群众62人106530元；慰问计生困难户11人11000元；城乡居民基本医疗保险缴费人数为9146人，完成缴费率96.9%。

【党史学习教育】 2022年，赤门乡围绕“学史明理、学史增信、学史崇德、学史力行”要求，着力在“学党史、悟思想、办实事、开新局”上下功夫，推动党史学习教育常态化开展并取得实效。开展乡党委理论学习中心组集中学习29次，“青春微学堂——微分享”活动45期，读书分享会36场次，理论微宣讲活动20余场次，文明实践主题宣传活动16场次。扎实开展“我为群众办实事活动”，完成办实事项目26个。充分用好宣传栏、路灯牌、LED屏、“村村响”及微信等新媒体，广泛宣传，结合“凤凰回首，福见赤门”形象IP，在主干道沿线建设262块“福文化”路灯宣传牌，以及“福文化”景观小品，打造习近平新时代中国特色社会主义思想和“福文化”宣传展示带。

（供稿人：林丹萍）

（责任编辑：魏可欣）

巨口乡

【概况】 巨口乡地处延平区东南部，为延平区最偏远的乡镇，东与古田县交界，南与樟湖、太平、洋后、赤门等乡镇毗邻，土地总面积136.01平方千米，辖区总面积114.7平方千米，地势平均海拔110米，森林覆盖率79.29%，属于国家级“生态乡镇”。下辖巨口、馀庆、谷园、岭根、田溪、上埔、村头、横坑、九龙、员墩洲、半岭等11个行政村，下设28个自然村、95个村民小组，总人口3402户、11249人，其中城镇常住人口2148人、流动人口119人，以汉族为主。建有1个党委、17个党支部，党员685名。

2022年，全乡财政总收入511万元，比上年增长39%；地方级财政收入397万元，比上年下降4.7%；全年固定资产投资3亿元。农村居民人均纯收入达到20968元。2022年底，全乡建有谷园、渃洋、团结、九龙4座水库，共建长泉、浮峰、渃洋、村头、员垱洲、赤岭6座水电站，总装机超过1.5万千瓦以上，年均总发电量5000万千瓦时。

【固定资产投资】 2022年，巨口乡固定资产投资任务数3亿元，累计社会固定资产总投资约13亿元，农民年人均纯收入从2017年的12239元增加到20968元，年均增长14.3%。激励引导社会资本和农民筹资投劳，把试点村打造成为美丽乡村样板村、乡村振兴示范村，形成可复制推广的创新性机制成果。

【农业发展】 2022年，巨口乡高标准农田建设任务涉及田溪、巨口、馀庆3个村，项目区建设规模59公顷，概算工程总投资280.62万元，施工项目包括土地平整、农田水利、田间道路和农田防护及生态环境保持等，资金来源为中央财政资金78.47万元、省级财政资金44.41万元、市级财政资金3.81万元、县级财政资金153.93万元。全年区农业农村局下达巨口乡的粮食生产指导性计划指标总种植面积504公顷，产量3013吨。其中：春粮（马铃薯）5公顷，产量15吨；中稻112公顷，产量730吨；晚稻308公顷，产量1763吨；玉米、甘薯、大豆等旱粮74公顷，产量279吨。巨口乡农技站从2月开始动员落实，指导农户做好种植季节安排和种子、化肥、农药等农资及农机采购，全乡实际种植水稻面积420公顷，预计稻谷总产量约1500多吨，落实种植玉米、甘薯等其他粮食作物74公顷，预计产量为280吨，全年粮食作物总产量约1780吨，较好完成区里下达计划目标。

【基础设施建设】 2022年，巨口乡实施项目带动发展战略，提升基础设施。以国家农村综合性改革试点试验区为契机，全面加快路网建设。巨口乡提前谋划，整合政策与资金，加快推进田溪至横坑村（Y021）、巨口村至九龙村道路改建等项目，全长约12千米，投入资金1470万元，有效完善道路周边设施。

【党建工作】 2022年，巨口乡开展中心组学习13次，集体学习20余次，主题党日活动34次，班子成员上党课13次，参与听课党员400余人次。以连片打造岭根村、谷园村、馀庆村，辐射带动九龙村、村头村的党建示范

2022年5月19日，省侨联人员前往巨口中学进行慰问 （张文翔/摄）

点建设思路，落细落实建设工作；为全乡12名党龄50年以上的老党员举办“光荣在党50年”纪念奖章颁发仪式，走访慰问困难党员、老党员等34人。在抓党建基础上整合各村优势资源，推动建成巨口乡森林康养基地，2022年巨口乡被评为福建省气候康养福地。依托丰厚历史文化资源优势，联合福建省图书馆和南平市图书馆打造南平地区首家“清新书苑”，面向党员群众开展政策理论宣传、提供公共文化服务，有效改善乡风民风。推进新时代文明实践建设，在全乡建设四个“五联共建”片区，实现乡村两级新时代文明实践站、所全覆盖，推动党组织书记担任实践所所长，推动党建引领文明创建走深走实。

【人居环境整治】 2022年，巨口乡人居环境整治工作得到提升，畜禽养殖污染整治成果进一步巩固。常态化开展联合执法工作，新建公厕5座，垃圾转运1080吨。森林覆盖率达79.29%，林地绿化率93.25%，武步溪水质全年保持Ⅲ类以上。结合乡风文明、门前三包等活动，实施创建“美丽庭院”“最美乡村”等活动，全覆盖开展“爱心超市”“红黑榜”“网格化”管理工作机制，试点开展垃圾分类及垃圾转运工作机制，每月组织对农户家庭卫生评比，实现农村环境卫生保洁常态化，推动乡容乡貌提升。推行“河长制”，开展河流巡查工作，发现问题，立即整改，确保乡内各条河流岸边无垃圾、水质良好、水流清澈。

【社会保障】 2022年，巨口乡按照中央、省、市有关文件精神和区委、区政府统一部署，有计划、有针对性地结对帮扶贫困户，累计投入资金71.4万元，帮扶项目4个，完成111户323人的脱贫工作。继续加大投入，严格落实“四个不摘”要求，确保脱贫群众稳得住、有就业、能致富。活用政策，保障体系不断健全。社会保障覆盖面不断扩大，累计发放低保户（含“五保户”）补助款164万元，优抚补助57.22万元；巩固扩大医疗保险覆盖面，提高“新农保”参保率。推动教育、卫生、文化事业发展，中学主要教学指标连续5年名列全区前茅，其中2022年巨口乡中考优秀率全区排名第一，及格率排名第五，平均分排名第六。筹集社会各界教育基金，每年进行奖学奖教助困。改造幸福院1座、3星级幸福院2座，其中申请4星级幸福院1座、申请3星级幸福院1座。

【传统村落保护】 2022年，巨口乡是国家级生态乡镇，历史悠久，文化积淀深厚，境内留存着数量众多、价值独特的古民居、古遗存、古村落。推进“古厝生态银行”试点工作，利用全乡完整保存的明清古厝102座，土厝600多座，通过整合、盘活零散的古村、古厝资源，实现资源变资产。进行十镇百村建设项目，改造馀庆驸马厝、馀庆雀替咖啡馆、谷园旗杆厝、谷园中正厝、岭根礼堂等项目，承担民宿和土厝文化展示功能以及游客民宿和休闲功能，盘活各村闲置资产，拓展巨口乡旅游招待能力，使原先破烂不堪的老建筑重焕生机。

【乡村振兴工作】 2022年，巨口乡围绕“产业兴旺、生态宜居、乡风文明、治理有效、生活富裕”的工作总要求，以实现“农业强、农村美、农民富”为发展宗旨，立足乡情，精准发力，实施乡村振兴战略取得阶段性成效，勇做新时代高质量发展的排头兵。加强人才培育，助力乡村振兴。首创农村干部培养机制，与中国社科教育培训中心合作，建成闽北乡村干部学校，打造独具巨口特色、培训功能齐全、孵化乡村振兴人才的培训基地。举办47个培训班次，培训人数达2300人次。组织和倡议全乡在外经商、事业有成的乡贤捐资，用于“奖教奖学”与“扶贫助学”，吸引教师留下来，鼓励孩子走出去。五年来，发放教师补贴约52万元，学生奖学金48万元。为做好文化振兴，注入生机活力。以北峯孝廉文化体验区项目为载体，搭建“文化研究、文化挖掘、文化传承、文化应用”相融合的综合平台，推动村民树立良好家风，引导村民用行动践行孝道，形成尊老爱幼、邻里和睦的文明乡风。挖掘乡镇红色文化，讲好巨口红色故事。将村头村黄家大院打造成红色纪念馆，岭根村礼堂打造成乡村红色影院，有效发掘红色文化，赓续红色血脉。聚焦产业振兴，坚持绿色发展。在巩固发展传统农业的基础上，按照高标准要求、高水平开发、高质量发展理念推动产业向规模化、标准化、品牌化发展。引进延平区兰峰金谷森林康养生态园、巨口乡九龙村千公顷良田艺术高效园等项目，将一产、二产、三产有效融合，推广农业“五新技术”，推进田溪、村头、上埔3个村2500公顷的农业产能区建设，不断提高农业机械化水平。

（供稿人：张小辉）

（责任编辑：魏可欣）

人物　荣誉

【2022 年福建省五一劳动奖章 】

游成雄　福建省和顺碳素有限公司

【2022 年福建省五一先锋号】

南平市延平区职工服务中心医疗互助窗口

【第 20 届福建青年五四奖章】

朱从军　南平市延平区南山镇江边村支部书记、村主任

【2022 年福建省工人先锋号】

南平市延平区金盾城市综合管理有限公司延平夜鹰突击队

赢创嘉联白炭黑（南平）有限公司来舟工厂一期干燥班组

延平区总工会职工服务中心（窗口）

【2022 年省级“安康杯”竞赛优胜单位】

南平元力活性炭股份有限公司

福建省南平农村商业银行股份有限公司

中国移动通信集团福建有限公司南平分公司市区营销中心

【2022 年省级“安康杯”竞赛先进班组】

福建长富乳品有限公司动力车间锅炉班组

【2022 年省“安康企业家”】

李金松　国网福建省电力有限公司南平市延平区供电公司

【2022 年度“南平青年五四奖章集体”】

延平区税务局“薪火铸税”青年先锋队

延平区预算绩效评价中心

中建三局延平新城医院（一期）项目

【2022 年度“南平青年五四奖章个人”】

阮传梅　南平市延平区综合服务保障中心主任

余春平　南平市点睛电子商务有限公司总经理

陈骏达　南平市延平区文体消防救援站消防员

林景杨　南平市延平区艳阳家庭农场负责人

郭晓妹　中共南平市延平区委宣传部文艺股负责人

　　　　延平区网络安全和信息化中心干部

曾　妮　福建南平国际经济技术合作有限公司财务总监

【2022 年市级“安康杯”竞赛优胜单位】

福建省南平市三红电缆有限公司

福建金新农饲料有限公司

福建长富乳品有限公司

南平市烟草公司延平分公司

【2022 年市级“安康杯”竞赛先进班组】

福建省南平市三金电子有限公司黑瓷班组

福建省和顺碳素有限公司质检部化验班组

【2022 年南平市“安康杯”竞赛组织工作优秀个人】

林锦清　南平市延平区总工会

【南平市三八红旗手标兵】

刘红蕾　延平区农村社会经济调查队一级科员

【南平市三八红旗手】

王舒婷　延平区人民法院民事审判一庭（家事少年审判庭）法官助理

茅木花　延平区梧桐社工负责人

余丽娟　延平区峡阳镇党委组织委员

林　芳　延平区洋后镇党政综合办公室一级科员、人大秘书、妇联主席

【南平市三八红旗集体】

延平区大横镇博爱村民委员会

延平区梅山街道自强社区居民委员会

【2022 年延平区见义勇为表彰人员】

丁式钗　延平区水南街道居民

兰　强　南平公共交通有限公司驾驶员

宋东章　南平火柴厂退休工人

【2022 年延平区见义勇为确认人员】

赵国生　延平区四鹤街道居民

赵　红　南平公共交通有限公司驾驶员

南平市延平区
2022 年国民经济和社会发展统计公报

一、综合

初步核算，全年实现地区生产总值 455.23 亿元，比上年增长 2.5%。其中，第一产业增加值 40.62 亿元，增长 6.4%；第二产业增加值 165.40 亿元，增长 1.4%；第三产业增加值 249.21 亿元，增长 2.5%。三次产业增加值占地区生产总值比重分别为 8.9%、36.3%、54.8%。全年人均地区生产总值 10.13 万元，比上年增长 3.2%（见图 1）。

年末常住人口 44.8 万人。其中，城镇常住人口 32.75 万人，占总人口比重（常住人口城镇化率）为 73.1%，比上年年末提高 0.8 个百分点。全年出生人口 2316 人，出生率为 5.17‰；死亡人口 3562 人，死亡率为 7.95‰；自然增长率为 -2.78‰。年末户籍总人口 48.8 万，比上年年末减少 0.26 万人。其中，城镇人口 25.4 万，乡村人口 23.4 万人。全年城镇新增就业 3632 人，其中城镇失业人员再就业 909 人，就业困难人员就业 541 人（见表 6）。

二、农业

全年农林牧渔业总产值 77.46 亿元，比上年增长 7.1%。其中，农业产值 21.97 亿元，占农林牧渔业总产值比重为 28.4%，增长 3.3%；林业产值 13.03 亿元，占农林牧渔业总产值比重

2022 年末户籍人口主要构成情况一览表

表 6

指标	年末数（人）	比重（%）
总人口	487695	100.00
其中：男性	249864	51.23
女性	237831	48.77
其中：18 岁以下	87697	17.98
18 ～ 34 岁	87642	17.97
35 ～ 59 岁	204085	41.85
60 岁及以上	108271	22.20

16.8%，增长7.2%；牧业产值35.20亿元，占农林牧渔业总产值比重45.4%，增长9.7%；渔业产值1.98亿元，占农林牧渔业总产值比重2.6%，增长3.9%；服务业产值5.27亿元，占农林牧渔业总产值比重6.8%，增长5.3%（见图2）。

全年完成粮食播种面积14.81万亩，与上年持平。其中，稻谷播种面积11.98万亩，与上年持平。非粮食作物播种面积17.52万亩，比上年增加0.52万亩。其中，蔬菜播种面积13.66万亩，比上年增加0.46万亩；烟草播种面积0.73万亩，比上年增加0.21万亩；油料播种面积0.51万亩，比上年减少0.02万亩。

全年粮食总产量5.90万吨，比上年增加0.03万吨，增长0.5%。其中，秋粮产量5.50万吨，增长0.3%；稻谷产量5.17万吨，与上年持平。茶叶产量443吨，增长44.3%；水果产量1.73万吨，增长14.9%；蔬菜产量20.88万吨，增长4.2%；烟叶产量0.19万吨，增长40%（见表7）。

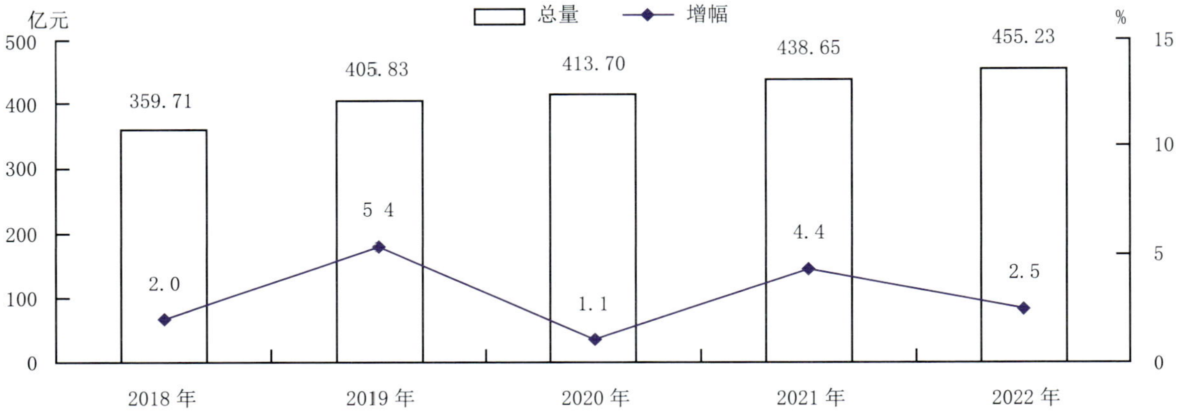

图1　2018—2022年地区生产总值（GDP）及其增长速度

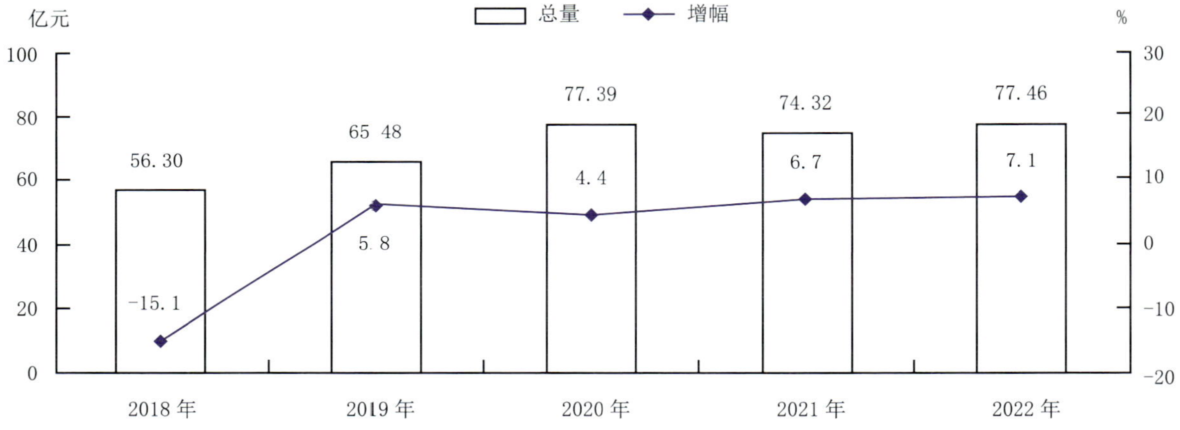

图2　2018—2022年农林牧渔业总产值及其增长速度

2022年主要农产品产量一览表

表7

指标	产量（吨）	比增（%）
粮食	59012	0.5
春收粮食	1077	17.8
夏收粮食	2959	-2.5
秋收粮食	54976	0.3
油料	639	-4.3
其中：花生	600	-4.5
油菜籽	22	4.8

续表 7

指标	产量（吨）	比增（%）
甘蔗	994	-3.7
烟叶	1865	40.0
茶叶	443	44.3
水果	17254	14.9
蔬菜	208774	4.2
食用菌	16012	0.3
笋干	18847	3.0

全年肉蛋奶总产量 12.1 万吨，比上年增长 17.9%。肉类总产量 7.26 万吨，其中猪肉产量 5.76 万吨，增长 2.3%；主要禽肉产量 1.34 万吨，增长 4.5%。年末生猪存栏 48.2 万头，下降 5.3%；生猪出栏 69.71 万头，增长 3.9%；主要家禽出栏 983 万只，增长 4.1%；兔出栏 17.54 万只，增长 3.5%。主要禽蛋产量 1.96 万吨，增长 14.4%。牛奶产量 10.14 万吨，增长 18.6%。

全年水产品产量 1.04 万吨，比上年增长 3.2%。淡水养殖产品产量 0.76 万吨，增长 2.3%。其中，池塘养殖产品产量 0.34 万吨，增长 1.8%；水库产量 0.35 万吨，增长 3.2%。

三、工业和建筑业

全年全部工业增加值 65.78 亿元，比上年增长 1.4%。规模以上工业增加值增长 1.3%。其中，园区增长 1.6%，区本级增长 0.4%。分三大门类看，全区无采矿业；制造业增加值占全区规上工业增加值比重为 98%，增长 1.0%；电力、燃气及水的生产和供应业增加值增长 19.4%（见图 3、图 4）。

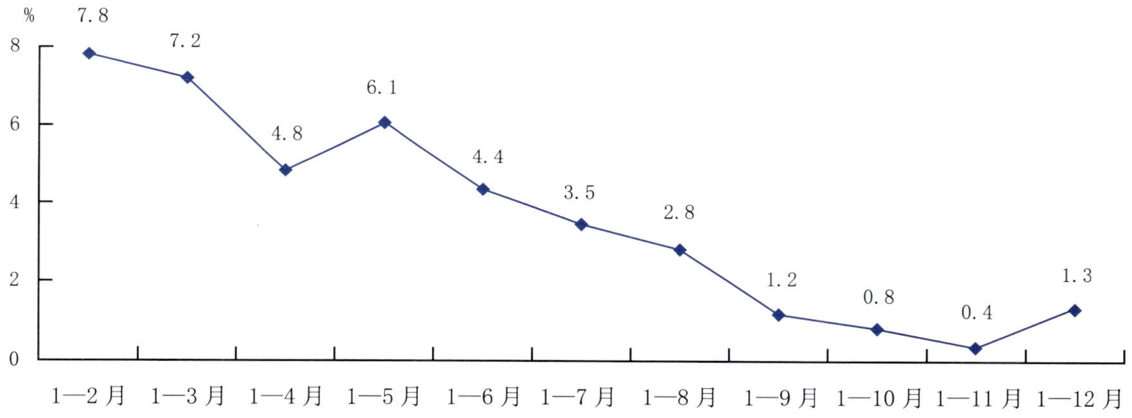

图 3　2022 年 1—12 月规上工业增加值增长速度

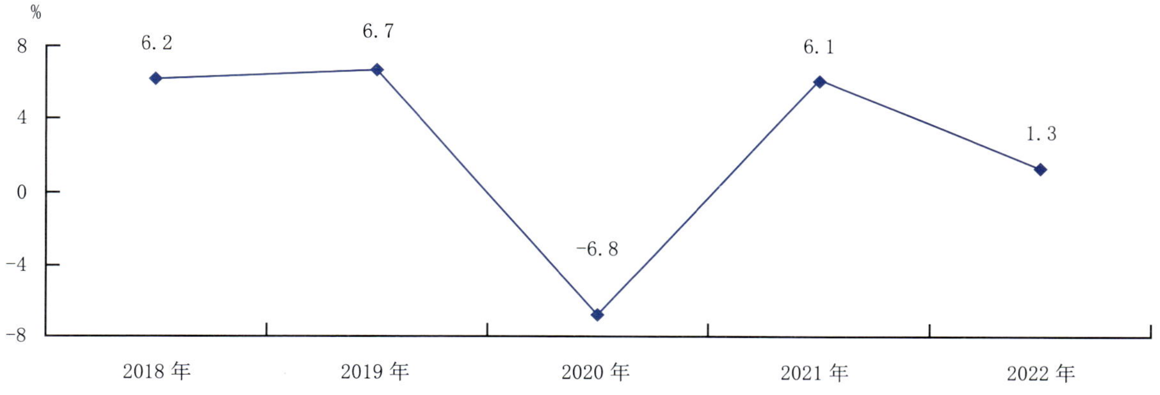

图 4　2018—2022 年规上工业增加值增长速度

规模以上工业的23个行业大类中有9个增加值实现正增长。其中，金属制品业增长45.9%，电力、热力生产和供应业增长38.5%，纺织业增长37.4%，木材加工和木、竹、藤、棕、草制品业增长29.8%，农副食品加工业增长25.2%。

规模以上工业战略性新兴产业增加值占全区规模工业增加值的比重为23.8%。规模以上高技术制造业增加值占规模工业增加值的比重为4.6%。

全年规模以上工业企业实现利润总额15.82亿元，比上年下降18.2%，其中制造业实现利润总额15.8亿元，下降27.8%。规模以上工业企业资产负债率55.8%，比上年提高2.8个百分点。规模以上工业企业累计实现营业收入310.8亿元，增长1.0%；税金总额5.84亿元，下降3.5%；亏损企业亏损面为29.9%，亏损企业亏损总额2.6亿元（见图5）。

全年资质等级以上的总承包和专业承包建筑业企业完成建筑业总产值94.17亿元，增长4.2%；房屋建筑施工面积92.28万平方米，下降3.04%，其中新开工面积46.85万平方米，增长3.61%；房屋建筑竣工面积11.99万平方米，下降71.26%（见图6）。

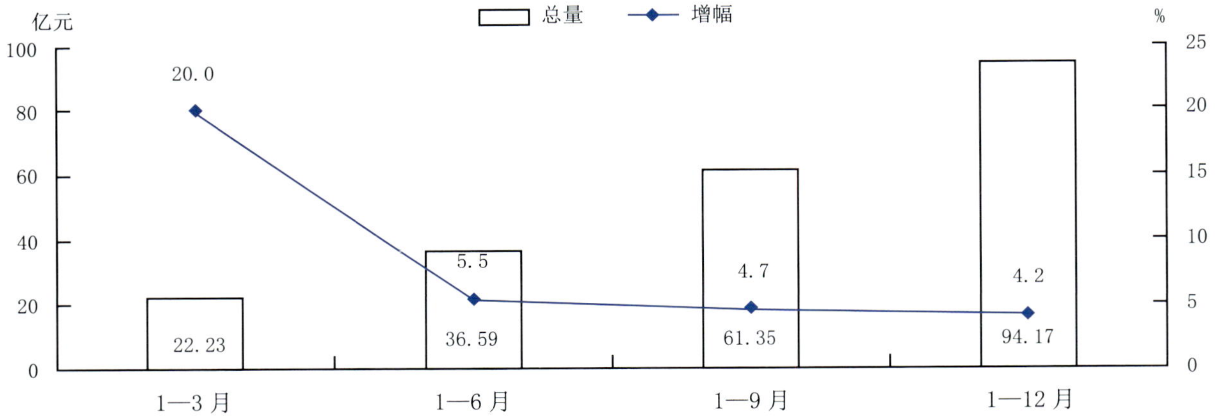

图5 2022年1—12月建筑业总产值及其增长速度

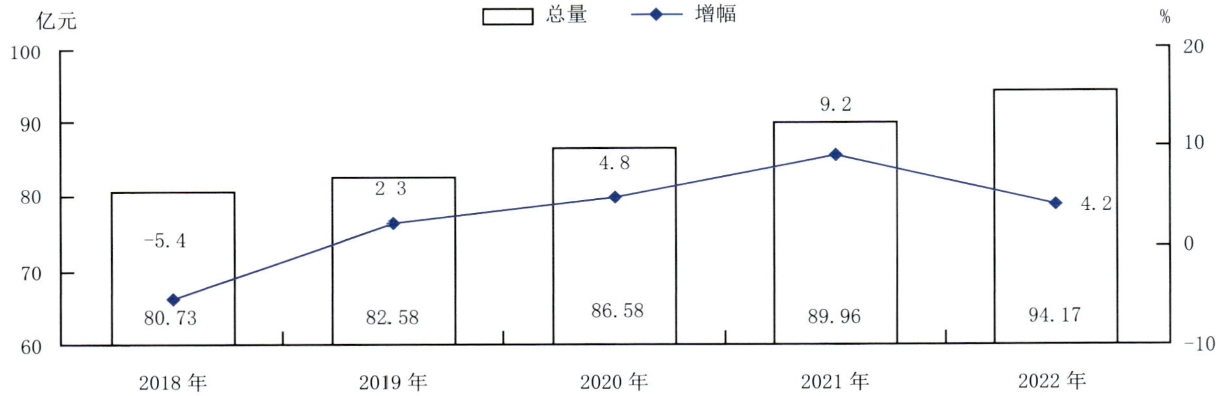

图6 2018—2022年建筑业总产值及其增长速度

四、服务业

全年交通运输、仓储和邮政业增加值16.52亿元，比上年增长6.3%；批发和零售业增加值41.59亿元，比上年增长6.7%；住宿和餐饮业增加值4.97亿元，增长2.7%；金融业增加值46.97亿元，增长2.7%；房地产业增加值16.69亿元，下降3.0%；营利性服务业增加值54.63亿元，下降0.3%；非营利性服务业增加值64.50亿元，增长2.1%。

全年规模以上服务业企业26家，完成营业收入58.55亿元，增长7.9%。其中，其他营利性服务业企业13家，完成营业收入21.51亿元，增长6.4%（见图7）。

五、固定资产投资

全年固定资产投资比上年下降2.9%。其中，项目投资增长1.6%，房地产开发投资下降16.9%（见图8）。

固定资产投资中，第一产业投资增长20.4%，占固定资产投资的比重为20.9%；第二产业投资增长2.6%，占比为34.8%；第三产业投资下降15.0%，占比为44.3%。工业投资增长2.6%，占比为20.9%；基础设施投资下降6.9%，占比为18.4%；民间投资增长0.8%，占比为60.5%（见图9）。

全年商品房新开工面积0.39万平方米，比上年下降98.76%；商品房竣工面积27.02万平方米，下降8.87%；商品房销售面积50.13万平方米，增长0.1%；商品房销售额30.45亿元，下降3.73%；商品房待售面积10.86万平方米，增长13.3%。

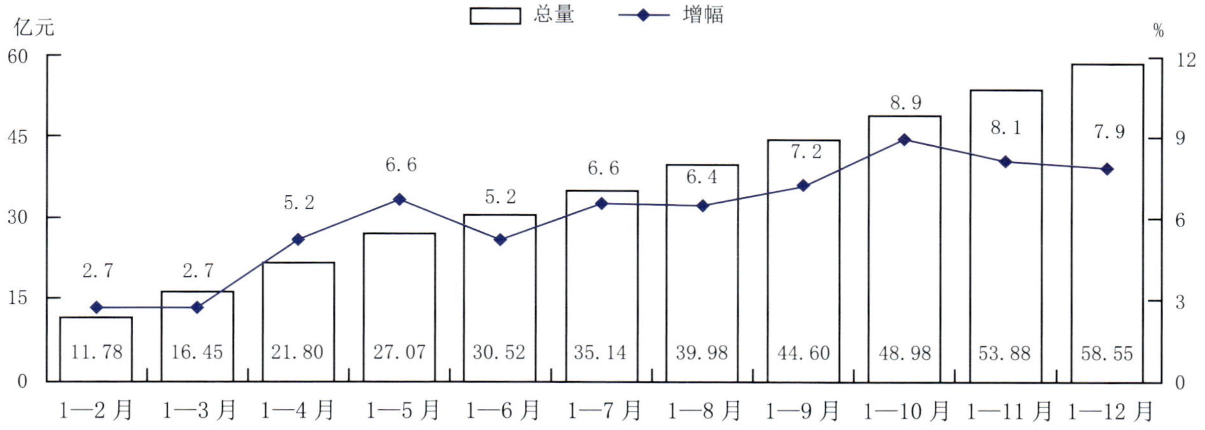

图7　2022年1—12月规上服务业营业收入及其增长速度

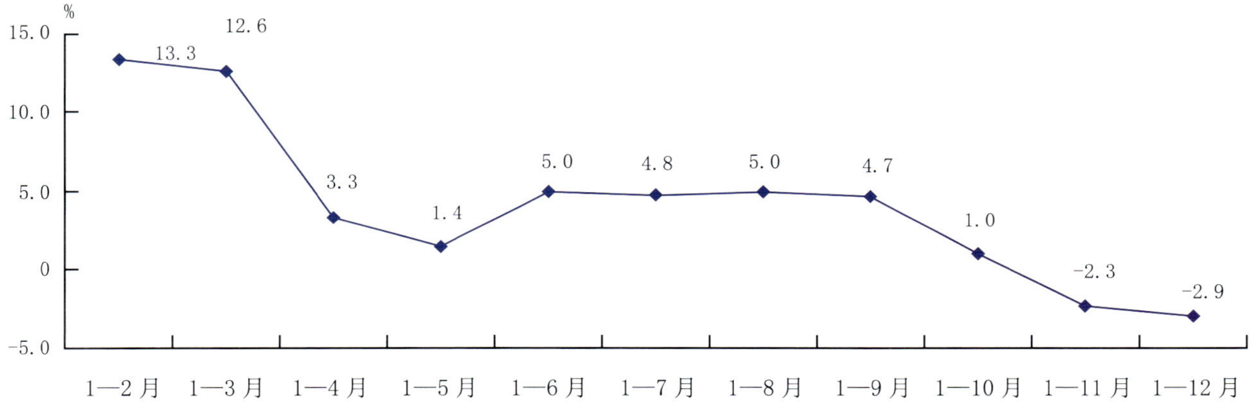

图8　2022年1—12月固定资产投资增长速度

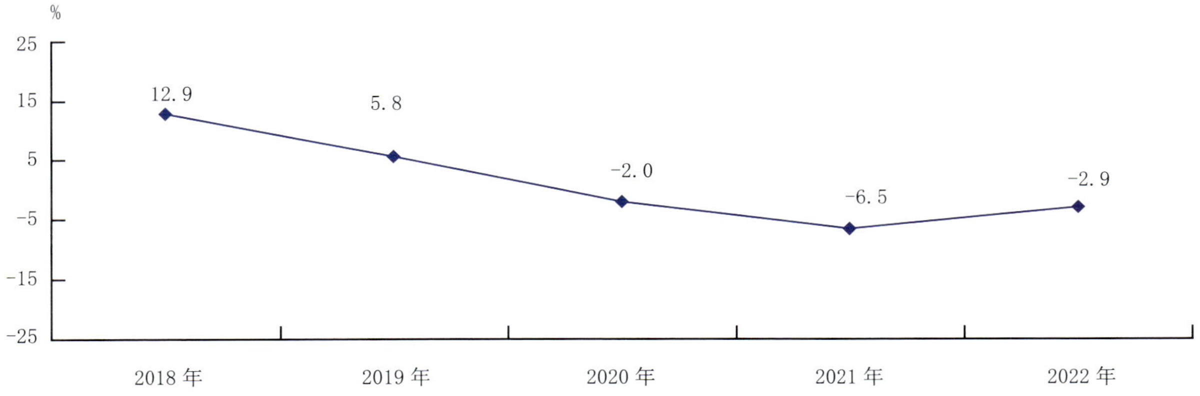

图9　2018—2022年固定资产投资增长速度

六、国内贸易

全年社会消费品零售总额114.59亿元，比上年增长3.4%。其中限额以上社会消费品零售额27.85亿元，增长5.2%；限额以下社会消费品零售额86.74亿元，增长2.8%（见图10）。

限额以上批发零售业零售额中，粮油、食品类比上年下降14.6%，服装、鞋帽、针织品类下降27.9%，五金、电料类下降15.0%，文化办公用品类增长1.9%，日用品类增长74.7%，汽车类增长22.5%。全年限额以上商品网上零售额6.05亿元，比上年增长58.3%（见图11）。

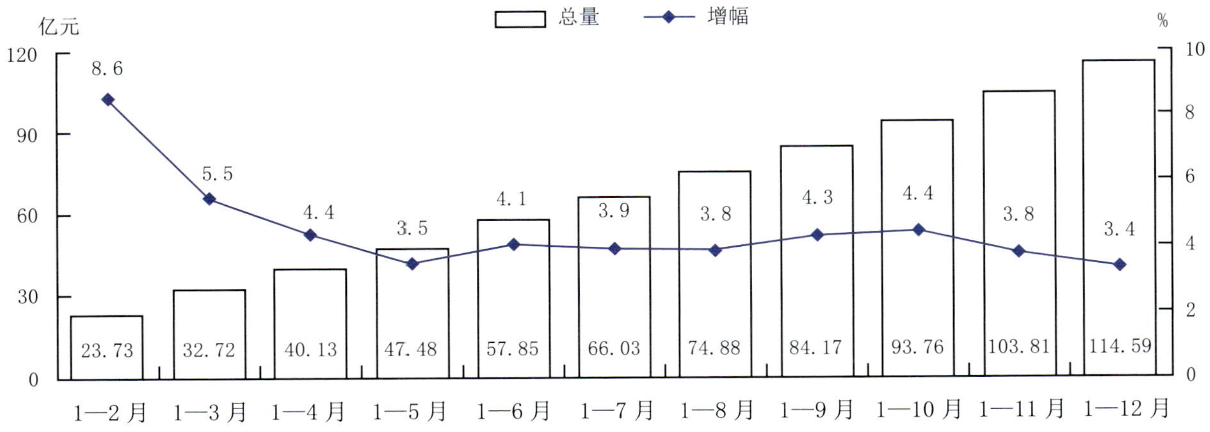

图10　2022年1—12月社会消费品零售额及其增长速度

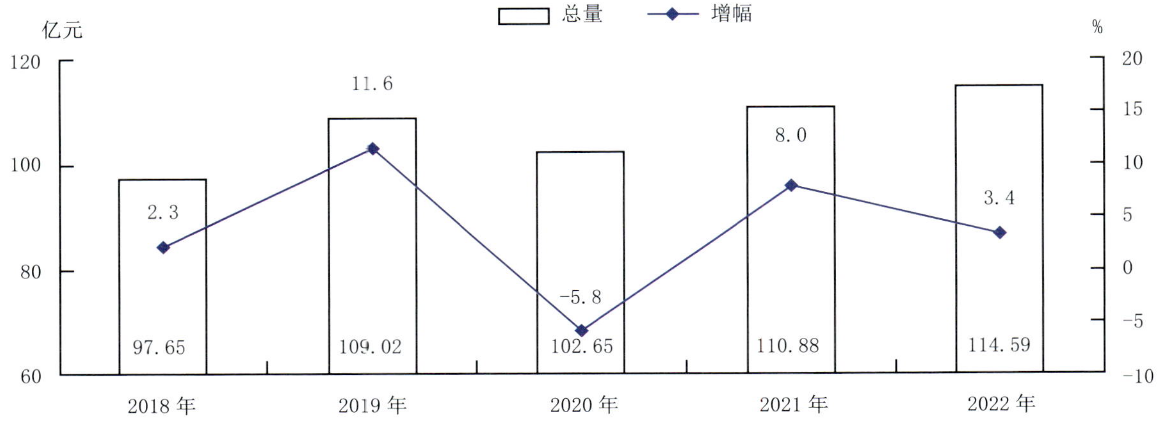

图11　2018—2022年社会消费品零售总额及其增长速度

全年批发业销售额213.84亿元，比上年增长19.1%；零售业销售额196.87亿元，增长5.1%；住宿业营业额5.74亿元，增长11.7%；餐饮业营业额25.16亿元，增长4.1%。

七、交通、邮政和旅游

年末辖区公路通车总里程2159千米。其中，高级和次高级公路1978千米，中级公路181千米。

年末有邮政局、所31个，邮路总长度3839千米，比上年减少27.4%，投递线路2219千米，减少9.6%。全年邮政业务总收入1.05亿元，比上年增长26.4%。邮储45.30亿元，增长9.1%；完成平常函件5.79万件、给据函件6.87万件、包件205.52万件、特快专递4.03万件。

全年接待中外游客763.92万人次，旅游总收入78.39亿元。

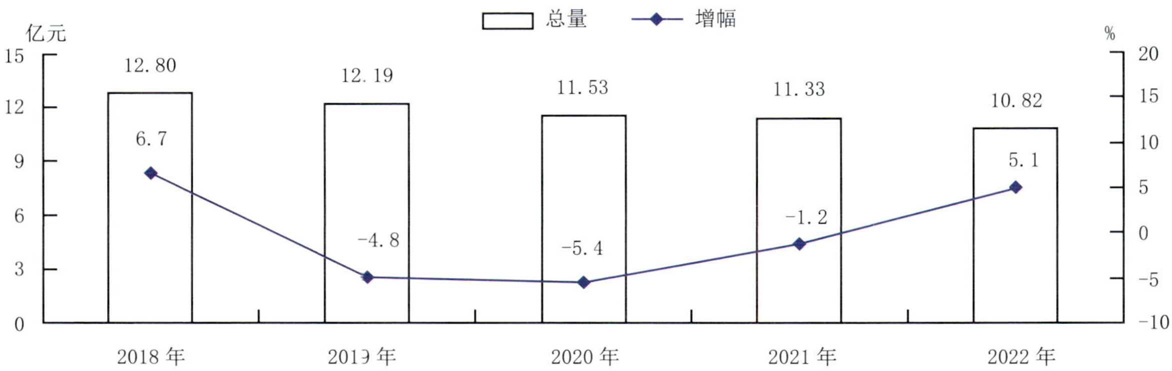

图12　2018—2022年一般公共预算总收入及其增长速度

八、财政金融

全年一般公共预算总收入10.82亿元，同口径增长5.1%。其中，地方一般公共预算收入8.02亿元，同口径增长16.3%。一般公共预算支出27.15亿元，增长15.2%（见图12）。

2022年末，全区金融机构本外币存款余额723.56亿元，比上年增长12.0%；金融机构本外币贷款余额584.65亿元，增长4.4%（见图13）。

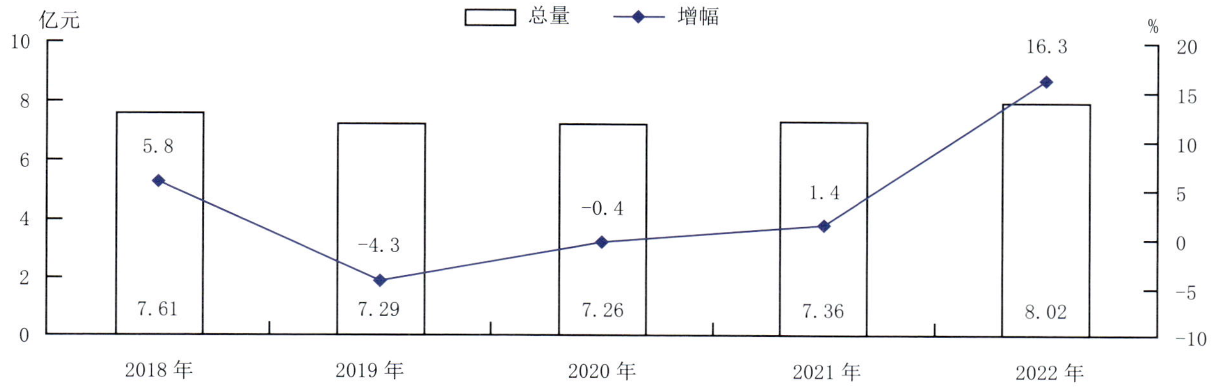

图13　2018—2022年地方一般公共预算总收入及其增长速度

九、人民生活和社会保障

全年全体居民人均可支配收入36694元，比上年增长5.6%。其中，城镇居民人均可支配收入42165元，增长4.6%；农村居民人均可支配收入23794元，增长7.1%（见图14）。

全年全体居民人均生活消费支出23866元，比上年增长5.2%。其中，城镇居民人均生活消费支出26726元，增长4.7%；农村居民人均生活消费支出16445元，增长5.7%（见图15）。

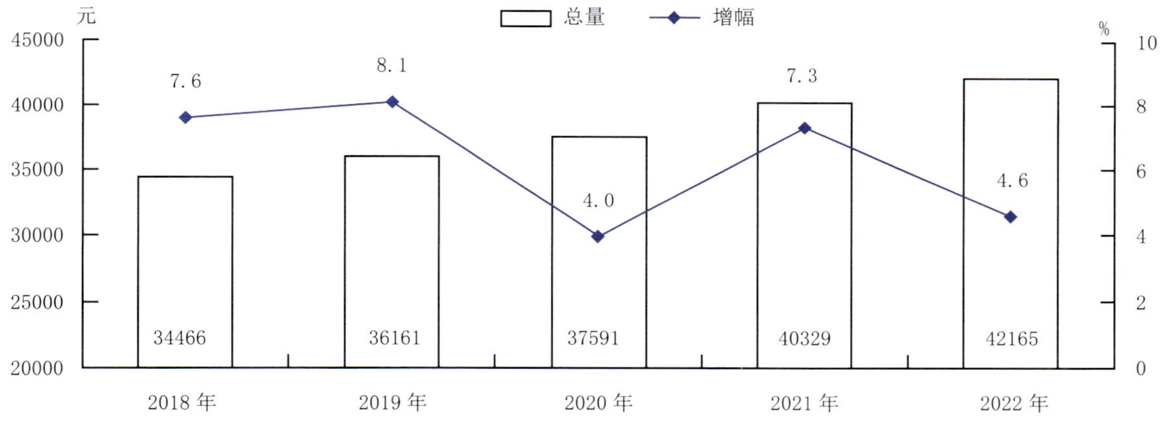

图14　2018—2022年城镇居民人均可支配收入及其增长速度

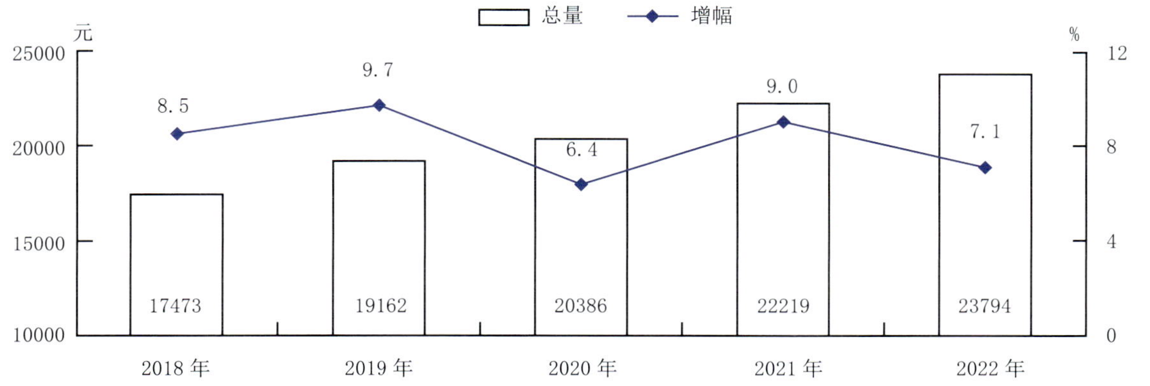

图15　2018—2022年农村居民人均可支配收入及其增长速度

年末城镇职工养老保险参保9.85万人，其中企业职工6.94万人。失业保险参保2.59万人，工伤保险参保10.12万人，生育保险参保3.19万人，城镇职工医疗保险参保5.44万人，城乡居民医疗保险参保人数31.38万人。年末城乡居民基本养老保险参保16.96万人。享受国家最低生活保障城乡居民8079人，其中城镇1836人，农村6243人。年末城镇登记失业8421人。

十、教育和科学技术

全年辖区普通高中招生2662人，比上年减少42人，在校生7797人，增加285人，毕业生2164人，减少96人；初中招生5552人，减少307人，在校生17671人，减少62人，毕业生5625人，减少509人；普通小学招生5214人，减少9人，在校生31876人，减少96人，毕业生5265人，减少303人；幼儿园在园幼儿13423人，减少1078人；特殊教育在校生146人，增加3人。

全年专利授权量624件，比上年增加80件，其中发明专利11件，减少31件；实用新型516件，增加100件；外观设计97件，增加11件。

十一、文化和卫生

年末全区有文化艺术事业机构22个，其中基层文化站21个，文化馆1个，从业人员53人；电影事业机构1个，放映队14个，放映场次2939场。

年末辖区共有医疗卫生机构28个，其中医院4个、卫生院15个，社区卫生机构6个，卫生监督所1个，疾控中心2个。年末辖区医疗卫生单位拥有病床3292张，其中医院拥有2974张，卫生院有313张。拥有卫生技术人员3445人。其中，医院拥有2678人，卫生院有406人，社区卫生机构有197人，卫生监督所有11人，疾控中心有153人。全年婴儿死亡率3.29‰，孕产妇死亡率为0‰。

十二、资源、环境和安全生产

全年完成植树造林总面积23242亩，完成年计划的107.93%，其中更新造林23202亩、荒山造林40亩。

全区生态公益林面积63.54万亩，其中国家级29.26万亩，省级34.28万亩。全区林业用地面积316.29万亩，其中有林地面积293.65万亩，生态林地面积63.54万亩，森林覆盖率达74.47%，森林蓄积量为2167.48万立方米。区内有竹林61.97万亩（其中毛竹林59.0万亩，杂竹林2.97万亩）。立竹11430.7万株。

全年累计发生各类生产安全事故3起，死亡2人，受伤1人，没有发生较大及以上事故。按行业分：商贸制造业发生事故1起，死亡0人；普通道路运输业发生生产安全事故2起，死亡2人，受伤0人。此外，根据安全生产综合统计直报系统统计，辖区境内发生高速公路道路运输业生产安全事故2起，死亡3人，受伤3人。铁路道路运输业生产安全事故3起，死亡2人，受伤1人。

注：

［1］本公报为初步统计数，部分合计数或相对数由于单位取舍不同而产生的计算误差，均不做机械调整。

［2］本公报中，生产总值及分产业增加值、农林牧渔业总产值绝对数按现价计算，增长速度按可比价格计算；其中部分快报数据如有出入，以年报数为准。

［3］财政、金融、教育、文体旅、卫生、外贸、交通、通信、人口、人民生活、资源等数据均由相应部门提供。

2022年全区主要经济指标完成情况表

表8

项目	单位	延平区		南平市	
		完成数	增长（%）	完成数	增长（%）
1. 地区生产总值（GDP）	亿元	455.23	2.5	2211.84	3.8
一产	亿元	40.62	6.4	361.31	4.0
二产	亿元	165.40	1.4	784.95	5.8
工业	亿元	65.78	1.4	503.19	3.8
建筑业	亿元	99.67	1.3	281.94	9.7
三产	亿元	249.21	2.5	1065.58	2.3
2. 农林牧渔业总产值	亿元	77.46	7.0	640.90	4.4

续表 8

项目	单位	延平区		南平市	
		完成数	增长（%）	完成数	增长（%）
农业	亿元	21.97	3.3	247.98	4.6
林业	亿元	13.03	7.2	123.05	5.2
牧业	亿元	35.20	9.4	225.85	3.6
渔业	亿元	1.98	3.7	21.07	2.9
服务业	亿元	5.27	5.3	22.95	4.9
3. 规模以上工业增加值	亿元		1.3		4.4
4. 社会消费品零售总额	亿元	114.59	3.4	791.12	4.0
5. 固定资产投资	亿元				
房地产开发投资	亿元				
6. 实际利用外资（验资）	万美元	1083.40	76.7	2644	-22.5
7. 一般公共预算总收入	亿元	10.82	5.1	147.3	4.3
地方一般公共预算总收入	亿元	8.02	16.3	104.1	9.4
8. 金融机构本外币存款余额	亿元	723.56	12.0	2718.7	13.5
金融机构本外币贷款余额	亿元	584.65	4.4	2075.0	10.8
9. 全体居民人均可支配收入	元	36694	5.6	32594	5.2
城镇居民人均可支配收入	元	42165	4.6	41101	4.4
农村居民人均可支配收入	元	23794	7.1	21782	6.6

说明：按上级要求，对 2022 年投资和房地产数据进行修订，现暂不公布

1995—2022 年城乡居民人均生活消费支出一览表

表 9　　　　单位：元

年份	全体居民人均生活消费支出		城镇居民人均生活消费支出		农村居民人均生活消费支出	
	绝对值	增长（%）	绝对值	增长（%）	绝对值	增长（%）
1995			3667		2044	
1996			4510	23.0	1750	-14.4
1997			4574	1.4	1819	3.9
1998			5030	10.0	1861	2.3
1999			5162	2.6	1797	-3.4
2000			5436	5.3	2141	19.1
2001			5436	0.0	2377	11.0
2002			5654	4.0	2283	-4.0

续表 9

年份	全体居民人均生活消费支出		城镇居民人均生活消费支出		农村居民人均生活消费支出	
	绝对值	增长（%）	绝对值	增长（%）	绝对值	增长（%）
2003			5651	0.0	2609	14.3
2004			7311	29.4	2710	3.9
2005			7380	0.9	2968	9.5
2006			7625	3.3	3590	21.0
2007			8847	16.0	4052	12.9
2008			9199	4.0	4611	13.8
2009			10462	13.7	4914	6.6
2010			11834	13.1	5447	10.8
2011			13165	11.2	6088	11.8
2012			14711	11.7	6930	13.8
2013			15709	6.8	7590	9.5
2014			17044	8.5	9184	21.0
2015	15462	8.1	18305	7.4	9993	8.8
2016	16575	7.2	19312	5.5	10722	7.3
2017	17387	4.9	19795	2.5	11655	8.7
2018	18702	7.6	21367	7.9	12368	6.1
2019	20497	9.6	23444	9.7	13451	8.8
2020	20333	-0.8	23222	-0.9	13469	0.1
2021	22678	11.5	25517	9.9	15560	15.5
2022	23866	5.2	26726	4.7	16445	5.7

2021—2022 年财政收入情况一览表

表 10　　单位：万元

项目	2022 年	2021 年	增长（%）
一般公共预算总收入	108230	113839	5.1
一、地方一般公共预算收入	80221	73555	16.3
1. 税收收入	40299	50457	-7.9
国内增值税	11095	19394	-10.5
企业所得税	7357	8951	-17.8
个人所得税	1471	1821	-19.2
资源税	4	5	-20.0

续表 10

项目	2022 年	2021 年	增长 (%)
城市维护建设税	2081	2928	-28.9
房产税	1967	2172	-9.4
印花税	537	782	-31.3
城镇土地使用税	1597	1600	-0.2
土地增值税	3424	3398	0.8
车船税	6	6	0.0
耕地占用税	1272	4	31700.0
契税	8628	8820	-2.2
烟叶税	758	511	48.3
环境保护税	102	73	39.7
其他税收收入		-8	-100.0
2. 非税收入	39922	23098	72.8
专项收入	3090	3711	-16.7
教育附加收入	845	1210	-30.2
残疾人就业保障金收入	622	942	-34.0
森林植被恢复费	661	1552	-57.4
其他专项收入	962		13642.9
行政事业性收费收入	1986	1826	8.8
罚没收入	3256	4176	-22.0
国有资产有偿使用收入	26549	3173	736.7
捐赠收入	47		
其他收入	4994	10212	-51.1
二、上划中央收入	28009	40284	-14.6
增值税	11095	19394	-10.5
消费税	15	19	-21.1
企业所得税	11036	13427	-17.8
个人所得税	2207	2732	-19.2
车辆购置税	3657	4713	-22.4

说明：2022 年一般公共预算总收入、地方一般公共预算收入为扣除留抵退税因素后增长

2000—2022年主要年份财政收入情况一览表

表11 单位：亿元

年份	一般公共预算总收入		地方一般公共预算收入	
	总量	增长（%）	总量	增长（%）
2000	1.26	9.8	0.87	10.5
2001	1.46	16.2	1.01	15.9
2002	1.81	24.0	1.17	15.6
2003	2.15	18.9	1.36	16.7
2004	2.26	4.9	1.56	14.4
2005	2.59	14.7	1.79	14.7
2006	3.02	16.8	2.06	14.8
2007	3.98	31.5	2.60	26.5
2008	4.61	16.0	2.98	14.6
2009	5.15	11.7	3.32	11.3
2010	5.79	12.3	3.70	11.6
2011	7.07	22.1	4.57	23.4
2012	8.09	14.6	5.24	14.7
2013	9.11	12.6	6.00	14.5
2014	9.56	4.9	6.79	13.1
2015	10.01	4.7	6.88	1.4
2016	9.93	-0.8	6.89	0.2
2017	11.23	13.0	7.19	8.0
2018	12.80	6.7	7.61	5.8
2019	12.19	-4.8	7.29	-4.3
2020	11.53	-5.4	7.26	-0.4
2021	11.38	-1.2	7.36	1.4
2022	10.82	5.1	8.02	16.3

说明：2022年一般公共预算总收入、地方一般公共预算收入为同口径增幅

2021—2022年金融机构存贷款余额一览表

表12　　单位：亿元

余　额	2022年	2021年	增长（%）
本外币存款余额	723.56	646.19	12.0
人民币存款余额	720.63	643.08	12.1
居民储蓄存款余额	386.52	332.96	16.1
本外币贷款余额	584.65	560.20	4.4
人民币贷款余额	584.60	559.41	4.5

2012—2022年文化事业基本情况一览表

表13

项　目	单位	2012年	2013年	2014年	2015年	2016年	2017年	2018年	2019年	2020年	2021年	2022年
一、文化馆、站												
数量	个	16	16	16	17	21	22	22	22	22	22	22
人员	人	26	35	35	40	47	50	58	54	54	53	53
存书	千册	216	245	251	262	220	223	223	225	225	228	218
二、电影事业												
电影院	个	1	1	1	1	1	1	1	1	3	3	2
放映队	个	13	13	13	13	13	13	14	14	14	14	14
放映场次	场	2928	3012	3015	3017	3004	3005	3005	3014	2930	2968	2939
观众人数	万人次	70.1	68.3	70	70	57	39	34	18	18.6	19.1	12.2

2022年全日制学校基本情况一览表

表14　　单位：个、人

学　校	学校数	招生数	毕业生数	在校学生数	专任教师
高等学校	2	9278	6231	28773	677
中等职业学校	2	1238	1446	3029	121
区属	1	686	746	1195	49
普通高中	4	2662	2164	7797	617
区属（点）	1	299	202	809	51
普通初中	20	5552	5625	17671	1478
区属	18	3571	3953	11551	1024
普通小学	50	5214	5265	31876	2189

续表 14

学　校	学校数	招生数	毕业生数	在校学生数	专任教师
区属	48	3400	4230	22849	1735
幼儿园	85	3715	5122	13423	1095
区属	84	3366	4817	12380	983
特殊教育	1	19	12	146	31

说明：幼儿园的招生数和毕业生数分别指入园人数和离园人数；小学专任教师含九年一贯制学校小学部，不含附设幼儿班专任教师

2022 年卫生事业基本情况一览表

表 15

项　目	机构数（个）	床位数（床）	卫生技术人员（人）
合　计	28	3292	3445
医院	4	2974	2678
卫生院	15	313	406
中心卫生院	4	160	155
乡镇卫生院	11	153	251
社区卫生机构	6	5	197
卫生监督所	1		11
疾控中心	2		153

注：本表不含民营机构及其卫生技术人员

2012—2022 年城乡社会保险情况一览表

表 16　　单位：人

项　目	2012 年	2013 年	2014 年	2015 年	2016 年	2017 年	2018 年	2019 年	2020 年	2021 年	2022 年
城镇职工各类保险人数											
基本养老保险人数（企业职工）	30510	35182	44558	52618	49578	56075	60565	65840	68490	70511	69426
失业保险人数	26849	33945	34306	34563	35744	37073	13450	15134	21954	23239	25878
基本医疗保险人数	40787	44949	44909	45484	46402	48611	49648	49136	55639	52990	54428
工伤保险人数	22961	28643	54896	59192	100440	138031	158803	151021	172870	163832	101180
生育保险人数	17950	18669	18252	24743	25092	25516	27958	27563	29909	30975	31873
城乡居民基本养老保险人数	154958	166612	168100	167982	168354	168518	169982	172711	197770	170752	169517

2021—2022年科技活动情况一览表

表17

指　标	单位	2022年	2021年	与上年比（±）
全社会研究与实验发展经费支出	亿元	6.05	6.09	-0.04
全社会研究与实验发展经费支出占GDP的比重	%	1.33	1.39	-0.06
全部工业法人科技活动情况				
有研究与实验发展活动单位数	个	38	36	2
研究与实验发展科技活动人员	人	2051	2164	-113
研究与实验发展折合全时当量	人年	1528	1554	-26
研究与实验发展经费内部支出	亿元	5.57	5.70	-0.14
研究与实验发展经费内部支出占GDP的比重	%	1.22	1.30	-0.08
专利授权量	项	624	544	80
发明专利	项	11	42	-31
实用新型	项	516	416	100
外观设计	项	97	86	11

机构领导名录

（以2022年12月31日在岗人员为准）

一、区领导

区委领导
书　记：黄桂诚
副书记：叶文平　艾　琴
常　委：陈道键　郑莹诗　黄洪河
　　　　郑汉洲　丁　铭　杨清华
　　　　李武杰　张道强
二级调研员：刘传德

区人大领导
党组书记、主任：黄　春
副主任：廖兴玉　吴跃春　段闽杰
　　　　陈昌灶
一级调研员：吴永辉

区政府领导
党组书记、区长：叶文平
党组副书记、常务副区长：丁　铭
副区长：蔡剑心　缪义平　范贤才
　　　　杨志华　郑龙才　廖轶斌
党组成员：吴火亨（三级调研员）

区政协领导
党组书记、主席：林华生
副主席：郑莹诗　官信发（三级调研员）　陈文平
　　　　黄志红　王世铭

二、区委机关

办公室
主任：虞发锋（一级主任科员）
副主任：陈家伟

档案局档案馆
局　长：吴道松
副局长：杨祖源　苏贤丽

组织部
部　长：杨清华
副部长：黄名旺　高太明　林孟贵（兼）
　　　　官建科（兼）

宣传部
部　长：郑汉洲
副部长：陈世荣　陈　妹　陈　敏
报道组组长：詹国兵
新闻中心主任：陈茂军
融媒体中心主任：黄恩德
融媒体中心副主任：黄忠良

统战部
部　长：郑莹诗
副部长：陈登瑞　陈礼灿　林淑芳

民族与宗教事务局
局　长：林淑芳

政法委
书　记：陈道键
常务副书记：叶寿振
副书记：郑万铭　杨邦宁

文明办
主　任：余贞辉
副主任：卢艳芳

区直机关党工委
书　记：艾　琴
常务副书记：陈佐城
副书记：黄　晨
专职委员：胡春雨

区非公有制企业和社会组织工委
书　记：杨清华

编办
主　任：林孟贵
副主任：曾令宏　戴怀英

事业单位登记中心
主　任：郑　健

老干局
局　长：官建科

党校
校　长：杨清华
常务副校长：阙应庚
副校长：张　斌

区委党史和地方志研究室
主　任：吴道松
副主任：郑　萍

三、区人大机关

办公室
主　任：陈　钢
副主任：曹祖奎

信访办
局　长：严章棠
副局长：刘　娟

农经委
主　任：谢建强
副主任：曾化全

人事代表委
主　任：张仁辉

教科文卫委
主　任：吴文娟

财经委
主　任：郑先明

城乡委
主　任：卢水金
副主任：谢丰灼

内务司法委
主　任：陈登璋

四、区政府机关

办公室
党组书记、主任：陈武彪
副主任：陈建林　吴建英

发展研究中心
主　任：丁华煌
副主任：石晓磊

五、区政协机关

办公室
秘书长、主任：应德晟
副主任：吴瑞娇　郑沁萱

提案委
主　任：张接福

社会法制和民族宗教委
主　任：张　麒

文教卫体和文史资料委
主　任：詹祖胜
副主任：陈　文

经济科技委
副主任：屠国荣

农业和农村委
主　任：黄　雷

六、区纪检委、监察委

纪检委
书　记：黄洪河
副书记：童丽章　冯小红
常　委：叶建波　叶显奎　孔　倩
　　　　黄小伟
第一纪检监察室主任：陈崇攀
第二纪检监察室主任：郑卓斌
第三纪检监察室主任：郑圆峰
第四纪检监察室主任：谢芳德
第七纪检监察室主任：黄　伟
第八纪检监察室主任：白喆毅
组织和宣传部部长：阙辰月
审理室主任：甘成剑
纪检监察干部监督室主任：欧阳征
案管室主任：刘贝宇
党风政风监督室主任：官美珍
纪委监委调查技术室主任：刘英妹

监察委
主　任：黄洪河
副主任：童丽章　冯小红
委　员：叶显奎　黄小伟　叶维达
　　　　陈　琛

巡察办
办公室主任：叶建波
副主任：张智武
巡察一组组长：邹忠良
　　　副组长：余利党
巡察二组组长：朱邦星
　　　副组长：廖建坤
巡察三组组长：王慧贞
　　　副组长：赖金平

派驻纪检监察组
驻区委办纪检监察组组长：沈　军
驻区人大机关纪检监察组组长：卢义键
驻区政协机关纪检监察组组长：杨建华
驻区委组织部纪检监察组组长：陈　英
驻区工信局纪检监察组组长：卢春花
驻区农业农村局纪检监察组组长：叶茂财
驻区市场监督管理局纪检监察组组长：刘德明
驻区城乡建设局纪检监察组组长：王金成
驻区林业局纪检监察组组长：黄胜其
驻区法院纪检监察组组长：陈文通
驻区检察院纪检监察组组长：谢桂芳

七、区公安、法院、检察院机关

公安
党委书记、局长：缪义平
党委副书记、政委：王达飞
党委委员、副局长：李福安
党委委员、纪委书记：李书建
党委委员、副政委：顾建军
党委委员、副局长：严　旭　牛锐平　李文榕
党委委员、政工科科长：梁　琛

副局长：林　强　林　东

法院
党组书记、院长：何立琴
副院长：郑少杰　廖林雄　郑卫东　唐自晨
审判委员会专职委员：郑世文
纪检监察组组长：陈文通
办公室主任：陈　华

检察院
副检察长：陈立礼　方建文　赖振忠
政治处主任：林　勤
检委会专职委员：郑俊逸　杨慧琼

八、区政府工作部门

发展改革和科技局
党组书记、局长：廖江翔
副局长：徐　飞　姜小钢　邱琼英
铁办主任：王家碧
铁办副主任：徐长宜
经济信息中心主任：陈瑞敬

粮食和物资储备局
局长：洪安祥

教育局
党组书记、局长：郑铭雄
党组成员、二级主任科员：魏水英　李月光
副局长：黄建军　魏水英
教育督导室主任：池济宁
区教师进修学校校长：杨振炎

工业和信息化局
党组书记、局长：张钻球
副局长：陈倩倩　廖艳梅
纪检组组长：卢春花

经济协作办
副主任：黄开祥

民政局
党组书记：陈友强
局　长：刘俊生
副局长：陈　宏　应桂长　朱日文

司法局
党组书记、局长：余金明
副局长：余　辉　骆兴盛

财政局
党组书记、局长：吴春生
党组成员、副局长：方肇锦　罗建平

人力资源和社会保障局
党组书记、局长：张声浪
副局长：陈国耀　黄玉珍　余荣旺

自然资源局
党组书记、局长：林礼青
副局长：吴良栋　吴增珠
党组成员、总规划师、三级主任科员：严章萍

住房和城乡建设局
党组书记、局长：黄泉太
副局长：李　晋　林　莉
总工程师：黄　彪

人防办
主　任：黄泉太

交通运输局
党组书记、局长：田林平
副局长：王昌和　邹国兴　郑天银
运输事业发展中心主任：张兴木
交通事业发展中心副主任：李光谅

水利局
党组书记、局长：官昌俤
副局长：林进军　陈珊珊
河长制办公室专职副主任：林进军

农业农村局（区委农办）
党组书记、局长（主任）：陈弟仔
副局长（副主任）：曹祖生　肖新鑫　马韵晓
农技推广中心主任：曹海青

商务局
党组书记、局长：陈　健
副局长：郑　鸣　林明珠　冯爱华

二轻工业总会
副会长：谢建华　陈　枫

文化体育和旅游局
党组书记：张志雄
局　长：陈　婧
副局长：朱仕明

卫生健康局
党组书记、局长：陈阿旋
副局长：池启郎　李　莉　黄　晖
区总医院党组书记：黄永祥
疾病预防控制中心主任：周新明
卫生监督所所长：卞永霖
区红十字会常务副会长：吴秀玉

退役军人事务局
党组书记、局长：林　辉
副局长：何　强　杨华义

应急管理局
党组书记、局长：郭兴文
副局长：操新泉　林志荣　应洋平

审计局
党组书记、局长：赖振建
副局长：陈　钧　张章能　刘科旺

林业局
党组书记、局长：王建华
副局长：刘海宏　涂传进

南平茫荡山国家级自然保护区管理处
主　任：王建华
副主任：虞祥忠
宣教社区科科长：林帑荣

市场监督管理局
党组书记、局长：陈钰林
副局长：林　枫　林　健　江崇卫
食品药品安全总监：何学峰

统计局
党组书记、局长：刘志平
副局长：丁剑辉
总统计师：廖尧英

农调队队长：郑子开

信访局
局　长：陈建林
副局长、三级主任科员：刘　娟

城市管理局
党组书记、局长：刘春华
副局长：丁开辉　杨志云　刘忠生

库区移民开发局（水利水电工程移民发展中心）
主　任：吴宗成
副主任：夏　炎

行政服务中心管委会
主　任：傅顶发
副主任：洪　璇

延平湖管理中心
副主任：吴祥生　李声逢

大横现代农业科技园区管委会
主　任：王有福
副主任：黄安华　陈　斌

不动产登记中心
主　任：杨永忠

市场监督执法大队
大队长：许文冬

九、群众团体

工商联
党组书记：陈礼灿
主　席：许文显
副主席：卓　清　余继忠

团区委
书　记：胡　豪
副书记：黄琳悦　杨美灵

妇联
主　席：李　薇
副主席：张学梅　陈朱曦

红十字会
会　长：蔡剑心
常务副会长：吴秀玉

侨联
主　席：陈　珑

科协
主　席：陈玉华
副主席：陈守阔　李月光（兼）　曹海青（兼）

总工会
主　席：张道强
党组书记、常务副主席：余绍海
副主席：黄军生

残联
理事长：廖建禄
副理事长：余水辉　祖　萍

计生协会
常务专职副会长：徐　云
专职副会长：胡秀蕾　刘　咏

社科联
主　席：陈　敏

文联
主　席：陈世荣

十、乡镇、街道

四鹤街道
书　记：乐图诚
主　任：陈和华
人大工委主任：陈升辉

梅山街道
书　记：张　辉
主　任：陈振华
人大工委主任：吴仁灿

紫云街道
书　记：谢开智
主　任：何家明
人大工委主任：杨志林

水南街道
书　记：陈远升
主　任：黄孙龙
人大工委主任：魏乾勇

水东街道
书　记：胡裕光
主　任：陈　辉
人大工委主任：梁财生

黄墩街道
书　记：陈　羚
主　任：罗全生
人大工委主任：王祥华

峡阳镇
书　记：陈开明
镇　长：郑　翀
人大主席：郑　青

王台镇
书　记：杨英恩
镇　长：刘转博
人大主席：黄圣亮

来舟镇
书　记：朱承锦
镇　长：郑国海
人大主席：张凤英

西芹镇
书　记：黄永剑
镇　长：詹泉照
人大主席：余光奇

塔前镇
书　记：胡笃冰
镇　长：陈家官
人大主席：应理征

夏道镇
书　记：李金文
镇　长：叶正祥

人大主席：曾鼎瑜

炉下镇
书　记：周　锋
镇　长：胡奕斌
人大主席：王昌武

太平镇
书　记：陈　伟
镇　长：郑　毅
人大主席：张爱珍

樟湖镇
书　记：黄晓海
镇　长：纪贵生
人大主席：林有华

大横镇
书　记：杨钦良
镇　长：周达强
人大主席：陈　曦

茫荡镇
书　记：伍道锋
镇　长：白硕平
人大主席：刘　键

南山镇
书　记：蔡光源
镇　长：吴安延
人大主席：吴里军

洋后镇
书　记：温阿丽
镇　长：刘　宇
人大主席：张学义

巨口乡
书　记：胡玉贵
乡　长：陆陈财
人大主席：王国钟

赤门乡
书　记：张永嵘
乡　长：王　伟

索　引

说　明

一、本索引采用主题词分析法，按主题词首字汉语拼音字母顺序排列。同音字按声调升序排列。音调相同的字，按笔画升序排列；如笔画相同，按起笔形横、竖、撇、点、折的次序排列。

二、栏目、分目标题用黑体字。“特载”“大事记”“专记”“人物荣誉”“附录”内容不作索引。

三、索引主题词后的数字表示页码，数字后面的a、b、c表示栏别左中右。

四、空一字起排的款目为上一主题的“附见”。

0～9

A

B

G

H

J

K

P

Q

R

S

T

W

X

Y

Z